W0051739

Hans-Peter Raddatz

Die türkische Gefahr?

Hans-Peter Raddatz

Die türkische Gefahr?

Risiken und Chancen

Herbig

Besuchen Sie uns im Internet unter:
http://www.herbig-verlag.de

© 2004 F.A. Herbig Verlagsbuchhandlung GmbH, München
Alle Rechte vorbehalten
Umschlaggestaltung: Wolfgang Heinzel
Herstellung und Satz: VerlagsService Dr. Helmut Neuberger
& Karl Schaumann GmbH, Heimstetten
Gesetzt aus der 10,5/13 Punkt Minion
Drucken und Binden: Ueberreuter Buchproduktion, Korneuburg
Printed in Austria
ISBN 3-7766-2392-6

Inhalt

Zu diesem Buch   9

_____ Teil I _____
Das Imperium

___ A ___
Vor dem Islam

1. Militär – Mythos der Türken   18
2. Religion und Krieg   22

___ B ___
Allah – Diener der Türken?

1. Das Reich seldschukischer Nation   26
2. Der Marsch nach Anatolien   31
3. Varianten in Europa   35
4. Turkisierung vor Islamisierung   38
5. Mystik und Zerstörung   42

___ C ___
Die Herrschaft der Osmanen

1. Zeit des Übergangs   46
2. Tribut und Kollaboration   50
3. Expansion und Aufruhr   57
4. Konstantinopel und die Wende   63
5. Niedergang und Aufruhr   69
6. Modernisierung und Turkismus   74

_____ **Teil II** _____
Die neue Türkei

___ **A** ___
Die Pfeile des Atatürk

1. Der Erste Weltkrieg 82
2. Der Völkermord an den Armeniern 86
3. Der Vater der Türken 93
   a) Sicherung des Landes 93
   b) Sicherung des Turkislam 98
   c) Sicherung der Elitenpolitik 103

___ **B** ___
Von Asien nach »Ameropa«

1. Der Zweite Weltkrieg 112
2. Anlehnung an Amerika 117
3. Ausbreitung nach Europa 122
4. Renaissance des Turkislam 128

___ **C** ___
Allianz der Eliten

1. Kurden und »Liberalisierung« 135
2. Wirtschaft und Isolation 140
3. Mit Korruption in die »Demokratie« 144

_____ Teil III _____
Die eurotürkische Fusion

___ A ___
Herrschaft im Westen

1. Eliten, Volk und Interessen 154
2. »Gewählte Könige« in Deutschland 159
3. Diener der »gerichteten Unschärfe« 172
4. EU – Legales und Illegales 180

___ B ___
Deutsch-türkischer Wandel

1. Türkei und Geopolitik 192
2. Migration und Multikulturalismus 200
3. Zuwanderung und Mißbrauch 210
4. Das *Gecekondu* in Deutschland 220

___ C ___
Staatsmafia und Leitkartell

1. Konterguerilla und Kontrolle 227
2. Turkislam und »Strukturwandel« 235
3. Deutsch-türkischer Islamismus im Netzwerk 242

Ein »gerichteter« Ausblick 252

Anmerkungen 266
Literaturverzeichnis 279
Personen- und Sachregister 283

Zu diesem Buch

Das Thema des EU-Beitritts der Türkei ist fast so alt wie die EU bzw. EWG selbst. Die Argumente des Für und Wider und die einschlägige Literatur sind uferlos, weil das Land einen mehrdimensionalen Blickwinkel bedingt. Im Verlauf der Betrachtung werden wir sehen, daß seine besondere Geschichte und Geographie ein doppeltes Vexierbild zeigt: ein Volk zwischen Nation und Religion sowie ein Land zwischen Orient und Okzident. Jede Perspektive – (Geo)Politik, Wirtschaft, Recht, Religion etc. – liefert jeweils für sich eine Flut von Aspekten, welche die Experten, inzwischen auch viele selbsternannte, herausfordern.

Die Diskussion währt seit Jahrzehnten, ohne daß die Argumente der Beitrittsgegner ins Gewicht gefallen wären. Also gab es seit 2001 einen Beitrittskandidaten Türkei und ab 2004 eine Perspektive für den Verhandlungsbeginn. Wie kommt das? Was ist es, das die Argumente der Beitrittsfreunde in die Vorhand gebracht hat, ohne ihre Plausibilität unter Beweis stellen zu müssen? Führende EU-Politiker sprachen von einem »unumkehrbaren Prozeß«. Sie verwiesen auf die Wegepläne der Eurokraten, die »road maps«, die EU-Ziele als unausweichlich vorzeichnen. Wie es schien, lag es an der »Obsession« der Europäer, die in der Annahme, eine beachtenswerte Größe zu bilden, eben diesen Weg blockierten. Ihre Ablehnung könnte sogar einen »Schock« für die Türken bedeuten.[1] Ohnehin waren islamkritische Einwände längst zu »Ängsten« geworden. Demnach könnten also pseudo-psychologische Schnelldiagnosen die Richtung »unumkehrbar« festlegen. Sollte damit auch die sachliche Beurteilung einer vielschichtigen Frage von historischer Tragweite schon im Ansatz zu Makulatur, vielleicht sogar, wie es zuweilen hieß, zu einer »Frage der Ehre« werden?

Wir ziehen es vor, uns dem Thema von seiner Systemseite zu nähern. Sie wird es uns in leicht verständlicher Weise ermöglichen, Schritt für Schritt durchschaubare Strukturen in dieses komplexe Gefüge zu bringen. Aus der Fülle von Sachverhalten und Verhaltensweisen, welche die beteiligten Kulturen historisch geprägt haben, wird sich das Bindende, Trennende und Ähnliche zwangsläufig herausfiltern. Daraus treten wiederum Konturen und Tendenzen hervor, die sich schließlich zum Praxismodell verdichten, das die Gegenwart erklärbar macht. Dieses Modell wird nicht nur unser Thema, sondern allgemein auch vergleichbare Bereiche erfassen können.

Wir leben in einer Zeit umfassender Umbrüche. In allen Bereichen gesellschaftlicher Gestaltung – Wirtschaft, Arbeit, Politik, Wissenschaft, Religion etc. – vollziehen sich gewaltige Veränderungen. Die Auswirkungen des »Strukturwandels«, wie wir diesen Ablauf nennen, greifen tief in unser aller Leben ein. Die Wirtschaftsglobalisierung ist zu einer Art Weltbild geworden, dem sich die westlichen Gesellschaften und in diversen Abstufungen auch die nichtwestliche Welt unterwerfen.

Mit dem Dogma der Marktwirtschaft griffen Organisationen wie Weltbank, Währungsfonds und Welthandelsorganisation in die Belange der Staaten ein, um freie Finanz- und Handelsmärkte zu erzwingen. Indem man ihnen unter Leitung der lokalen Eliten ein anglo-westliches Produktivitätskonzept überstülpte, entstanden z.T. extreme wirtschaftlich-soziale Verwerfungen. Sie stockten zwei »Fundamente der Auflösung« auf: im Westen den Sockel der Arbeitslosigkeit und im Nichtwesten den Sockel der Migration.

Im ersten Anlauf haben die Radikalität der Markt-»Architekten«, die Kasinomentalität der internationalen Banken und die Korruption der örtlichen Eliten die Globalisierung offenbar zu einer dubiosen Angelegenheit werden lassen. Bei regionalen Erfolgen in Gesundheit, Strukturförderung und Demokratisierung wird insgesamt von einer Destabilisierung des Weltwirtschaftssystems gesprochen. So ist denn auch in den Organisationen seit einiger Zeit von Reformen die Rede, mit denen eine neue Verteilung der Aufgaben zwischen Markt und Staat erreicht werden soll.

Über Umweltschäden hinaus ist es – bei oft hoher Reproduktion in den betroffenen Ländern – immer wieder die Vernichtung von Arbeitsplätzen, die zu grassierender Armut und Erhöhung der »Sockelmigration« geführt hat. Nach UNO-Angaben können Europa und Amerika in den ersten 20 Jahren des neuen Jahrtausends mit jeweils etwa 100 Millionen Menschen rechnen, die keine Perspektive haben und um Aufnahme bitten.

Hart hat diese Entwicklung den islamischen Raum getroffen. Hier haben wir es mit einer Gesellschaftsform zu tun, deren Traditionen mit den Anforderungen der westlichen Liberalisierung besonders schlecht zurechtkommen. Strukturelle Wirtschafts- und Bildungsschwäche und eine semi-totalitäre Gesellschaftsordnung sind bleibende Ergebnisse der

islamischen Politreligion, die in den entsprechenden Ländern unterschiedlich intensiv zutage treten. Ohne sich auf den Geltungsanspruch
ihrer Rechtsordnung zu stützen, ist Machtausübung im Islam – Marokko
und Türkei teilweise ausgenommen – nicht möglich. Weil sich dieser Anspruch zudem als unvereinbar mit der Demokratie sieht, lebte in den
letzten Jahrzehnten der radikale Aspekt des Islam auf, den man Islamismus nennt. Er hat sich ständig weiter verschärft und mit Al-Qa'ida inzwischen global vernetzte Terrorzellen aufgebaut.

Unter Führung der 1928 in Ägypten gegründeten Muslimbruderschaft
(MB) verfolgen die Islamisten eine doppelte Strategie. Zum einen wollen
sie die eigenen Eliten und Regierungen, die sich scheinbar westlich-kor-
rupt verhalten, wieder auf islamischen Kurs bringen. Zum anderen betreiben sie selbst eine gezielte Expansion, die den »Unglauben« überwinden und die Herrschaft des Islam ausweiten soll. In gewisser Weise
treten sie in islamische Konkurrenz zur westlichen Zivilisation, die aufgrund ihrer sozialen Ignoranz – zumindest in der Dritten Welt – an Attraktivität verloren hat.

Wichtiges Zielgebiet des MB-Vorgehens ist Europa mit Schwerpunkt
Deutschland, das als weltweites Schlußlicht in der Geburtenstatistik
(180. von 191) die Rolle eines Sozialmagneten spielt. Dort hat man über
arabische und türkische Vereine nicht nur Einfluß auf die Gemeinschaft
der Muslime erlangt. Auch die lokalen Meinungsführer in Politik, Wissenschaft, Kirchen, Medien etc. haben über den sogenannten »Dialog mit
dem Islam« hinaus eine proislamische Ideologie mit großer Wirkweite
erreicht. Diese Entwicklung konnte indessen nicht erstaunen, weil sie in
direktem Zusammenhang mit der geopolitischen Kooperation der USA
mit den Islamisten steht.

Ein Beispiel ist Saudi-Arabien, dessen Eliten ölpolitisch mit den USA,
islampolitisch mit der Muslimbruderschaft (MB) verbunden sind. Das
Königshaus steht unter dem Schutz der USA und erhält gegen Zahlungen seine islamische Quasi-Legitimation durch die MB, die sich wiederum mit den Amerikanern als dem eigentlichen »Feind« arrangiert.
Über die US-Querverbindung nutzt die MB deren Einfluß auf westliche
Partner, die wie z.B. Deutschland, England und die Schweiz für sie von
besonderer Bedeutung sind. So schützte das deutsche Außenamt wahhabitische, d.h. saudisch-radikale Interessen, was ihm den Vorwurf des »Si-
cherheitsrisikos« eingetragen hat.[2] In der Region selbst bestehen weitere
Konstellationen ähnlicher Art. Abgesehen von Afghanistan und Ägypten
unterhalten auch Pakistan und die Türkei spezifische Beziehungen zu

den USA und der MB. Wenn man sie anderen Interessen vorordnet, z.B. in der Islampolitik der EU, können sie sich entsprechend islamisierend auf deren Rechtsstaatdenken auswirken.[3]

Seit jeher richtet sich das dominante Interesse der US-Ölpolitik auf die Sicherung von Förder- und Transportländern in der Region. Mit dem Öl- und Gasfeld zwischen Kaspischem Meer und Afghanistan (Unocal) sowie dem neuen Engagement im Irak hat sich dieses Interessengebiet signifikant ausgeweitet. Der steigende militärische Sicherungsbedarf kann von den USA allein nicht gedeckt werden. Damit verstärkt sich die ohnehin wichtige Position des NATO-Partners Türkei. Auch der Wahlsieg der Islamisten von 2002 störte dabei wenig, wenngleich diese sich vor dem Irakkrieg geweigert hatten, den Amerikanern das südtürkische Aufmarschgebiet zu öffnen.

Die proislamische Befindlichkeit der Deutschen und die massive Zuwanderung der Türken kamen den USA in besonderer Weise entgegen. Als Hauptfinanzier der EU half Deutschland bei der Entspannung des innertürkischen Bevölkerungsproblems und auch bei der Abstützung der türkischen Position. Denn die Beitrittspartnerschaft von 2001 hatte sich aus der Sicht einiger EU-Partner durch die Machtübernahme der Islamisten verkompliziert. Eines war jedoch sicher: Auch wenn sich die Deutschen auf ihre Weise den US-Irakplänen verweigerten, so würde doch ihre Sonderrolle von großer Bedeutung für die Verhandlungen über ein neues EU-Mitglied Türkei bleiben.

Um eine angemessene Beurteilung dieser mehrschichtigen Perspektiven geht es in den nachfolgenden Betrachtungen. Dabei wollen wir uns weniger auf die Argumente selbst konzentrieren, die man seit vielen Jahren für und gegen die Türkei allgemein und ihre Zugehörigkeit zu Europa im besonderen austauscht. Uns interessieren die Gründe, die eine pro-türkisch/islamische *Richtung* festzulegen scheinen, obwohl es diese etablierte und sehr kontroverse Diskussion gibt. Sollten tatsächlich elitäre, noch dazu psychologisierende Diktate aus den »Deutungsetagen« der Politik, Wirtschaft, Medien etc. ein »Leitkartell« geformt haben, hätte die Demokratie ein Problem.

Somit führt kein Weg an der historischen Sonderposition vorbei, welche die Türkei seit der Osmanenzeit gegenüber den Europäern einnimmt. Da allerdings auch ihr Reich nicht vom Himmel gefallen ist, sollten wir dessen Wurzeln beleuchten. Wir müssen die geschichtliche Entwicklung würdigen, wenn wir nicht nur die Qualität der Argumente, sondern auch die Eigenschaften beurteilen wollen, welche die Türken so speziell und kontrovers erscheinen lassen. Dies umso mehr, als auch ihr Land eine ebenso spezielle Position im Gefüge des globalen Machtgeschehens innehat. Mit den Worten des wohl größten Türken überhaupt, des Mystikphilosophen Djelaleddin Rumi (gest. 1273), wollen wir fragen, ob es noch immer die historische Aufgabe der Türken ist, »die Welt zu zerstören, welche die Griechen aufgebaut haben«.[4]

Das griechisch-römisch fundierte Europa selbst, zu dem nach dem Willen ihrer Fürsprecher die Türkei seit langem gehört, hat sich im EU-Rahmen dynamisch entwickelt. Kurzzeitig kamen dabei Irritationen auf: War das »alte Europa«, das die Amerikaner anläßlich der deutsch-französischen Irak-Verweigerung beklagten, wirklich von Belang? Es befand sich zweifellos bereits auf dem Rückzug vor einem »neuen Europa«, das die Mehrheit der EU-Kriegsbefürworter zu vertreten schien. Gerade auch nach der Großerweiterung von 2004 um weitere zehn Staaten sollten wir der Frage nachgehen, was für einem Gebilde die Türken eigentlich beitreten. Welcher Nutzen ist es, der sie keine Mühe auf dem Weg zu diesem Ziel scheuen und die Gefahr des »Schocks« bzw. der »Ehrverletzung« in Kauf nehmen läßt?

Natürlich gebührt der deutschen Sonderrolle auch ein Sonderblick. Das Land beherbergte 2003 mit etwa 2,5 Millionen nicht nur drei Viertel aller Türken in Europa, sondern diese machten ihrerseits drei Viertel der Muslime in Deutschland aus. Damit ging eine ausgeprägte Affinität zu Belangen des Islam einher, die sich zu faktischen Parteinahmen verstärkte, bis hin zu proislamistischen Engagements von Parteien, Stiftungen, Instituten und prominenten Einzelpersonen. Ein solches Verhalten verdient Beachtung, weil es Radikalisierung verspricht. Da Deutschland wichtigster Finanzier der EU und auch weiterhin wichtiger Partner der USA ist, wird es in Europa eine Schlüsselrolle spielen, vergleichbar vielleicht mit der, welche die Türkei im nahöstlichen Raum spielt. Ausgestattet mit einer differenzierten, deutsch-türkisch-europäischen Hintergrundinformation sollten wir also in der Lage sein, eine realistische Wertung der Lage und zukünftigen Perspektive zu entwickeln.

Vorliegende Untersuchung gliedert sich in drei Teile zu je drei Kapiteln. Teil I – »Das Imperium« – beschreibt nach einer Kurzeinführung in die vorislamische Geschichte Aufstieg und Niedergang des »Reichs seldschukischer Nation« und leitet über zum osmanischen Reich, dem größten und beständigsten Imperium der islamischen Geschichte. Bei aller gebotenen Beschränkung geht es hier um die Merkmale, die für die Türken dauerhaft kennzeichnend wurden und heute noch sind. Schon in

früher, vorislamischer Zeit treten dabei Konturen eines militärisch geprägten Zentralstaats hervor, die sich bei den Seldschuken verstärken
und von den Osmanen zu imperialer Dimension gebracht werden. Es
zeigt sich, daß in einem stark ethnisch geprägten Staatswesen der Islam
eine zwar wichtige, aber zumeist sekundäre Rolle spielt. Dabei werfen wir
Seitenblicke auf Europa, um das Verständnis für grundsätzliche Unterschiede, z.B. die islamische Wirtschafts- und Bildungsschwäche, zu ver-
tiefen.

Teil II – »Die neue Türkei« – unternimmt einen Parforceritt durch die
türkische Zeitgeschichte. Die Gründungszeit mit Erstem Weltkrieg, Armeniermord und Atatürks »Pfeilen«, den sechs Staatsprinzipien, löst die
osmanische Feudalelite ab und leitet über in eine Zentralpartei, die einen
Zentralstaat als Diktatur führt. Nach dem Zweiten Weltkrieg verabschiedet man sich von begrenzter Neutralität und lehnt sich an »Ameropa« an,
d.h. die USA mit europäischer Beteiligung. Ab den 50er Jahren läßt man
weitere Parteien zu und beginnt in den 60ern eine halbstaatliche Wirt-
schaftsoffensive, begleitet von einer ersten Renaissance des Islam.

Während sich in den 70er Jahren die ersten größeren Wanderwellen
nach Deutschland bewegen, erstarken die turkistischen Nationalisten.
Mit Gewalt an Kurden und Linken schaffen sie bürgerkriegsähnliche
Verhältnisse, denen die Armee 1980 ein Ende bereitet. Nach einer ersten
Stufe der Wirtschaftsliberalisierung flammen in den 90ern die Kur-
denkämpfe erneut auf und greifen zeitweilig auf Deutschland über.
Traditionelle Klientenwirtschaft und Parteienkorruption führen zu
mafiosen Zuständen, denen das Volk durch die Wahl der Islamisten 2002
eine Absage erteilt. Dennoch haben die Türken noch keine funktionierende Demokratie. Zudem weist ihre Gesellschaft eine problematische
Trennung in einen ethnisch-nationalen bzw. islamisch-religiösen Teil
auf. Diese Spaltung, die jeweils vertikal durch die gesamte Bevölkerung
reicht, suchten die Parteien schon seit den 80er Jahren in der »türkisch-
islamischen Synthese« zu überbrücken. Inwieweit den Islamisten ihr Projekt der Umkehrung in eine »islamisch-türkische Synthese« gelingen
wird, bleibt abzuwarten.

Teil III – »Die eurotürkische Fusion« – beschäftigt sich zunächst mit
den politischen Strukturen Deutschlands und der EU. Hier zeigen sich
klare Symptome der undemokratischen Aushöhlung, die im wesentlichen in »einfacher« Korruption (EU) sowie in der Förderung radikaler
Islamisten (Deutschland) zum Ausdruck kommen. Besonderen Niederschlag findet beides in den aggressiven Formen der deutschen Asyl-

Lobby, die begonnen hat, das geltende Recht auszuhebeln. Es folgt ein Vergleich der extremen Strukturen der türkischen »Staatsmafia« sowie der nahezu rechtsfreien Netzwerke des deutschen Islamismus und ihrer globalen Implikationen.

Die somit gewonnenen Konturen und Tendenzen fassen wir in einer abschließenden Wertung zusammen und kommen zum Ergebnis der »eurotürkischen Fusion«. Unter diesem Begriff entsteht eine Perspektive für den EU-Beitritt der Türkei, die sich weniger auf demokratischer, sondern elitär diktierter Basis entfalten würde. Die euro-deutschen Strukturen lassen dabei ein Prinzip sichtbar werden, das wir »*gerichtete Unschärfe*« nennen. Es bedeutet, daß sich über längere Zeit mit Fiktionen wie »Toleranz« und »Frieden« weniger tolerante und friedliche Fakten schaffen lassen. Aus dem gleichgerichteten Wirken von Parteien, Wissenschaft, Medien etc. entsteht ein »Leitkartell«, das sich illegitime Macht aneignet, indem es – über die Verfassung hinweg – die Rechte der Bevölkerung einschränkt. Dem Islam öffnen sich dabei radikale Freiheiten: Das »Leitkartell« setzt eine verfassungswidrige Religionsfreiheit für das islamische Recht durch, dessen Staatsfeindlichkeit die zuständigen Ämter seit Jahren folgenlos bestätigen. Mit der Parole »der Islam ist nicht das Problem« bescheinigt sich damit auch das »Leitkartell«, das Staatsproblem selbst zu sein.

Dergestalt gefördert, haben sich große Türkenkolonien und islamistische Netzwerke bilden können, die nach außen zumeist scheinkonform auftreten, intern indessen aggressive Propaganda betreiben und latente Drohpotentiale für die Zukunft aufbauen. An der Oberfläche findet ein Diskurs über Pro und Contra des Beitritts statt, dessen »Argumente« im öffentlichen Raum verpuffen. Während die »*gerichtete Unschärfe*« die Dauerdiskussion in einen»unumkehrbaren Prozeß« transformiert, können EU und Türkei fusionieren, weil sich ihre Eliten undemokratisch einigen. Die Bevölkerung muß unabsehbare, mentale und finanzielle Folgen tragen, gegen die es keine Einspruchsrechte gibt: »Zuwanderung darf kein Wahlkampfthema sein«.

Die Türkeifrage offenbart beispielhaft, wie sich die EU-»Leitkartelle« – Paradefall Deutschland – kontrollfreie Macht aneignen, deren Vehikel sie »Toleranz« oder »Korrektheit« nennen. Indem wir diesem Unschärfetrend Strukturen geben, greifen wir zwangsläufig in die Kontrollfreiheit ein. Üblicherweise erfolgen darauf Abwehrreflexe von »Polemik« über »Feindbild« bis hin zu »Rassismus« oder »Volksverhetzung«. Solche Besorgnis verdeutlicht die einseitig gerichtete Tunnelsicht ihrer Vertreter. Der Machtprozeß ist nahezu blind, was sich u.a. darin dokumentiert, daß Eliten nicht in Ghettos wohnen, und »Gutmenschen« nicht nur gut, sondern auch geschäftstüchtig sind.

Unsere nachfolgenden Analysen können daher den einäugigen Unschärfetrend erläutern, aber nicht ändern. Das »zweite Auge« würde durch den gesellschaftlichen Ausgleich geöffnet, der den auf das Minderheiteninteresse eingeengten Blick auf das Gemeinwohl ausweitet. Dies kann jedoch nur in einem »herrschaftsfreien Diskurs« (Habermas) geschehen, in dem die Eliten sich darauf überprüfen lassen, inwieweit sie den Anforderungen der geltenden Ordnung entsprechen, der sie ihre Befugnisse verdanken. »Gegen jeden, der es unternimmt, diese Ordnung zu beseitigen, haben alle Deutschen das Recht zum Widerstand, wenn andere Abhilfe nicht möglich ist«, sagt zwar Artikel 20/4 des Grundgesetzes, doch entscheidet über seine Anwendbarkeit das Verfassungsgericht. Dies ist indessen, wie unsere Betrachtung u.a. verdeutlichen wird, in gewissem Umfang selbst Bestandteil eines »Leitkartells«, das somit in der Gefahr steht, neue, nicht unbedingt demokratische Verhältnisse zu schaffen.

Darüber hinaus befinden sich die Europäer, insbesondere die Deutschen, in einer demographischen Schrumpfspirale, aus der es keinen kurzfristigen Ausweg gibt. Solange noch ein gewisser geistiger Gestaltungswille gegeben ist, würden sie also recht bald ihre gesamte Intelligenz und Wertebewußtheit bündeln und die Initiative übernehmen müssen. Dabei wären Mehrheitsrechte und Gemeinwohl in einer Weise zu reaktivieren, die eine zukunftsfähige Integration der Minderheiten und damit die Grundrechte selbst wahrt.

Je länger sie allerdings ihre »Leitkartelle« gewähren lassen, desto reflexhafter werden sie – und dies ist zwingende Konsequenz der *gerichteten Unschärfe* – einer undemokratischen Wirklichkeit und Loyalität dienen müssen. Wenn sie nicht selbst eingreifen und den demokratischen Ausgleich anstreben, wird der laufende »Strukturwandel« die Richtung der neuen »Realpolitiker« weiter straffen und beschleunigen. Sie haben längst begonnen, auf nationaler und EU-Ebene die »road map« für eine Netzwerk-Gesellschaft zu realisieren, in der Islamisten und Mafiapaten auch »Demokraten« werden können. Vieles spricht dafür, daß der EU-Beitritt der Türkei dieser Dynamik eine weitere und entscheidende Zündstufe gibt.

Teil I

Das Imperium

Die Erbauung der Welt
ist ein Merkmal der Griechen,
die Vernichtung der gleichen Welt
ist den Türken vorbehalten.

Djelaleddin Rumi
(gest. 1273), türkischer Dichterphilosoph

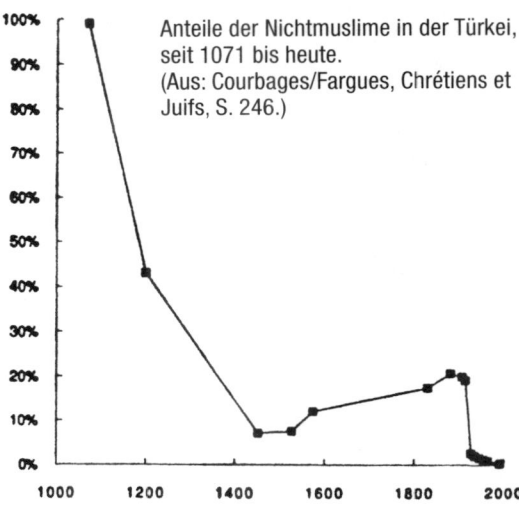

Anteile der Nichtmuslime in der Türkei,
seit 1071 bis heute.
(Aus: Courbages/Fargues, Chrétiens et
Juifs, S. 246.)

—— A ——
Vor dem Islam

1. Militär – Mythos der Türken

Weder die historischen Ursprünge der Türken, noch ihre Basisregion in Zentralasien sind leicht bestimmbar. Es handelt sich um weites Steppenland, das kaum abzugrenzen ist – vielleicht im Süden durch die Gebirgsketten von Pamir, Karakorum und Himalaya. Im Osten erstreckt es sich nach China, im Westen über den Iran und Anatolien nach Europa. Im Norden geht die Steppe in die unwirtlicheren Zonen der Taiga und Tundra über. Um die Zeitenwende herrschte Nomadentum vor, das ursprünglich im Sommer auch Getreide anbaute; im Winter versorgte man sich bei den seßhaften Landbauern.

In vorchristlicher Zeit spielten die indoeuropäischen Skythen und die teilweise turkstämmigen Hunnen eine gewisse Rolle. Sie erschienen den ersten Geschichtsschreibern als »streitende Reiche«,[5] die sich mit beweglichen Reiterverbänden bekriegten. Wie der antike Historiker Herodot berichtete, hatte schon Perserkönig Darius I. (gest. um 486 v. Chr.) den direkten Vergleich mit ihrer unberechenbaren Schlagkraft gemieden.

Es entstand eine durchsetzungsstarke Gesellschaftsform, die Nomadentum mit hochmobilen Reiterscharen kombinierte. Im eigentlichen Turkestan vermischte sie sich allmählich mit den Mongolen des Ostens und begann politisch auch den Chinesen zuzusetzen. Dabei hatten die Nomaden über lange Zeit in friedlichem Tauschhandel mit den umgebenden Agrarkulturen gestanden. Nun befähigte sie ihre überlegene Kampfkraft, sich deren Produkte gewaltsam anzueignen.

Auf diesen Strukturen bauten ihre Kämpfer-»Horden« auf (türk. ordu = Heer). Wie ihre Bezeichnung deutlich macht, waren diese keineswegs ungeordnet, noch beschränkten sie sich auf ihr Gebiet. Die Schlagkraft der Reiter Zentralasiens, die binnen kürzester Zeit riesige Strecken überwanden, erlangte geradezu sprichwörtliche Bedeutung. Ausgehend von China, drangen die Hunnenheere Attilas (gest. 453) bis an Rhein und Tiber vor, trafen dabei allerdings auf ein schon zerfallendes, weströmisches

Reich. Ostrom erwies sich als wesentlich stabiler: Byzanz fiel erst ein Jahrtausend später.

Währenddessen formierten sich die ersten, originalen Türkenreiche. Auf der Basis des raubnomadischen Gesellschafts- und Tributsystems entstand ein Stammesverband, der sich Teile sowohl des iranischen Westens als auch des chinesischen Ostens unterwarf. Die Beherrschung und Ausbeutung der agrarischen Gegner wurde zum einheitsstiftenden Ziel. Dabei übernahm der jeweils stärkste Stamm die Führungsrolle und schloß die anderen Stämme zu Interessenverbänden zusammen – Raubzüge, begrenzte Eroberungen und Tributeinnahmen.

Von zehn Kernstämmen ist die Rede, die den *Wolf* zu ihrem gemeinsamen Symbol machten. Um die Mitte des ersten nachchristlichen Jahrtausends begannen sie sich zu einer größeren Gemeinschaft zu vereinigen. Erstmals spricht man von den *Türk*, dem »starken, mächtigen Volk«.[6] Nach ihren in Runen geschriebenen Inschriften hatten diese frühen Türken auch schon Vorstellungen von einer Art Gesetz des Zusammenhalts.

Die Runen leiten sich wahrscheinlich vom aramäischen Alphabet her und scheinen neben dem Wort »Mond« nur eine einzige, echt türkische Schöpfung zu enthalten: den Pfeil. Dieser wird nicht nur bei der Wahl der Waffen, sondern auch als Symbol eine zentrale Rolle spielen. Sogar die späteren Grundsätze des modernen Kemalismus wird man als »Pfeile« betrachten (s.u. S. 103). Dabei verweist die Forschung auf Parallelen zu den Runen der Germanen, Etrusker und Iberer.

Ihr ungeschriebenes Gesetz ordnete die Türken einem Herrschaftsprinzip unter, das sie strikt auf ihre *ethnische Einheit* verpflichtete. Dieses Prinzip überdauerte den Übergang vom ersten zum zweiten türkischen Reich um 552 n.Chr. und schien sich etwa 180 Jahre später bereits zum kollektiven Bewußtsein entwickelt zu haben. Um 732 erscheinen in den Inschriften die türkischen Kaghane bereits als charismatische, zur Führung berufene Herrscher. Mit ihnen ist der Gründungsmythos der Türken als *dominante Militärmacht* geboren:

»Nachdem sie Herrscher geworden waren, organisierten und regierten sie den Staat und die Einrichtungen (traditionellen Gesetze) des türkischen Volkes. Zu allen vier Himmelsrichtungen hatten sie Feinde. Sie marschierten mit ihren Armeen und machten sie zu Untertanen. Sie veranlaßten die stolzen Feinde, sich zu verbeugen, und die Mächtigen, in die Knie zu fallen.«[7]

In der Zwischenzeit hatten sich historische Wanderungen in Bewegung gesetzt. Die Turkvölker der Bolgaren und Awaren wandten sich nach Westen, nach Byzanz und Südosteuropa, die Chasaren drangen nach Nordosteuropa, zum Asowschen Meer vor. Wie der arabische Historiker Kashgari berichtet, traten letztere zum Judentum über und wurden später von den Russen und Byzanz überwunden. Andere Stämme orientierten sich auf näherliegende Ziele. Sie verbündeten sich mit den Persern und eroberten Sogdiana, jene historische Provinz zwischen Oxus (Amu-Darja) und Jaxartes (Syr-Darja), die den Zugang zur Seidenstraße öffnete.

Von den damaligen Metropolen Buchara und Samarkand verzweigten sich lukrative Handelswege – südlich nach Indien, westlich nach Anatolien und Syrien, südwestlich nach Persien und nordwestlich nach Chorasan und Byzanz. Schon im Jahre 568 n.Chr. erschien eine türkische Gesandtschaft am Hofe Kaiser Justins II. (gest. 578).

Je weiter sich das neue Türkenreich ausdehnte, desto schwieriger wurde der Zusammenhalt. Konflikte mit China führten ab etwa 600 zur Spaltung in ein westtürkisches und osttürkisches Reich, das bereits 630 in kleinere Teile zerfallen war. Die Westtürken hatten zunächst mehr Erfolg. Neben der Kontrolle des Handels zogen sie in wechselnden Bündnissen aus der Feindschaft der persischen Sassaniden gegen Byzanz Vorteile. Allerdings konnten aus Verbündeten auch Gegner werden. Zuweilen gerieten die Türken in Konflikte, die sie gleichzeitig zu Feldzügen gegen Persien und Byzanz zwangen.

Der westtürkische Führer Tardu hatte sich um 583 nicht nur von den zerstrittenen Osttürken losgesagt. Er arrangierte sich sogar mit deren chinesischen Feinden und beschleunigte den Zerfall des Ostreichs. Dem Westteil nützte dies auf Dauer wenig: 659 geriet auch er unter die Oberhoheit Chinas. Schon in wenigen Generationen hatte man die *Einheit der türkischen Stämme* verspielt – eine kaum zu ertragende Schmach. So berichten denn auch die Inschriften:

> »Aber offensichtlich ähnelten die jüngeren Brüder nicht den älteren und die Söhne nicht ihren Vätern. So bestiegen Kagane ohne Weisheit den Thron ... so ließ das türkische Volk seinen Staat, den es gegründet hatte, untergehen ...«[8]

Allerdings formierten sich im weiträumigen Spannungsraum Zentralasiens ständig wechselnde Konstellationen der Macht. Die Tibeter rückten von Süden nach Turkestan vor, türkische Stämme sammelten im Westen, zwischen Aral-See und Altai-Gebirge, neue Kräfte, um weiter nach Persien vorzudringen. Die Bewegungen verstärkten sich, als die Araber in den Raum einfielen und im Jahre 712 Buchara und Samarkand eroberten.

Während dieses Ablaufs konnte sich auch der türkische Staatsmythos erneuern. Durch die 682 wiedererlangte Unabhängigkeit wurde er sakral bestätigt. Auf tiefste Schmach folgte nun ein strahlender Wiederaufstieg:

»Sie (die Türk) gaben ihren Khan auf und ergaben sich den Chinesen … Als Strafe für diese Aufgabe führte der Himmel den Tod des türkischen Volkes herbei. Das türkische Volk wurde getötet, vernichtet, ausgelöscht …«

In der Stunde der Verzweiflung erscheint der stärkste Führer, der das Charisma eines nationalen Erlösers annimmt. Er sammelt die Aufrechten der Stämme um sich, denen ihr wölfisches Symbol zusätzliche Kraft verleiht:

»Dadurch, daß der Himmel ihnen Stärke gab, waren die Soldaten meines Vaters, des Kagans, wie Wölfe und seine Feinde waren wie Schafe. Als sie 700 zählten, organisierte und befehligte mein Vater (der Kagan) das Volk, das die türkischen Einrichtungen, die den Gesetzen meiner Vorfahren entsprachen, aufgegeben hatten.«[9]

Mit den »Gesetzen der Vorfahren« war vor allem das ungeschriebene Gesetz gemeint, die ethnische Einheit zu wahren. Deren mythische Erhöhung speiste die weitere Verstärkung der türkischen Staatsidee, die schließlich in eine politisch-militärische Struktur überleitete. Der charismatischen Figur des Tonyukuk (gest. 734) wird zugeschrieben, die Türken durch einen Kriegszug gegen das Volk der Oghusen aus der Fremdherrschaft geführt zu haben:

»Ich war es, Bilgä Tonyukuk, der den türkischen Kaghan und das türkische Volk in das Land des Ötükän geführt hat. Als sie die Nachricht hörten, daß sich die Türk im Lande des Ötükän niedergelassen hatten, kamen alle Völker, die im Süden, im Westen, im Norden und im Osten lebten.«

Ötükän war das Heilige Land, das Refugium der türkischen Einheit. Es war die Zuflucht in der Not und zugleich die Basis für neue Ausbreitungen. So wanderte Ötükän nach Westen – von Turkmenistan nach Sogdiana, von Sogdiana in den Irak, vom Irak nach Anatolien. Solange die Türken sich seiner bewußt waren und es *bewahrten*, würden sie geheiligte Herren sein:

»Wenn du im Lande des Ötükän bleibst und Karawanen von hier aussendest, wirst du (türkisches Volk!)keine Schwierigkeiten haben. Wenn du in den Ötükän-Bergen bleibst, wirst du ewig leben und die Stämme beherrschen.«[10]

Aus nomadischen Migrationswellen wurden soldatische Reiterhorden, die sich schließlich zu militärischen Söldnerarmeen entwickelten. Stämme der Seldschuken setzten sich zunächst in Chorasan fest. Später rückten sie in islamisches Kernland vor, wo sie in Bagdad die korrupten Garden des Kalifen ersetzten. Weitere Stämme breiteten sich im Land des Islam aus und lösten viele seiner dekadenten Dynastien ab. Die Mamluken in Ägypten waren eine von ihnen. Mit Abstand die wichtigste waren jedoch die Osmanen. Sie sollten Weltgeschichte schreiben. Ötükän, die Idee des einheitsstiftenden Landes, überdauerte dabei jede Wende der Geschichte, ohne daß der Name ausdrücklich beschworen werden mußte.

2. Religion und Krieg

Türkenführer Tonyukuk hatte den Mythos der türkischen Einheit erneuert. Unmißverständlich machte er deutlich, daß dieses Prinzip nur durch militärische Stärke gesichert werden konnte. Der Gott der vorislamischen Türken ist vor allem ein Machtgott, der die Armeen führt und über Siege entscheidet:

»Die Lehren in den buddhistischen und taoistischen Tempeln bringen den Menschen nur Güte und Nachgiebigkeit. Das ist nicht der Weg zum Kriegführen und Machterwerben. Darum dürfen wir keine Tempel bauen.«[11]

Die Uiguren, die Nachfolger der Mongolen in Turkestan, bildeten in diesem Punkt eine untürkische Ausnahme, weil sie das kriegerische Prinzip nicht uneingeschränkt fortsetzten. Eher assimilierten sie religiöse Aspekte der Hochkulturen, unter deren Einfluß die Türken Zentralasiens schon immer gestanden hatten: den Manichäismus der Perser und den Buddhismus der Chinesen. Auch das nestorianische Christentum spielte eine Rolle. Alle drei fanden ihren Niederschlag in der Sprache und der friedlichen Politik der Uiguren, die jedoch ab 840 von den Kirgisen verdrängt wurden. Da diese wiederum nichttürkischer, vielleicht indoeuropäischer Herkunft waren, konnten sie sich umso schneller in ihre Umgebung integrieren.

Dennoch blieb ein Kern urtürkischen Mythenglaubens. Auch die Uiguren verehrten halbhistorische Ahnen, die sich auf die Macht des Himmels zurückführten. Auf sie beriefen sich wiederum ihre Kaghane, die das Reich nährten und erhielten, indem sie fremden Mächten, z.B. den Chinesen, dienten. Am zentralen Aspekt türkischer Existenz änderten auch die Uiguren nichts: Sie blieben *Soldaten*. Aus ihrer Koexistenz mit den Chinesen entstand ein berufsmäßiges *Söldnertum*, das sich auch und ganz besonders zum Markenzeichen der türkischen Dynastien im Islam entwickelte. Um die Wende zum 9. Jahrhundert nahmen Uiguren an fast jedem Kriegszug Chinas teil. Dabei kam es zuweilen zu selbst für diese Zeit ungewöhnlich harten Auseinandersetzungen. Die Geschichtsschreibung hält eine Schlacht schon im Jahre 757 für erwähnenswert. Hier ist von 100 000 abgeschlagenen Köpfen die Rede.[12] Dieser »Brauch« tauchte später auch bei den historischen Erfolgstürken, den Osmanen auf (s.u. S. 62).

Die militärische Schwäche der Chinesen schuf eine entsprechende Abhängigkeit von uigurischen Diensten. An sie können spätere Parallelen erinnern. Sowohl die islamischen Kalifen als auch die modernen Europäer zeigten bzw. zeigen hinsichtlich ihrer Stellung zu den Türken vergleichbare Muster der Ratlosigkeit und Anpassung (s.u. S. 48, 53).

In den diversen Konflikten spielte auch die finanzielle Unterstützung durch ausländische Kaufleute eine nicht unerhebliche Rolle. So lukrativ sie war, so problematisch wirkten sich die damit verbundenen religiösen Einflüsse auf die Mentalität der uigurischen Kämpfer aus. Zwar waren ihre Adligen die ersten Türken, die zu einer Hochreligion übertraten und den Bau manichäischer Klöster förderten. Dennoch wurde immer wieder vor der Zersetzung ihrer Schlagkraft durch die Friedfertigkeit des Manichäismus und Buddhismus gewarnt.

Das prägende Kollektivverhalten der Türken, des »starken, mächtigen Volkes«, wurde also bestimmt durch eine ethnisch-militärische Dominanz, die wir *Turkismus* nennen wollen. Dabei bevorzugten die Türken die aktive, dynamische Ausbreitung; im kulturellen Bereich dagegen eher eine passive, abwartende Haltung. So wie sie dabei sprachlich die Nehmenden waren, so ordneten sie ihre religiöse Richtung dem jeweiligen Machtinteresse unter.

Diese Sichtweise beeinflußt auch die modernen türkischen Historiker. Nach ihnen kannten die Türken keinerlei Naturglaube und Schamanismus, sondern waren in idealer Weise vorbereitet auf die Annahme des Islam. Der arabische Historiker Tabari (gest. 922) berichtete dagegen, daß sich die Chinesen des türkischen Militärs schon gegen die anstürmenden Muslime bedienten, also ein Jahrhundert vor dem Uigureneinsatz.

Das Nutzendenken der Türken machte keinen Unterschied zwischen Muslimen und Chinesen. Dabei kam auch den friedlicheren Uiguren die *kriegerische Leitkultur* der Türkenstämme nicht abhanden. Die Verknüpfung von *Turkismus* und Pragmatismus wird sich historisch bestätigen und uns wiederholt beschäftigen.

Nach chinesischen Quellen und türkischen Inschriften spielt die Religion eine eher nachgeordnete Rolle, die sich weitgehend im Glauben an allerlei Geister und die entsprechende Wirkung des Exorzismus erschöpfte.[13] Bei den Zeremonien für die Machtübernahme wurde der jeweilige Kaghan rituell mit einem Seidentuch gewürgt. Während ihm dabei die Sinne schwanden, stammelte er in seiner Not irgendetwas, aus dem die Schamanen Wesen und Dauer seiner Amtsführung weissagten.

Die Prozedur des Würgens setzt sich auch bei den späteren Osmanen fort. Sie beließen es allerdings nicht beim Würgen allein. Sie verfeinerten das Seidentuch zur Seidenschnur, verschärften das Würgen zum Erwürgen und beseitigten auf diese Weise mißliebige Thronanwärter. Auch der Totemglaube spielte dabei eine prägende Rolle. Im Abstammungsmythos taucht immer wieder die beherrschende Fetischfigur des Wolfs auf. Demnach wurden die ersten Türken von einem Mann und einer Wölfin gezeugt. Der Wolf war die Bezeichnung für den militärischen Führer, sein Kopf ziert damals wie heute die Standarten türkischer Kampfverbände.

Diese Bilder gehen auf mythische Grundlagen zurück. Ein klarer Himmelsgott wird durch weniger klare Vorstellungen von Erde und Wasser ergänzt. Der Himmelsgott braucht keine Priester, sondern ermächtigt direkt den Menschen. Es war schließlich der erwähnte Tonyukuk selbst, der dem türkischen Volk einen neuen Führer und damit neue Größe verlieh (s.o. S. 22):

»… da der Himmel mir Einsicht gewährte, machte ich selbst ihn zum Kaghan … Damit das türkische Volk nicht vernichtet und es wieder eine Nation werde, hielten sie (heilige Orte und Gewässer) meinen Vater und meine Mutter auf dem Gipfel des Himmels und hoben sie in die Höhe.«[14]

Das gottähnliche Auftreten historischer Gestalten hat nicht nur Parallelen zum chinesischen Kaiser als »Himmelssohn«. Es wird sich historisch bei den islamischen Sultanen wiederholen und, wie noch zu zeigen ist, bis zu den Führern der Moderne fortsetzen. Immer wieder spielen dabei die »türkischen Einrichtungen«, die ungeschriebenen Gesetze der türkischen Herrschaft und *ethnischen Einheit*, eine zentrale Rolle. Sie werden von Stammesverbänden und dominanten Personen wahrgenommen. Je nach aktueller Machtlage können hier Militärs, Grundbesitzer, Beamte, Kaufleute oder auch Diener der Religion als Repräsentanten der Elite auftreten. Dabei ist es die oberste Aufgabe des Herrschers, die Versorgung und Vermehrung des türkischen Volkes zu gewährleisten. Gemäß der militärischen Tradition kann dies nicht nur, sondern muß mit Gewalt sichergestellt werden:

»Das nackte Volk habe ich bekleidet, das arme Volk reich gemacht, das wenige Volk zahlreich gemacht … Hast du schon Köpfe abgeschlagen, Blut vergossen, Hungrige gespeist und Nackte gekleidet?«[15]

Dieses Konzept lieferte offenbar eine Machtlegitimation, die man weit auslegen konnte. Ob man dabei eher ihrem Mythenglauben oder einer der Hochreligionen zuneigte – zunächst einmal trugen die Türken der wachsenden Überlegenheit des Islam Rechnung. Im Verlauf der zweiten Hälfte des 10. Jahrhunderts traten die ersten islamischen Dynastien türkischer Herkunft in Erscheinung – in Zentralasien die Karachaniden, im persisch-indischen Grenzgebiet die Ghaznawiden. Erstere agierten als Glaubenskämpfer, die gezielt die christlichen Kirchen zerstörten und durch Moscheen ersetzten. Indem sie die Priester töteten, nahmen sie die Botschaft des Propheten beim Wort: »Erschlagt sie, wo immer ihr auf sie stoßt, und vertreibt sie, von wannen sie euch vertrieben«.[16]

Wenn diese Neumuslime den Islam als Herrschaftsinstrument vor Ort nutzen konnten, so ließen sich auch anderswo ergiebige Potentiale anzapfen. Schon hatten sich daher die Seldschuken nach Westen gewandt, um den Machthabern im Lande des Islam selbst zu Leibe zu rücken.

B
Allah – Diener der Türken?

1. Das Reich seldschukischer Nation

Mahmud, der Gründer der Ghaznawiden, unterhielt ein gutes Verhältnis zum Abbasidenkalifen in Bagdad. Ihm machten immer wieder die Buyiden, aus Persien stammende Schiiten, das Leben schwer. So waren die Türken von Ghazna als Schutzmacht des sunnitischen Islam durchaus willkommen. Zudem hatten sie in Aussicht gestellt, den Glauben des Verkünders erneut nach Indien zu verbreiten, was in der Vergangenheit stets mit großer Beute verbunden gewesen war.

Die Türken gingen gründlich vor. Im persischen Rayy schlugen sie die buyidischen Führer ans Kreuz und verbrannten die Bücher der Mu'taziliten. Bei diesen handelte es sich um unorthodoxe Muslime, welche die ketzerische Lehre von der Erschaffenheit des Koran vertraten. Diese hatte zuvor auch Kalif Al-Ma'mun (gest. 833) mit Gewalt, jedoch erfolglos durchzusetzen versucht, so daß man sie zugunsten der sunnitischen Orthodoxie ab 847 wieder verbot.

Schon seit jener Zeit war es den türkischen Söldnergarden gelungen, ihre Machtposition gegenüber dem Kalifen planvoll auszubauen. Al-Mutawakkil (gest. 861) verdankte ihnen sogar seine Thronbesteigung. Anschließend förderte er die fremdstämmigen Militärs allerdings so stark, daß er ihren Machthunger nicht mehr im Zaum halten konnte. Als er laut darüber nachdachte, wie man ihren Einfluß beschneiden sollte, brachten sie ihren ehemaligen Gönner in einem Zechgelage vorsorglich um.

Die arabische Dichtung, traditionelle Instanz der ironischen Kritik, sah die Kalifen »in einem Käfig«, in dem sie die Anweisungen der Türkenführer »wie Papageien« nachplapperten.[17] Dieses Bild umschrieb das Ausmaß der Herrschaft, welche die Türkengarden inzwischen über das Land des Islam übernommen hatten. Es sollte sich auch weiterhin im devoten Umgang der Potentaten – ob islamisch oder nichtislamisch – mit der Rigorosität türkischer Machtpolitik bestätigen. Wie schon erwähnt, sollten sich auch in späteren Stationen der Geschichte, besonders in Byzanz, ähnliche Muster der Angst vor der Unkontrolliertheit türkischer Gewaltbereitschaft wiederholen.

Mahmuds Sohn und Nachfolger, Mas'ud von Ghazna (gest. 1041), konnte nicht ahnen, daß seine Nachsicht gegenüber Arslan Ibn Seldjuk weltgeschichtliche Folgen haben würde. Dieser war wegen allerlei störender Umtriebe in Haft genommen, dann aber wieder freigesetzt worden. Man hatte damit den Führer einer nomadisierenden Horde aktiviert, die sich als besonders gewalttätig herausstellen sollte. Die Araber verwendeten für sie den Begriff Al-Ghuzz, der sich von den Oghusen herleitete.[18]

Diese kampfstarke Gemeinschaft, die weitläufig zu den Seldschuken gehörte und aus dem Südteil des Gebiets zwischen Aralsee und Kaspischem Meer stammte, zog in den Jahren 1040/41 eine breite Gewaltspur von Persien über Aserbaidschan und Syrien bis nach Armenien. Da die Ghuzz in den Kämpfen selbst fortlaufend dezimiert wurden, überlebte nur etwa ein Sechstel ihrer ursprünglich 30 000 Kämpfer. Einen wesentlichen Anteil an diesem Blutzoll hatten die gefürchteten Kurden von Hakkari, dem syrisch-anatolischen Grenzgebiet.[19] Dennoch hinterließen die Ghuzz einen bleibenden Eindruck: Sie töteten so viele Menschen, daß man Massengräber ausheben mußte, und sie machten so viele Gefangene, daß die Sklavenpreise im Irak ins Bodenlose sanken.

Inzwischen hatte sich ein gewisser Toghrulbeg (gest. 1063) gegen den Widerstand der Ghaznawiden in Nisabur festgesetzt. Er schwang sich zum Führer aller Seldschuken auf und bot dem Kalifen Al-Qa'im (gest. 1075) seine »Schutzdienste« an. Die Ghuzz waren dabei ein überzeugendes Argument: Wenn schon diese kleine Truppe solchen Schrecken verbreiten konnte, was war dann wohl von der Gesamtheit der Seldschuken zu erwarten?

Der Kalif verstand die Botschaft. Er entsandte Al-Mawardi (gest. 1058), Qadi von Bagdad, der eine teilweise noch heute gültige Machttheorie des Islam entwickelt hatte. Nach ihr kann jeder, der sich unter Berufung auf das islamische Gesetz Macht aneignet, nachträglich legitimiert werden. Toghrulbeg versprach Wohlverhalten, und 1044 entstand eine Vereinbarung nach seinen Vorstellungen: Die Seldschuken wurden zur Schutzmacht des Kalifats, und anschließend konnte kommen, was kommen mußte.

Die neuen »Garden« nutzten die sunnitisch-schiitischen Querelen auf ihre Weise. Sie plünderten Bagdad und zogen marodierend durch die Umgebung. Je ärger man das Volk malträtierte und den Kalifen einschüchterte, desto mehr Ehren meinte dieser, »im Namen des Glaubens« auf den rüden Türkenführer häufen zu müssen. Als die Situation schließlich ins Chaos abzugleiten drohte, ließ Al-Qa'im ihn vorsichtig um Abhilfe bitten. Toghrulbeg konnte das Gesicht wahren: Er werde seine Leute zur Ordnung rufen, die Gewalt im Schutzgebiet beenden und seine Truppen in Teilreiche entsenden, wo sie lokale Unruhen niederschlagen könnten. Stattdessen brach jedoch das endgültige Chaos aus. Während sie zunächst innere Machtkämpfe ausfochten, entblößten die Seldschuken die Hauptstadt von ihrem »Schutz«. Die Schiiten suchten ihre Abwesenheit zu nutzen und die Lage in ihrem Sinne zu wenden, indem sie den Kalifen unter Hausarrest stellten. Nun konnte sich die vollständige Anarchie ausbreiten, jener Zustand, den die Muslime bis heute so fürchten, weil Allahs Gesetz immer wieder neue Anwärter zur Machtübernahme ermuntert.

Toghrulbeg kehrte eilig zurück und stellte mit harter Hand die Ordnung wieder her. Seine rohe Truppe war nun unbestrittene Kontrollmacht im Reich, der Kalif ihre willige Marionette. Er mußte zustimmen, als der alternde Türkenführer um die Hand einer seiner Töchter anhielt. Diese »Ehe« blieb indessen eine bloße Demonstration der Macht und wurde nicht vollzogen. Der »Bräutigam« war impotent und die Braut voller Verachtung für ihn: »... sie aber lüftete nicht den Schleier vor dem Gesicht, erhob sich auch nicht vor ihm.«[20]

Solche privaten Intermezzi änderten natürlich nichts an der Machtfülle der türkischen Soldateska. Im Gegenteil: Toghrulbegs Neffe und Nachfolger, Alp Arslan (gest. 1072) sowie dessen Sohn Malikshah (gest. 1092) herrschten inzwischen als Sultane. Sie sicherten sich die Dienste ihres fähigen Ministers Nizam al-Mulk (gest. 1092), dessen Name – »Ordnung der Herrschaft« – für Qualität stand. Als Sohn eines ghaznawidischen Hofbeamten verfügte er nicht nur über einen systematisch geschulten Verstand, sondern verfaßte auch ein »Buch über die Staatslenkung« (pers.: *siyasat nameh*).

Nizam hatte die Schwäche des islamischen Machtkonzepts klar erkannt: Gewalt, die sich religiös begründete und auf Allahs Gesetz berief, würde immer wieder neue Gewalt erzeugen. Solange jemand erwarten konnte, allein aufgrund schierer Macht vom Kalifen als Herrscher anerkannt zu werden, würde die Gewalt zur Natur des Islam gehören und immer auch die Gefahr zukünftiger Anarchie nach sich ziehen. Der Minister hatte dagegen eine nachhaltige Sicherung und Ausweitung der seldschukischen Macht im Auge. Um Anarchie zu vermeiden, mußte er einen funktionierenden Staatsapparat schaffen. Dieser sollte nach seiner Einschätzung daher weniger auf religiös begründeter Gewalt als auf pragmatischem Handeln beruhen. Nur eine solche Struktur würde den Herrschenden und Untertanen zugleich nützen können.[21]

Der zielbewußte Minister entwickelte Institutionen, die sich mit Theologie und Recht sowie auch mit den sunnitischen Gegensätzen zur Schia beschäftigten.[22] Die nach ihm benannte Nizamiya in Bagdad wurde, neben der Azhar in Kairo, zur bekanntesten Bildungsstätte des Islam. Die dortige Dynastie der schiitischen Fatimiden hatte ihrerseits immer wieder gut ausgebildete Agitatoren entsandt. Sie verbreiteten verdeckt, aber mit erkennbarem Erfolg aufrührerisches Denken unter den Bewohnern des »Fruchtbaren Halbmonds«, des irakischen Kernlands.

Nizams neue Beamte vertraten ein rationales Zweckdenken, das den erwähnten Mu'taziliten nahekam (s.o. S. 26), ohne sich in dogmatische Debatten ziehen zu lassen. Dieses Vorgehen erschien höchst unislamisch, weil es in erster Linie nicht den *islamischen*, sondern den *funktionierenden* Staat anstrebte. Wenn überhaupt von Gerechtigkeit die Rede sein solle, so der pragmatische Staatsmann, dann brauche man zunächst eine taugliche Ordnung. Diese könne allerdings auch nur durch taugliche Machthaber, vorzugsweise die seldschukischen, verwirklicht werden.

Im Grunde hatte Nizams Konzept damit den direkten religiösen Bezug aus dem islamischen Gemeinwesen entfernt. Der Seldschukensultan brauchte keine Extralizenz mehr von Allah, geschweige denn vom Kalifen. Er und die sunnitischen Theologen würden einen Staat steuern, in dem sich die gottgewollte Ordnung sozusagen selbsttätig verwirklichte. Dabei sollte allerdings sinnlose Willkür durch sinnvolle Funktion ersetzt werden. Es sollten sich nicht mehr irgendwelche hergelaufenen Vagabunden mit dem Namen Allahs schmücken können, um ihre niedrige Habgier zu befriedigen:

»... sie (die Untertanen) werden bis aufs Blut gepeinigt und sind voll hoffnungsloser Verzweiflung. Jeder Dinar, der zur Steuer erhoben wurde, ward doppelt und dreifach von den Untertanen eingezogen, ohne zum Sultan zu gelangen und ward von gemeinen, niederen Erpressern geraubt. Jeder, der zu Maßnahmen gegen sie und als Nachfolger für sie von eurer Seite geschickt wird, der übertrifft nur noch an Gier und Tyrannei die Vorgänger.«[23]

Weder die orthodox-hanbalitische Rechtsschule, noch die hanafitische, der die Seldschuken selbst folgten, konnte sich mit dieser mäßigenden Sichtweise wirklich anfreunden.[24] Beide, besonders die orthodoxen Elemente, sollten daher zu dauerhaften Krisenherden politreligiöser Konkurrenzkämpfe werden. Besonders im Reich der Osmanen betrafen solche Konflikte immer auch finanzielle Aspekte, die Auslegung des Lehnswesens und die Behandlung der Steuerzahler.

Der Seldschukensultan vertrat somit auf sehr direkte Weise die Ordnung Allahs. Deren irdisch-politische Durchsetzung beruhte konkret auf der militärischen Stärke von turkmenischen Seldschuken, also von Türken. Zwar unwissentlich, dafür umso überzeugender, hatte Nizam al-Mulk das islamische Machtprinzip mit der militärischen Dominanz des türkischen Einheitsprinzips verknüpft. *Turkismus und Islam* waren in einer ideologischen Symbiose verschmolzen, die der weitsichtige Minister durchaus auch *Turkislam* hätte nennen können.

Dabei hatte er einen der ganz Großen des Islam auf seiner Seite. Der Mystikphilosoph Al-Ghazali (gest. 1111) übertraf seine Skepsis eher noch mit seinem vernichtenden Urteil über »die Türken, die wie rohe Tiere in Menschengestalt sind, denen kein Gottesmann dienen darf«.[25] Zudem verfaßte er eine anti-schiitische Streitschrift, die allerdings fatale Folgen hatte. Die ismaelitische Schia verfolgte mit ihrem »verborgenen Imam« einen aggressiven Totalanspruch auf die Staatsführung und duldete keinen Widerstand: »Wer stirbt, ohne den Imam seiner Zeit erkannt zu haben, stirbt als Ungläubiger (*kafir*).«[26] Den Ismaeliten wird daher zugeschrieben, einen Auftragsmörder des berüchtigten Assassinen-Ordens auf Nizam al-Mulk angesetzt zu haben, um sich von diesem gefährlichen, weil brillanten Kopf zu befreien.

Nizam mußte gewaltsam sterben, weil seine konstruktive Denkweise die personalen Ansprüche der Mullahs und Theologen und damit den Zugang zur Macht Allahs einzuschränken drohte. So sahen auch die sunnitischen Orthodoxen den Mord nicht ungern. Daß er zuvor die schiitischen Wallfahrtsorte wie Kerbela mit generösen Spenden bedacht hatte, sollte Nizam dabei ohnehin nichts helfen. Beide Seiten – Sunniten wie Schiiten – verstanden keinen Spaß, wenn ihre Macht durch nichtreligiöse, säkulare Einrichtungen beschnitten werden sollte.

Es trat dabei ein weiterer Aspekt hervor, der eine wichtige Verbindung des Nizam-Konzepts mit der religiösen Urzeit der Türken, d.h. mit Türkenführer Tonyukuk, sichtbar machte. So wie dieser sich die charismatische Kraft des Himmels und damit die Herrschaft direkt angeeignet hatte, so handelten jetzt der Sultan und seine Religionsfunktionäre nicht mehr nur im Charisma Allahs. Tonyukuks Handschrift war eindeutig erkennbar. Die Seldschuken setzten ihren nationalen Staat durch, wobei sie den Kalifen nur noch als optische Galionsfigur akzeptierten.[27] Dessen islamische Wirkmacht verband sich mit der primären, militärischen Dominanz *türkischer Einheit.*

Diese *turkislamische* Symbiose sollte sich alsbald in militärischen Erfolgen sichtbaren Ausdruck verschaffen. Ständig auch die permanente schiitische Unterwanderung bekämpfend, begannen sich die Seldschuken in nordwestlicher Richtung auszudehnen. Noch unter Toghrulbeg war man um 1050 tief in das byzantinische Reich vorgestoßen. Zuvor hatten bekanntlich schon die aus dem Nordosten eingefallenen Oghusen (Al-Ghuzz) dort für Angst und Schrecken gesorgt (s.o. S. 27).

Byzanz schien den Ernst der Stunde noch gar nicht begriffen zu haben. Während die turkislamischen Truppen bereits begonnen hatten, Provinzen zu besetzen und Städte zu plündern, hielten es die»christlichen« Byzantiner für wesentlich dringlicher, die verhaßten Armenier – ebenfalls Christen – nach Syrien zu vertreiben.

Als man schließlich das Ausmaß der Bedrohung erkannte, war es für wirksamen Widerstand zu spät. Auch mit einer besser motivierten Truppe als der Mietarmee von Griechen und Armeniern, Normannen und Franzosen sowie sogar türkischen Oghusen hätte man gegen die gut organisierten Seldschuken auf verlorenem Posten gestanden. Allein das Kräfteverhältnis stellte sich auf etwa 1:3 gegen Byzanz.[28] Als dann auch noch die unsichersten Truppenteile kapitulierten bzw. überliefen – die Armenier und Oghusen – war die Niederlage ohnehin besiegelt.

2. Der Marsch nach Anatolien

Mit ihrem entscheidenden Sieg bei Mantzikert im Jahre 1071 legten die Türken den Grundstein für die kommende Herrschaft in Anatolien. *Ötükän* schien die Basis für eine neue Heimstatt gefunden zu haben. (s.o. S. 22). Dabei ließ die Hauptwaffe der Seldschuken auch mythische Erinnerungen anklingen – der *Pfeil.* Massenweise und mit weittragenden Bogen eingesetzt, brachte er den Türken den epochalen Sieg. So wird verständlich, wenn Türkenvater Atatürk ein knappes Jahrtausend später die Prinzipien seiner modernen Staatsgründung Pfeile nannte (s.u. S. 103).

Die anatolischen Städte Kayseri und Konya wurden zu Zentren der Rum-Seldschuken (arab. *rum* = Anatolien). In Mantzikert erwies sich der Sieger Alp Arslan großmütig und ersparte Kaiser Romanos IV. Gefangen-

schaft und Tod, wenngleich dieser noch im gleichen Jahr starb. Der Seld-
schuke hatte zunächst noch andere Pläne. Wer im Islam wirklich herrschen wollte, brauchte Syrien und vor allem Ägypten. Von dort sandten
die verhaßten Schiiten immer noch ihre aufrührerischen Agenten aus.
Die Sicherung Anatoliens sollten Angehörige aus Arslans Sippe besor-
gen, die er mit ertragreichen Lehen in Armenien und Kappadokien ent-
lohnte. Auf ihre Loyalität konnte er offenbar zählen. Ein Vetter aus der
Danishmend-Seitenlinie in Sivas war als Djihad-Kämpfer bekannt, der
dem türkischen Epos zufolge seine Soldaten anwies, ihre Lanzen mit
Christenköpfen zu bestücken:

»Jeden Tag verfluche ich hundertmal das Kreuz. Ich habe 100 000
Kreuze (d.h. Christen) und 100 Mönche getötet, ohne daß mir etwas geschah.«[29]

Die seldschukischen Turkmenen galten ohnehin als erfahrene Krieger,
die kaum Gefangene machten, sondern die einheimische Bevölkerung in
der Regel liquidierten. In erster Linie ging es nicht um Islamisierung,
sondern im Sinne der türkischen Einheit um die *ethnische Turkisierung*.[30]
Dieses Verhalten schien auch eine antijüdische Komponente zu beinhalten.
Im Mantzikert-Jahr 1071 war man auch in Jerusalem, fünf Jahre später in Damaskus eingezogen. Neben Kairo waren beide Städte nicht nur
Metropolen der großen Religionen, sondern auch Zentren der Qaraiten,
einer asketischen Judensekte des Orients. Sie trat gegen die mündliche
Tradition des Talmud und für die hebräische Bibel als einzige Quelle der
Erkenntnis ein. Ob ihre Parallele als »Rufer« des wahren Glaubens zu den
»Rufern« (du'a) der Schia die seldschukische Eroberung zusätzlich motiviert hat, ist ungeklärt.[31] Der persische Historiker Abu'l-Fida' (gest.
1331) weiß immerhin zu berichten:

»Die Turkmenen sind ein zahlreiches Volk vom Geschlecht der Türken, die zur Seldschukenzeit die Lande von Rum eroberten. Sie haben es sich zur ständigen Gewohnheit gemacht, die Küstenbevölke-
rung, die zu den Qara'ita gehört, heimzusuchen, deren Kinder zu
rauben und den Muslimen zu verkaufen.«[32]

Es unterliegt geringem Zweifel, daß über längere Zeit nicht nur in
Ostanatolien die Turkisierung durch Liquidierung – heute heißt dies

»ethnische Säuberung« – eine bestimmende Rolle gespielt hat. Dabei kam der Koran, der eine Sonderbehandlung der Christen und Juden als »Dhimmi« vorsieht (arab. *dhimma* = Schutzvertrag), nicht zur Anwendung.[33] Nur so ließ sich sicherstellen, daß die armenische Basisbevölkerung im eigenen Land rasch zur Minorität schrumpfte:

> »1064 machte der Seldschuken-Sultan Alp Arslan (1063–74) Georgien und Armenien zu einem Land voller Ruinen, richtete viele Massaker an ›und verbreitete dort überall Tod und Versklavung‹, rottete ganze Bevölkerungsgruppen aus und führte unzählige Gefangene mit sich fort. Alle männlichen Bewohner von Ani[34] wurden umgebracht, Frauen und Kinder wurden deportiert.«[35]

In Anatolien bildeten sich Zonen abgestuften Widerstands, indem im mittleren Teil die Städte sich eher als die im Osten ergaben. So überwog hier die Islamisierung die Liquidierung, weil die Siedlungen, die sich ergeben wollten, in der Regel auch den Sultan um den Schutz durch die koranische *dhimma* anrufen konnten.

Dennoch bot auch er keine Garantie. Im Gegenteil: Nicht selten gab er den Beuteplänen der gierigen Militärs nach, um ihre Loyalität zu erkaufen. Auch dafür konnte er sich auf den Koran berufen, der die Tötung von Nichtmuslimen vorschreibt, wenn sie die islamische Ausbreitung behindern.[36] Herumstreifende Banditen, die diese Aufgabe übernehmen konnten, gab es in Hülle und Fülle. Oft schnitten sie die Versorgungswege ab, um die Städter auszuhungern und ihre Häuser zu plündern. Sie erschienen als unvermeidbares »Nebenprodukt« der ständigen Türkenwellen, die sich aus dem zentralasiatischen Völker-Reservoir lösten und westwärts wanderten. Ihre Raubrazzien und der *ethnische Djihad* der Seldschuken wurden zum prägenden Gewaltmuster der Zeit.

Islamisierung und Turkisierung verbanden sich zu einem »Strukturwandel« mit katastrophalen Folgen für die einheimische Bevölkerung Anatoliens. Islamisch verkleidet konnte die ethnische Einheitspraxis diesen Wandel noch verstärken. Seit langem war die türkische Ethnie bekannt für Radikalität und militärische Durchsetzungskraft.[37] Der Turkologe E. Werner kommentiert die westlich-moderne Weltsicht, welche die Phasen nachlassender Ausbeutung und Gewalt als Toleranz interpretiert:

> »Unter solchen Umständen benötigt man viel Phantasie, um in der turkmenischen Welle eine Wohltat für Ostanatolien zu sehen … und

zu behaupten, daß Massaker und Zerstörungen zu den seltenen Ausnahmen gehört hätten ... Insgesamt waren die Türken eine Minorität, die nicht nur militärische und politische Macht besaß, sondern
auch die Fähigkeit zur ethnischen Expansion.«[38]

Es schließt sich wieder der Kreis zu Nizam al-Mulk, der sich wie erwähnt gegen die »Gier und Tyrannei der niederen Erpresser« gewandt
hatte. Er kannte seine Landsleute, die sich weder an Verträge noch sonstige Abmachungen, geschweige denn den Koran hielten. Solange das
Land noch Tribut versprach, opponierten die Turkmenen gegen jeden
Versuch der Mäßigung, die den Untertanen auch nur die Andeutung einer Verhandlungsposition gegenüber ihren Herren verschaffen konnte.
Zugleich wurde der Abstand zwischen den rohen türkischen Herrschaftsformen und den entwickelteren Sitten an persischen bzw. arabischen Höfen deutlich.
    Es war die Mäßigung, die aus der Aneignung von Wissen kam. Das
Denken der Seldschuken kreiste primär um die Aneignung von Tributen.
Ihr Militäradel hatte sich erneut nach dem Muster etabliert, aus dem er
hervorgegangen war. Dem Sultan in Konya huldigten die neuen anatolischen Provinzemire zunächst noch ebenso wie die islamischen Teilreiche
dem Kalifen in Bagdad. In ähnlicher Form »ordneten« sie auch ihre wirtschaftlichen Verhältnisse, die auf dem Lehnswesen beruhten.
    Der hohe Finanzbedarf des Kalifats bestand zu etwa der Hälfte aus Auf-
wendungen für das Militär.[39] So bedingte permanenter Geldmangel eine
sich laufend steigernde Besteuerung des Landes, das dabei immer noch
mehrheitlich von Christen bestellt wurde. Zuweilen ausbrechender Aufruhr mußte wiederum vom Militär niedergeschlagen werden, worin sich
bereits der Keim des Finanzdilemmas abzeichnete.
    Bei sich leerenden Kassen erfolgte die Bezahlung der Soldaten in Form
von zunächst nicht erblichen Ländereien und Lehnsrechten (arab. *iqta'*
= Lehen). Mit der Gewalt professionell vertraut, übte dabei das zunehmend türkische Militär die eigenen Rechte konsequenter aus als die kalifischen Eintreiber, die freilich selbst nicht zimperlich vorgingen und
ihre Vollzugsmacht oft genug mißbrauchten. Die Türkensultane bauten
bei der Eroberung und »Befriedung« Anatoliens das steuerliche Beutesy-
stem weiter aus. Sie hatten von den schiitischen Buyiden gelernt, die zuweilen schon Lehnsrechte gegen Kriegsdienste vergaben und in diesem
Punkt mit der europäischen Praxis verglichen werden können.[40]
    Die Seldschuken machten dieses Vorgehen zur Regel. So konnten sich

auch ihre Lehnsträger von der sultanischen Zentralgewalt weit schneller
abkoppeln als zuvor die Söldnergarden von der kalifischen Kontrolle.
Um die Mitte des 13. Jahrhunderts hatte sich ein System des militärischen, kontrollfreien Feudalismus herausgebildet. Der Sold bestand in
der Ausbeutung der Lehen, und diese waren inzwischen vererbbar geworden, vorzugsweise an waffenfähige Söhne. Den Druck der Herrschenden auf die Lehnsträger gaben sie verstärkt an die Steuerzahler weiter. Es baute sich eine Zwangspyramide auf, die schließlich eine
gnadenlose Tributmaschine entfesselte. In Verbindung mit dem ethnischen Turkislam sollte sie auch zur Herrschaftsbasis der kommenden Osmanen werden.

3. Varianten in Europa

Schon knapp zwei Jahrhunderte zuvor hatte Nizam al-Mulks Staats-
denken die Menschen vor der zerstörerischen Wirkung der Lehnsaus-
beutung schützen wollen. Sein gegen die Leibeigenschaft gewandtes Konzept setzte sich allerdings nicht durch, weil es erkennbar den Tribut nicht
maximierte:

»Leute, die Lehen innehaben, sollen wissen, daß auf Grund des Le-
hensbriefes ihnen gegen die Untertanen nur der ihnen übertragene
Vermögensanspruch zusteht. Nach erfolgter Erhebung sind die Untertanen mit Gut und Blut, mit Weib und Kind sicher; desgleichen
ihre fahrende und liegende Habe. Die Lehensträger können über
ihre Leute nicht weiter verfügen.«[41]

Der Turkismus, die militärische Durchsetzung des Türkischen, hatte
sich in der Schnelligkeit der ersten Eroberungen die mäßigenden Elemente der iranisch-arabischen Hochkultur – ihrerseits begrenzt genug –
kaum aneignen können. In Anatolien, besonders im Osten, wurden die
Steuerempfänger schnell zu feudalen Grundherren auf den ehemals kai-
serlichen Domänen. Sie beuteten die Landbauern, vornehmlich Armenier und iranstämmige Kurden, nun nach eigenem Gutdünken aus.
Der erwähnte Vergleich mit dem europäischen Feudalismus blieb lediglich auf die Struktur – Lehen als Sold – beschränkt. Der Produktions-
gedanke selbst ist in Europa andere Wege als im Islam gegangen. Produktion wird umso unproduktiver, je weniger die persönliche Initiative

der Produzenten zur Entfaltung kommt. Wenn sie zusätzlich auch noch durch ständige, kontrollfreie Bedrohung ausgeschaltet wird, kann das Wirtschaften keine hinreichende Dynamik als selbsttragendes System entwickeln.

In Europa, wo man sich über lange Zeit ebenfalls auf Gewalt und Ausbeutung beschränkte, bereitete sich allerdings ein Umdenken vor. Etwa in der Zeit, in der große Teile des islamischen Kernlands und Anatoliens turkisiert wurden – zwischen dem 9. und 13. Jahrhundert –, hatten die Europäer die britischen Inseln sowie weite Flächen Nord- und Osteuropas in Besitz genommen und kultiviert. Gewalt war hier oft genug im Spiel, aber auch das latente Gewissen des christlichen Gedankens.

Zum Beispiel pflegten die Normannen im sizilianischen Süden ein gutes Verhältnis zu den Muslimen, während sie mit den Bewohnern des walisischen Nordens ganz anders verfuhren. Darin schien man allerdings schon zu jener Zeit des 12. Jahrhunderts eine abzulehnende Abweichung zu sehen. Die Kritik daran erinnert an Nizams humanes Konzept und seine Warnung vor der »Gier der niederen Erpresser«:

> »Fünfzehn Jahre lang rang er die Waliser nieder und drang in das Land dieser Männer ein, die zuvor die Freiheit genossen hatten, und die den Normannen nichts schuldeten … Stolz und Habgier, die in dieser Welt der Sterblichen die Herzen aller regieren, trieben den Markgrafen Robert zu diesen hemmungslosen Plünderungs- und Tötungsorgien.«[42]

Während die Seldschuken das anatolische Land westwärts turkisierten, rollten die »Franken« – vornehmlich Spanier, Franzosen und Deutsche – in der Reconquista große Teile des von den Muslimen besetzten Spaniens auf. Die Kreuzzüge bilden das historische Scharnier zwischen diesen Abläufen. Die Gewaltexzesse in Jerusalem 1099 und in Konstantinopel 1204 bestätigten die blinde Gegnerschaft zur östlichen Orthodoxie. Dennoch blieben sie Einzelereignisse, die in Europa keine konkrete Aussicht auf systematische Fortsetzung hatten.

Obwohl die Kolonisatoren und Kreuzfahrer unbeschränkte Willkür üben konnten, waren sie immer mehr gehalten, dieses Potential zu zügeln. Die »Ritter« rückten von purer Gewalt zu differenzierterem Verhalten vor, das man »Tugend« nannte. Aus dieser ethischen Bandbreite entstand in Europa ein Kodex, der reines Gewaltdenken auf allmähliche, gesellschaftliche Ablehnung stoßen ließ. Zur Zeit der seldschukischen Eroberung war es daher den Privilegierten Europas kaum noch möglich, sich ohne Vertrauens- und Gesichtsverlust dauerhaft über diese Instanz »moralischer Korrektheit« hinwegzusetzen.

Wer die Loyalität sowohl der Herrscher als auch Untertanen sichern wollte, mußte sich nolens volens dem europäischen Kodex fügen. Dieser war von so nachhaltiger Kontrollwirkung, daß sich ihm auf Dauer niemand entziehen konnte, aber auch gar nicht wollte. Denn seine ethischen Effekte hatten günstige ökonomische Folgen. Wer die Menschen schonte, nützte sich selbst. Grundherren, die ihre Bauern nicht bedrohten, schufen ein positives Klima. Grundherren, die darüber hinaus ihre Bauern sogar am Ertrag beteiligten, steigerten ihre Produktivität und füllten die Kassen für weitere Investitionen.

Unfreiwillig machten die Europäer damit ihre Nähe zum Konzept des Nizam al-Mulk deutlich. Dieser hatte ebenfalls die Sicherheit der Person und des Eigentums gefordert. Mit dem sichtbaren Erfolg ihres pragmatischen Wirtschaftens wirkten die Kolonisatoren auf die »Heiden« besonders attraktiv. Was die Mönche in der Missionierung nicht zuwege brachten, konnte also den säkularen Lehnsherren in der Landkultivierung gelingen.

Kolonisten waren knapp, und ihr Mangel zwang zu Anreizen, die sich in erträglichen Tributen und in der Untervergabe von Land an Freigelassene oder sonstige Arbeitsfähige ausdrückten. Wenn sie zudem auch Christen wurden, konnte dies ihre Rolle in der Gemeinschaft nur fördern. Bei allen gebotenen Einschränkungen lag das Erfolgsrezept der europäischen Expansion des hohen Mittelalters im tandemartigen Zusammenwirken von Glaube und Arbeit.

Die Königshäuser, die in dieser Zeit entstanden – Kastilien, Portugal, Böhmen und Sizilien – konnten zwar nicht ohne Gewalt entstehen, ihren Bestand aber ebensowenig nur mit Gewalt sichern. Wer deren Kreislauf nicht durchbrach, errang weder ethisches Prestige, noch wirtschaftlichen Erfolg. Besonders deutlich wurde dies in den Stiftungen zur Kultivierung von Land. Je angesehener ihr Gründer, desto eher trug Gewaltanwendung schon den Keim des Mißerfolgs in sich. So war eindeutig, daß sie nicht nur ein Instrument der feudalen Ausbeutung war, sondern auch dem Gemeinwohl zugute kam:

»Wir betrachten es nämlich für besser und nützlicher, daß dort Siedler eingesetzt werden und aus ihrer Arbeit Ertrag erwächst, als daß (das Land) unbebaut und fast nutzlos liegen bleibt.«[43]

Der wesentliche Unterschied zum Entwurf des Islam und seines seldschukischen Ablegers tritt unmittelbar hervor: Statt den Bauern durch
Ertragsbeteiligung zu motivieren, preßte man ihn aus, bis er sein Heil in
der Landflucht suchte. Damit schwächte man nicht nur die individuelle
Ertragskraft, sondern verhinderte überhaupt eine stabile Wirtschaft und
förderte zugleich die Anarchiegefahr im turkislamischen Reich.

Auch die Zielsetzung der islamischen Stiftung von Land (arab. *waqf*)
schlug bald eine andere Richtung ein. Ursprünglich sollten die Erträge
den Armen zugute kommen und die Stifter keinen Zugriff auf das Vermögen haben. Im Laufe der Zeit wurde sie jedoch eher zum Mittel der
Vermögenssicherung für reiche Familien. Indem diese sich in die eigentlich offizielle Verwaltung einmischten, erlangte das Land seinen exklusiven Besitzcharakter zurück und trug zur Feudalisierung des Staates bei.
Für Frauenfeinde bot die Stiftung einen angenehmen Nebeneffekt: Sie
wirkte sich enterbend auf die Töchter der Erblassers aus. In Verletzung
der koranischen Bestimmungen konnte alles in sie eingebrachte Vermögen nur auf männliche Nachkommen übergehen.[44]

4. *Turkisierung vor Islamisierung*

Was den Landbau betraf, so hatte bereits Verkünder Muhammad die
Weichen unumkehrbar gestellt. Für ihn stand fest, daß die Muslime über
alle anderen die Herrschaft zu übernehmen hatten. Diese sollte vor allem
durch Kampf und Eroberung, den berühmten *Djihad*, bewerkstelligt
werden. Zudem wies er darauf hin, daß eben diese elitäre Rolle verspielt
wäre, sobald man Landwirt würde, d.h. das Nomadentum bzw. die Mentalität des beweglichen Auswanderers und Eroberers aufgäbe:

>»Der Unterhalt meiner Gemeinde beruht auf den Hufen ihrer Rosse
>und den Spitzen ihrer Lanzen, solange sie nicht den Acker bestellen.
>Wenn sie aber anfangen, das zu tun, so werden sie wie die übrigen
>Menschen.«[45]

Zusammen mit dem Koran zeichnet sich damit ein Muster ab, das uns
durch seine Parallele zum Türkentum bekannt vorkommt: So wie die
Muslime in erster Linie eine politische Rechtsgemeinschaft sind, die sich
in zweiter Linie religiös versteht, so verstehen sich die Türken primär als
eine ethnische Gruppe, die sekundär auch eine Religion hat. Allerdings

erheben beide auf beides einen ausschließlichen Anspruch, woraus sich der potenzierte Machtanspruch des *Turkislam* ergibt. Wie oben erläutert, übernimmt derjenige die Macht im Islam, der sich auf das Recht (Scharia) beruft und es faktisch durchsetzt. Dieses Recht beschränkt sich nicht auf den Ritus, sondern weitet sich auf die gesamte Staatsverfassung und Gesellschaft aus. Es beruht sowohl auf dem Koran als auch dem Vorbild seines Verkünders, der Prophetentradition (sunna).

Muhammad hatte eine machtspendende Zusatzklausel verordnet: Alles, was man ihm nach seinem Tode zuschriebe und mit dem Koran übereinstimme, sei zu glauben, »ob ich es nun gesagt habe oder nicht«.[46] Damit entstand ein riesiger Komplex von Anweisungen und Gesichtspunkten, die im Grunde alle zu befolgen sind. Da dies natürlich unmöglich ist, hat ihre Vielfalt zu allerlei Auslegungen und Islamformen geführt – sunnitischer und schiitischer Islam, mystische Orden, diverse Sekten etc. So unterschiedlich diese auch sein mögen – die Rechtsbestimmungen der Scharia sind für alle verbindlich.

Dies traf besonders auch auf die Seldschuken zu, die sich nicht nur als Hüter des sunnitischen, also eher orthodoxen Islam verstanden. Wie wir wissen, bewahrten sie zudem ein vitales Bewußtsein als kriegerische Nomaden, das durch die nachdrängenden Türkenwellen ständig aufgefrischt wurde. Daran änderte auch der Umstand wenig, daß Teile dieser Nomaden, die saisonalen Landbau betrieben, selbst in die allgegenwärtige Tributmühle gerieten. Ebenso ließen sich diese Kämpfer auch nur kurzfristig durch die Kreuzfahrer des 12. Jahrhunderts aufhalten. Insoweit widerlegten sie erneut die unausrottbare Fehleinschätzung der Byzantiner, die sich regelmäßig durch Türken weniger bedroht fühlten als durch Nichtmuslime, vorliegend Normannen.[47]

Die turkistische Wirkmacht ließ sie alle einem Geist ethnischer Zusammengehörigkeit folgen, in dem die Einheimischen nicht nur islamisch, sondern vor allem türkisch zu überwinden, also zu liquidieren waren. Islam wurde zum Instrument türkischer Dominanz. Dort, wo dieser Ethnoglaube auf Widerstand stieß oder sich bedroht fühlte, bekamen die nichttürkischen Ansässigen seine Gewaltfähigkeit zu spüren.

Nicht selten gab es auch Fälle, in denen nichttürkische Mehrheiten Bedingungen schufen, die türkischer Herrschaft den Weg ebneten. Die Byzantiner führten selbst Zustände herbei, die ihre eigene Überwindung erleichterten. Wie erwähnt, verzettelten sie sich nicht nur in Feindschaft gegen die armenische und römische Kirche. Als Feudalherren praktizierten auch sie eine zuweilen so drastische Ausbeutung, daß die perspektivlosen Bauern keine Kinder mehr zeugten oder sogar im Turkislam die bessere Zukunft sahen.

Wer demographisch dahinschwand, konnte den einströmenden Türken das anatolische Land also auf eine ganz »natürliche« Weise öffnen, die Gewalt weder nötig noch möglich machte. Im späteren Teil unserer Untersuchung werden sich auch zu dieser Situation moderne Parallelen aufzeigen lassen. In unserer Zeit betrachten schwindende Mehrheiten die Möglichkeit, durch türkisch-islamische Minderheiten dominiert zu werden, als »Bereicherung«. Und ihre demographische Impotenz, die den türkischen Zustrom überhaupt erst physisch ermöglicht, kommt ihnen wie »Toleranz« vor (s.u. S. 218).

Um die Wende zum 13. Jahrhundert gingen die Seldschukensultane dem Zenith ihrer Macht entgegen. Bis auf das hartnäckige Kleinreich Trapezunt am Schwarzen Meer beherrschten sie nun ganz Anatolien, weite Teile des Irak sowie traditionell Chorasan. Die Tributmaschine lief immer noch auf Hochtouren, die vor allem eine stetige Dezimierung der einheimischen Bevölkerung bewirkte. Im 12. Jahrhundert sank sie von 90 Prozent weiter auf zunächst etwa 80 Prozent.[48]

Ihre gewaltigen Einkünfte hatten die Seldschuken inzwischen in engeren Kontakt mit den orientalischen Hochkulturen gebracht, insbesondere der persischen. Alle Chroniken und fast alle Verwaltungsregister waren auf Persisch verfaßt. Entsprechend war über die Hälfte der Gelehrten und hohen Beamten persischer Herkunft. Dies hatte weniger, wie westliche Orientidealisten oft meinen, mit »Toleranz«, sondern mit mangelnder Bildung der neuen Herrenkaste zu tun. Sie folgte einem ganz anderen Auftrag: dem ethnischen Djihad. Zur Erfüllung dieses Auftrags hatte sie für ein intaktes Heer zu sorgen. Also waren alle höheren Offiziere Türken.

Gerade weil die Seldschuken erst Türken und dann Muslime waren, konnte ihnen eine gewisse islamische Laxheit nicht abgesprochen werden. Die türkischen Glaubenseiferer machten hierfür den aus ihrer Sicht verhängnisvollen Einfluß der persischen Kultur verantwortlich. Sie meinten, daß »jedem, der Persisch lernte, die Hälfte des Glaubens verlorenging«.[49]

Für persisches Denken war dagegen immer auch die Fähigkeit zur rationalen Problemlösung kennzeichnend gewesen. Sie schien sich durchaus anregend auf das Bildungsinteresse und die politische Diplomatie der Turkmenen auszuwirken. In den Moscheebau flossen Elemente der persischen Architektur ein, und in den entstehenden Bildungseinrichtungen vermittelte man nicht nur islamisches, sondern auch allgemeines Wissen.

Zeitweise unterhielten die Sultane engere Verbindungen zum Kaiserhaus in Byzanz. Wie so oft im westlichen Umgang mit Gegebenheiten des Islam, macht sich hier erneut die moderne Spaltung zwischen Kulturideologie und Wissenschaft geltend. Erstere nennt letztere auch »Essentialismus«, womit man die Abneigung gegen die Einordnung von Sachverhalten in größere, historische Zusammenhänge ausdrücken möchte. So erscheinen diese engeren Beziehungen den einen als »einzigartige Veranschaulichung byzantinisch-seldjukischen Zusammenlebens«,[50] die anderen erklären sie nüchterner als pragmatisches Zusammenrücken vor der mongolischen Bedrohung.[51]

Einer relativ kurzen Welle der Turkisierung im ersten Ansturm der Eroberer war jeweils eine längere Phase der Islamisierung gefolgt. Dabei vollzog sich eine Umkehrung des Verhältnisses zwischen Muslimen und Nichtmuslimen. Immer wieder schoben sich auch weitere türkische Zuwanderungphasen ein, Fluchtwellen, die der mächtige Bug der nachdrängenden Mongolen vor sich herschob. Sie lösten verstärkten Turkisierungsdruck, also die »Säuberung« von Einheimischen aus und erstickten somit auf ihre Weise den Willen zur Mäßigung, wenn er denn überhaupt nennenswert vorhanden sein konnte.

Bei aller Vorsicht gegenüber den unsicheren Zahlen läßt sich wenige Jahrzehnte nach dem Fall Konstantinopels 1453 eine grobe Drittelung der anatolischen Bevölkerung feststellen. Nun besteht die Mehrheit aus Muslimen. Von etwa 90 Prozent im Westen senkte sich dabei ihr Anteil über 80 Prozent in der Mitte auf ca. 70 Prozent im Osten ab. Die Türken hatten also nur wenig mehr als ein Jahrhundert gebraucht, um diesen massiven Volksumbau, die Umkehrung von Christen zu Muslimen, zu bewerkstelligen. Demgemäß ging im gleichen Zeitraum auch die Zahl der Metropoliten (Bischöfe) um zwei Drittel zurück.[52]

Allerdings war auch eine Beteiligung der »christlichen« Führer an diesem Geschehen kaum abzustreiten. Nicht nur der Wille, die eigenen Ämter zu retten und an den Tributen teilzuhaben, sondern auch die Feindschaft gegenüber der römischen Kirche trieben die orthodoxen »Geistlichen« in die Kollaboration mit den seldschukischen Eroberern. Zusammen mit Kaufleuten, Grundbesitzern und Bürokraten bildete sich hier eine elitäre Kooperation heraus. Sie verband sich in wechselnden Bündnissen mit der herrschenden Militärkaste und schloß damit nahtlos an die Praxis des arabischen Kalifats und seiner Hofkamarilla an.[53]

Hinzu kam eine weitere Gruppe von Opportunisten, zumeist frustrierte Ehrgeizlinge aus Kirche, Adel, Verwaltung und Bildung. Sie kamen mit den Umständen im eigenen Kulturbereich meist nicht zurecht und suchten nun im Dienst für muslimische Machtinteressen Karriere zu machen. Mit dem Wechselspiel aus Eindringen, Drohung und Gewalt einerseits sowie der einheimischen Kollaboration andererseits wurde der ethnische Djihad der Türken zum historischen Erfolgskonzept. Eine bessere Begründung für den türkischen Expansionsdrang als das koranische Kampfgebot konnte es dabei kaum geben.

Je weiter das Fremde zurückgedrängt und beseitigt wurde, desto »reiner« konnte das türkische Machtkartell aus Militär, Verwaltung, Grundbesitz, Wirtschaft und Islam werden. Die Anwesenheit nichtislamischer Intelligenz in islamischen Eliten wird in der westlichen Wahrnehmung als »Toleranz« gewertet; das Verschwinden nichttürkischer Intelligenz aus den türkischen Eliten erschien bislang nicht als »Intoleranz«. Diese Herrschaftsform wird sich über die Geschichte hinweg erhalten, in der »modernen« Türkei fortsetzen und hier auch wieder vom europäischen Toleranzfilter profitieren.

5. Mystik und Zerstörung

Im Zeitraum zwischen 1200 und 1500 entstanden die großen Mystikorden, welche die geistige und politische Geschichte der Türkei erheblich mitgeprägt haben. Sie profitierten von der schamanischen Tradition der Turkstämme, die sich bis heute den *bozkurt*, den Grauen Wolf, als stärkespendendes Totemtier bewahrt hat. Unbeirrt vom Islam, betrieben die Turkmenen und Oghusen weiterhin magische Riten, die ihren türkischen Mythos und damit auch ihre aktuellen Führer zelebrierten (s.u. S. 62).[54]

Im Zuge der Islamisierung schoben sich auch sufische Ordenspraktiken in diese Kulte und vermischten sich teilweise mit ihren Strukturen. Der »*baba*« (türk.: Vater), der Schamane des Ethnokults, rückte in die Nähe des »*pir*«, des Meisters der mystischen Schule. Dieser führte seine Novizen, die sogenannten Müriden, in die Schau Allahs ein, der für eine Zeit des Übergangs auch schon einmal Züge nomadischer Steppengeister annehmen konnte. Allmählich traten jedoch die Derwische in den Vordergrund, die sich als »*baba'iler*« überall in Anatolien ausbreiteten.

Sie strebten die mystische Einheit mit Allah an (arab. *tauhid*) und verstießen damit, wenn sie konsequent blieben, gegen beide Hauptmächte des Turkislam zugleich: die militärische Führung und den sunnitischen Islam. Zwei Vorläufer dieser Richtung, die charismatischen Prediger Elyas und Ishaq, wanderten von Chorasan nach Anatolien ein und sammelten dort mit ihren attraktiven Lehren so viele Anhänger um sich, daß die Obrigkeit eine Revolte befürchtete. Zum »Schutz« der Herrschenden wurden beide hingerichtet.

Sie erinnerten an den großen, arabischen Mystiker Halladj (gest. 922). Er hatte drei Jahrhunderte zuvor die Einheit der Menschen mit Gott in einem berühmten Satz zusammengefaßt und damit die Herrschenden erschreckt: »Ich bin die Wahrheit!« Auf weiten Reisen bis nach Indien prangerte er ihre Hab- und Herrschsucht in Religion und Staat an. Die Obrigkeit konnte solches auf Dauer nicht dulden. Nach langer Kerkerhaft ließ sie den unbequemen Prediger grausam töten und seine Asche in alle Winde verstreuen. Was diese Maßnahme sicher nicht stärken sollte, war das Charisma des Halladj, das auf viele Menschen – nicht nur Muslime – eine bis in die Gegenwart wirksame Faszination ausübt.[55]

Etwa gleichzeitig mit Ishaq und Elyas, d.h. in der ersten Hälfte des 13. Jahrhunderts, machte Hadji Bektash von sich reden, ein Prediger, der Elemente der Schia mit schamanischem Türkenglauben verband. Mit dieser Kombination unterstützten seine Anhänger den ethnischen Djihad und lieferten den Osmanen eine passende Gründerideologie. Folgerichtig wurde der um 1500 entstandene Bektashi-Orden zur geistigen Heimat der Janitscharen, des berühmten Kampfkaders der Osmanen. Später verstärkten sich sunnawidrige Elemente, die die Bektashis wieder den Schia-Gründer Ali verehren ließen. Ihr aktiver, politreligiöser Charakter hat dieser Gemeinschaft einen stabilen Bestand bis in unsere Zeit gesichert.

Parallelen zu den Bektashi wiesen die *Kizilbash* (Rotköpfe) auf. Sie leiteten ihre Bezeichnung von roten Mützen her, die schon die baba'iler trugen und sie nicht nur als Ali-Verehrer ausweisen. Die rote Mütze hat ihre Wurzeln auch in der Frühzeit des türkischen Ethnomythos. Ebenso verweisen ihre Kulte mit Wein, Tänzen und Sexualriten auf die vorchristlichen Mysterien des Altertums. Vom klassischen Islam unterscheidet die Kizilbash nicht nur ihre liberale Religiosität, sondern auch ein starker sozialer Zusammenhalt der Gemeinschaft. Diese verehrt den *dede*, ihren Führer, mit einer Hingabe, die wiederum an sufische Praktiken erinnert. In den türkischen Aleviten, die für ihren Glauben nach wie vor keine Moscheen brauchen, haben sie sich bis heute erhalten.

Im Grenzgebiet Ostanatoliens hatten sich anfangs des 16. Jahrhunderts große *Kizilbash*-Verbände gebildet, die sich durch ständige Zuwanderung aus dem Iran verstärkten. Nach einigen Erhebungen ging der Sultan an die Wurzel des Problems. 1514 massakrierte er 40 000 *Kizilbash* und verfolgte die Flüchtenden auf iranisches Gebiet, um die Hauptquelle des Aufstands »auszutrocknen«. Mit der Besetzung von Täbris signalisierte man dem persischen Schah die türkische Macht, ohne sie aktuell auszuweiten. Statt dessen entspann sich eine jahrhundertelange Unterdrückung der Sunniten im Iran und der Schiiten in der Türkei, aus der die Osmanen eine begrenzte Überlegenheit entwickelten – unterwerfen konnten sie den Iran nicht.[56]

Aus dem ausgeprägten Sozialsinn der *Kizilbash* gingen die Ethikbünde der *Ahi* (türk.: edel) hervor, die selbst bei den Osmanen eine gewisse Rolle spielen konnten (s.u. S. 54). Ähnlich der Wohlfahrt der arabischen *futuwwa* (arab.: Tugend, Ritterlichkeit) bildeten sie ein Gegengewicht zum Feudalismus der turkmenischen Militärkaste. Beide strebten einen Besitz an, der auch den Armen zugute kam, und zeigten daher Interesse an leistungsstarkem Handel und Handwerk. Zünfte im europäischen Sinne konnten diese Verbände nicht bilden, da die Obrigkeit ihre Aktivitäten strikt einschränkte. Immerhin konnten sie eine Vorstellung von konstruktivem Wirtschaften durch ihre Kontakte zu Christen bekommen,[57] die sich allerdings im Zuge der Turkisierung verlieren mußten.

Abschluß und Höhepunkt der Abfolge Elyas-Ishaq-Bektash bildet der größte Dichter und Mystikphilosoph der Türken, Djelaleddin Rumi (gest. 1273) aus Konya. Er ist die Gründergestalt des Mevlevi-Ordens, dem er ein elitäres Prinzip mitgab, um seinen stabilen Bestand zu sichern. Der Orden unterhielt opportunistische Beziehungen zu den jeweiligen Machthabern und war daher immer attraktiv für die besitzende Klasse. Als die Mongolen einfielen, wurde besonders deutlich, wie nahe das islamische Besitzdenken immer wieder auch den europäischen Varianten kam und auch heute weiterhin kommt. In der geschliffenen Bildung der Kreise um Rumi war eine Ethik-Facette jedenfalls nicht vorgesehen:

»... unsere Blicke sind auf den Willen Gottes gerichtet, um zu sehen, wen er bevorzugt ... Gegenwärtig ist Allah nicht mit euch, sondern mit dem Heer der Mongolen. Er hat den Seldschuken das Reich genommen, um es den Nachkommen Djingis Khans anzuvertrauen. Gott gibt seine Besitzungen, wem er will.«[58]

Die in Macht und Besitz zählbare Gottesgunst drückte sich auch in der Ordensstruktur selbst aus. Die Arbeit der Müriden, der sufischen Novizen, galt als Gottesdienst, und ihren Ertrag strichen die Scheiche ein. Der Meister selbst wußte die Vorzüge des Wohllebens in Gegenwart gepflegter Knaben und Damen zu schätzen. Sein Erfolg in der Welt schien ihm auch Perspektiven zu Höherem zu öffnen. Als Anhänger arabischer Evolutionsideen, die eine nach oben offene Entwicklung von Pflanze über Tier zum Menschen annahmen, sah er keinen Grund, warum der Mensch nicht auch Gott selbst werden könnte.[59] Dennoch erlaubte sich Rumi zuweilen auch eine realistischere Weltsicht, zumindest wenn es um größere, historische Dimensionen ging. Über die Rolle der Türken schien er sich dabei kaum im Unklaren zu sein: »Die Erbauung der Welt ist ein Merkmal der Griechen, die Vernichtung der gleichen Welt ist den Türken vorbehalten.«[60]

Es bedurfte eines großen Geistes vom Format eines Djelaleddin Rumi, um von der Erfahrung seiner Zeit her eine solche Abstraktionsleistung zu vollziehen. Die Türken hatten in der Tat weite Teile des von den Griechen kultivierten Anatolien zerstört. Er konnte nicht wissen, ob und wie sich seine Prognose fortsetzen und damit auch weiter bewahrheiten würde. Allerdings schienen die nachfolgenden Türkengenerationen alles daran zu setzen, seine Vorhersage zu erfüllen.

Natürlich waren sie alle nach wie vor an der Tributmaschine interessiert. Deren Betrieb ließ sich durch den ethnischen Djihad offenbar zuverlässig gewährleisten. Wenn sie ihren großen Mystiker richtig verstanden, mußten die Türken den Kreislauf der Zerstörung in Gang halten, um ihrer weltgeschichtlichen Bestimmung gerecht zu werden. Wie sich herausstellte, sollten es die Osmanen sein, die dieses Konzept über einen Zeitraum von einem halben Jahrtausend kongenial ins Werk setzten.

C

Die Herrschaft der Osmanen

1. Zeit des Übergangs

Das erste Jahrtausend der türkischen Geschichte liegt hinter uns. Aus gutem Grund haben wir dabei die »furchtbare Vereinfachung« gemieden, wie man die relativierende Geschichtsbetrachtung bekanntlich auch nennt (s.u. S. 56). Sie beschränkt historische Weltbilder auf selektive Ausschnitte, statt auch ihre verbindenden Ideen darzustellen. Systematisch angelegte Gewalt kann zu relativer »Toleranz« werden, weil sie mal mehr, mal weniger zum Einsatz kommt. Regelmäßig erscheint durch diese Brille das als »Toleranz«, was nur vorübergehende »Schonung« von Minderheiten ist, die man wirtschaftlich ausbeutet, bevor man sie drangsaliert und beseitigt.

Als langfristig wirksame, kollektive Triebfeder der Türken hat sich ein Verhalten herausgestellt, das wir den *ethnischen Djihad* nennen. Natürlich wandten auch die politreligiösen Herrscher Europas über lange Zeit ähnliche Methoden an. Wie oben skizziert, konnte sich hier allerdings – aufgrund ganz anderer, kultureller Grundlagen – das Denken von der Gewaltfixierung abkoppeln. Indem man ein objektives Wissen zuließ, das nicht nur den Herrschenden diente, vollzog sich ein allmählicher Wandel von der Religion zur Wissenschaft, von personaler zu institutioneller Macht, vom Feudalstaat zur Demokratie, der komplexe Ablauf der Säkularisierung.

Der »moderne« Relativismus würdigt diesen entscheidenden Unterschied kaum, weil er es ablehnt, eben diese Leistung der eigenen Kultur zur Kenntnis zu nehmen. Kurioserweise wollen seine Vertreter vermeiden, fremde, nicht säkularisierte Kulturen wie den Turkislam mit der säkularisierten Westkultur unmittelbar zu vergleichen, sie also zu »relativieren«. Sie müssen daher die bevorzugte Fremdkultur verabsolutieren, d.h. sich selbst deren vormoderne Werte, z.B. ihre Gewaltbereitschaft, aneignen. Hieraus ist im »aufgeklärten« Europa das interessante Phänomen entstanden, daß nach vorherrschender, inzwischen geradezu diktierter Meinung der Islam als eine Art Institution des »Friedens« und »kultureller Bereicherung« zu sehen ist. Demgemäß betreibe derjenige, der die islamische Gewalt nicht verschweigt, »Polemik« oder das »Schüren von Feindbildern«.

Um Historie nicht mit Fiktion zu vermischen, bleiben wir bei den Maßstäben objektiver Wissenschaft und ziehen nur belegte Aspekte bei, die zu tragfähigen Schlußfolgerungen befähigen. Verknüpfungen dieser Schlüsse bestätigten die Türken im historischen Verlauf wiederholt als eine Gruppe, die sich zuerst ethnisch und dann religiös motiviert. Nach unseren bisherigen Ergebnissen läßt sich keine Sichtweise belegen, die dem Prinzip des *ethnischen Djihad* überlegen wäre.

Unter dem Einfluß dieses Weltbilds sollten sich auch die Osmanen große Gebiete Europas unterwerfen. Die spätere relative Ruhe zwischen ihren Herrschern und den christlichen Untertanen (*dhimmi*) konnten diese denn auch nur dadurch erkaufen, daß sie ihre zweitklassige Existenz verinnerlichten. Im Westen hören wir zuweilen von den »Vereinfachern«, daß aufgrund dieser okkupatorischen Gegenwart, die anfangs des 20. Jahrhunderts beendet wurde, die heutige Türkei eine *europäische* Nation sei. Auf ähnliche Weise könnten also auch England als indische, Frankreich als afrikanische, Holland als indonesische und vielleicht sogar Deutschland als namibische Nationen gelten.

Die Abschnitte des folgenden Teils werden umso knapper behandelt, je näher wir der Gegenwart rücken. Es kommt uns lediglich darauf an, zu sehen, ob sich das zentrale Verhaltensmuster – ethnisch-religiöse Expansion unter militärischer Führung – im weiteren Ablauf bestätigt oder, wie bei den Europäern, möglicherweise verändert.

Die Osmanenzeit ist die längste Epoche des türkischen Imperialismus und sollte uns in dieser Hinsicht zusätzlichen Aufschluß geben können. Dabei beschränken wir uns auf das, was für unsere bisherigen Einschätzungen wichtig ist. Auf historische Details kann dabei weitgehend verzichtet werden, da es umfangreiche Werke zu diesem Thema gibt. Auch der Verfasser selbst hat die Eroberungen bereits an anderer Stelle ausführlicher dargelegt.[61]

Bevor die Osmanen endgültig das Heft in die Hand nehmen konnten, mußten sich die Verhältnisse vorher hinreichend destabilisieren. Wie geschildert, gehört die Gefahr der Anarchie zu den wesentlichen Funktionsschwächen des Islam, und die ethnische Ausbreitung zu den Kennzeichen der türkischen Nomaden. Sobald diese allerdings seßhaft geworden waren, gerieten sie oft selbst in die allgemeine Tributmühle, die von den zentralasiatischen Zuwanderungswellen in Gang gehalten wurde.

Der Herrschaftswille im Islam und der im türkischen Militarismus gingen im volksbewußten *Turkislam* eine leistungsstarke, potenzierte Verbindung ein. Diese Dynamik richtete sich in erster Linie auf den militärischen Erwerb und Erhalt von Macht sowie die Ausbeutung von Fremdvermögen. Die mystischen Orden spielten dabei eine starke Doppelrolle. Zum einen nahmen sie den schamanischen Volksglauben auf, zum anderen wurden sie teilweise selbst zu politischen Institutionen, die mit Aspekten der islamischen Religion argumentierten. Sie eigneten sich zeitweilig die Interessen der Staatseliten an – Militär, Islam, Bürokratie, Grundbesitz, Handel – und machten ihren traditionellen Einfluß beim Volk geltend.

Immer wieder spielten dabei die Finanzen die Rolle des wichtigsten gemeinsamen Nenners. Der Grundbesitz stand traditionell an der Spitze der Ertragsliste, aber auch andere Bereiche wie die Wirtschaftskraft der Nichttürken bzw. Nichtmuslime, die Abgaben aus Handelsaktivitäten, die Register der Bürokraten etc. konnten sich erheblich auf die Staatskasse auswirken. Das Militär, der offizielle Islam, die mystischen Orden, der Grundbesitz, die sonstigen Wirtschaftsbereiche – sie alle dienten den Interessen der jeweiligen Obrigkeit.

Wie jede Herrschaft benötigte auch sie eine Ideologie, mit der man die Loyalität der Menschen an sich binden konnte. Im Islam war und ist sie das Gesetz Allahs, das die permanente Lizenz zum Djihad, zur Überwindung des Nichtislamischen enthält. Im Turkislam besteht sie im expansiven Türkentum, das sich von Zeit zu Zeit auch auf das Gesetz Allahs beruft. Der arabische Machthaber mußte sich auf die ungeteilte Scharia stützen, der türkische konnte sie dem »völkischen« Dominanzglauben anpassen. Auch sein Auftrag bestand primär in der Erhaltung und Ausweitung von Macht. Diese mußte zunächst türkisch sein und konnte sich dann auch islamisch ausdrücken bzw. legitimieren.

Das 13. Jahrhundert, die Kernzeit zwischen zwischen Seldschuken und Osmanen, war von im wahren Wortsinne gewaltigen Umbrüchen gezeichnet. Unter Führung ihrer Ilchane hatten die Mongolen riesige Gebiete zwischen China und Rußland erobert und waren im bekannten »Mongolensturm« zeitweilig bis nach Zentraleuropa vorgedrungen. In Bagdad fegten sie 1258 das marode Abbasidenkalifat fort und legten die Stadt in Schutt und Asche. Sie stützten sich auch auf türkische Truppen, die Teile Anatoliens besetzten und als Söldner der Fremdherrschaft ihre eigenen »Volksgenossen« auspreßten. Ihr Beutedruck war so groß, »daß kein Schornstein im Lande mehr rauchte«.[62] Wieder einmal herrschte

Anarchie. Selbst unter Gesichtspunkten totalitärer Gewalt konnte von geordneten Verhältnissen keine Rede mehr sein.

So sank sogar das Konya-Sultanat zu einer Marionette der mongolischen Ilchane herab. Kurz zuvor, um 1250, hatte die türkische Militärdynastie der Mamluken den Fatimiden die Herrschaft in Ägypten entrissen. Sie meldete sich nun als Schutzmacht der sunnitischen Turkmenen in Anatolien an. Auf sie berief sich wiederum ein Aufrührer, der sich selbst Abu'l-Fatih (arab.: Vater des Eroberers) nannte, und den seine Gegner Djimri (alttürk.: Mann niederer Herkunft; neutürk.: Geizhals) schimpften. Auf dem Marsch nach Konya sammelte er turkmenische Anhänger um sich, welche zunächst die verhaßten Grundherren und christlichen Händler niedermachten. In der Stadt rissen die Aufrührer unter Führung des Wesirs Mehmed das Sultanat an sich und peitschten das ethnische Bewußtsein auf, das sich in der Anarchie gegen die nichttürkischen Herrschenden richtete.

Ab sofort war es verboten, Persisch und Arabisch zu sprechen oder zu schreiben. Das Türkische sollte zur allgemeinen Umgangssprache werden, um die unterdrückten, zunehmend turkisierten Volksmassen steuern zu können. Die bedrohte Feudalklasse – Militär, Bürokratie, Grundherren – paktierte mit den Mongolen gegen die Bevölkerung. Der abgedrängte Sultan sah dabei das Problem in den »Niedrigen« im Volke. Von ihm erwartete man die Zahlung von Tributen, nicht deren Erhebung. Am eigenen Beispiel mahnte er die Distanz der Eliten zur Masse an – die uralte Basis der Herrschaft:

»Und wenn du ein Herrscher sein willst, so halte die Niedrigen … fern von dir und gehe keine Verbindung ein mit Leuten, die die Spaßmacherei zum Beruf haben. Solange ich ihre (der Würdenträger) Ratschläge befolgte, war das Reich blühend und das Volk frohgemut. Als ich aber Ansehen und Wert der alten Emire zerbrach, Niedrige und Toren heranzog und jeden gewöhnlichen Kerl von Korbbinder, Seiltänzer, Abdecker und Schmiedegesellen zum Emir und Militärgouverneur machte … da verdiente ich (selbst) Erniedrigung und Absetzung.«[63]

Wenngleich sich die Herrschenden in einer letzten Anstrengung noch einmal behaupten konnten, ließ sich ihr Niedergang letztlich nicht mehr aufhalten. So, wie sich die Kalifate von Bagdad und Cordoba in Teilreiche auflösten, so beschleunigte der Djimri-Aufstand den Zerfall des seldschukischen Sultanats. Die türkische Variante dieser Auflösung war besonders facettenreich und brachte im 12. und 13. Jahrhundert etwa zwei Dutzend Fürstentümer (türk. *beylikler*) hervor. Hier lag jedoch nur ein oberflächlicher Unterschied, wenngleich er später zur Dezentralisierung des osmanischen Reiches beitrug (s.u. S. 72). Deutlich tiefgreifender und für unsere Betrachtung entscheidender ist ein Aspekt, der die islamische Wirtschaftsform bestimmt.

2. Tribut und Kollaboration

Die arabischen Kalifen Bagdads umgaben sich mit türkischen Garden, weil diese zunächst Schutz und Loyalität versprachen und man dabei Kosten sparen konnte. Als sie ihre eigenen Herrscherdynastien gründeten, durchliefen sie selbst einen Prozeß der Machtbildung, aus dem Anatolien als geographisches Zentrum hervorging. Wie wir an den Osmanen sehen werden, sind sie die einzigen Muslime, deren ethnischem Bewußtsein es gelang, aus einem Zerfall ein neues Imperium von Weltrang emporsteigen zu lassen.

Weder die arabische noch die andalusische Variante kann solches vorweisen. Das islamische Kernland hatte sich schon lange vor dem Fall Bagdads in ständigen Diadochenkämpfen verstrickt. Mit wenigen Ausnahmen – z.B. die Mamluken in Ägypten und die kurdischen Ayyubiden in Syrien – verpuppte man sich danach weitgehend in politreligiöser Erstarrung. Erst die Begegnung mit dem Westen zwang die Muslime ab dem 19. Jahrhundert, ihren geistigen Stillstand auf den Prüfstand stellen zu lassen.

Die spanischen Muslime mußten schon ab Ende des 11. Jahrhunderts vor der Reconquista zurückweichen. Der christliche Norden verdrängte sie in der Folge schrittweise aus den besetzten Gebieten. Gegen Ende des 15. Jahrhunderts fielen ihre letzten Fürstentümer auf der iberischen Halbinsel. Wie im Kernland die Abbasiden, so griffen auch die umayyadischen Kalifen in Cordoba auf fremde Söldner, in der Hauptsache Berber, zurück. In Nordafrika entstanden berberische Teilreiche, die mit einer ultra-orthodoxen Islamversion die zerfallende Macht ihrer früheren Herren in Spanien erneuern wollten.

Doch auch sie waren letztlich nicht in der Lage, aus diesem Machtvakuum heraus ein tragfähiges Reich zu formen. Berber waren sich zwar ihrer Ethnie sehr bewußt, doch weniger im expansiven Stil der Türken. Sie bewahrten ihr Volkstum passiv und verlegten sich – wie der marokkanische Almohadengründer Ibn Tumart (gest. 1130) – auf einen extremistischen Islam. Weder die Berber noch die Araber hatten eine *ethnozentrische* Ideologie, die über den *islamischen Djihad* hinaus nachhaltigen Druck erzeugen konnte.

Im Gegenteil: Die Umayyaden, die sowohl im Kernland als auch in Spanien arabisches Königtum propagiert hatten, fielen islamischem Einheitsdenken zum Opfer.[64] Um die Wende zum 14. Jahrhundert gingen in beiden Herrschaftsräumen die direkten Besteuerungspotentiale zur Neige. Tributmaschinen, die »nur« von der Ideologie des islamischen Djihad angetrieben wurden, ging früher oder später der Treibstoff aus. Ihre Dynamik mußte sich verringern, wenn das nichtislamische »Humankapital« abnahm.

Für die spanischen Muslime kam eine ungünstige Geographie hinzu. Im Norden war man mit den Pyrenäen und dem mächtigen Frankreich, in allen anderen Richtungen mit dem Meer konfrontiert. Auch die Spanier selbst hatten derweil an Stärke gewonnen, wie nicht nur die Reconquista bewies. Der Seeweg nach Indien und die Entdeckung Amerikas hatten den »Franken« völlig neue Dimensionen geöffnet. Sie verlagerten ihre Orientierung sachlich in den ökonomischen und geographisch in den atlantischen Bereich. Das Mittelmeer verlor an Bedeutung. Hunderttausende Tonnen Gold und Silber preßte man den Indios Mittel- und Südamerikas ab, womit sich im 16. und 17. Jahrhundert das Preis- und Wirtschaftsgefüge Europas verschob. Wie noch zu zeigen ist, ließ diese Entwicklung auch das Reich der Osmanen nicht ungeschoren.

Letztere fanden deutlich günstigere Rahmenbedingungen als ihre Glaubensgenossen im übrigen Islamgebiet vor. Sie fußten nicht nur auf dem Zusatz-Djihad des türkischen Ethno-Mythos, sondern auch auf geographischen Verhältnissen, die zu weiterer Ausbreitung aufforderten. Der asiatische Steppengürtel, der unzähligen Türken den Weg nach Anatolien gewiesen hatte, setzte sich einladend in die Weiten Süd- und Nordosteuropas fort – sozusagen als frisches Wasser auf die Tributmühle. Lange Zeit zuvor waren ural-altaische Völker wie die Ungarn vorangegangen, die nun bald ihrerseits mit der neuerlichen Expansionswelle der Osmanen konfrontiert sein sollten.

Zudem profitierten die Begründer der osmanischen Dynastie, Osman (gest. 1326) und Orhan (gest. 1360) sowie ihre Nachfolger Murad I. (gest. 1389) und Bayezid I. (gest. 1403), von drei wichtigen Faktoren, welche die Ausweitung des Imperiums erleichterten: Zum einen erwiesen sie sich als Meister der Macht. Sie nutzten die Zersplitterung der *beylik*-Kleinreiche zu deren Überwindung effizienter als ihre Konkurrenten wie z.B. die Fürstentümer Karaman oder Germiyan.[65]

Zum anderen suchten um 1360 katastrophale Pestwellen die Länder Südosteuropas heim. Diese wurden so sehr geschwächt, daß die Ausbreitung der Türken geradezu automatisch erfolgen konnte. Überdies hatten die Byzantiner mit Aktivitäten gegen Bulgarien ihre Ostflanke entblößt und zusätzlich zur Landnahme eingeladen. Kein Wunder, daß die Gold- und Silberminen Bosniens und Serbiens als erste Objekte ins türkische Visier gerieten. Den Sultanssitz hatte man ohnehin vom anatolischen Bursa ins europäische Adrianopel (Edirne) verlegt – ein klarer Hinweis auf die geplante Stoßrichtung.

Wie so oft in der Geschichte Anatoliens, sahen die Byzantiner auch diesmal im Westen den ärgeren Feind als im Osten. Diese Fixierung wirkte fast tragisch, lud sie doch die turkmenischen Nomaden zur Übernahme des Landes geradezu ein. So brauchten die Ghazi, die türkischen Krieger (türk.: Frontkämpfer), nicht in allen Fällen ihre gefürchtete Kampfkraft in die Waagschale zu werfen. Schon Ghazi Battal, die Urgestalt des ethnischen Djihad, hatte den Griechen verächtlich zugerufen:

»Wir (Türken) sind nun einmal Wölfe und ihr (Griechen) Schafe – verzichtet irgendein Wolf jemals auf den Genuß eines Schafes?«[66]

Wenngleich Gewalt in der arabischen Djihad-Praxis häufig die bestimmende Rolle spielte,[67] so gab es doch in der späteren Zeit einen Rechtskodex gewachsener Vorschriften, der das Verhalten der Eroberer in überschaubare Bahnen lenken sollte. Die »Wölfe« des völkischen Turkislam hielten sich an solche Vorgaben kaum. Koran und Prophetentradition, welche die Grundlage der Scharia waren und noch sind, hatten für ihren Beutekrieg zunächst nur geringere Bedeutung.

Den frühen Osmanen wird ein brachiales Ghazitum zugeschrieben, das sich mit ihrem oghusischen Gründungsmythos verbinden konnte.[68] Die ersten Eroberer auf europäischem Boden trugen türkische, keine muslimischen Namen. Rasch entstand eine überhöhte Herrschaftsaura, die wenig Wert auf islamische Legitimation legte. Viel eher betonte sie die Selbsternennung eines säkularen Herrschers, wie sie schon Türkengründer Tonyukuk seinen Nachfolgern zur Nachahmung empfohlen hatte: »Sultan, Sohn des Sultans der Ghazi, Ghazi, Sohn des Ghazi, Dach der Horizonte, *Held der Welt*.«[69]

»Von nun an begannen die Muslime, das Reich der Christen zu überrennen«, berichtete ein Chronist über die osmanischen Aktivitäten,[70] die an wirkungsvolle Praktiken der turkmenischen Nomaden anknüpften. Die »Helden der Welt« töteten die Menschen im Umland von Ansiedlungen, brannten die Felder nieder und blockierten die Versorgungswege, um die Städter psychisch zu lähmen und physisch auszuhungern. Ansätze der Religionsgelehrten, Unterschiede zwischen Raubzug und Glaubenskampf herauszuarbeiten und die marodierenden Beutehorden zu disziplinieren, blieben graue Theorie:

»Sie ergießen sich aus eigenem Antrieb, einem Sturzbach gleich, ohne Proviant und Mittel, zumeist ohne Speer und Krummsäbel auf ihre Feinde … Die meisten besaßen keine andere Waffe als ihre knotigen Knüttel … So fielen sie über die Christen her und fingen sie wie Vieh. So hausen sie seit dem Türkeneinbruch bis zur Gegenwart. Sie überschwemmten nicht nur die anatolischen Themen (Militärbezirke), sondern auch Thrakien. Sie plünderten von Chersones bis Istrien.«[71]

Um die schockierende Wirkung, die seinem Heer voranging, optisch zu erhöhen, führte Orhan für seine Soldaten eine weithin sichtbare, weiße Kopfbinde ein, die er sich von einem »Heiligen« der Bektashi, seines Hofordens, absegnen ließ. Nachdem man hier zunächst noch den schiitisch gefärbten Volksglauben gepflegt hatte, näherte man sich bald sunnitischem Recht an. Dabei ging es wesentlich um die Kopfsteuer (*djizya*) und andere wichtige Vorschriften, mit deren Durchsetzung man die Kontrollwirkung der Obrigkeit unterstützte und sich damit auch deren Wohlwollen sicherte.

Da die Osmanen klare Unterwerfung forderten, hatte die byzantinische Obrigkeit schon im Vorfeld begonnen, Wohlverhalten zu signalisieren. Sie versuchte, mit finanziellen Leistungen und religiösen Zugeständnissen die Aggression zu unterlaufen. In hartnäckigen Sonderfällen konnten auch Übertritte zum Islam weiterhelfen. Diese Demutsstrategie kam frappierend der Vorgehensweise nahe, die in unserer Zeit die Vereinfacher des »Dialogs mit dem Islam« an den Tag legen. So läßt sich, wie wir sehen, eine ganze Reihe von Parallelen zwischen dem Byzanz des Mittelalters und dem Europa der Moderne ziehen, die den überraschend langsamen Fortschritt der Geschichte veranschaulichen.

Mit der osmanischen Expansion ist neben dem Bektashi-Orden auch das erwähnte Ahitum (s.o. S. 44) und seine soziale Wirkung verbunden. Zusammen mit den Kaufleuten konnten diese gildenartigen Bünde ihren ordnenden Einfluß vor allem in den Städten geltend machen. Sie halfen den osmanischen Eroberern, die neuen Herrschaftsgebiete zu islamisieren und effizient zu verwalten. Wie geschildert, konnte dabei die *futuwwa* (arab.: Tugend), der pragmatische Geist der Mäßigung, zuweilen zügelnd auf die eifernden Ghazi und die plündernden Horden einwirken.

Es ergab wenig Sinn, die christlichen Grundherren und Geistlichen zu töten oder zu vertreiben und die leistungsstarken Christenbauern führerlos und somit tributschwach zu machen. Außerdem unterhielten die Ahi in der Regel auch ein gutes Verhältnis zu den christlichen Handwerkern und Kaufleuten in den Städten. Ihrem Einfluß ist es zuzuschreiben, daß die osmanische Blutspur in auffallender Weise die Arbeiter verschonte, deren Kenntnisse man für den Erhalt der materiellen Ordnung und den Wiederaufbau der zerstörten Städte brauchte. Auch die Bauern »durften bei striktem Gehorsam den Befehlen der Türken gegenüber auf ein leidlich angenehmes Leben ... hoffen«.[72]

Die gewachsene Zusammenarbeit zwischen Byzantinern und Turkmenen, Christen und Muslimen zum einen sowie der zunehmende Druck der Osmanen zum anderen brachte die *Martolos* (griech.: Späher, Wächter) hervor. Sie bildeten eine Spezies griechischer Opportunisten, Sympathisanten und Überläufer, die ihre Kenntnisse und Fähigkeiten in den Dienst der Eroberer stellten. Im Laufe der Zeit erhielten sie sogar einen halboffiziellen Status in der Nähe des Militärs (türk. *askeri*), der sie von Steuerzahlungen befreite. Ihre Funktion als lose Informanten professionalisierte sich später zu regelrechten Agentennetzen, die sich im weiteren Verlauf auf den ganzen Balkan ausweiteten. Die kriminelle Energie der Martolos nutzte man zur Bildung der *Aqindji*, einer gefürchteten Gewaltarmee, die mit Raub und Mord die einheimische Bevölkerung gefügig machte. Sie half, den Ruf der muslimischen Herrschaftsschicht zu schonen und die Ghazi, die Glaubenskämpfer Allahs, in geradezu moralischem Licht erscheinen zu lassen.

Oft genug dienten sich die lokalen, »christlichen« Machthaber zur Rettung ihrer Pfründe den Türken an und überließen die Menschen ihrem Schicksal. Erneut drängt sich die Verbindung zur europäischen Politik der Gegenwart auf. Wie diese heute, so zeigten auch die Byzantiner nur geringen Willen zur Einsicht in die Verhältnisse, geschweige denn zu Loyalität mit der eigenen Bevölkerung. Je enger man sich an Ämter und Lehen klammerte, desto mehr stärkte man den türkischen Ghazistaat. So hinterließ das schwache Konstantinopel in den bedrohten Provinzen statt Hoffnung nur noch Resignation:

>»Wenn der Herrscher machtlos ist, dann ist das Land rasch verwüstet. Wir wurden durch unsere schlechten Kaiser mit fortgerissen. Aber die Welt ändert sich fortwährend. Nunmehr sind wir es, die einen solchen Wechsel erdulden müssen.«[73]

Wenn von Kosten der – christlichen – Gemeinschaft die Rede ist, sollten die Janitscharen (türk. *yeni tsheri* = neue Soldaten) nicht unerwähnt bleiben. Sie bildeten eine besonders darwinistische Spielart des Tributs an die *turkislamische* Herrschaft. Etwa ab Mitte des 14. Jahrhunderts begannen die Osmanen, in den christlichen Familien zu »ernten«. In der sogenannten »Knabenlese« (*devshirme*) preßten sie ihnen Kinder ab, die man islamisierte, drillte und dann im Militär- oder sonstigen Staatsdienst einsetzte. Dieses Vorgehen systematisierte frühere Verfahren, in denen die Seldschuken (*pendjik*) oder auch die Araber (*qul*) Kriegsgefangene zu Soldaten machten. Eine Neuerung bestand darin, daß die Janitscharen als Infanterie operierten, während bekanntlich Türkentum ganz wesentlich mit Reiterei verbunden war.

Im arabischen Raum hatte der Islam die Stammesverbände gesprengt und damit auch ihre militärische Stoßkraft geschwächt. Wie geschildert, hatten die Kalifen und viele ihrer Teilfürsten auf türkische Söldner zurückgreifen müssen, um überhaupt die Macht erhalten zu können. Im türkischen Anatolien brauchte man dagegen eine solche Entwicklung zunächst nicht zu befürchten.

Die Türken dienten sich weiterhin jedem an, der gut bezahlte, und die Sipahi, die Lehenskrieger, sollten zu einem wesentlichen Teil des Militärs werden. Sie fanden allerdings ganz andere, günstigere Rahmenbedingungen als ihre arabischen Islamgenossen vor. Zum einen füllten sich ihre Reihen ständig mit hungrigen Nomaden aus Zentralasien auf, zum anderen harrten weitere, riesige Gebiete der Okkupation. Im Westen erstreckten sich die Ebenen und Gebirge Südosteuropas, die zur Belebung der *turkislamischen* Wirtschaftsform aufforderten – Eroberung und Ausbeutung.

Die gewaltsame Aushebung der Janitscharen brauchte man im Grunde nicht, weil genügend, zumal türkisches »Personal« zur Verfügung stand. Daß sie dennoch zur ständigen Einrichtung des »Blutzehnten« wurde, den man den unterworfenen Völkern abpreßte, bestätigt die Ideologie des *ethnischen Djihad* türkischer Prägung. Vor diesem Hintergrund könnte der moderne Multikulturalismus die »einfache« Bedrohung fremder Machthaber zur Ausbeutung ihrer Herrschaftsgebiete schon fast »tolerant« nennen. Die »Ernte« von Kindern der Unterworfenen, um sie zu indoktrinieren und gegen ihre Herkunft einzusetzen, war eine Sache von machtpsychologischer Dimension. Sie schloß an die »kriegerischen Rassen« des Altertums an und fügte das rassistisch-türkische Element einer subhumanen Spezies hinzu, die man in Dienst stellte, ohne befürchten zu müssen, daß sie sich verselbständigen könnte. Was hier geschah, erkannten schon Reisende des 17. Jahrhunderts:

> »... Nun ist leicht zu errathen / daß / weilen solche Christen=Kinder gantz auf andere Art und Weiß / als von ihren Eltern unterricht und erzogen / auch so weit hergebracht werden / dieselbe nicht allein ihrer Eltern bald vergessen / sondern auch wider dieselbe eine Aversion und Feindschafft bekommen / hingegen aber kein ander Absehen / als ihrem Herrn zu gefallen und zu dienen haben.«[74]

Um solches als unerheblich übergehen zu können, muß das differenzierte Denken ausgeschaltet werden. Parallel zu den »furchtbaren Juristen«, den »furchtbaren Ärzten« und anderen Berufsgruppen, die zu Teilen der Nazi-Vernichtungsmaschine wurden, prägte der Orientalist und Turkologe F. Babinger (gest. 1967) das bereits erwähnte Wort von den »furchtbaren Vereinfachern«. Indem sie die Leerlaufphasen der islamischen Tributmaschine als »Frieden« und »Toleranz« bezeichneten, lenkten sie den Blick von deren Produktionsphasen ab und nahmen auch ihre diversen Gewaltformen in Kauf. Was Voraufklärern noch klar war, mußte somit den postmodernen »Friedenspolitikern« völlig unklar sein: die darwinistische Wurzel des türkischen Ethno-Djihad.

Aus heutiger Sicht können die Araber für »tolerant« gehalten werden, weil sie die Christen und Juden nur teilweise töteten, um den jeweiligen Rest zu besteuern. Indem die Osmanen diese Methode ausbauten und zudem auch Juden aus Spanien aufnahmen, um deren Waffen-Expertise zu nutzen, stellten sie die toleranten Araber sogar in den Schatten. Und wenn sie überdies die Kinder der Christen »schulten« und mit der Ehre des Heeresdienstes versahen, bildeten sie die Krönung der »Toleranz« überhaupt. So kann nicht verwundern, daß aus dieser Sicht der ethnische Djihad, das Ghazitum der Türken, als »Anstrengung im Glauben« erscheint. Wir werden diese Form der sakralisierten Gewaltpolitik[75] im folgenden noch einmal aufgreifen.

3. Expansion und Aufruhr

Von der ihnen heute unterstellten Toleranz konnten die Osmanen natürlich nichts wissen. Sie wären ansonsten kaum in der Lage gewesen, Provinz um Provinz ihrer Herrschaft zu unterwerfen und das Osmanenreich überhaupt zustande zu bringen. Sie mußten allerdings auch nicht immer maximalen Druck anwenden, um sich durchzusetzen. Wie erwähnt, trugen die Byzantiner oft zu ihrer eigenen Überwindung bei. Ihre Zerstrittenheit und allgegenwärtige Feindschaft gegen Rom ließen ihnen die Türken wiederholt als das geringere Übel erscheinen. Thronanwärter Kantakuzenos (gest. 1354) hatte nicht nur seine Tochter Theodora an Osmanengründer Orhan vergeben. Er galt zudem als besonders türkenfreundlich und als derjenige, der ihnen überhaupt erst den Sprung über die Dardanellen ermöglicht hatte.

Nur wenige Jahrzehnte später hatte Bayezid I. Bulgarien (1372), Serbien (1386) und die Walachei (1394) unterworfen sowie Ungarn in größte Bedrängnis gebracht. Als er sich nun auch gegen Morea wandte, wie man den Peloponnes nannte, breitete sich bei den Griechen Entsetzen aus. Die nahenden Türkentruppen vermittelten alles andere als die »Freundschaft«, welche die Herrschenden in Konstantinopel ständig beschworen hatten. Die Diskrepanz, die Tag für Tag viele Menschen das Leben kostete, mußte gerechtfertigt werden. Wie so oft, lösten die Kirchenhirten das Problem mit einem religiösen Unterwerfungsgebot: Der Kampf gegen die Türken wurde zum Widerstand gegen Gott!

Just in diesem Moment höchster Bedrängnis, als Bayezid auch die Metropole selbst bedrohte, schien Gott den Griechen indessen auf ganz andere Art zu Hilfe zu kommen. Die Osmanen sahen sich plötzlich ihrerseits mit einem furchteinflößenden Gegner konfrontiert: Kein Geringerer als Timur Lenk (gest. 1405), der mongolische Welteroberer, durchkreuzte die Pläne des Osmanensultans. Er hatte den Widerstand einiger osmanenfeindlicher Turkmenenfürsten unterstützt und im Jahre 1402 bei Ankara ein gewaltiges Heer zusammengezogen.

Auf diese Begegnung mußte Bayezid wesentlich schlechter vorbereitet sein als Timur, der sich eine Falle ausgedacht hatte. Er bot nicht nur die fünffache Streitmacht auf, sondern hielt auch noch andere Überraschungen bereit. Wenn die Chronisten nicht übertreiben, hatte der hinterhältige Kriegsherr Anweisung erteilt, sämtliche Brunnen zu vergiften und zudem Vorsorge getroffen, das gegnerische Heer auch von jeder sonstigen Wasserversorgung abzuschneiden.

Die durstigen Osmanen erfüllten die Erwartung und liefen in die offene Falle. Sie traten die ungeordnete Flucht nach vorn an und trafen auf die Schwerter der wartenden Mongolen. Die siegreiche Armee vom Balkan wurde fast völlig vernichtet. Auf der Flucht fiel ihr Führer Bayezid vom scheuenden Pferd und geriet in Gefangenschaft. Angeblich hat Timur die Gelegenheit zu allerlei Erniedrigungen seines Feindes genutzt.

Allerdings werden jene Berichte für Legenden gehalten, nach denen der phantasiebegabte Sieger den Osmanenherrscher zur allgemeinen Belustigung in einem Käfig zur Schau stellte. Immer wieder soll er ihn gezwungen haben, unter dem reich gedeckten Tisch kauernd die ihm zugeworfenen Brocken aufzuschnappen, den Boden vor seinen Füßen zu küssen oder niederzuknien und ihm als menschlicher Schemel das Besteigen des Pferdes zu erleichtern.

Diese bizarren Demütigungen mochten Ausdruck der ethnischen Verachtung gewesen sein, die Timur für Bayezid empfand. Er sah ihn als rassisch Minderwertigen, der durch christliche Verbindungen sein Türkenblut verunreinigt hatte. So war er fast zu einem Griechen »entartet«, für den keine Strafe zu streng sein konnte.[76] Auch die Derwische hatten Front gemacht gegen den in ihren Augen sündigen Sultan, an dem Timur lediglich ein Gottesurteil vollzogen hatte. Allah schien dies allerdings anders zu sehen. Er ließ nach wenigen Monaten (1403) seinen obersten Glaubenskämpfer, den inzwischen tiefe Schwermut befallen hatte, ins islamische Jenseits eingehen. Seinen rassistischen Peiniger raffte zwei Jahre später die Pest dahin.

Die Nachricht vom tiefen Sturz des Osmanen erfüllte die byzantinischen Türkengegner mit großer Genugtuung. Timur hatte ihnen Bayezid im Austausch gegen ein fürstliches Lösegeld angeboten. Keiner von ihnen hatte auch nur einen einzigen Gedanken an diesen abwegigen Vorschlag verschwendet. Die erstaunliche Kunde war sogar bis nach Europa gedrungen. Die Könige von Spanien, England und Frankreich überlegten, wie sie die profitablen Fähigkeiten des Mongolenführers ihren Interessen nutzbar machen konnten. Sie überlegten indessen zu lang. Die Osmanen waren nur kurz aus dem Tritt gekommen und erholten sich von dem Rückschlag schnell. Außerdem behelligte sie Timur in der Zeit vor seinem Tod nicht mehr. Er hatte sich in sein Samarkander Hauptquartier zurückgezogen, um einen Kriegszug gegen China vorzubereiten.

Anatolien zählte nicht zu seinen Prioritäten. So kehrten die Osmanen zurück und mit ihnen auch ihre byzantinischen Helfer. Sie sorgten dafür, »daß diese Horden als Verbündete ins Land geholt wurden, ... weil es niemanden gibt, der sich ihnen widersetzt«.[77] Wer allerdings zu sehr mit ihnen kollaborierte, konnte sich zwar kurzfristig ihres »Schutzes« erfreuen, langfristig jedoch seine Existenz gefährden.

Denn der ruinöse Kreislauf wurde auch durch die Gier der eigenen »Aristokraten« angeheizt. Insbesondere am Vermögen der Klöster vergriffen sich Allianzen von Hofbeamten und Metropoliten oft so unverfroren, daß die Mönche wiederum »Schutz« bei den türkischen Machthabern suchten und meistens auch fanden, weil diese ihren Einfluß bei der christlichen Bevölkerung schätzten. Selbst Osmanenemir Musa (gest. 1413), dem ein furchteinflößender Ruf als Massenmörder vorauseilte, hatte sich genug Rationalität bewahrt, den Wert der Kleriker als Hebel auf die Christen zu erkennen. Dies hinderte ihn allerdings nicht daran, hin und wieder deutlich zu machen, wer wirklich Herr im Hause war. Bei der Eroberung einer serbischen Festung ließ er einst alle christlichen Verteidiger erschlagen und über ihren Leichen eine Festtafel errichten. Derart »originell« bewirtet, konnten sich die geladenen Notabeln das Siegesmahl offenbar besonders gut munden und zugleich vom Machtanspruch des Gastgebers überzeugen lassen.

Die Atmosphäre kollektiver Angst, die Musa und seine Helfer verbreiteten, trug zur ungewöhnlichen Ausstrahlung des Badruddin (gest. 1416) bei. Er war Sohn des seldschukenstämmigen Ghazi Israil und einer Griechin, die zum Islam konvertierte. Er wuchs in Adrianopel (Edirne) auf und studierte Islam, Mathematik und Logik bei renommierten Gelehrten in Bursa und Konya. Später wechselte er nach Jerusalem und Kairo, wo er über die Studien der Medizin, Juristerei und Philosophie zur Mystik kam. Diese Kontakte brachten ihn mit der persischen Schia, den Safawiden in Täbris und sogar Timur Lenk zusammen, der ihm einen Beraterposten anbot. Ebenso wie der berühmte arabische Historiker Ibn Khaldun (gest. 1406) lehnte auch Badruddin diese Offerte ab und entzog sich etwaigen negativen Folgen durch die Flucht.

Seine umfassende Bildung hatte ihm zu einer rationalen, eher unislamischen Geisteshaltung verholfen, die sich der Theosophie des Ibn al-Arabi (gest. 1240) annäherte, des großen, seinerseits »umstrittenen« Mystikphilosophen aus Spanien. Den orthodoxen Muslimen galt Badruddin als Abtrünniger, weil er dort für Ausgleich eintrat, wo der Islam Trennung verlangte: zwischen Arm und Reich sowie Muslimen und Christen. Umso

mehr Zulauf erhielt er von den Armen beider Seiten. Selbst der italieni-
sche Gouverneur von Chios soll mit ihm Kontakt aufgenommen haben.
Seinen wachsenden Einfluß suchte besagter Musa offenbar unter Kontrolle zu bringen, indem er ihn um 1410 in seiner Heimatstadt Adrianopel zum Militärrichter machte.

In den darauffolgenden Machtkämpfen riß Mehmed I. (gest. 1421)
das Sultanat an sich und ließ Badruddin 1413 unter entwürdigenden
Umständen von seinem Posten entfernen. Etwa um die gleiche Zeit
machten zwei Aufrührer von sich reden – Bürklüdje Mustafa und Torlak Kemal –, die nicht nur den anarchischen Zustand im Lande, sondern
den osmanischen Staat überhaupt beenden wollten. Insgesamt sollten
die immensen Vermögen, welche die Machthaber den Menschen abge-
preßt hatten, zu einer gerechteren Verteilung, vor allem unter den Bauern, gelangen.

Dieses Konzept klang sehr nach sozialer Marktwirtschaft und bedeutete eine unmittelbare Gefahr für den osmanischen Feudalstaat. Da es in
wesentlichen Teilen auch Badruddins Lehren nahekam, vermutete man
in ihm den geistigen Kopf der sozialen Bewegung, zumal er Kontakte zu
Bürklüdje unterhielt und ihn zeitweilig sogar finanziell unterstützte. In
letzterem konnte man den klassischen Revolutionär sehen, während Badruddin aufgrund hoher Bildung und elitärer Kontakte eher als ein
Staatsreformer mit säkularen Tendenzen erschien.

Die Rebellion brach 1416 los und stellt den einzigen ernsthaften Aufstand in der osmanischen Geschichte überhaupt dar. Mehmed I. unter-
schätzte das Ausmaß der Bedrohung keineswegs und setzte eine entsprechend starke Armee ein. Die Aufständischen erwiesen sich als schwierige
Gegner, aber als schlechte Strategen. Sie wußten ihre anfänglichen Erfolge nicht zu nutzen und rieben sich in gnadenlosen Gefechten mit den
Sultanstruppen schließlich auf.

Ihrer Führer entledigte sich der Sultan durch Kreuzigung (Bürklüdje)
und Galgen (Torlak). Ob ihre zweiten Namen – Mustafa Kemal –, wie
manche meinen, nicht nur zufällig auf den Gründer der modernen Türkei verweisen, mag dahingestellt sein. Fest steht, daß Badruddin nach Ru-
melien floh, weil er aufgrund seiner Verbindungen mit der Rebellion
harte Konsequenzen zu gewärtigen hatte. In der Tat spürten ihn die Hä-
scher des Sultans auf und brachten ihn nach Serres in Makedonien, wo
man ihm einen sehr kurzen Prozeß machte und am 18. Dezember 1416
hängte. Seine Botschaft lebte noch lange fort und machte ihn zu einer Art
Mahdi, zum Messias für die spirituell und wirtschaftlich Unterdrückten.

Allein deswegen hätte man ihn allerdings nicht hängen müssen – in Anatolien gab es unzählige Derwische, welche die Frustration des Volkes mit allerlei Zeremonien und Beschwörungen zu dämpfen wußten und dabei auch als soziale Faktoren lokalen Einfluß erlangten. Es war das übergeordnete Prinzip des Ausgleichs, das die Machthaber wirklich bedrohte. Die eigentliche Gefahr steckte in der Versöhnung von spirituellen und finanziellen Unterschieden, zwischen den Religionen und den Klassen. Dies natürlich nicht im sozialistischen Sinne, sondern als Ausgleich zwischen Eroberern und Unterdrückten, zwischen türkischen Herrschern und nichttürkischen Beherrschten.

Wer jedoch die Menschen nicht mehr gegeneinander ausspielen konnte, mußte auf Macht verzichten und Vertragsformen auf Gegenseitigkeit zulassen. Was Badruddin hier weitsichtig entwickelt hatte, war nicht weniger als eine Art säkularen Christentums – der Beginn demokratischer Menschenrechte. Um ihre personale Macht zu schützen, mußten die Osmanen mit größtmöglicher Gewalt gegen die Vertreter dieses Prinzips vorgehen.

Badruddins Gedanken waren sicherlich christlicher bzw. demokratischer als die des Byzantiners Kantakuzenos. Dessen Beispiel hatte gezeigt, wie man Opportunismus zwecks Bereicherung betrieb, wie die türkischen »Verbündeten« die Provinzen physisch und finanziell so schwächten, daß sich Osmanen und Genueser über den Kopf der Einheimischen hinweg die dortigen Pfründe teilen konnten. In turkophilem Vertrauen hatte Kantakuzenos die byzantinische Armee-»Stärke« auf zwischen 5000 und 10 000 Mann reduziert. Gegenüber den 100 000 Kämpfern der realistischeren Osmanen war man damit faktisch handlungsunfähig.

Die Schadenfreude der Lateiner über die Schwäche der Byzantiner war kaum zu bändigen, denn »die Feindschaft gegen die schismatischen Griechen war nicht geringer als gegen den Islam«.[78] In ihrer Rivalität zeigten sie Parallelen zu den italienischen Seerepubliken Venedig und Genua, die um die Vormacht in der Levante rangen. Auch sie sahen im jeweiligen Gegner ein größeres Risiko als in den Osmanen, die sie als Partner brauchten, wenn es um Zugangsrechte, Zölle und sonstige Vereinbarungen ging. Da Venedig hier ohnehin schon in der Vorhand war, brachte der Sieg Timurs über Bayezid eine weitere Stärkung der Position gegenüber Genua. Umgekehrt wußten die Osmanen diese Rivalität sehr wohl auch für die eigenen Interessen zu nutzen.

Badruddins fortschrittliches Staatskonzept kostete ihn nicht nur das Leben. Es löste auch weitere, rückschrittliche Reaktionen aus, wie nach historischer Erfahrung zu erwarten war. Vorliegend lieferte der neue Sultan Murad II. (gest. 1451) das einschlägige Beispiel. Er fühlte offenbar die unwiderstehliche Anziehung oghusischer Traditionen, indem er einem alten Totenkult huldigte. Vor Aufbruch zu einem Feldzug gegen Korinth im Jahre 1423 brachte er ein Menschenopfer von nicht weniger als 600 Peloponnesiern dar, um mit ihrem Blut die Seele seines Vaters Mehmed zu versöhnen. Oft schlug man den Opfern der Raubzüge oder auch lebenden Gefangenen die Schädel ab, um sie zum Ruhme Allahs zu Minaretten aufzuschichten. Hier bewirkte der ethnische Djihad eine bemerkenswerte Fusion alttürkischer Bräuche mit islamischen Einrichtungen.

Mit seinen schamanischen Blutriten erneuerte Murad auch die Rolle der Derwische als Animateure der Ghazikämpfer. Sie durchbrachen die strengen Sexualregeln des Islam und griffen auf Fruchtbarkeitsbräuche aus vorislamischer Zeit zurück. Wie die Priester der erwähnten *Kizilbash* (s.o. S. 43f.) durften sie ungestraft die Töchter hoher Würdenträger entjungfern. Dabei war die erfolgreiche Schwängerung höchst willkommen. Denn Sprößlingen aus solch »heiligem Samen« schrieb man gern allerlei übernatürliche Fähigkeiten zu.[79] Kein Wunder, daß die zeugenden Derwische auch großen Einfluß auf die Motivation der Kämpfer ausübten. Sexuelle Gewalt und Tötungsmacht haben seit Urzeiten die menschlichen Gemeinschaften geprägt. So, wie sich die naturgläubigen Türken durch ihre Sexualpriester beeindrucken ließen, so fieberten ihre muslimischen Genossen den Vorzügen der Paradiesdamen (Huris) entgegen, deren Genüsse sich durch den Tod im Djihad ins Unermeßliche steigerten.

Die Kontrolle des Landes erfolgte über Militärbezirke (*sandjak*). Sie unterstanden Kommandeuren (*begh*), die Lehenskämpfer (*sipahi*) befehligten, welche ihrerseits dem Sultan gegen die Erträge aus den Lehen (*timar*) zu jederzeitigem Kriegsdienst verpflichtet waren. Diese Hierarchie entwickelte sich rasch zu einem ausgeprägten Feudalsystem, in dem die Herren Reichtum und die Beherrschten (*raya*) Armut ansammelten. Zwischen diesen Polen entstand eine Art Beuteskala, in der die Machtschwankungen die Beutezüge hemmten oder verstärkten. Sowohl der jeweilige Machtstatus als auch die Belastbarkeit von Land und Menschen hatten Grenzen, die für die turkislamischen Akteure nur schwer zu erkennen waren. Ihr unmäßiger Wille zur Fremdnutzung sollte letztlich verhindern, daß es in ihrem Kulturkreis zu einem tragfähigen Wirtschaftssystem kommen konnte.

Versuche diverser Sultane, im Interesse der Steuerstabilität die Willkür der Eintreiber zu zügeln, schlugen zumeist fehl. Denn expansives Türkentum konnte sich mit der Tributideologie des Islam verbinden, nach der die Länder der Ungläubigen ständig zu erobern, »mit Schwert und Feder zu verwalten« und »ununterbrochen zu verwüsten« waren.[80] Eine ständige Hilfe bildete dabei der scheinbar unüberbrückbare Gegensatz zwischen orthodoxen und katholischen Christen, der es den Türken immer wieder erleichterte, zu teilen und zu herrschen.

4. Konstantinopel und die Wende

An das Gebot der ständigen Eroberung hielten sich die Nachfolger Bayezids genau. Ermutigt durch sein Desaster und die anschließende Schwächephase der Osmanen, hatten sich die frisch eroberten Balkanstaaten wieder verselbständigt und mußten erneut diszipliniert werden. Mit dieser Maßnahme ist der Name Mehmeds II. (gest. 1481) verbunden, der vor allem das seit über 800 Jahren angestrebte Traumziel des islamischen Djihad erreichte: die Eroberung Konstantinopels im Jahre 1453.

Einmal mehr kam ihm dabei die alte Feindschaft zwischen Rom und Byzanz zugute, die selbst angesichts akuter Bedrohung außerstande waren, das gegenseitige Mißtrauen zu überwinden. Der Versuch einer Union zerfiel rasch, weil man in den italienischen Kaufleuten und römischen Klerikern das weitaus größere Übel vermutete. Das Motto der Stunde, »lieber Turban als Mitra«, nützte weder den Klerikern noch den Kaufleuten.

Auf derlei opportunistische Balanceakte nahm der anschließende Plünderungssturm der Türken keine Rücksicht. Im Gegenteil: Die erfolgreicheren Kollaborateure sahen aus sicherer Entfernung – modernen Parallelen ähnlich – »mit klammheimlicher Freude« zu, wie die Eroberer so manchen lästigen Konkurrenten aus dem Wege räumten. Das wohl prominenteste Opfer der proislamischen Illusion war der Großherzog und Großfinanzier Notaras, der Geschäfte auf höchstem Niveau zwischen den italienischen Seerepubliken und dem Sultan abgewickelt hatte. In der nun ausgebrochenen Machthysterie half ihm alle elitäre Nützlichkeit nichts mehr. Er mußte zuschauen, wie man seine gesamte Familie hinrichtete, bevor er schließlich selbst den Kopf auf den Block legte.[81]

So mußte Konstantinopel fallen. Es gibt keinen Grund, den vielen Quellen zu mißtrauen, die ein übereinstimmendes Bild der menschlichen

Tragödie und materiellen Vernichtung zeichnen. Der Triumph des Islam bestand auch in dem, was in der modernen Wahrnehmung unter der Rubrik »Toleranz« unausgesprochen mitgeführt wird: der massenhaften Tötung, Vergewaltigung und Versklavung der christlichen Bevölkerung sowie der blindwütigen Zerstörung unwiederbringlicher Kunstschätze.

Es kann inzwischen nicht mehr erstaunen, daß die »furchtbaren Vereinfacher« den Türkensultan als »humanistischen Renaissancefürsten« preisen, »der eine seiner Hauptaufgaben darin sah, das Vermächtnis der Antike zu retten ...«.[82] Vielleicht nicht ganz so euphorisch, aber ähnlich nachsichtig äußerten sie sich fünfeinhalb Jahrhunderte später, als die afghanischen Taliban buddhistische Statuen von unschätzbarem, historischem Wert sprengten. Die Kulturkatastrophe von Konstantinopel stand als logisches Ergebnis am vorläufigen Ende einer endlosen Hängepartie, in der sich die christlichen Eliten gegenseitig belauert und die Osmanen letztlich zur Übernahme ihrer Herrschaftsgebiete eingeladen hatten. Dabei fällt das Lavieren der römischen Kirche ins Auge, die sich über viele Jahrhunderte hinweg auf verbale, nicht selten doppelzüngige Leerformeln zurückzog.

Wer intellektuelle und spirituelle Konzepte hatte, brauchte keine Kreuzzüge, um plausible, theologische Positionen zu beziehen. In Ermangelung solcher Intelligenz reagierte die Kirche jedoch regelmäßig gewaltbetont, wenn es um das orthodoxe Byzanz, die Bogomilen, Katharer,[83] andere theologische »Abweichungen« oder schlichte Denunziationen ging. In auffallender Weise schonte man dagegen den Islam und überließ es aus sicherer Deckung zumeist anderen, sich gegen ihn zu exponieren. Wie so oft meinte man, das traditionelle Problem eigener Beschränktheit kaschieren zu können, indem man sich hinter Christus versteckte, »der die Türken nach Europa ließ, um die Byzantiner für ihre ... Häresie zu strafen«.[84]

Den Osmanen schufen solche Hirngespinste willkommene Freiräume. Sie sahen sich von einem ernsthaften Dialog mit den Christen entlastet, den sie ohnehin nicht hätten religiös führen wollen oder können. Denn insbesondere nach dem Triumph von Konstantinopel gab es für sie umso weniger Grund, sich auf unproduktive Theorien einzulassen. Verlorene Zeit bedeutete verpaßten Tribut. Mehmed trieb die Islamisierung des Staates weiter voran, allerdings eher in Form einer technischen Funktion, eines bürokratischen Apparats. Dessen Beamte waren Religionsdiener, die der türkischen Expansion, nicht dem »Dialog« mit den abgelehnten Christen zuarbeiteten.

Die tiefere Motivation blieb unverändert: das Herrschaftsbewußtsein der ethnischen Türken, das keinen dauerhaften Frieden duldete und sich mit der Djihad-Ideologie des Islam zum aggressiven Ghazitum verband. Auch die Osmanen führten die oghusische Gewaltsymbolik des Pfeils fort, der als »Gesandter« vom Bogen des »Königs« geschnellt, die Macht der Türken in alle Welt zu tragen hatte.[85] Selbst für den Historiker B. Lewis, der sein Renommee teilweise der »furchtbaren Vereinfachung« zu verdanken hat, spiegelt sich in den türkischen Erobererreichen ein »Steppenbewußtsein« und »ethnisches Reservoir« ihrer Dynastien wider.[86]

Erneut trat das königsartige Herrschertum und seine personale Machtaustattung hervor. Wiederum verdeutlichte es seine systematische Distanz zum Islam, weil es sich nicht in erster Linie auf die Scharia zu stützen brauchte. In dieser Hinsicht ähnelte es eher den arabischen Umayyaden, den »satanischen Kalifen« der islamischen Frühzeit, die ebenfalls ein personales Königtum vertraten. Mehmed und seine Nachfolger machten in ihren Erlassen (*ferman*) keinen Unterschied zwischen türkischen und sonstigen Steuerzahlern. Doch verschaffte ihnen der *Turkislam*, die Verbindung aus Türkentum und Islam, den entscheidenden, ethno-religiösen Hebel.

Die Eliten nahmen den Staat als Eigentum. Das Volk gab ihm finanzielles Leben über eine Tributmechanik, die zunächst zwischen *Turkmuslimen* und anderen unterschied. Der Koran berechtigt die arabischen Muslime tendenziell zur Beherrschung anderer; die Machttradition berechtigt die türkischen Muslime tendenziell zu einer ethnischen Dominanz, die sich eine Bürokratie islamischer Religionsfunktionäre dienstbar macht.

Dieses Tandem kehrte je nach politischer Sachlage mal die türkische, mal die islamische Seite hervor. Immer aber hatten sich beide Seiten dem Bestand des Türkischen zu unterstellen, der militärisch gesichert wurde. Daß der Fall der Kaiserstadt ihren Handel mit Venedig halbierte, kümmerte die Türken daher wenig. Sie dachten vornehmlich in der Kategorie türkischer Expansion, weniger in jener von Kooperation und Gegenseitigkeit.

Natürlich erkannten sie das Geldpotential des Handels, preßten es aber ebenso blind aus wie das des Lehnswesens. So stiegen Abgaben auf Handelsrechte und Zölle oft in kurzer Zeit um Hunderte von Prozent, wobei auch der Kommerz mit Religion zu tun zu haben schien: Christen zahlten höhere Sätze als Muslime, zumal der Handel mehrheitlich in den Händen von Griechen und Armeniern lag. Wenn man sich nicht unbedingt auf orientalische Spezialitäten verlegen wollte – wie die Genueser auf den Sklavenhandel –, sahen sich die westlichen Handelskompanien häufig nach rationaleren Partnern um. Die Entdeckung Amerikas und des Seewegs nach Indien öffneten hier ohnehin neue Perspektiven, die das Orientgeschäft zurückdrängten.

Wie so oft in ähnlichen Situationen, blieb auch die explosive Gewaltorgie der Turkmuslime nicht auf Konstantinopel beschränkt. Pogromartig breitete sie sich auf die weitere Umgebung aus und führte zu einer griechischen Massenflucht nach Westen. Unverhofft profitierten die Juden von dieser »Entwicklung«. Plötzlich war ihre Bildung in Wirtschaft und Verwaltung gefragt – allerdings weniger, um »Toleranz« zu demonstrieren, wie die westlichen Orientidealisten rühmen, sondern um vernichtete Intelligenz zu ersetzen und den Wiederaufbau der Stadt zu unterstützen, die nun Istanbul hieß. Steuerprivilegien und freie Niederlassungsrechte schufen ein günstiges Umfeld, das wenige Jahrzehnte später auch zahlreiche aus Spanien vertriebene Juden anlocken sollte.

Das epochale Ereignis schien ein neues Zeitalter einzuleiten. Das überlegene, türkische Ghazitum hatte offensichtlich den Auftrag, nun den Sieg des Islam weltweit zu verbreiten. Unter Mehmeds Führung unterwarfen die Osmanen nach etwa einem halben Jahrhundert Bosnien, Bulgarien und die Walachei erneut. Diesmal fielen ihnen auch Morea (1460) sowie weite Teile Albaniens in die Hände. Serbien und Ungarn konnten dem Ansturm wiederum – ein letztes Mal – mit knapper Not widerstehen. Es war Janos Hunyadi (gest. 1456), ungarischer »Karl Martell des Balkans«, der den Türken über viele Jahre hinweg immense Verluste beibrachte. In kleinerem Maßstab ging der Konvertit Skanderbegh (gest. 1468) als Verteidiger Albaniens in die Geschichte ein, nachdem er zuvor auf der Seite des Djihad gekämpft hatte.

Solche Anstrengungen verschafften allerdings nur begrenzten Aufschub. Etwa ein weiteres Halbjahrhundert später verwirklichte Sultan Süleyman II. (gest. 1566), auch »der Prächtige« genannt, einen weiteren Traum der osmanischen Eroberer. Innerhalb von fünf Jahren, zwischen 1521 und 1526, fielen nach etwa 200jährigem Widerstand die drei »Unbezwingbaren« – Belgrad, Rhodos und Ungarn.

Vorgänger Selim I. (gest. 1520) hatte 1517 die Mamluken Ägyptens unterworfen und damit auch den letzten Ausläufer des Abbasidenkalifats beendet. Im Jahre 1258 – acht Jahre nach der mamlukischen Machtübernahme – war dessen Rest vor den Mongolen nach Kairo geflohen, um dort ein wenig beachtetes Schattendasein zu führen. Ein Jahrhundert nach Musa schloß Selim in Kairo an dessen Vorbild als Massenmörder an und ließ in wenigen Tagen 50 000 Einwohner hinrichten, nachdem seine Todesschwadronen etwa die gleiche Anzahl Schiiten im ganzen Reich gejagt und getötet hatten.

Umso überzeugender konnten die Osmanen die offiziell immer noch gültigen Insignien der Abbasiden übernehmen und sich nun auch Kalifen des islamischen Imperiums nennen. Damit verband sich für sie die Wächterschaft über die heiligen Stätten in Mekka und Medina. Ausgestattet mit der Macht als Vertreter der gesamten muslimischen Welt und gestärkt durch den Ruhm der neuen Eroberungen, erschien Süleyman II. 1529 vor Wien. Hier erlitt die Siegesaura des Sultans erstmals empfindliche Einbußen: Die Belagerung verlief ergebnislos. Man hatte die Habsburger offenbar unterschätzt. Sie waren wesentlich härtere und vor allem klügere Gegner als erwartet. Jeder Versuch der Türken, die gut vorbereiteten Verteidiger aus der Reserve zu locken, erwies sich als gründlicher Fehlschlag.

Schon auf dem Hinweg hatte das riesige Heer der Osmanen von etwa einer Viertelmillion Soldaten eine Spur des Schreckens hinterlassen. Auf dem Rückweg entlud sich jedoch die Wut der frustrierten Belagerer, aufgeheizt durch den ungewohnten Mißerfolg, in einer selbst für die Zeit ungewöhnlichen Gewaltorgie. Man erging sich in Grausamkeiten, die auch turkophile Zeitgenossen als abwegig, zumindest nicht als »tolerant« empfanden. Die Soldaten des Sultans sahen es anders. Wenn sie denn schon am begehrten Wien scheitern mußte, so sollte sich die zwanghafte Dreiheit des osmanischen Ghazitums – Kult, Kampf und Kapital – doch wenigstens an geeigneten Zeitgenossen schadlos halten können. Den Geplünderten und Getöteten konnte es dabei gleichgültig sein, ob die entfesselten Marodeure eher von Allah oder vom türkischen Machtprivileg oder von beidem getrieben wurden.

Was Grausamkeit anbelangte, so wollten auch die Balkaneuropäer nicht zurückstehen. Schon vor ihrer endgültigen Niederwerfung hatten die Ungarn zu Ende des 14. Jahrhunderts eine massive Gegenoffensive gestartet, an der sich auch Franzosen und Deutsche beteiligten. Sie trieben die Osmanen bis an die Dardanellen zurück, wobei sie weniger den Türken, sondern der türkisch beherrschten Bevölkerung zu Leibe rückten. Den römisch-katholischen Gotteskriegern galten die griechisch-orthodoxen Landbewohner als Quasi-Ungläubige und damit rechtlose »Schismatiker«,[87] die man bedenkenlos niedermachen konnte. Diese

Sichtweise hat es den Türken offenbar erheblich erleichtert, die einheimische Bevölkerung bis 1500 um etwa ein Drittel zu reduzieren.[88]

Auf dem Balkan empfand man daher wenig Loyalität mit den Ungarn, als diese schließlich selbst unter die Osmanenherrschaft gerieten. Nach dem traumatischen Massaker von Mohács 1526 bzw. dem ersten Wienfeldzug wurden sie einem eineinhalb Jahrhunderte währenden, schleichenden Völkermord unterzogen. Dieser fand – nach etwa zwei Millionen Opfern – sein nachhaltiges Ende erst mit der zweiten Belagerung von Wien im Jahre 1683 bzw. der Befreiung von Mohács 1687.

Eine inzwischen deutlich verbesserte Kriegslogistik, die Hilfe Polens und sehr viel Glück befähigten die Habsburger, die zahlenmäßig weit überlegene Osmanenarmee in die Flucht zu schlagen. Im Jahr ihres Sieges trat in die kaiserliche Armee der legendäre Prinz Eugen von Savoyen ein, der später u.a. die historische Befreiung Belgrads bewerkstelligte. Der Friedensvertrag von Karlowitz 1699 gilt als das entscheidende Ereignis, das den Rückzug der Osmanen aus den besetzten Gebieten einleitete.

In dieses Jahr fällt auch der Tod des weitgereisten Kapuzinerpaters Marco d'Aviano, dessen Predigten ein maßgeblicher Einfluß auf die Verteidiger Wiens zugeschrieben wird. Im Rahmen der traditionellen Kirchenkollaboration mit dem Islam nimmt es kaum Wunder, daß man sich schwer tat, gegenüber diesem Gefolgsmann Jesu Loyalität zu üben. Die Masse derer, die in den letzten 20 Jahren des 20. Jahrhunderts selig- und heiliggesprochen wurden, schwoll inflationär, um nicht zu sagen globalistisch an. Obwohl ihre Zahl die der vorangegangenen zwei Jahrtausende um das Doppelte übertraf, fand der unbequeme, weil christliche Pater erst nach langem Hin und Her Berücksichtigung. Dies auch nur »in cumulo«, d.h. unauffällig in einer größeren Gruppe verborgen, »um die Gefühle der Muslime nicht zu verletzen«, wie man sich in Rom und Wien vernehmen ließ.

Allerdings waren schon ein gutes Jahrhundert vor dem Wiener Ereignis historische Marken gesetzt worden, die der Militäraura der Osmanen latenten Schaden zufügten. Der vergebliche Kampf der Türken um Malta und ihre verlustreiche Vertreibung hatten 1566 nicht nur ihre Besiegbarkeit bloßgelegt – den Menschen jener Zeit erschien die wehrhafte Mittelmeerinsel überhaupt als symbolhaftes Bollwerk gegen den Türkensturm auf Europa.

Eine ähnliche Wirkung übte wenige Jahre später das Schicksal des zyprischen Gouverneurs Bragadino aus. An ihm statuierten die osmanischen Besatzer 1571 ein grauenhaftes Exempel, das ihre zentralasiatische

Herkunft erkennen ließ. Als er sich weigerte, den schon unterzeichneten Friedensvertrag noch einmal zugunsten der Eroberer nachzubessern, zogen sie ihm nach alttürkischer Sitte bei lebendigem Leibe die Haut ab, spickten den blutüberströmten Leichnam mit Stroh und führten ihn auf einen Esel geschnallt an der entsetzten Bevölkerung vorbei. Jeder sollte wissen, daß Djihad eine Anstrengung gegen den Unglauben war und keine Anstrengung im Glauben, wie viele Orientidealisten zu verkünden nicht müde werden. Obwohl die Gewalt in jener Zeit zum Alltag gehörte, war diese Tat von so einmalig schockierender Wirkung, daß sie kurzzeitig sogar die Trennung zwischen römischen und griechischen Christen überbrückte. Sie motivierte die Flotte einer »Heiligen Allianz«, die 1571 vor Lepanto, an der Küste von Morea, zu einer der größten Seeschlachten aller Zeiten antrat. Unterstützt vom Papsttum, wollten vor allem die italienischen Seerepubliken, Venedig und Genua, ihre kommerziellen Interessen gegenüber den Osmanen wahren.

Der grausige Tod des zyprischen Gouverneurs hatte in der Streitmacht einen frenetischen Geist der Rache ausgelöst, der in nur drei Stunden zwei Drittel Muslime und ein Drittel Christen der jeweils etwa 30 000 Kämpfer vom Leben zum Tode beförderte. Aus der Sicht der Christen war Lepanto ein großartiger Sieg. Unter Führung des Juan de Austria (gest. 1578) hatten sie den Muslimen eine empfindliche Niederlage beigebracht, aber die Vorherrschaft der Osmanen nicht gebrochen. Diese nutzten das Ereignis zum Bau einer neuen Flotte, die ihre Interessen im Mittelmeer wirksamer schützen konnte.[89]

5. Niedergang und Aufruhr

Um die Wende zum 18. Jahrhundert schien jedoch der osmanische Rückzug nicht mehr aufzuhalten. Die Niederlagen von Wien und Belgrad hatten epochale Zeichen gesetzt, verstärkt vor allem durch die Rückzug aus Mohács, dem historischen Symbol der ungarischen Reconquista. Bereits gut ein Jahrhundert zuvor war auch der innere Halt des Osmanenreichs durch die sogenannten *Djelali*-Aufstände erschüttert worden. Hier hatte sich erneut der Beutedruck zwischen Herrschenden und Beherrschten bemerkbar gemacht, der in turkislamischer Tradition immer wieder das Sozialgefüge gefährdete. Auf eindrucksvolle Weise meldete sich das ethische Defizit zurück, dessen Milderung das Hauptanliegen des Reformers Badruddin gewesen war (s.o. S. 59f.).

Da die Tributmaschine auf destruktiver Auspressung beruhte, bedurfte sie militärischen »Schutzes«, der seinerseits mit den *timar*-Lehen auszustatten war. Der dadurch ausgelöste Schneeballeffekt bewirkte wachsenden Steuerdruck, der wiederum ansteigende Landflucht der Bauern und Fahnenflucht der Soldaten nach sich zog. Der Lehnsertrag war schlicht unökonomisch motiviert: Statt den Profitwillen der Landbesteller zu nutzen, gab er dem – ohnehin kaum stillbaren – Gierfaktor der Lehnsbesitzer Auftrieb.

Das zwangsläufige Ergebnis war zugleich Markenzeichen islamischen »Wirtschaftens«: ökonomische Auszehrung und politischer Zerfall. Ein oft noch im Niedergang blühender Handel suggerierte dabei die Illusion eines funktionierenden Systems, das keine selbsttragenden Eigenkräfte besaß und auch heute noch nicht hinreichend besitzt. Die Beutemechanik förderte die Ausweitung steuerfähiger Landwirtschaft und behinderte die Entwicklung urbaner Handelszentren – das Gegenkonzept zum Wirtschaftssystem, wie es sich in Europa ausformte (s.o. S. 37f.).

Die *Djelali*-Aufstände bildeten Zusammenschlüsse von Bauern, Soldaten und Religionsdienern, die keine Anstellung fanden. Später verstand man unter diesem Begriff alle Bewegungen, die von der osmanischen Staatsnorm abwichen. Dabei fielen ihre Anhänger, die Djelalis, in zweierlei Hinsicht aus dem vorgegebenen Raster – sozial und religiös. Der Osmanenstaat legte zwar kein betontes Gewicht auf das religiöse Bekenntnis, doch reagierte er unangenehm, wenn man von der sunnitischen Norm abwich. Im Grunde handelte es sich um gesetzlose Banden, die sich überall dort bedienten, wo noch etwas zu holen war. Da sie der Obrigkeit schadeten, fanden sie Sympathien u.a. bei den schiitischen Derwischen. Ohne selbst ausdrücklich Schiiten zu sein, brachte man sie daher wiederholt auch mit den Ali-Verehrern der *Kizilbash* in Verbindung, deren Erhebungen keineswegs vergessen waren (s.o. S. 43f.).

In der gleichen Zeit, in der die Djelali die innere Reichsordnung auf die Probe stellten, geriet die Zentralführung selbst außer Tritt. In der ersten Hälfte des 17. Jahrhunderts häuften sich die Fälle unfähiger oder gar geistesgestörter Sultane, deren Aufgaben von Wesiren und Eunuchen wahrgenommen wurden. Während der sogenannten »Weiberherrschaft« sah man sich zeitweise sogar in der Verlegenheit, auf die Regierungskünste von Frauen zurückgreifen zu müssen. Die Auswirkungen auf die »Haremswirtschaft« und die spezifische Form des Sultans als »Bienenkönig« hat der Verfasser an anderer Stelle ausführlich behandelt.[90]

Im Zuge ihrer Vertreibung aus Europa bekamen die Osmanen die Kehrseite der turkislamischen Kriegswirtschaft zu spüren. Bei unterlegener Militärtechnik und -logistik mußten die Rückzugsgefechte in voller Truppenstärke geführt werden, so daß bei gleichzeitigen Land- und Einnahmeverlusten die Kosten und ihr Anteil am Staatsbudget ins Astronomische wuchsen. Mit der Befriedung des letzten großen Djelali-Aufstands 1659 ist der Beginn der Wesirsdynastie Köprülü verknüpft. Sie griff stabilisierend in das entstandene Chaos ein und brachte den Staatshaushalt noch einmal halbwegs ins Lot.

Zu den wichtigsten Maßnahmen gehörten Sondersteuern (*avariz*) und vor allem Entwertungen des Silbergeldes, die sich allein in der zweiten Hälfte des 17. Jahrhunderts um 25 Prozent beliefen. Wie erwähnt, führte die Entdeckung Amerikas zu einem erheblichen Anstieg der Edelmetallimporte und deren Wertverfall zu einer Anhebung des gesamten Preisgefüges, besonders bei den Grundnahrungsmitteln. Diese Entwicklung traf die osmanische Kriegswirtschaft weitaus härter als die stabileren Wirtschaftssysteme Europas. Denn erstere war auf konsumptive Ausbeutung angewiesen und hatte allenfalls funktionierende Handelsstrukturen entwickelt. Dagegen hatte das produktive Wirtschaften in Europa inzwischen die technischen und industriellen Revolutionen in Gang gebracht, die den Osmanen zunehmend zu schaffen machten.

Nachdem sich die Truppenstärke im 16. Jahrhundert noch nahezu verfünffacht hatte, stagnierte sie im Folgejahrhundert auf hohem Niveau und begann darauf kontinuierlich zu sinken.[91] Mit der krassen Finanznot und ausbleibenden Gehältern war nicht nur die Stärke der Armee, sondern auch ihre Disziplin gefährdet. Im Jahre 1730 brach ein vehementer Aufstand der Janitscharen los, der 50 000 Tote kostete und erst nach zwei Jahren gebändigt werden konnte. Dieses Ereignis schreckte die Eliten Istanbuls jäh aus einem Jahrzehnt der heiteren Verschwendung auf, das man »Tulpenzeit« nannte. Sorglos verspielt hatte man sich nicht nur der Zucht dieser Blumensorte, sondern auch allerlei schönen Künsten und dekadenten Festivitäten hingegeben.

Den Bestand des Reiches konnte das aufständische Militär allerdings nicht wirklich gefährden. Die zentrale Führung hatte sich schon seit den Djelali-Rebellionen zunehmend auf das System der »Tore« (*kapi*), der Hausmächte regionaler Bezirkseliten, verlegt. Sie bildeten ein landesweites, dezentrales Netzwerk von Teilfürsten, das die vorosmanischen *beylikler* fortführte (s.o. S. 50). Über das Lehnswesen hinaus verpflichtete man sich inzwischen Vasallen aus den verschiedensten Bereichen – Rechtsgelehrte (*ulema*), Bürokraten, Kaufleute, Grundbesitzer (*ayan*) etc. Indem man gewissermaßen als Teil das Ganze abbildete, als Fürst den Sultan imitierte, vernetzte man sich systemhaft mit der Zentralherrschaft. Da die Interessen der Teilfürsten mit denen des Sultans weitgehend identisch waren, verschob sich die Durchsetzung der absolutistischen Macht in die Provinzen. Dabei übernahmen die *ayan* (»Honoratioren«) hier eine beherrschende Rolle, die ihnen auch in der modernen Türkei kaum abhanden gekommen ist. Die Lenkung von oben konnte sich entsprechend abschwächen. Mit dem wichtigsten Tor, der »Hohen Pforte« des Großwesirs in Istanbul, auf gutem Fuß zu stehen, lag im »wohlverstandenen Interesse« der Teilfürsten, um politisch und wirtschaftlich nicht übergangen zu werden. Ohne an Wirkung verloren zu haben, konnte die Despotie pragmatischere Züge annehmen. Die frühere, direkte Zentralgewalt hatte sich auf selbstverständliche Weise dezentralisiert, aber reichsweit ausgedehnt. Der Janitschar Konstantin von Ostrovica, der seine Zeit um die Mitte des 15. Jahrhunderts mit bemerkenswertem Scharfblick beschrieben hat, traf den Kern dieses wichtigen Vorgangs:

»... ob arm oder reich, jeder untersteht dem Sultan, und der Sultan versorgt das ganze Volk, jeden nach seiner Würde und seinen Verdiensten. Und so hat auf diese Weise kein Herr sein Erbgut ... der Sultan gibt, wem er will und nimmt, wem er will ...«[92]

Die Tragfähigkeit dieser Struktur sollte sich als lebenswichtig für den Bestand des Staates erweisen, als er in den Rückzugsgefechten mit den europäischen Großmächten unter steigenden Druck geriet. Im 18. Jahrhundert hatte die Expansion des Westens vermehrt Fahrt aufgenommen. Österreich und Rußland – zuweilen behindert durch England und Frankreich – nahmen dem »kranken Mann am Bosporus« große Teile seiner europäischen Besitzungen ab. Dabei retteten wechselnde Machtinteressen der Europäer das schwindende Imperium wiederholt aus bedrohlichen Situationen und verlangsamten seinen Machtverlust. Der wachsende technologische Rückstand schloß dabei eine wirksame Erholung des wankenden Kolosses aus. Die Westmächte konnten sich seine Besitzstände bei sinkendem Risiko aneignen.

Frankreich, historisch der engste »Partner« der Türken, suchte diesen Ablauf in seinem Sinne zu kontrollieren und verleibte sich 1830 zunächst Algerien ein. Zuvor hatte der Makedonier Muhammad Ali (gest. 1849) unter dem faktischen Protektorat Englands 1805 Ägypten übernommen und einen Sonderweg der Modernisierung eingeschlagen. Um etwa die gleiche Zeit schüttelte Serbien die Osmanen ab und erlangte 1831 die offizielle Souveränität. Ein Jahr später entstand nach extrem blutigen Kämpfen die Monarchie Griechenland. Das magere Trostpflaster eines Freundschaftsvertrages von 1830 mit den USA, die seinerzeit noch eine Juniorrolle im Konzert der Großen spielten, sollte später noch enorme Früchte tragen.

In die Kette schmerzhafter Verluste hatte sich ein Ereignis gereiht, das der innerislamischen Autorität der Osmanen einen zusätzlichen Schlag versetzte: Im Jahre 1804 besetzten die orthodoxen Wahhabiten[93] erstmals Mekka und Medina, die heiligen Stätten des Islam. Zudem war seit der Rückgewinnung der Krim das russische Zarenreich als mächtiger äußerer Gegner aufgekommen. Beim Abschütteln des »Tatarenjochs« nahm es deutlich weniger Rücksichten als die Westmächte, indem es den fliehenden Gegner oft auch auf eigenes Gebiet verfolgte. Seine Truppen rückten den Türken immer enger mit einem klaren Ziel zuleibe: die Kontrolle der Meerengen zwischen Schwarz- und Mittelmeer. Wie der politische Aufklärungsphilosoph Montesquieu (gest. 1755) bestätigte, standen im Westen allerdings andere Motive im Vordergrund:

»Wenn irgendein Machthaber dieses Reich durch Eroberungen in Gefahr brächte, wüßten die Handelsnationen Europas zu gut um ihr Geschäft, um nicht sofort zu seiner Verteidigung zu schreiten.«[94]

Zur fraglichen Zeit hatte sich »dieses Reich« im Jahre 1826 auf islamische Art von den Janitscharen getrennt. In einem langen Zerfallsprozeß waren sie zum Sicherheitsrisiko geworden und mußten einer »Heeresreform« geopfert werden. In einem tagelangen Massaker verschwanden sie, einst die Kämpfer für den äußeren Djihad, nun selbst in der endlosen Gewaltspirale des inneren Djihad, die Allah zur Reinigung seiner Gemeinschaft permanent in Gang hält.

Mit einer Anfangsstärke von 40 000 Mann trat an ihre Stelle die »Siegreiche Muhammadanische Armee«, die Erinnerungen an die alte Ghazizeit wach werden ließ, denn sie sollte »für die Sache der Religion« kämpfen. Als nicht unwichtiges Nebenprodukt fand auch ein Austausch der »Seelsorge« statt: Der Bektashi-Orden, traditionell mit den Janitscharen verbunden, wurde durch die Nakshbandis abgelöst, von denen noch die Rede sein wird.

6. Modernisierung und Turkismus

Das folgende und letzte Jahrhundert des osmanischen Imperiums ist wahrscheinlich auch sein turbulentestes. In ihm vollendet sich die Rückbildung des Reichsgebiets auf seine anatolische Basis. Riesige Areale gehen verloren, alle osmanischen Kolonien – bis auf einen Teil Thrakiens – müssen in die Unabhängigkeit bzw. westliche Kontrolle entlassen werden. Selbst fast rein muslimische Staaten wie Albanien und Bosnien sagen sich los. Zuvor versucht der Zentralstaat ein letztes Mal, die arabischen Provinzen auf die alte Linie zu bringen. Besonders aggressiv wehrt er sich gegen den Machtverlust durch Zerschlagung der kurdischen Fürstentümer in den 1830er Jahren. Zugleich versucht die Reichsführung, in einer Periode forcierter Reformen (*tanzimat*) zwischen 1839 und 1876 den rasanten Schwund unter Kontrolle zu bringen.

Ein Jahr zuvor (1838) hatte man in der Hoffnung, die maroden Reichsfinanzen sanieren zu können, mit England die sogenannten *Kapitulationen* abgeschlossen, einen Handelsvertrag, der allerdings das Gegenteil bewirkte. Er überschwemmte die osmanische Wirtschaft mit europäischen Fertigwaren und erstickte jede weitere Entwicklung. Dieser Akt, der dem britischen Außenminister als »Meisterwerk« erschien, bestätigte allerdings nur einen Zustand, der sich längst vorbereitet hatte:

»Durch anhaltenden Kapitalmangel, den die stagnierende Landwirtschaft nicht ausgleichen konnte, verblieb auch die türkische Fertigung in einem traditionellen, unterentwickelten Stadium. Unfähig, mit den billigen Fertigwaren des Westens zu konkurrieren, war das türkische Gewerbe einem stetigen Niedergang ausgeliefert. Am Ende des 18. Jahrhunderts hatte sich das Osmanische Reich praktisch von der Produktion verabschiedet und den europäischen Waren völlig geöffnet.«[95]

Im Zentrum des umfassenden Modernisierungsprogramms stand eine Maßnahme, die allen Prinzipien des *Turkislam* zuwiderlief: die Garantie von Leben und Eigentum eines jeden Individuums, unabhängig von Person, Religion und Ethnie. Im weiteren sollten das alte steuerliche Pachtsystem abgeschafft und ein modernes Bildungswesen eingeführt werden. Ein staatliches Schul- und Hochschulsystem sollte national-islamische Türken hervorbringen und in diesem Sinne auch alle Minderheiten (*millet*) zu eigenen Bildungseinrichtungen berechtigen. Worauf es hier eigentlich ankam, klärte eine Durchführungsverordnung auf, nach der die neuen Privilegien die Souveränität und Administration des Staates in keiner Weise beeinträchtigen durften. Eine Ergänzung von 1856 besagte, daß alle Religionen und Ethnien auch im Staatsdienst und vor Gericht gleichzustellen waren. Zudem hatte Religionsfreiheit zu herrschen und die Folter der Vergangenheit anzugehören. Alle diese Punkte widersprachen diametral der turkislamischen Weltsicht. Prompt folgten im Jahre 1860 blutige Pogrome gegen Christen im Libanon und in Syrien mit über 40 000 Opfern. Als die Armenier in Anatolien und Syrien zwischen 1894 und 1896 den liberalen Geist beim Wort und ihre neuen Rechte in Anspruch nehmen wollten, ging man gegen sie ebenso kompromißlos vor.

Im Jahre 1876 hatte Abdülhamid II. den Sultansthron bestiegen. Gleichzeitig war ein kurzlebiges »Grundgesetz« erschienen, das eher die Grundlinien des Feudalstaates als der Demokratie festlegte. Der Sultan sollte Kalif und Hüter der islamischen Religion sowie »sakrosankter und nicht verantwortlicher« Herrscher der Untertanen sein. Diese galten, ohne jede Ausnahme, als Osmanen. Einer Denkschrift zufolge hatten sie sich als türkisches Staatsvolk – allem Reformgerede zum Trotz – für den ethnischen Djihad bereitzuhalten. Wie schon so oft, bestätigte sich auch und gerade in der »Erneuerung«, daß sich die Türken weniger auf den Islam als auf eine mythisch überhöhte, personale Führung fixierten, wie es ihrer inzwischen tausendjährigen Tradition entsprach.

»Die Türken sind die eigentliche Kraft hinter dem Erhabenen Staat. Sie sind aus ethischen und religiösen Gründen aufgefordert, ihr Leben für das Haus Osman zu geben, bis sie alle untergegangen sind.«[96]

Wenngleich die religiöse Bildung immer schon der osmanischen Politik dienstbar gemacht worden war, so drohte sie jetzt unausweichlich auf den Prüfstand der Modernisierung zu geraten. Wie dieses Projekt ausgehen würde, wußte niemand. So sollte doch zumindest der alte Herrschaftsmythos als »sakraler Patriotismus« in die neue Türkei überleiten können.[97] Die liberalen Neuerungen bewirkten eine Atmosphäre allgemeinen Aufruhrs und Widerstands, die Sultan Abdülhamid II. nach innen mit harten Kontrollen niederhielt. Nach außen kulminierten die Unruhen auf dem Balkan im Krieg von 1877/78 gegen Rußland, der im wesentlichen den Rückzug aus Südosteuropa besiegelte. Im Berliner Vertrag wurden unter Federführung des Reichskanzlers Bismarck die entstandenen Fakten festgeschrieben, wobei Zypern an England ging. In für die Türken äußerst beunruhigender Weise begannen dabei die Westmächte, die »armenische Frage« zur Diskussion zu stellen.

Nachdem 1881 die Staatskasse ihre Zahlungen praktisch eingestellt hatte, wurden die Finanzen des Imperiums unter europäische Schuldenverwaltung gestellt, im gleichen Jahr fiel Tunesien an Frankreich, ein Jahr später Ägypten – nun auch offiziell – an England. Ein kurzer Krieg gegen Griechenland endete zwar 1897 mit einem Sieg, führte jedoch zur Selbständigkeit Kretas. Ein Drittel der schwindenden Staatseinnahmen floß in den Schuldendienst, fast die Hälfte fraß nach wie vor das Militär auf, dessen »Friedensstärke« immer noch bei etwa 250 000 Mann lag.

Als Miturheber der erwähnten Scheinverfassung galten die »Jungtürken«, eine turkistische Gruppierung, die aus den »Jungosmanen« hervorgegangen war und große Sympathien beim Militär genoß. Später traten Mediziner von der Militärschule Istanbul in den Vordergrund, die sich 1889 von europäischen Geheimbünden inspirieren ließen und die »Gesellschaft für osmanische Einheit« gründeten. Sie strebten eine säkulare Fortschrittsgesellschaft nach der positivistischen Denkschule des A. Comte (gest. 1857) an. Wichtiger Ideengeber war A. Djevdet, Autor der erwähnten Denkschrift, der einen wehrhaften Turkismus mit kontrolliertem Islam vertrat.

Nachdem man zunächst ein universales Osmanentum zugrundegelegt und das Massaker an den Armeniern verurteilt hatte, zog man sich auf einen »aufgeklärten« türkischen Nationalismus zurück. 1902 fand der erste Jungtürkenkongreß in Paris statt, bei dem man sich mit 47 Nationalitäten sehr liberal gab, aber bereits die fundamentalen Probleme offenbarte, die der Turkismus mit dem Nichttürkischen hat. Was schon immer bekannt war, bestätigten rasch auch die »aufgeklärten« Türken: Jedweder Einfluß von Griechen und Armeniern auf die türkischen Staatsinteressen war inakzeptabel.

Drei Jahre später trat ein junger, aus Saloniki stammender Offizier namens Mustafa Kemal dem Geheimbund *Vatan* (Vaterland) in Damaskus bei. Weitere drei Jahre danach hatten sich die Jungtürken als eine politische Kraft etabliert, die zunehmend offen agierte. Zunächst noch als geheimes »Komitee« tätig, schlossen sich ihnen immer mehr anatolische Offiziere und Provinzführer an, die die Unausweichlichkeit des Wandels erkannten. Ihnen ging es darum, die drohende Gefahr für die Integrität des Türkentums (»Land und Volk«) so weit zu bannen, daß man vom

Spielball wieder zum Mitspieler in einer kommenden politischen Neuordnung werden konnte. Hier kam nur eine tonangebende Rolle in Frage, wie sie turkistisches Dominanzdenken ganz natürlich von sich selbst verlangte. Auf diese Überlegungen übten Exilreformer in Paris und Genf einen wichtigen Einfluß aus. Sie fürchteten, daß der osmanische Schrumpfprozeß mit dem Verlust der europäischen Kolonien nicht aufhören, sondern auch Anatolien selbst zur Kolonie machen und in neue, westliche Interessenzonen aufteilen könnte. Die alte Ordnung hatte sich offensichtlich als unfähig erwiesen, in den epochalen Umbrüchen der Zeit den Türken einen ihnen gebührenden Platz zu sichern. Unter dem Druck des albanischen und makedonischen Militärs zwang man daher im Jahre 1909 Sultan Abdülhamid II. zur Abdankung und zur Abreise ins griechische Exil nach Saloniki.

Mit den »Drei Säulen« – Türkentum, Islam, Osmanismus – zog der Literat Ziya Gökalp (gest. 1924) ein knappes, dabei nicht unpassendes Zwischenfazit der komplexen Situation. Die Formel spiegelt die historische Dynamik authentisch wider und ist für die Mehrheit der Türken bis heute zustimmungsfähig. Wie unsere Betrachtungen wiederholt gezeigt haben, bedeutet Turkismus dabei den Zusammenhalt von Türken, die sich als maßgebliche Kulturgemeinschaft verstehen. Um in dieser Form Bestand zu haben, erkennen sie nur Führungen an, die sich und andere diesem Ziel unterstellen. Gökalp bestätigte diese Sicht zusätzlich, indem er Panturkismus im Sinne einer zentralasiatischen Ethno-Ideologie ausschloß.

Andere Gemeinschaften können also problemlos mit den Türken koexistieren, solange sie die ethnisch-religiöse Dominanz eines *Turkislam* anerkennen, dessen Zentrum die *Türken* sind. Die anderen Turkvölker spielen eine willkommene Nebenrolle, indem ihre erweiterte Turkethnie die Herrenrolle der engeren türkischen Ethnie deutlich macht. Im Begriff des Osmanismus kommen dabei zwei ähnliche Gesichtspunkte zum Ausdruck. Zum einen kann und muß ein derart als Führungskraft verstandenes Türkentum unter geeigneten Umständen auch expansiv – eben osmanisch – aktiviert werden. Zum anderen braucht der Osmanismus, der im Westen oft als multikulturelles Ideal gepriesen wird, andere Völker und Kulturen, um die Überlegenheit und Führungskraft des Türkentums hervortreten lassen zu können. Im Status der Bedrohung muß sich diese Mechanik daher besonders nachdrücklich zur Geltung bringen. Die Zerschlagung der kurdischen Eigenverwaltung in den 1830er Jahren war hierfür ein im wahren Wortsinne »schlagendes« Beispiel (s.o. S. 74). Das weitere Vorgehen gegen die Kurden und vor allem Armenier sollte noch wesentlich bedrückendere Belege liefern.

Dieses Weltbild definiert sich aus einer mythisch-historisch gewachsenen Militärideologie, die den Islam als unverzichtbares Herrschaftsmittel in die Staatsbürokratie integriert. Am Vorabend des Ersten Weltkriegs standen die »Global Players« an den Grenzen des anatolischen Reichskerns. Wenngleich der Bestand des Imperiums außerhalb dieses Kerns praktisch beendet war, schien es doch immer noch Besitzungen zu geben, die man sich risikolos einverleiben konnte. So besetzte Italien 1911/12 Teile der libyschen Küste (Cyrenaica), was den Druck auf die politisch Verantwortlichen nochmals erhöhte. Die Jungtürken gaben 1913 ihr ohnehin nur semi-demokratisches Experiment auf und führten den Staat als Militärdiktatur weiter.

Für das Weltbild des ethnisch orientierten *Turkislam* und seines bedrohten *Ötükän* begann somit der Kampf ums nackte Überleben, der sich nach innen vor allem gegen alles Nichttürkische ausdrücken mußte. 1909 setzten sich daher die Armenierpogrome, die um die Mitte der 1890er Jahre begonnen hatten, mit erschreckender Brutalität fort. Turkistischer Logik entsprach es, daß auch die Kurden wieder unter verstärkten Druck gerieten. Und nun erschienen auch die Aleviten, die früheren *Kizilbash* (s.o. S. 43f.), zunehmend als abzulehnender Fremdkörper.

Djihad war dabei ein eher selten benutztes Wort, weil man die noch verbliebene Rationalität dringend brauchte. Es kam darauf an, zwischen den Fronten des kommenden Weltkrieges eine Position zu finden, welche die furchterregende Auflösungsdynamik daran hinderte, auf das Kernland überzugreifen. Aus damaliger Sicht schien dies durch eine Allianz mit Deutschland und Österreich gewährleistet. Dagegen stand allerdings eine Machtkonzentration, die sowohl militärisch sehr stark war, als auch große Erfahrung im Umgang mit imperialistischen Praktiken hatte: England, Frankreich und Rußland.

In den meisten Darstellungen endet die Osmanenzeit üblicherweise mit der offiziellen Abschaffung des Sultanats im Jahre 1924. Wir wollen diesen Schnitt mit der Abdankung Abdülhamids II. verbinden. Ihm wird zwar – nicht ganz zu Unrecht – irrationales Handeln vorgeworfen, doch waren die »Sultane« nach ihm praktisch handlungsunfähig. Seine lange Regierungszeit (1876–1909) ließ durchaus wichtige Elemente traditioneller Türkenherrschaft erkennen. Wie noch zu zeigen ist, gehören sie nach wie vor zum festen Bestand des turkislamischen Regierungsstils der Gegenwart.

In jahrelanger, düsterer Propaganda trichterte Abdülhamid den Untertanen ein, daß die Armenier willige Vollstrecker der Großmächte seien. Mit den Griechen und Juden lenkten sie Wirtschaft und Handel und bildeten so ein dubioses Einfallstor für die westlichen Eindringlinge – eine Argumentation, an die nicht nur die jüdischen »Schlüsselstellungen« der antisemitischen Nazi-Propaganda erinnern sollten. Die Aggression gegen die Dönme-Kryptojuden kehrte zurück (s.u. S. 102), und bis heute hielten sich die Juden im oberen Bereich der türkischen Feindbildliste. Denn alle zu ihren und der Armenier Gunsten geplanten Reformen müßten, so prophezeite schon der Sultan der osmanischen Endzeit, den Ruin des Reiches bewirken, gegen den sich daher alle Kräfte, vor allem auch wieder die des Islam, zu stemmen hätten.[98]

Für unsere Darstellung ist es sinnvoll, die Dynamik der türkischen Politik während des Weltkrieges und ihrer Folgen an den Beginn des zweiten Teils zu legen. Zusammen mit der Ideologie des militärischen Turkislam sind diese Entwicklungen entscheidend für den Erfolg des Mustafa Kemal Atatürk und die anschließende Entwicklung. Wie geschildert, bildet türkische Herrschaft über wachsendes Land den Gründungsmythos der Türken überhaupt. In diesem Sinne ist die militärische Sicherung türkischer Herrschaft in Anatolien und ihre potentielle Ausweitung unverzichtbar für die Existenz auch der modernen Türkei. Alle Türken und im Grunde alle nichttürkischen Kräfte haben sich letztlich diesem Interesse zu unterstellen.

——— **Teil II** ———
Die neue Türkei

Allein die türkische Nation hat das Recht,
ethnische und rassische Forderungen
in diesem Lande zu stellen.

Ismet Inönü,
1938 Nachfolger Atatürks als Staatspräsident

Selbst wenn die Kurden in Argentinien
ein Kurdistan gründen wollten,
würde die Türkei dies bekämpfen.

Tayyep Erdogan,
2004 gewählter Ministerpräsident der Türkei

_____A_____
Die Pfeile des Atatürk

1. Der Erste Weltkrieg

Mit ihrem 1913 vollzogenen Übergang zur faktischen Diktatur hatten die Jungtürken noch einmal die neue – und zugleich alte – Ideologie bekräftigt: Sie stützten sich in erster Linie nicht auf die Tradition des Islam, sondern auf die türkische Einheit und deren national-islamischen Zentralstaat. Wesentliche Neuerungen wie die gesetzgeberischen Vollmachten des Parlaments, Pressefreiheit, Versammlungs- und Streikrecht etc. wurden wieder rückgängig gemacht. Auch die Gewalt setzte sich fort: Wenig später fiel der erste Kabinettschef, M. Shevket, einem Attentat zum Opfer.

Nachdem man noch im gleichen Jahr deutsche Militärberater ins Land geholt hatte, erschien Deutschland überhaupt als modellhafter Partner für die Realisierung eines starken Staats. Daß Engländer die Marine und Franzosen die Polizei berieten, hatte sich in diesen Überlegungen weniger ausgewirkt. Auch ihre beherrschende Rolle als Handelspartner und Schuldenverwalter schlug sich nicht wesentlich nieder.

Was die Türken – ob Alt- oder Jungtürken – besonders beeindruckte, waren Disziplin und Organisation in Armee und Verwaltung des deutschen Kaiserreichs. Das Wort von der »ethnischen Arbeitsteilung« hörte man zwar nicht mehr gern,[99] traf jedoch die herrschenden Verhältnisse. Die militärisch-bürokratische »Quasi-Kaste«[100] der Soldaten und Beamten hatte als ethnische Führungselite seit jeher den Staat kontrolliert, und der Kontrollapparat des Deutschen Reichs schien hier weitere Impulse geben zu können. Was die neuen Türken dabei übersahen, war allerdings entscheidend: Anders als die Deutschen und die anderen Westeuropäer hatte das osmanische Herrenvolk keinen tragenden Mittelstand, keine »bürgerliche Gesellschaft« zugelassen. Deren Entwicklung war zusätzlich durch die verheerende, ökonomische Wirkung der *Kapitulationen* beschnitten worden (s.o. S. 82).

1914 erklärte die Hohe Pforte der Entente – England, Frankreich, Rußland – den Krieg. Zu dieser Zeit umfaßte das Reich immer noch eine Fläche von 1,7 Millionen km² mit 22 Millionen Bewohnern, sie sich in vier Jahren auf 0,7 Millionen km² bzw. 12 Millionen Menschen verringerten. Binnen kurzem hatten die Türken unter ihren neuen Herren mehr Substanz verloren als während des langen Sultanats des ins Exil geschickten Abdülhamid. Viele machten dafür besonders solche Maßnahmen verantwortlich, die den Islam einschränkten. Die religiösen Gerichte, Schulen und Orden waren unter die Kontrolle eines eigens eingerichteten Staatsministeriums gestellt worden.[101]

Die Entscheidung für das deutsch-österreichische Bündnis war keineswegs einstimmig gefallen. Die Militärjunta konnte sich schließlich mit ihrer Variante durchsetzen, weil ihr Führer Enver als früherer Militärattaché in Berlin den deutschen Rüstungsstand gut kannte. Außerdem hatten die englisch-französischen Alliierten die empfindlichen Türken mit allerlei diplomatischen Fehlern brüskiert. Insbesondere hatten sie es abgelehnt, die Integrität des anatolischen Kernlands zu garantieren.

So löste man Anfang August 1914 das Parlament auf und rief die »neutrale Mobilisierung« aus, die allerdings auch den Anstrich eines verbalen Djihad erhielt. Zum einen wandte man sich gegen Rußland, das über drei Jahrhunderte lang das – osmanische – Land des Islam dezimiert habe, und zum zweiten gegen die anderen Alliierten, die mit ihrer Unterdrückerpolitik im – arabischen – Land des Islam die Muslime ihrem Glauben entfremdet hätten.

Deutschland kam seiner Bündnispflicht nach und suchte – mit begrenztem Erfolg – die nichtmuslimischen Minderheiten in Anatolien auf turkislamischen Kurs zu bringen. Wie sich bald herausstellte, sollte dies für die Armenier bedeuten, an ihrer eigenen Auflösung mitzuwirken. Für den erwähnten Historiker B. Lewis ist solches allerdings durchaus zumutbar. Für ihn ist die Unterdrückung durch den Staat oder muslimische Banditen sogar ein völlig »normaler Preis«, den eine unterworfene Gruppe zu zahlen habe, wenn sie sich »Illoyalität« zuschulden kommen lasse.[102]

Es ist nicht zu hoffen, daß Lewis damit alle Situationen legalisieren möchte, in denen sich diktatorische Staaten Krimineller bedienen, um ihre Machtbasis zu wahren. Darin wäre beispielsweise auch der Mob einzuschließen, der 1895 mit staatlicher Duldung, wenn nicht auch Bewaffnung, die Armenier in Istanbul und anderen Städten liquidiert hatte. Lewis kann sich in seiner Sicht allerdings durch das damalige deutsche Außenministerium bestätigt fühlen. Dies argumentierte mit einem geradezu byzantinischen Denkmuster, das auch heute oft zur Anwendung zu kommen scheint.

Man vermutete, daß hinter den furchtbaren Ereignissen weniger die – verbündeten – türkischen Täter, sondern die armenischen Opfer steckten, die man auch »Provokateure« nannte.[103] 1894 wurden im Gebiet von

Sasun über 10 000 solcher »Provokateure« erschossen, in Gruben gewor-
fen, mit Kerosin übergossen und verbrannt – ein klassisches Beispiel des
ethnischen Djihad.[104]

Kennzeichnend für den Westen bzw. die Deutschen blieb der sogenannte »V-Filter«, eine Kombination aus Verdrehen, Verschleiern und
Verschweigen (s.u. S. 86), mit der man diese und alle weiteren Maßnahmen vergleichbarer Art neutralisierte. Der Kaiser sprach zwar von der
»türkischen Barbarei«, doch konnten solche Aussagen als Gegenpol zum
V-Filter und somit wie ein zweideutiger Schutzraum für höhere Interessen wirken. Je wichtiger – ideologisch, ökonomisch etc. – ein fremdes Tä-
tervolk war, desto nachhaltiger mußte ihm die Aufarbeitung seiner Taten
erspart werden, ein Vorgang, der sich heute unter den Fittichen der »Toleranz« vollzieht. Unter dem Stichwort der *»gerichteten Unschärfe«* werden wir auf diesen wichtigen Kontext, der auf die Einschränkung von
Grundrechten hinausläuft, zurückkommen.

Aus dieser vordergründig banalen Sicht waren »nicht alle« Fremden
Täter, oder es gab Völker, insbesondere die christlich-europäischen, die
noch perfidere Schuld wie z.B. die Kreuzzüge auf sich geladen hatten. Unter solchen Bedingungen konnten die Türken auf Verständnis für ihr na-
tionales Anliegen rechnen, zumal die Europäer selbst schon länger dazu
neigten, die Kultur des Islam schwärmerisch zu überhöhen. Fast konnte
man den Eindruck gewinnen, daß die späteren Aufklärer ihren Gottes-
verlust durch Allah kompensieren wollten.

Lessing, Goethe, Byron und andere Idealisten dieser Art hatten dem Islam einen geistigen Resonanzboden geschaffen, in dem die islamische
Realpolitik fehlte. Statt dessen bevölkerten ihre Werke gebildete Gestalten des höfischen Prunk-, Literatur- und Haremsbetriebs, die dem Leser
den Eindruck vermittelten, in der eigenen Kultur das eigentliche
Menschsein versäumt zu haben. Während sich auch der deutsche Kaiser
für diese Interpretation der islamischen Kultur begeistern konnte, erforderten die Niederungen der türkischen Machtpolitik dagegen eine ganz
andere Art der Realitätswahrnehmung.

Jungtürke Envers Ego stand in keinem Verhältnis zu seinen militärischen Fähigkeiten. Während er das Traumbild einer neuen türkischen
Weltmacht entwarf, offenbarte er strategisches Stümpertum. In sinnlo-
sen Schlachten opferte er die letzten osmanischen Truppen an den
Dardanellen und im anatolischen Osten, in den die Russen eingerückt
waren. Derweil sicherten die Engländer ihre Interessen im Irak und in Syrien. Im Sykes-Picot-Abkommen trafen sie mit Frankreich Vereinbarun-

gen über die Aufteilung des arabischen Ostens. In der Balfour-Erklärung von 1917 sicherte man dem Bankier Lord Rothschild, der auch als Interessenwahrer der Zionisten auftrat, eine vage beschriebene »jüdische Heimstatt« in Palästina zu.

Das Waffenstillstandsabkommen von Mudros (auf der Ägäis-Insel Limnos) vom Oktober 1918 kam einer bedingungslosen Kapitulation gleich und sah als wichtigste Ergebnisse vor:

a) die sofortige Auflösung des Osmanischen Reiches;
b) die sofortige Öffnung der Meerengen und ihre Kontrolle durch die Entente;
c) die beliebige Besetzung jeden Ortes im Reich durch die Siegermächte;
d) die Übernahme aller Rohstoffe, Häfen und Eisenbahnen durch die Entente.

Die deutschen Hoffnungen, die Federführung beim Aufbau der Industrie und Infrastruktur übernehmen und die Ölvorkommen bei Mossul ausbeuten zu können, erfüllten sich natürlich nicht. Dies war Sache der Engländer und Franzosen, die sich der Deutschen elegant entledigten. Denn Bestandteil des Abkommens war auch und vor allem, daß die unterlegenen Verbündeten das Land schleunigst zu verlassen hatten.

Nicht zuletzt mußten wenig später die Führer der jungtürkischen Militärdiktatur, Enver, Talat und Djemal, in Richtung deutsches Exil fliehen. Ein Kriegsgericht verhandelte gegen die Verantwortlichen der Massaker an der armenischen Bevölkerung. Es verhängte Todesurteile gegen die drei abwesenden Politmilitärs, die mit Ausnahme Envers von armenischen Attentätern im Ausland vollstreckt wurden. Dieser sollte bei einer späteren deutschen Militäraktion in Afghanistan fallen, die ihm geeignet erschien, seine pantürkischen Vorstellungen zu verwirklichen.

Die Mudros-Vereinbarungen leiteten 1920 in den Vertrag von Sèvres über, dem die Große Nationalversammlung nicht zustimmen konnte, weil er das Ende der türkischen Souveränität bedeutet hätte. Griechenland sollten weite Teile Thrakiens und der Izmir-Region zufallen. Besonders ehrabschneidend war, daß man zur Erweiterung Armeniens, dem man seit Mai 1919 auf russischem Gebiet ein eigenes Territorium eingeräumt hatte, durch Hergabe von vier türkischen Provinzen beitragen sollte. Auch den Kurden wurde eine – noch nicht klar definierte – Autonomie in Aussicht gestellt. Wie in Deutschland nach dem Zweiten Weltkrieg sollte der Rest Anatoliens in drei Zonen, vorliegend britischer, französischer und italienischer Interessen, aufgeteilt werden. Für die Türken war dieses Konzept völlig inakzeptabel, weil es an den Kern turkistischer Existenz rührte. Nicht zuletzt würde *Ötükän*, die unverzichtbare anatolische Landbasis, in akute Gefahr geraten.

2. Der Völkermord an den Armeniern

Als Folge der Oktoberrevolution zogen sich die Russen 1917 zunächst aus Anatolien zurück und verzichteten im Frieden von Brest-Litowsk im Frühjahr 1918 auf jeden weiteren Gebietsanspruch im anatolischen Osten. Ein Restengagement blieb, indem sie den Türken die »Entwaffnung und Zerstreuung der armenischen Banden« zusagten, womit sie sich gegen US-Präsident Wilson stellten. Dieser hatte im Januar des gleichen Jahres dafür plädiert, den nichttürkischen Minderheiten »nationale Autonomie« zuzugestehen. Im Falle der christlichen Armenier ging seine Fürsprache an der Realität vorbei. Der *ethnische Djihad* hatte inzwischen die Hälfte von ihnen – ca. eine Million Männer, Frauen und Kinder – als Vertreter des Nichttürkischen allgemein und als »Provokateure« und »Agenten« im besonderen liquidiert. Mit der »Autonomie« formulierte der Präsident für sie einen zynischen Abgesang. Was die Lebenden betraf, sprach er für ein Phantom, das im Begriff war, sich in alle Welt zu verstreuen.

Bevor das Volk der Armenier dann doch noch zur Gründung eines eigenen Staates kam, hatte es durch eine Art »demographischen Kriegs« zu gehen, ein Begriff, der hier keineswegs überspitzt scheint.[105] Der historisch gewachsene Drang zur Turkisierung hatte noch nie großer Überredungskunst bedurft, um sich zum Kampf gegen das Nichttürkische motivieren zu lassen. Abdülhamids islamistische Propaganda hatte hier zusätzliche Arbeit geleistet.

Bei den Armeniern selbst war durch das Vorrücken der russischen Truppen nach Anatolien neue Hoffnung geweckt worden, die Türken zu Konzessionen bei ihrer rigorosen Minderheitenpolitik zu bewegen. Die Massaker von 1895/96 hatten internationale Empörung ausgelöst, die sich allerdings in der Dynamik des »V-Filters« auflöste (s.o. S. 84). Im Gegenteil, wer zu laut protestierte, konnte sich leicht den Vorwurf der »Humanitätsduselei« einhandeln. Derlei unsensible Reaktionen bewirkten umso mehr Auftrieb für die »Jungarmenier«, die sich als Revolutionäre gegen die osmanischen Unterdrücker verstanden. Von der geballten Macht der Russen erwarteten sie nun deutlich mehr Nachdruck bei der Realisierung ihrer Interessen.

Rußland vertrat allerdings den »Unglauben« und war immer schon ein harter Widersacher der *turkislamischen* Herrschaft gewesen, die Sultan Abdülhamid II. mit besonders ausgeprägten, orthodox-christenfeindlichen Positionen erneuern wollte. Den armenischen Befreiungsversuchen ähnliche Entwicklungen hatte man zuletzt in den *Kizilbash*-Aufständen des 16. Jahrhunderts erlebt. Umso inakzeptabler erschienen sie in der nun entstandenen dramatischen Lage des Übergangs vom osmanischen Reich zur neuen Türkei. Islamischer Unfähigkeit zur Selbstkritik getreu, schrieb man die enormen Probleme der »Arroganz des Westens« zu, als deren »Agenten« nun die »illoyalen« Armenier auftraten. Es lag dabei auf der Hand, daß die westlichen Warner vor »Humanitätsduselei« diesem Denkmuster zusätzlichen Vorschub leisteten.

Daß sich die Armenier somit im Grunde ihre Vernichtung selbst zuzuschreiben hätten, ist seither fester Bestand türkischer Politik. Die Lesart von der »Schuld« des Westens wird immer wieder gern auch von allen anderen islamistischen Vorbetern bzw. ihren westlichen Nachbetern übernommen. Sie öffnet den Muslimen rechtsfreie Räume: Weil die Überlegenheit des Westens »Unrecht« erzeugte, stand den Muslimen ein Pauschalrecht auf »Notwehr« zu. Daraus ergab sich ein Recht auf Unrecht, das sich nicht zu rechtfertigen brauchte. Ihm stand die Anwendung von Gewalt zu, die nicht hinterfragt werden durfte, weil der Westen in seiner Geschichte, z.B. während der erwähnten Kreuzzüge, Gewalt angewendet hatte.

Die so entstehende Lizenz ermöglicht im Grunde die Gewalt auf allen Ebenen. Aus der Sicht türkischer Dominanz ergibt sie sich auf ganz »natürlich«-darwinistische Weise, in der es sich widerspenstige Nichttürken selbst zuzuschreiben haben, wenn man ihr Leben – oder zumindest ihre Lebensumstände – in Frage stellt. Die westliche Sicht könnte man als »Friedensschuld« bezeichnen, deren Vertreter mehr oder weniger elegant ebenfalls die türkische Herrenrolle beanspruchen. Denn nach ihnen bedeutet Turkislam eine Friedensordnung, die nicht zu akzeptieren doppelte Schuld durch Zweifel an zwei Dogmen erzeugt: der Integrität der islamischen Religion und der türkischen Säkularität.

Den geringsten Anlaß zu solchen Zweifeln hatte Sultan Abdülhamid II. selbst, zumal die Existenzkrise seines Reiches den Reflex des ethnischen Djihad geradezu bedingte. Seine Minderheitenpolitik, die man nach ihrem Urheber auch »hamidisch« nennt, bereitete eine menschliche Katastrophe, die Völkermorde an den armenischen und assyrischen Christen vor. Hierbei konnten die Kurden, obwohl ansonsten ebenso abgelehnt, eine hilfreiche Rolle spielen.

Plötzlich war deren orthodoxer Sunnismus so attraktiv, daß er sie für die »Hamidiye«-Regimenter qualifizierte und in den »Schoß der *ümmet*« (türk.: islam. Gemeinschaft) zurückführte. Nicht als Kurden waren sie interessant, sondern als sultanstreue Kraft, die sich gegen die Wellen des antitürkischen Unglaubens stellen ließ. Das ethnische Motiv hinter dieser Strategie und der niedere Status ihrer kurdischen Akteure blieben unverändert. Auch wenn sie Frontkämpfer des Einheitsstaates waren, durften sie die von den Türken gesetzten Schranken nicht antasten – etwa mit dem absurden Gedanken, ihre eigene Sprache sprechen zu wollen!

Ihre traditionelle Unterdrückung verband sich mit der unerwarteten Aufwertung durch den Sultan zu dem bekannten Psycho-Effekt, den man »Identifikation mit dem Aggressor« nennt.[106] Als sich 1895 die ersten Pogrome gegen die Armenier anbahnten, waren es die Kurden, die um Anerkennung ihrer türkischen Herren wetteiferten. In totalitären Systemen kann eine »charismatische Konkurrenz« um die Durchsetzung der jeweiligen Heilsidee entstehen. In der Tötungsmaschine der Nazis ging es um die industriell maximierte Vernichtung der Juden. Die Kurden bemühten sich um die optimierte Plünderung und Tötung der Armenier, die vom Wettbewerb um die Anerkennung durch das türkische Herrenvolk angetrieben wurde.

Gemäß dem hohen Stellenwert, den das turkislamische Beamtentum einnimmt, spielte bei den Vernichtungsaktionen die »türkische Korrektheit« eine große Rolle. »Das Hinmetzeln der ›ungläubigen Aufrührer‹ ... erschien den radikalen Sunniten als eine heilige Pflicht.«[107] Dieser Art von politreligiöser Bürokratie konnten manche auch positive Seiten abgewinnen. Solange sich die Diener des türkischen Allah in der jeweiligen Situation noch im Zaume hielten, hatten sie seine Vorschriften zu achten. Sie mußten diejenigen zunächst schonen, die in ihrer Todesangst übertreten wollten zum, wie der Koran einladend sagt, »besten Volk, das die Welt hervorgebracht hat« (Koran 3/156).

Die kurdischen Todesschwadronen, die im Folgejahr 1896 wesentlich an der Tötung von mindesten 300 000 Menschen beteiligt waren, stellten ihren offenbar kaum zu bändigenden »Erfolgswillen« unter Beweis. Viele von ihnen wollten sich der Ehre würdig erweisen, ihren gefürchteten Herren dienen zu dürfen. Allerdings schien es hier regionale Unterschiede zu geben. Beispielsweise neigten die Kurden von Harput eher dem Plündern als dem Morden zu.[108] Solches war umso bemerkenswerter, als die Obrigkeit immer klarer zu erkennen gab, daß es für die Gewalt gegen Armenier keine Grenze geben sollte. Die Kurden von Silvan griffen diese Lizenz offenbar gern auf und münzten sie in ein Massaker um, dessen ethnischer Vernichtungswille keinen Vergleich zu scheuen brauchte:

>»Es war kein reines Plündern und Morden, so schrecklich es auch für die unschuldigen und wehrlosen Opfer sein mochte; es handelte sich um ein massenhaftes Schwelgen, einen wollüstigen Blutrausch, in dem sich eine Dunstglocke barbarischer Grausamkeiten über die Lebenden jedes Alters, Geschlechts und Zustands legte und schändlichste Handlungen an den Toten vorgenommen wurden ... nach dem Morden, Plündern und Versklaven sowie dem Vergewaltigen von Frauen vor ihren männlichen Verwandten schnitt man den Männern und den Frauen die Geschlechtsorgane ab und warf sie den Hunden vor mit den Worten: ›Jetzt vermehrt euch, wenn ihr könnt; wir sind entschlossen, euch von jeder Hoffnung auf Nachkommenschaft abzuschneiden ...‹«[109]

Solche und ähnliche Augenzeugenberichte kamen meist von Missionsstationen amerikanischer Protestanten. Sie taten in Ostanatolien einen so erfolgreichen Dienst, daß der christenfeindliche Sultan sie mit mißtrauischen Argusaugen verfolgte. Wie erschreckend jedoch ihre Beschreibungen auch ausfallen mochten – im offiziellen Europa und Deutschland fanden sie kaum Resonanz. »Um das deutsch-türkische Verhältnis nicht zu stören«, verlegte sich die Presse auf eine einheitlich positive Berichterstattung, die sich nur selten erlaubte, von der Wirklichkeit Kenntnis zu nehmen. So erfuhr die deutsche Öffentlichkeit auch nur spärlich von der nächsten Gewaltorgie, die 1909 in Adana über 20 000 Armenier vernichtete. Erneut kursierte die bewährte Kunde von den »Provokationen«, mit denen einmal mehr nicht die Täter, sondern die Opfer ihr Schicksal selbst herbeiführten.

Wie oben berichtet, hatten die militärischen Fehlleistungen des Enver Pasha die Gefahr für das Restreich weiter erhöht. Weniger der Krieg, sondern Kälte und Krankheit rafften Anfang 1915 etwa 100 000 türkische Soldaten dahin. Da sich harsche Kritik am Versagen der jungtürkischen Kriegskunst regte, sah sich ihr egomanischer Führer nach einem Sündenbock um. In einer geheimen Sitzung beschloß die Parteispitze die sogenannten »Zehn Gebote«, in denen man die Schritte zur systematischen Ausrottung aller Armenier in Anatolien festlegte. Hierzu gehörten Entwaffnung, Entlassung aus dem Staatsdienst, Aufruf der Muslime zum Rassenhaß, Liquidierung der Eliten und Soldaten sowie Deportation. Zunächst ausgehend von Ostanatolien, setzte man mit dem Hauptziel syrische Wüste »Todeskarawanen« von Greisen, Frauen und Kindern in Marsch, die schlecht bis gar nicht ernährt wurden. Epidemien und Auszehrung sowie Vergewaltigungs- und Tötungsaktionen der Wachmannschaften sorgten für stetige Dezimierung. Die wenigsten von ihnen kamen, zum Teil in Viehwagen der Bagdadbahn, tatsächlich in Syrien an. Während man sie oft auch einfach nur im Kreis laufen ließ, sonderte man die Männer ab und liquidierte sie in abgelegenen Gegenden. Die Harput-Region errang dabei den zweifelhaften Ruf einer »Schlachthausprovinz«, den sich die Türken auch ohne die sonst übliche kurdische Hilfe erworben hatten.

Physisch noch lebend, hatten die Armenier jedes Existenzrecht verloren. Sie waren personell und materiell vogelfrei: »Jeder Türke konnte jederzeit ungestraft unter dem Vorwande, Kriegstribut einzuziehen, in jedes armenische Haus eintreten und sich aneignen, wonach sein Sinn stand.«[110] Die Verbindungen zwischen halboffiziellen Begriffen wie »Spionage«, »Verrat« und »Entarmenisierung« sowie offiziell freigegebener, unbegrenzter Gewalt öffneten jenes Kraftfeld, das totalitäre Systeme brauchen, um ihre Zerstörungskraft zuverlässig aktivieren zu können. Die gesetzliche Grundlage hierzu hatten sich die Türken zuvor maßgeschneidert.[111]

»Artikel 1: Im Kriegszustand haben die Kommandanten und Leutnants der Armee, des Armeekorps und der Divisionen sowie die Führer der unabhängigen Gruppen das Recht, rücksichtslos vorzugehen, jede Gegenwehr und bewaffneten Widerstand mit äußerster militärischer Gewalt anzugreifen und zu brechen, dies unter gewissen Umständen auch gegenüber der Bevölkerung, wenn Regierungsbefehle oder Maßnahmen zur nationalen Sicherheit und öffentlichen Ordnung durchzusetzen sind.

Artikel 2: Die Kommandanten der Armee, der unabhängigen Armeekorps und der Divisionen können im militärischen Notfall bzw. bei Verdacht der Spionage oder des Verrats die Bewohner der Marktflecken und Dörfer einzeln oder im Ganzen fortschaffen und an anderen Orten unterbringen.

Artikel 3: Dieses Gesetz tritt am Tage seiner Verkündung in Kraft (1.6.1915).«

Wer den Ernst der Lage noch nicht begriffen hatte, wurde durch eine selbst für die harten Kriegszeiten unfaßbare Wirklichkeit überzeugt: Hier hatte sich die sonst gehandhabte, zweideutige Duldung von Gewalt zum eindeutigen Regierungsbefehl zur armenischen »Endlösung« verdichtet. Angeordnet wurde sie von Offizieren, in deren ethnischem Dominanzglauben der Islam als bürokratische Dienstfunktion eingebaut war. Damit die Endlösung ihren Namen verdiente, erging daher Befehl an die Religionsbeamten, die Möglichkeit des Glaubenswechsels außer Kraft zu setzen. Die »säkularen Türken« hatten Allah Anweisung erteilt, nun auch sein letztes Schlupfloch zu verschließen, durch das übertretende Ungläubige ansonsten ihr armseliges, untürkisches Leben hatten retten können.

In ihrer Geschichte hatten die Eroberungswellen des *ethnischen Djihad* riesige Gebiete mit Gewalt, Plünderung und Mord überzogen. Bei jedem Raubzug fanden mehr oder weniger Menschen den Tod. Niemals jedoch, selbst nicht unter den blutrünstigsten Despoten, hatte es eine Version gegeben, die von ihrer Grundkonstruktion her vorsah, *jeden Gegner zu töten*. Bei den »modernen« Türken, die sich alsbald auf den Weg in die Säkularisierung machen wollten, war genau dies Gegenstand gezielter Planung.

Unter der offiziellen Bezeichnung der »Umsiedlung« ließ man auf die Armenier eine Mordwalze los, der niemand entkommen sollte. Nur starke Helfer – wie die Russen in der Provinz Van – oder der Zufall – in Gestalt humaner Türken – konnten eine gewisse Entlastung bewirken. Wer das nackte Leben rettete, stellte zunächst keine Fragen nach den Motiven, wenn er als Arbeitskraft oder Zweitfrau preiswerte Verwendung gefunden hatte. Auch die Identität der wenigen Männer, die überlebten, weil man ihr Wissen brauchte, ließ man untergehen, indem man ihnen muslimische Namen aufzwang. Zur Relativierung des Geschehens werden oft die Greueltaten armenischer Terroristen ins Feld geführt, die allerdings mit der Gewaltdimension der Türken in keinem Verhältnis steht. Wie damals die westliche Öffentlichkeit wegschaute, so tauchen auch die Vereinfacher der modernen Kulturideologie Geschichte und Zeitgeschichte in mildes Licht. Mit den Kreuzzügen im Rücken verbieten sie die »Aufrechnung von Schuld«. Also konnte auch der ethnische Djihad der neuen Türkei ungeteilte Arbeit leisten. Gegen Ende 1915 war der Völkermord an den Armeniern mit einem Aderlaß von mindestens einer Million Menschen »vollendet«. Ebenso waren dieser Aktion um 500 000 assyrische Christen aus dem nordirakischen Grenzgebiet (Beth-Narin) zum Opfer gefallen. Die Jungtürken machten diesen Zivilisationsbruch ein Jahr später zu einem Gründungsakt. Stolz verkündete Führer Talat die Befreiung von der ethnischen Blockade: »Der Islam nahm Lebensraum ein, das Christentum wurde ausgelöscht.«[112]

Talat benutzte diese politreligiöse Sprache in einem Telegramm an den Scherifen von Mekka. Die andere Seite der ethnischen Djihad-Medaille konnte ihm ebenso das »völkische« Gegenstück in die Feder diktieren: »Die Türken nahmen Lebensraum ein, das Nichttürkische wurde ausgelöscht«, wenig später bestätigt durch seinen Bericht an die Pforte, »wie richtig es war, die Armenier zu entfernen«. Deren Reste vegetierten noch für eine Weile in Gestalt von 60 000 »wandelnden Skeletten« in syrischen Konzentrationslagern dahin, bis man auch sie »aus hygienischen Gründen vertilgte«. Es sind konkrete Verbindungen zu Denk- und Verhaltensmustern des Dritten Reichs hergestellt worden,[113] die zu verfolgen jedoch den Rahmen dieser Arbeit sprengen würde.

Türkentum und Islam bewährten sich hingegen unverändert als jene Kräfte, die seit Tonyukuk bzw. Muhammad alle Türken angetrieben hatten. Selbst der Dauerdruck der westlichen Zivilisation, der Untergang der Osmanen und das Chaos des Ersten Weltkriegs konnten ihnen wenig anhaben. Im Gegenteil: Den Übergang des Türkentums vom »Alten Reich« in die »Neue Türkei« leistete ganz wesentlich die Vernichtung der Armenier. Sie sollte und konnte zum erneuerten Gründungsmythos der modernen Türkei werden. Denn obwohl – oder weil – es »den Armeniermord« nicht gibt, wehren sich (fast) alle Türken – und ihre westlichen Fürsprecher – gegen nichts so aggressiv wie Kritik an »ihrem« Genozid. Das Prinzip der bewahrenden Verdrängung ist für das turkistische Kollektivgedächtnis unverzichtbar, wie die späteren Kurdenmassaker eindrucksvoll unter Beweis stellten (s.u. S. 107, 138).

Im imperialen Zeitalter brachte der *ethnische Djihad* das Osmanenreich hervor, das allen anderen Ethnien im Land des Turkislam überlegen war. In der Moderne sollte die turkislamische Dominanz auch den Bestand der neuen Türkei sichern, die zur Jahrtausendwende auf dem Sprung nach Europa ist. Die Basis hierzu mußte ein knappes Jahrhundert zuvor, in schwierigsten Zeiten, noch dazu aus einer Position extremer Schwäche, gelegt werden. Mit der ruhmreichen Auslöschung der Armenier und Assyrer war allerdings ein formidabler Anfang gemacht, der an mythische Zeiten anknüpfen konnte. Noch waren gewaltige Anstrengungen erforderlich, zumindest das Kernland Anatolien wieder auf türkischen Kurs zu bringen. Diese Orientierung hat einen Namen: Mustafa Kemal Atatürk.

3. Der Vater der Türken

a) Sicherung des Landes

Die jungtürkische »Befreiung« von den christlichen Minderheiten hatte Anatolien einen enormen Turkisierungsschub beschert, der sowohl den Opfern als auch den türkischen Tätern selbst einen hohen Preis abverlangte. Wie Diebe in der Nacht hatten sich die Diktatoren aus dem Staub gemacht und Anatolien grassierender Auflösung überlassen, dokumentiert im Knebelvertrag von Sèvres. An diesem Tiefpunkt konnte nur ein radikaler Schnitt, ein völlig neuer Anfang sinnvolle Abhilfe schaffen:

> »Unter diesen Umständen gab es nur einen Entschluß, nämlich einen neuen türkischen Staat zu schaffen, der sich auf die nationale Souveränität stützte und eine Unabhängigkeit ohne jeden Vorbehalt und ohne jede Einschränkung besaß.«[114]

Im Licht ihrer Geschichte kann kaum erstaunen, daß innerhalb der zerfallenden Türkenordnung einzig die militärische Kommandostruktur stabilen Bestand bewahrte. Sie vernetzte sich mit Polizei und Behörden und begann allmählich, den allgemeinen Widerstand zu organisieren, der sich in der Bevölkerung gegen die Dominanz der Siegermächte bemerkbar gemacht hatte. Wie zur Zeit der Jungtürken entstanden erneut zahlreiche Geheimbünde und »Komitees für nationale Rechte«. Sie halfen mit, im Untergrund eine Schattentruppe aufzubauen, die fast in dem Maße wuchs, in dem an der Oberfläche die offizielle Entwaffnung der Osmanischen Armee voranschritt.

Hier war eine unübersichtliche Gemengelage entstanden, die den Besatzern Sorgen machte. Sie brauchten eine kompetente Kontrollperson, die sowohl türkische als auch westliche Loyalität übte. Die Wahl war im Grunde nicht schwer. Mustafa Kemal war ein fähiger Armeegeneral, der sich 1915 beim Kampf um die Dardanellen große Verdienste erworben hatte. Vor allem konnten ihm weder übergroße Sympathien zu den Jungtürken, noch eine gezielte Kollaboration mit den Deutschen nachgesagt werden. Zwar teilte er wie alle Eliten den jungtürkischen Nationalismus, doch hatte ihm der eitle Enver den militärischen Ruhm geneidet und immer wieder versucht, seine Karriere zu behindern. Die Deutschen beurteilte Mustafa Kemal skeptisch, seit er gegen Kriegsende in Berlin gewesen war und die dortige Heeresführung als zögerlichen Partner erlebt hatte.

1881 in Saloniki als Sohn eines Zollbeamten geboren, wuchs Kemal in einer eher national-säkularen Atmosphäre auf, besuchte die Militärschule und geriet früh in Kontakt mit sultankritischen Geheimzirkeln in Saloniki und Damaskus. Er sammelte Fronterfahrung gegen Italien in Libyen sowie gegen Bulgarien in Thrakien und lernte in Sofia, sich auch auf diplomatischem Parkett zu bewegen. Ihm schwebte ein Bündnis mit der Entente vor, das jedoch bei dem Deutschenfreund Enver auf taube Ohren stieß. Zudem meldeten die Russen ihren Anspruch auf die Meerengen an und verprellten die ententefreundliche Fraktion in Istanbul. Nachdem ihm der Sieg bei Gallipoli mehr Neider als Freunde in der Militärführung eingetragen hatte, verbrachte Kemal die Endphase des Krieges als Adjutant des Kronprinzen Vahieddin, bis er nach einer weiteren Wartezeit zum Heeresinspekteur in Ostanatolien ernannt wurde.

Als erste Maßnahme gegen die alte Ordnung berief Mustafa Kemal im Juni 1919 einen »Kongress der Ostprovinzen« ein, der ein Komitee mit der Formulierung eines »Nationalpakts« beauftragte. Um seinen persönlichen Bruch mit der alten Armee zu demonstrieren, tauschte er die Uniform gegen den Zivilanzug. Der Pakt sollte die Einheit des Staates unterstreichen, die durch den armenischen »Separatismus« in Gefahr geraten war. Man warnte die Sultansregierung, den alliierten Bestrebungen nochmals nachzugeben und die Zugehörigkeit der Ostgebiete zum Territorium der Türkei zu gefährden. Man solle sich am Versprechen Präsident Wilsons orientieren, dem zufolge ganz Anatolien ein »sicheres, türkisches Herrschaftsgebiet« sei. Wenn eine Kontrollhoheit über Anatolien nicht vermeidbar war, dann konnte sie nur als amerikanisches Mandat akzeptiert werden, wie Kemals Mitstreiter Inönü bestätigte:

»Man sagt, wenn die Bevölkerung in Anatolien die Amerikaner jedem anderen vorziehen und der amerikanischen Nation ein entsprechendes Angebot gemacht würde, wäre das von außerordentlichem Nutzen, und ich selbst bin vollkommen dieser Auffassung. Das Land der Kontrolle Amerikas zu überlassen, ist eine weitaus günstigere Lösung, um überleben zu können, als seine völlige Aufteilung. Freilich muß der Wert dieser Überlegung heute erst erläutert werden.«[115]

Die Gruppierung um Kemal, die sich inzwischen in Ankara etabliert hatte, erhielt wachsende Zustimmung aus dem ganzen Land, weil sie nach langen Demütigungen durch die Siegermächte wieder selbstbewusste, türkische Politik formulierte. Einen massiven Stimmungsschub zugunsten der Kemalisten bewirkten die Alliierten selbst, indem sie den verhaßten Griechen erlaubten, einen erneuten Invasionsversuch in die Izmir-Region zu unternehmen. Die Popularität Kemals stieg weiter, als man einen ersten Angriff bei Inönü erfolgreich abwehrte. Den Namen der Ortschaft legte sich der Befehlshaber und spätere Staatspräsident Ismet Inönü als Familiennamen zu.

Der türkischen Altregierung blieb nichts anderes übrig, als allmählich auf Kemals Linie einzuschwenken. Um die Abläufe weiter kontrollieren zu können, stellten die Briten Istanbul wieder unter Kriegsrecht und internierten einige führende Politiker auf Malta. Die Islambürokraten offenbarten einmal mehr ihre Dienstfunktion: Die Frage, ob Kemals Politik rechtmäßig sei, beurteilten sie nach den Interessen ihrer Auftraggeber – der Mufti von Istanbul negativ, der Mufti von Ankara positiv.

Die Briten wollten die Entwicklung in ihrem Sinne forcieren. Im Mai 1920 trat ein Kriegsgericht zusammen und verurteilte Kemal in Abwesenheit zum Tode – ein Papieredikt, dem kein weiterer Nachdruck verliehen wurde. Mit britischem Plazet plante die Istanbuler Restregierung zudem die Entsendung einer Spezialtruppe nach Ankara, um die dortige »Rebellenregierung« zu beseitigen. Diese hatte inzwischen die Mehrheit der Nationalversammlung hinter sich gebracht und den Entscheid zugunsten Ankaras als neuer Hauptstadt herbeigeführt.

Die Istanbuler Sultanstreuen booteten sich selbst aus, als sie im August den »Friedensvertrag« von Sèvres unterzeichneten, ein britisches Diktat, das u.a. Demütigungen wie ein unabhängiges Armenien und eine kurdische Autonomie enthielt. Die Würfel waren damit endgültig zugunsten der Ankaraer National-Unionisten gefallen, die nun als loyale Sachwalter einer neuen Türkei auftreten konnten. Sehr bald stellten sie den Vertrag denn auch – in der Londoner Konferenz vom Februar 1921 – zur Diskussion. Neben den genannten Hauptpunkten spielte dabei insbesondere auch der Plan einer griechischen Provinz Izmir eine wichtige Rolle.

Um seine Politik im Sinne eines türkischen Einheitsstaats zu stabilisieren, schloß Ankara einen Monat später mit Moskau einen Freundschaftsvertrag, der mit erheblichen Waffenlieferungen und Finanzhilfen verbunden war. Ein halbes Jahr danach folgte der Friedensvertrag mit Frankreich, das als erste Siegermacht die Integrität Anatoliens und die von Kemals Unionspartei geschaffenen Verhältnisse anerkannte. Damit wurden stillschweigend auch die Gewaltmaßnahmen gutgeheißen, die

man neben der offiziellen Neuordnung des Staates inoffiziell gegen die
Minderheiten durchgeführt hatte und auch weiterhin durchführte.
Denn im Grunde war Kemal ebenso Unionist, d.h. Vertreter eines Zentralstaats, wie seine jungtürkischen Vorgänger, deren Pogrompolitik er
aufgegriffen und in kleinerem Rahmen fortgeführt hatte. Seine armenischen »Säuberungen« liefen langsamer und verdeckter ab, weil die noch
verbliebenen Armenier nun wesentlich verstreuter lebten und auch nur
mit reduzierten Kräften verfolgt werden konnten. Frankreich hatte sich
aus der Provinz Adana zurückgezogen und die dortigen Armenier zur
Disposition gestellt. Den Großteil der Kräfte zog man an der offiziellen
Front zusammen, wo die Türken im August 1922 zu einer Offensive gegen die Griechen antraten. Im Oktober vertrieb man die letzten Vertreter dieses historischen Gegners, der zwei Jahrtausende lang Anatolien
mitgeprägt hatte.

In diese Aktionen eingebettet lief eine systematisch angelegte Vertreibung als Teil eines Einvernehmens mit den Russen, die selbst noch in den
bolschewistischen Bürgerkrieg verstrickt waren. Ihre Gebietsansprüche
in Ostanatolien und finanziellen Forderungen aus der Zarenzeit waren
ersatzlos gestrichen worden – als Gegenleistung zu Kemals Verzicht auf
pantürkische Pläne im Kaukasus und eine neutrale Politik gegenüber
dem Westen. Politbüro- und ZK-Mitglied Leo Trotzki (gest. 1940) hatte
die einschlägige Erklärung persönlich verfaßt:

»Mohammedaner des Ostens, Perser und Türken, Araber und Inder,
alle diejenigen, mit deren Köpfen und deren Freiheit und Heimat die
gierigen Räuber Europas jahrhundertelang Handel trieben, alle diejenigen, deren Länder die Plünderer, die den Krieg begonnen haben,
verteilen wollen: Wir erklären, dass die geheimen Verträge des gestürzten Zaren über die gewaltsame Besitznahme Konstantinopels,
die von dem gestürzten Kerenski bestätigt wurden, jetzt zerrissen
und vernichtet sind ... Wir erklären, dass der Vertrag über die Teilung der Türkei und die Wegnahme Armeniens zerrissen und vernichtet ist.«[116]

Die Delegation, die unter Leitung des Ismet Inönü im November 1923
nach Lausanne kam, um den Kapitulationsvertrag von Sèvres neu zu verhandeln, konnte die Türkei nun unter ganz anderen Bedingungen vertreten. Während die Gebietsfrage mit Anatolien als unumstrittenem
Staatsgebiet grundsätzlich geklärt war, standen noch einige Areale in

Thrakien und in der Ägäis zur Diskussion. Wichtig war den Türken die Abschaffung der *Kapitulationen*, jener Vorrechte für Ausländer, die den Zerfall des Osmanenreichs beschleunigt hatten (s.o. S. 74). Formal erhielten Nichtmuslime das Recht, eigene Einrichtungen des Kults, der Bildung und des Sozialen zu betreiben, solange sie »nicht im Widerspruch zur Souveränität des türkischen Staates« standen.

Dieser Erfolg schien den Türken den Verzicht auf die Syrienprovinz Mossul zu erleichtern, zumal ihnen die Briten eine zehnprozentige Beteiligung an den Ölerträgen auf 25 Jahre einräumten. Die Beherrschung Mossuls sicherte wichtige strategische Positionen – die Kontrolle Arabiens und der Verkehrswege nach Indien. Die eigentlichen Verlierer der Vertragsrevision waren die Kurden, welche die Alliierten nun zum »Volk der Türken« gemacht und ihrem Schicksal überlassen hatten. Ein letzter Punkt türkischer Souveränität, die Meerengenfrage, wurde vertagt. Man stellte sie zunächst unter Kontrolle einer internationalen Kommission, die nach 13 Jahren, noch zu Lebzeiten Kemals, in der Konferenz von Montreux 1936 aufgehoben wurde.

Die Westmächte sahen die Türken als »Abwehrschild gegen Rußland« oder auch »kostenlose Gendarmerie«,[117] so daß ihre Konzilianz verständlich schien. Insgesamt waren sie ihnen jedoch in einer Weise entgegengekommen, die in eigentümlichem Kontrast zu ihrer Haltung zum Versailler Vertrag stand. Dessen Bedingungen hatten ähnlich knebelnde Wirkung für die Deutschen wie der von Sèvres für die Türken. Im Gegensatz zum türkischen Unterhändler Inönü stieß jedoch der Außenminister der ersten deutschen Demokratie, Walther Rathenau, bei dem Versuch, den Vertrag nachzubessern, auf Granit. Ein »deutsches Lausanne« gab es nicht.

Wer dieses Verhalten wenige Jahre später mit der Appeasement-Politik gegenüber dem Hitler-Regime verglich, konnte den Eindruck gewinnen, daß die Westmächte bei Diktatoren eher zum Kompromiß neigten als bei Demokraten.[118] Unter Führung der USA bestätigte auch ihre Nachkriegspolitik – insbesondere im Nahen Osten –, daß man sich gern auf Gewaltherrscher stützte, weil sie die Berechenbarkeit von Politik und Geschäft erleichterten (s.u. S. 249). Vor diesem Hintergrund erscheint auch die politische Rolle Atatürks als weniger eigenständige Leistung.

Als gravierendste Folge des Lausanner Vertrages mußten im Zuge der Entflechtung mit Griechenland umfangreiche Umsiedlungen durchgeführt werden. Sie verstärkten den »Bevölkerungsaustausch«,[119] der seit den Balkankriegen in Gang gekommen war. Nach Enteignung durfte nur die bewegliche Habe mitgenommen werden – mit einer einträglichen Bilanz auf türkischer Seite. Von 1912 bis 1924 wanderten 400 000 Muslime – in der Hauptsache Türken – in ihr Stammland aus, während in umgekehrter Richtung 1,2 Millionen Griechen die Türkei verließen. Damit waren die wesentlichen Folgen des Weltkriegs beseitigt und das Verhältnis zu den Großmächten geregelt. Nach der Ausrufung der Republik 1923 schaffte man als letzten Schritt zum neuen Zentralstaat 1924 das Kalifat ab. Äußerlich war aus dem Osmanenreich die Türkei hervorgegangen, deren Führer es in höchster Bedrängnis verstanden hatte, die anatolische Landbasis zu sichern und die Grundlage für eine tragfähige Politik zu schaffen. Ihr Gründungsmythos – Militär, Staat und Land unter zentraler türkischer Führung – hatte sich dabei mit zeitweiliger Hilfe Rußlands und Frankreichs in erstaunlicher Klarheit durchgesetzt.

b) Sicherung des Turkislam
Kemal hatte keinerlei Zeichen gegen den *ethnischen Djihad* seiner Vorgänger gesetzt, sondern eher dafür gesorgt, daß er zu einem effizienten Ende geführt wurde. Wie die Sultane des alten Reiches hatten auch die Gründer der neuen Türkei klargemacht, daß es das Türkische war, dem unbedingter Vorrang gebührte. Erneut sollte sich ihr Ethnoglaube dem arabischen Islam als überlegen erweisen, wie die nachfolgende Bilanz des 20. Jahrhunderts bewies: Die Araber blieben ihrer Politik der »langsamen Verdrängung« treu und beseitigten etwa 50 Prozent ihrer noch verbliebenen Christen. Aus westlicher Sicht waren sie damit also wesentlich »toleranter« als die Türken, die deren nahezu gänzliche Vernichtung schon am Anfang des Jahrhunderts bewerkstelligten. Umso unbeschwerter konnten sie an die Maßnahmen zur inneren Anpassung an die neuen Verhältnisse gehen.

Als wesentliches Merkmal alter und neuer Türkenherrschaft hatte sich das Dogma der Dominanz des ethnisch-kulturellen Türkentums erhalten. Nun war es allerdings dringend aufgefordert, sich in moderne Erscheinungsformen zu kleiden. Wie wir wissen, hatten Türkenherrscher seit jeher die Religion – besonders die Vorbeter und Gelehrten des Islam – gezwungen, sich in den Dienst für diese Dominanz zu stellen. Ein profaner Realist wie Kemal, dem man die zentrale Staatsmacht übertragen hatte und zudem den Einfluß religionsferner Freimaurer nachsagte, mußte zunächst die Machtgelüste der Religion in die Schranken weisen: »Islam, diese absurde Theologie eines unmoralischen Beduinen, ist eine verwesende Leiche, die unser Leben vergiftet ...«[120]

Was sich für viele bis heute als »Säkularisierung von oben« darstellt, war eine seit Urzeiten gehandhabte Praxis. Sie bestand in türkischer Dominanz, welche die Religion stets auf Distanz hielt und sich ihrer bei Bedarf bediente, um die Kontrolle des Volkes zu optimieren. Der Staat brauchte also nicht im westlichen Sinne säkularisiert zu werden. Die türkische Herrschaft hatte seit jeher auf Trennung geachtet, um diese *universale* Religion umso besser auf *ethnische* Politik trimmen zu können. In vielen Situationen hatte sich Allah sogar als ihr williger Vollstrecker einspannen lassen. So bestand »ein weltliches, türkisches Nationalgefühl« bereits lange bevor die Reformtürken den Anspruch erhoben, dem vermeintlichen Vorbild im Westen folgend, die Säkularisierung eingeleitet zu haben.[121] Der Literat Ziya Gökalp hatte den Sachverhalt treffender umschrieben, als er in seinen »Grundlagen des Türkentums« zum Erhalt der ethnischen Nation auch die Religionsdiener aufrief, »fremdvölkische Elemente auszulöschen«.[122]

In der Konfrontation mit dem Nichttürkischen nahm der ethnische Turkismus von Anbeginn eine Führungsposition ein, in der dem Islam sozusagen die Rolle des »Kopiloten« zufiel. Wenn es den Türken nützen sollte, einmal mehr den Islam in den Vordergrund zu rücken, so würde dies im Interesse eines dominanten Türkentums jederzeit geschehen können. Auch in der Gegenwart wird erkennbar, wie flexibel die »türkisch-islamische Synthese« in dieser Hinsicht ist (s.u. S. 225).

Im Oktober 1923 nahmen die Kemalisten einen Passus in die Verfassung auf, dem zufolge »der Islam die Religion des türkischen Staates«, also Staatsreligion sein sollte. Fünf Jahre später strichen sie ihn wieder, worin sich die zwischen Ablehnung und Akzeptanz schwankende Religionspolitik ihres Führers niederschlug (s.u. S. 101). Gerade auch im Jahre 1924 hatte sich die fallabhängige Haltung zur Religion bestätigt. Man verbreitete eine banale Botschaft, nämlich daß der Islam keines Mittlers bedürfe, und schaffte dann das Kalifat ab – eine einschneidende Maßnahme für gläubige Muslime, ein Federstrich für die Herrscher des türkischen Staats.

Gerade deshalb wollte und konnte man allerdings keinesfalls auf die sorgfältige Kontrolle und Verwaltung dieser Religion verzichten. Sie hatte sich längst als effizientes Steuerungsinstrument für die Massen bewährt. »Die einzig wahre Rechtleitung im Leben ist die Wissenschaft« hieß das zweideutige Motto des »säkularen« Türkeiführers, das sowohl für die Wissenschaft moderner Türken als auch die Glaubenswissenschaften der Muslime gelten konnte.

Es war daher Zeit, die Belastbarkeit des Islam und seiner Anhänger auf die Probe zu stellen. Die Orden der Naqshbandis sowie der Bektashis und Mevlevis, die Kemal während der »Befreiung« noch hofiert hatte, wurden 1925 – erst im Kurdengebiet, dann in der Gesamttürkei – verboten. Im Folgejahr führte man das Schweizer Zivilrecht ein, das – zumindest theoretisch – eine Aufwertung der Frau bedeutete. Während der Schleier rasch aus dem städtischen Straßenbild verschwand, beharrten dagegen die ländlichen Männer auf der Verhüllung ihrer Frauen, wie sie denn bis heute Probleme haben, die individuelle Existenz ihrer Frauen zu erkennen, geschweige denn anzuerkennen (s.u. S. 227). Da sich für sie im Grunde nichts änderte, konnten sie den Verzicht auf den traditionellen Fez verschmerzen, den sie gegen die typisch türkische Schirmmütze eintauschten.

Gerade weil sich Kemals Frauenpolitik mit der Verdrängung des Schleiers verband, wird sie gern als generelle Befreiung der Frau von der Männerdominanz des Islam interpretiert. Oberflächlich betrachtet schien er selbst diese Sicht zu bestätigen:

»Auf meinen Reisen durch die Städte und Dörfer sehe ich immer wieder unsere streng verschleierten Frauen. Ich kann mir vorstellen, wie unangenehm sich dieser Brauch für sie auswirkt, insbesondere wenn es heiß ist. Wir Männer sind übervorsichtig und selbstgerecht. Wenn wir ihnen (den Frauen) jedoch die hohen Prinzipien der Moral und *nationalen Ideale* erklären, brauchen wir nicht mehr an ihren Fähigkeiten zu zweifeln und können unseren Egoismus zurückstellen. Die Frauen sollten der Welt ihr Gesicht zeigen und sie mit ihren eigenen Augen betrachten ... Manchmal sehe ich Frauen, die ihr Gesicht verschleiern und sich abwenden, wenn sich ein Mann nähert. Wie soll man das erklären? Soll man glauben, daß die Mütter und Töchter einer *zivilisierten Nation* sich so merkwürdig und rückständig verhalten würden?«[123]

Aus Kemals Sicht waren der neuen Freiheit der Frauen offenbar Grenzen gesetzt, die durch die Erfordernisse und »Ideale« der Nation gezogen wurden. Jede Nation, die sich selbst als oberstes Prinzip versteht, muß in der Reproduktion eine Art genereller, quasi-religiöser Pflicht sehen, wie sie ganz ähnlich auch der Islam formuliert. Die Türken waren geographisch auf Anatolien zurückgedrängt und zudem demographisch durch die Kriegsverluste arg dezimiert worden. Umso klarer mußte die herkömmliche Ideologie der biologischen Existenzsicherung formuliert werden. Kemal bestätigte sich als klassischer Vertreter der turkislamischen Männerdominanz und konnte sich somit gewissermaßen als »Vater der Türken« bewähren:

> »Die höchste Pflicht der Frauen ist die Mutterschaft. Wer voll erkennt, daß die Erziehung der Jungen und Mädchen in der frühen Kindheit beginnt, weiß, wie wichtig die Mutterschaft ist … Ich kann daher nur immer wieder betonen, daß neben öffentlichen Funktionen die höchste Verantwortung (der Frau) in einer erfolgreichen Mutterschaft liegt. Die Frauen müssen (allerdings) überaus qualifiziert sein, um die nächste Generation in einer Weise zu erziehen, die sie befähigt, in der gegenwärtigen Welt und unserer neuen Gesellschaft *angemessen zu funktionieren*.«[124]

Gerade weil sich der ethnozentrierte Machterhalt der Kemalisten auf biologistische Einheitlichkeit richtete, waren auch die islamische Ideologie und deren Einrichtungen von hohem Nutzen. Denn deren Zugang zu den Massen war unverzichtbar, wenn es um ihr »angemessenes Funktionieren« ging. Eine Säkularisierung im Sinne einer »aufgeklärten«, privatisierten Religionspraxis europäischen Stils konnte hier nicht stattfinden. Zum einen fehlten die kulturellen Voraussetzungen, und zum anderen hätte jede Form von Toleranz die Dominanz des Türkischen gefährdet. Wer daran noch zweifelte, konnte sich die Fortsetzung der ethnischen Säuberungen unter Kemals Oberbefehl in Erinnerung rufen oder von ihm Anschauungsunterricht geben lassen, wie man einen zentralen Staat mit einer zentralen Partei organisiert.

Kemal wusste indessen, daß sein Konzept nicht vollständig festgelegt sein durfte: »Wenn wir eine (Doktrin) hätten, würden wir die Bewegung einfrieren«.[125] Er erkannte auch, daß die Hauptwiderstände gegen seine »Bewegung« im Islam liegen würden. Da er die Religion jedoch nicht verbieten wollte und konnte, musste er eine gestaltbare Konfiguration schaffen. Diese durfte weder den Interessen des Machtkartells noch der Religionsdiener nachhaltig im Wege stehen. Er versuchte also, »seine laizistische Politik neben nationalistischen auch mit religiösen Argumenten zu legitimieren …«[126]

Bekanntlich nannte man Kemal Atatürk nicht nur den »Vater der Türken«, sondern auch den *Ghazi* (türk.: Frontkämpfer), dessen militärische Leistungen als Segen für das Türkentum, aber auch für den Islam ver-

standen werden konnten. Er befehligte mittlerweile eine straff durchor-
ganisierte Staatsstruktur, in der ihm nur wenige zu widersprechen wagten. Auch die Klaviatur der intriganten Machtpolitik schien er virtuos zu
beherrschen. Die letzten jungtürkischen Widersacher wurden einer »Ver-
schwörung« beschuldigt und in einem Schauprozeß zum Tode bzw. Exil
verurteilt. Vorwand war ein Anfang Mai 1926 in Izmir geplantes Attentat, mit dem die meisten Delinquenten nichts zu tun hatten.[127]

Insbesondere nicht Djavit Pasha, ein aus Saloniki stammender Jungtürke der ersten Stunde. Mit kurzer Unterbrechung wegen Differenzen
mit Enver hatte er bis 1918 acht Jahre lang dem Unionistenkabinett als
ein fähiger Finanzminister angehört, der großes Ansehen im Ausland genoß und auch an den Lausanner Verhandlungen teilgenommen hatte. Zu
Kemals Komplottdenken mag beigetragen haben, daß Djavit prominenter Kryptojude war, welcher der messianischen *Dönme*-Geheimsekte an-
gehörte.[128] Wenige Jahre zuvor war dieser Bund in Turbulenzen geraten,
als er im Zuge der griechisch-türkischen Umsiedlung seinen Sitz von Saloniki nach Istanbul verlegen musste. Trotz energischer Proteste aus
mehreren europäischen Hauptstädten ließ Kemal den loyalen Wegge-
fährten hinrichten. Die neben anderen gleichfalls angeklagte Halide
Edip, bekannte Literatin und Atatürks ehemalige Galionsfigur im
»Kampf der Frauen für die Nation«, kam dagegen mit dem Leben davon
und ging ins Londoner Exil.[129]

Der Türkenvater stand nun nicht nur an der Spitze des Staates, sondern bildete nach uralter türkischer Herrschertradition dessen Spitze
selbst. Niemand widersprach ihm, als er sich zur Nachfolge des Mythen-
herrschers Tonyukuk aufschwang (s.o. S. 21f.): »Ich bin die Türkei. Mich
vernichten wollen, bedeutet: die Türkei selbst zu vernichten.«[130]

Die charismatischen Parallelen zwischen diesem Egomanentum und
den Diktatoren westlicher Gewaltsysteme sind bekannt.[131] An den vormodernen Strukturen der gewachsenen Machtkader änderte der
»moderne« Türkenvater jedenfalls nichts. Im Gegenteil, wenn es um
Machtsicherung ging, suchte der turkislamische Realismus des »Ghazi«
seinesgleichen:

»Die Souveränität und das Recht zu regieren, können niemand in-
folge einer akademischen Diskussion übertragen werden. Die Souveränität wird durch Macht erworben und durch Gewalt ... Jetzt hat
die türkische Nation die (von den Osmanen) usurpierte Souveränität zurückgewonnen und zwar durch Rebellion ... Es handelt sich

einfach darum, eine Wirklichkeit festzustellen, die schon eine vollendete Tatsache ist ... Im entgegensetzten Fall wird die Wirklichkeit gleichwohl zum Ausdruck kommen, nur mit dem Unterschied, dass dann einige Köpfe abgeschlagen werden.«[132]

Kemal hatte damit die universale, vormoderne Machtstrategie umrissen, die schon immer ihre Realität mit Gewalt formulierte und auch für das Vorgehen des turkistischen Staats, vor allem gegen die Minderheiten, kennzeichnend blieb. Dabei bildete der Armeniergenozid zwar die vorläufige Spitze, doch durfte man nicht vergessen, daß der Weltkrieg auch den Türken einen Aderlaß von mindestens 2 Millionen Opfern abverlangt hatte. Sie rekrutierten sich hauptsächlich aus dem turkislamischen Bauernvolk Anatoliens, das von seinen Herren – obwohl mit ihnen ethnisch identisch – schon immer ausgebeutet und in unzähligen Kriegen dezimiert worden war. Innertürkisch hatte man sich seit langem an die permanente Gewalt gewöhnt, mit der despotische Militärs, Staatsbeamte, Polizei und Steuerpächter ihre eigenen Leute in die Zange nahmen. Mal war es »das heilige Volk der Türken«, mal die »Gemeinschaft Allahs«, die man zum Wohle der etablierten Eliten auspresste und bei allzu lästigem Widerstand auch beseitigte.

c) Sicherung der Elitenpolitik

Für die weitere Entwicklung dieses Staates formulierte Kemal sechs Prinzipien, die er nach der alttürkischen Erfolgswaffe »Pfeile« (türk. *oklar*) nannte (s.o. S. 19):

Laizismus – Der Staat kontrolliert die Religion und wird nicht wirklich säkular, weil er sie – unter elitärer Führung – zu seinen Zwecken nutzt;

Republikanismus – Die Türkei soll eine Republik nach westlichem Muster werden;

Populismus – Die Politik soll zum Wohle des Volkes agieren, das vor allem in seiner Einheit besteht;

Nationalismus – Die türkische Nation ist unteilbar, es sind keine nichttürkischen Minderheiten und Sprachen auf anatolischem Boden zugelassen;

Etatismus – Der Staat lenkt die Wirtschaft, ohne privates Eigentum in Frage zu stellen;

Reformismus – Orientierungsprinzip der Politik ist der Fortschritt, wobei sich der Staat von Zeit zu Zeit den laufenden Veränderungen anpaßt.

Wie unschwer zu erkennen ist, wird dieses Bündel wesentlich bestimmt durch Nationalismus und kontrollierten Islam. Deren Zusammenwirken richtet sich nach bestimmten Umständen, dem sogenannten
»Fortschritt«, der von den Eliten definiert wird. In weiterer Verlauf wird
er schwanken zwischen nebulöser Westernisierung,[133] ungezügeltem Nationalismus und erstarkendem Islam. In dieser Konfiguration wirkt allerdings eine Tendenz, die wir »*gerichtete Unschärfe*« nennen. Damit ist
ein Prinzip gemeint, das im äußeren Detail scheinbar frei arbeitet, aber
inneren Bedingungen folgt, die das Ergebnis *tendenziell* festlegen. Es
kennzeichnet Herrschaftssysteme, die liberale mit totalitären Elementen
mischen. Wir werden ihm im weiteren Fortgang intensiv begegnen, weil
es von entscheidender Bedeutung für die westlichen Herrschaftssysteme
und ihren Umgang mit Islam und Turkislam ist (s.u. S. 181).

Auch nach Gründung der neuen Türkei hatte sich an der Abhängigkeit
der Bauern von den Grundbesitzern, mittelalterlicher Leibeigenschaft
nahe, wenig geändert. Nach wie vor zahlten sie ihren Grundherren Wu-
cherzinsen für eine »Alternative« zwischen Fronarbeit und Verhungern.
Wie unter solchen Umständen eine hehre, nationale Gesinnung zustande
kommen sollte, erschloß sich nur den Ideologen und ihren Auftraggebern.
Auch der »Türkenvater« machte klar, daß er am *Status quo* turkislamischer
Herrschaft festhalten wollte, um es mit den Mächtigen des Landes und des
Auslandes, von denen er gleichermaßen abhing, nicht zu verderben:

> »Ja, es ist richtig. Es ist die Pflicht der Großen Nationalversammlung,
> den Bauern von dem *öshür* (der Zehntenabgabe) zu befreien und
> ihm andere Erleichterungen zu verschaffen. Aber im Augenblick
> können wir das nicht machen. Wir würden uns den Haß sehr vieler
> Gruppen zuziehen ... Erst nachdem wir unsere nationale Aufgabe
> gelöst haben, können wir uns mit den Bauern beschäftigen.«[134]

Selbstredend blieb Kemals Versprechen Theorie. Dagegen unterliegt
nur geringem Zweifel, daß die »*gerichtete Unschärfe*« seines Pfeilbündels
systematisch die Eliten begünstigte. Während der weiteren Entwicklung
sollte sie sich als wesentliche Kraft für die Allianz des Militärs mit den
wirtschaftlich maßgebenden Schichten bestätigen. Die Unterdrückung
der Bauernschaft war integraler Bestandteil dieser Allianz. Bis auf weiteres galt die alte Endlosformel, daß die Bauern kein Wissen brauchten,
weil sie rückständig waren, und sich daher jede Bodenreform erübrige.
Die türkische Soziologie sieht hier den Grund für eine nach wie vor wirk-

same Kluft zwischen »Zentrum und Peripherie«, d.h. zwischen Eliten
und Landvolk:

> »Diese Politik brachte die Landbevölkerung, bereits des Separatis-
> mus verdächtig, der Zentralregierung nicht näher. Während sie eine
> bemerkenswerte Fähigkeit entfaltete, sich (wirtschaftlich) langsam
> aber stetig zu entwickeln, mußte sie erkennen, daß sie für das Wachs-
> tum der Städte zahlte, daß man sie mit hohlen Phrasen abspeiste und
> ihr dabei den Schutz der religiösen Kultur verweigerte. So konnte
> nicht überraschen, daß die lokalen Grundherren weiterhin eine
> Bauernschaft beherrschten, deren Einheit für den Staat indessen un-
> durchdringlich blieb.«[135]

Die Konservierung des militärischen Turkislam, der humanitären
Dauerkrise auf dem Land sowie der scharfen Reich-Arm-Trennung wurden zu wesentlichen Merkmalen der modernen türkischen Gesellschaft.
Indem sie somit die osmanische Tradition fortsetzten, blockierten die alten Machtkader echte, demokratische Institutionen. Optisch und verbal
modern, erhielt sich eine Feudalherrschaft, die traditionell von einigen
wenigen Personen bestimmt wurde.

Da Kemal selbst diesen Weg vorgezeichnet hatte, fällt den Türken bis
heute eine sachliche Beurteilung ihrer National-Ikone schwer. Die poli-
tisch- soziale Dauerkrise der neuen Türkei hat – neben dem Islam – ihren
Grund vor allem auch im Prinzip der im kemalistischen Sinne *gerichteten Unschärfe.* Die Kombination des »Populismus« und »Reformismus«
konnte durchaus auf eine Verhöhnung des türkischen Volkes hinauslau-
fen. Was die Eliten »zum Wohle des Volkes« bzw. im »nationalen Interesse« erwirtschafteten, schlug sich eher auf ihrer eigenen Habenseite nieder. Über deren Schutz waren sich beide Seiten der Nationalversammlung – »Konservative« und »Reformisten« – sehr einig:

> »Sie strebten einen Staat an, in dem die Religion eine Stellung nicht
> weit von derjenigen vor dem Kriege innehatte. Dabei stellten sie sich
> eine Gesellschaft vor, in der die Regierung den lokalen Kräften weit-
> gehende Handlungsfreiheit ließ ... Diese Ideen richteten sich auf das
> konservative Ziel, eine »neue Türkei« zu errichten. Das hieß, wenn
> überhaupt eine *neue* Türkei im eigentlichen Sinne vorgesehen war,
> dann sollte sie den Bräuchen und Traditionen der *alten* Türkei ent-
> sprechen ...«[136]

Die Machtkader, die mit Kemal in die »neue« Türkei gingen, behielten die Kontrolle über das Ausmaß, in dem diese demokratische Institutionen zulassen konnte. Sie waren selbst die Führer der »nationalen Bewegung« und damit auch die Deutungsmacht, welche den Staat unverändert nach den eigenen Prioritäten ausrichten konnte. Dabei mußte vor allem der Islam überwacht und dem Volk in kontrollierten Dosen verabfolgt werden. Mit Kemals Motto »Frieden im Lande – Frieden in der Welt« hatte man sich sogar die islamische Ideologie selbst zueigen gemacht. Zu deren Schwarz-Weiß-Denken gehörte schon immer das »Haus des Islam«, das als Gebiet des islamischen Friedens dem »Haus des Krieges« als dem Land des Unglaubens gegenübersteht.

Zudem konnten sich die neuen Türken auf aggressiven Kapitalismus polen, weil sie selbst aus Strukturen des vormodernen Wirtschaftens kamen und jedes moderne Gemeinwohl die eigene Basis in Frage stellte. Schon Kemal wollte »für die Entwicklung von Millionären, ja Milliardären« arbeiten und ging richtungweisend als Hauptaktionär der Ish Bankasi (Arbeitsbank) voran.[137] In diesem Sinne war sein »Pfeil« des Etatismus kein staatliches Lenkungsinstrument, sondern ein Rahmen zur exklusiven Ausbeutung des Staates durch die Machtkader. Logischerweise wurde wenig später jeder, der gegen diese erneuerte Tributmaschine opponierte, als »Staatsverbrecher« betrachtet.[138] Umgekehrt war damit allerdings auch der Weg der Staatsmacht in die »offizielle Korruption«, zur späteren Staatsmafia, vorgezeichnet (s.u. S. 228). Einer ihrer ersten Erfolge war die »Privatisierung« der Landerträge. Trotz besserer Produktionsbedingungen sank der agrarische Anteil am Steueraufkommen zwischen 1923 und 1950 von 30 Prozent auf ganze 4 Prozent. Wie wir sehen werden, gelten die Einschätzungen nahöstlicher Wirtschaftsexperten jener Zeit ohne wesentliche Einschränkungen auch heute:

»Korruption ist von den frühen zwanziger Jahren bis heute (1951) ein nicht wegzudenkendes Element der ökonomischen Beziehungen zwischen Staat (resp. der Bürokratie) und den ökonomisch einflußreichen Klassen: ›Die bloße Tatsache, dass intakte Beziehungen zur Regierung unabdingbar für nahezu alle Wirtschaftsaktivitäten sind, läßt die Unternehmen eher auf politischer als ökonomischer Ebene agieren. Vetternwirtschaft auf Regierungsebene ist die Regel …weil der Staat der größte Käufer im Lande ist …‹«[139]

Parlament und Partei der neuen Türkei standen als willige Zustimmungsapparate bereits hinter ihrem ersten Befehlshaber. Um den Bestand der »nationalen Bewegung« nicht nur kurzfristig durch persönliches Führertum, sondern zukünftig auch durch zuverlässig indoktrinierte Menschen zu sichern, richtete Kemal 1928 das System der sogenannten »Nationalschulen« ein. Hier wurden standardisierte Erziehungsinhalte zur Erzeugung turkgläubiger »Volksgenossen« vermittelt, denen Islam in kontrollierter Dosierung erlaubt war. Ab 1932 traten die »Volkshäuser« hinzu, in denen man den schwächeren Schichten allerlei nichtreligiöses Wissen beibrachte, um den Einfluß des Islam auch bei der Erwachsenenbildung zu hemmen.

Während die Muezzine den Gebetsruf von Arabisch auf Türkisch umstellten, begannen die Türken, in lateinischen Buchstaben zu lesen und zu schreiben. In den Folgejahren breitete sich eine nationalistische Sprachreinigung aus, welche die arabisch-persischen Elemente konsequent ausmerzte und im Jahrzehnt zwischen 1925 bis 1935 den türkischen Wortanteil von einem auf drei Viertel steigerte.

Kemals Adoptivtochter Ayshe Afet (gest. 1985) schloß an den Ötükän-Mythos an, indem sie ihre Dissertation über »Anatolien als Heimat der türkischen Rasse« (1938) schrieb.[140] Im darwinistisch-faschistischen Zug der Zeit bestanden auch für Kemal selbst keinerlei Zweifel, daß es sich bei dieser »türkischen Rasse« um ein spezielles Volk handelte, das geistig und anthropologisch zur Herrschaft bestimmt war. Seine enormen Fähigkeiten und Talente hätten es von Anbeginn aus der niederen, zentralasiatischen Masse herausgehoben.

Nachdem das armenische Problem erledigt war, mußte dieses Herrenvolk das anatolische Kernland gegen jede weitere, untürkische Verunreinigung schützen. An Brutalität standen daher die »Kurdensäuberungen« der Jahre 1925, 1930, 1935 und 1937/38 dem »Befreiungskrieg« gegen die Armenier in keiner Weise nach. Schon 1930 hatte Kemal-Genosse Inönü den türkischen Faschismus in einer oft zitierten Formel zusammengefaßt, die wenig später von Justizminister M. Esat ausgebaut wurde:

»Inönü: Allein die türkische Nation hat das Recht, ethnische und rassische Forderungen in diesem Lande zu stellen – Esat: Es gibt in der Türkei mehr Freiheit als irgendwo in der Welt. Dieses Land ist ein Land der Türken. Wer nicht rein türkischer Herkunft ist, hat nur ein einziges Recht in diesem Lande: das Recht, Diener zu werden, das Recht, Sklave zu sein.«[141]

Rein formal hat der Turkologe Klaus Kreiser recht, wenn er Vergleiche des Kemal-Projekts mit dem Jakobinismus der Französischen Revolution für übertrieben hält.[142] Dieser verknüpft vormodernen, politreligiösen Fundamentalismus mit moderner Organisation und Technik. Wer jedoch die niedrige Technisierungsstufe, Finanzkraft, Urbanisierung (15%) und Alphabetisierung (25%) der Türken in jener Zeit sieht, wird modernen Medien wie Film und Rundfunk nur eine geringe Rolle zubilligen, wie Kreiser sogar selbst an anderer Stelle einräumt. Das technische Defizit füllte Kemal allerdings mit seinem Prinzip der »abgeschlagenen Köpfe« auf, womit er durchaus an jakobinische Traditionen anknüpfen konnte.

In diese Richtung wiesen auch Kemals Sinn für die Präzision wissenschaftlicher Forschung und politischer Organisationen, wenngleich ihm die Finanzen zur raschen Überwindung der osmanischen, d.h. technikschwachen Randbedingungen fehlten. Wie die Kombinatorik seiner »Pfeile« zeigt, lag ihm an einem »Fortschritt«, der sich aus dem Wechselspiel zwischen Nation, Religion und Modernisierung speiste. Da er die hier entstehende Macht für einen unangreifbaren Machtkader reservierte, erscheint auch Kemal als »Jakobiner«, der vor allem eines ist: politreligiöser Fundamentalist.

Als solcher vertrat er eindeutig die ethnische Variante, auch erkennbar in seiner strikten Haltung gegen jede Form von Kommunismus. Dessen multikulturelle Grundforderung der »vereinigten Proletarier aller Länder« war ihm zutiefst zuwider und trieb ihn, jede Linksregung im eigenen Lande unerbittlich zu verfolgen. Für Lenin war er daher »der in der bürgerlichen Phase steckengebliebene Revolutionär«,[143] eine Kennzeichnung, die im Hinblick auf Kemals Vorliebe für Millionäre gerechtfertigt schien.

Die außenpolitische Realpolitik konnten solche Überlegungen natürlich kaum behindern. Die Ansätze der Kooperation, die sich aus dem mit Lenin geschlossenen Freundschaftsvertrag der Gründerzeit ergaben, hatte Stalin bruchlos weitergeführt. In den 1930er Jahren war eine umfangreiche Zusammenarbeit entstanden, die der türkischen Industrieentwicklung zugute kam. In diesem Prozeß schaltete sich zunehmend auch Nazi-Deutschland ein, das den Balkan nebst Türkei zu einer deutsch beherrschten Wirtschaftszone ausbauen wollte. Der – blaugrauäugige – Kemal, in Hitlers Sicht ein »verlorener Germane«,[144] stand diesen Avancen skeptisch gegenüber, zumal die Achse Berlin-Rom ungute Erinnerungen an die italienischen Einmärsche in Libyen und Istanbul auslöste.

Schon um die Mitte der 1930er Jahre hatte Deutschland die Rüstung angekurbelt und dabei wiederholt auf eine Revision des Versailler Vertrages verwiesen, eine Drohung, die den Türken aus der eigenen Sèvres-Erfahrung nachvollziehbar erschien. Auch Italien wollte nicht zurückstehen und erhob alsbald Ansprüche auf das östliche Mittelmeer. Als schließlich auch noch Stalin die alte Forderung nach Mitkontrolle der Meerengen erneuerte, begann sich Kemal nach Alternativen umzusehen. Ihm lag dabei sehr an einem Ausgleich mit den Engländern, von denen er das größte Verständnis für seine Politik der strikten türkischen Souveränität mit daran angepaßten Minderheiten erwartete.[145]

Die sich ändernde, politische Großwetterlage ging schon in der ersten Hälfte der 30er Jahre mit einem deutlichen Umdenken einher. Auf regionaler Ebene hatte sich das Verhältnis ehemals erbitterter Gegner zu entspannen begonnen. Mit dem Erbfeind Griechenland und einigen südosteuropäischen Staaten, den ehemaligen Osmanenkolonien auf dem Balkan, wurden Kooperationsverträge geschlossen. Um sich jedoch effektiv gegen zukünftige Bedrohungen abzusichern, brauchte man einen starken Partner auf Großmachtebene. Wirklich stark war aber nur Großbritannien, zu dem sich die türkische Position seit dem Ersten Weltkrieg auf Distanz gestellt hatte.

Die Engländer betrieben seit jeher Realpolitik und wußten, daß die Türken im Machtpoker anspruchsvolle Partner waren. So beseitigten sie den letzten wunden Punkt des Lausanner Vertrages und sorgten 1936 in der Konvention von Montreux dafür, daß die Türkei wieder volle Souveränität über Bosporus und Dardanellen erhielt. Dieser Erfolg gab dem russischen Meerengenvorstoß einen Dämpfer, aber auch dem türkischen Nationalego nur kurzzeitigen Auftrieb. Wie sich bald zeigte, mußte er mit einem Verlust an Neutralität und Unabhängigkeit erkauft werden.

Zunächst jedoch hatte Kemal einer unabdingbaren Pflicht zu folgen. Als Führer der Türken und ihr oberster »Ghazi« stand er unter dem Dauergebot des *ethnischen Djihad*. Eine letzte Gelegenheit hierzu ergab sich kurz vor seinem Tod bei der »Befriedung« der Region Dersim. Auf seine Veranlassung wurde die dortige kurdische Einwohnerschaft 1938 auf grauenhafte Weise verstümmelt, verbrannt, hingerichtet. Von den ethnischen Türken als großer Erfolg gefeiert, gilt dieses Ereignis ihren ethischen Volksgenossen seither als eine der schwärzesten Stunden der Türkei.[146] Einmal mehr lehnten die Großmächte ab, sich mit Gewalttaten an Völkern überhaupt zu befassen. Vertreter des Völkerbunds fügten nonchalant hinzu: »Wir glauben, daß wir bei der türkischen Regierung einen guten Eindruck machen, wenn wir sie inoffiziell wissen lassen, daß wir davon (der Nachricht) keine Kenntnis nehmen.«[147]

Die Entwicklung des Jungtürkentums und des Kemalismus, soweit vom Gründer beeinflußt, zeigt sich von der Gewalt gegen die zwei Haupthindernisse türkischer »Reinheit« geprägt. Sie beginnt mit Pogromen gegen Armenier 1909, kulminiert im Armeniergenozid 1915, leitet in der Folgezeit in diverse »Säuberungen« über und endet 1938 mit dem Kurdenmassaker im Dersim. Jede Wertung der Wirkung Kemals auf die Geschichte der neuen Türkei, die diesen Ablauf nicht würdigt, wird weder Atatürk noch den Türken gerecht. Wer deren »Vater« schlicht mit Modernisierung der Türkei gleichsetzt, übersieht, daß nur zum »Ghazi« überhöht werden konnte, wer auch die despotischen Traditionen des Turkislam fortführte. Anders ließ sich die Loyalität des etablierten Machtkartells kaum gewährleisten – um den Preis einer Machtsicherung, die das demokratische dem elitären Interesse nachordnete.

Wer den türkischen Staat als Beute der Eliten und das Nichttürkische als Feindbild des ethnischen Turkismus erkennt, wird einer Erklärung der Leistungsschwäche der staatlichen Einrichtungen im wirtschaftlichen und sozialen Bereich näherrücken können. Wir kommen auf dieses Thema zurück, weil es aktuell den EU-Beitritt einer Gesellschaft begleitet, die einen ethnischen Dominanzanspruch mit potentieller Gewaltlizenz erhebt. Dieser Anspruch kann sich umso freier entfalten, je weniger die Türken um Glaubwürdigkeit im Bereich der Menschenrechte bemüht sein müssen. Wer sie in dieser Verfassung der EU hinzufügt, schafft Verhältnisse, welche die Minderheitenfrage kulturell und statistisch auf den Stand des 15. Jahrhunderts bringen. Wir erinnern uns, daß jene Zeit eine ähnliche Konstellation aufwies: Damals wie heute (bzw. zum voraussichtlichen Zeitpunkt eines Beitritts) machten die Türken etwa 20 Prozent der Bevölkerung aus, und damals wie heute verlangte man ihnen keine Bereitschaft zum Ausgleich ab.

Im Grunde hatte Mustafa Kemal Atatürk recht, als er behauptete, er sei die Türkei selbst. Er stand für ethnischen Djihad, eine elitäre Wirtschafts- und Sozialpolitik, ein willfähriges Parlament und Parteiensystem sowie eine nationalistische Außenpolitik. Manche brachten den Blick seiner blaugrauen Augen mit dem mythischen Totemtier des Turkwolfs in Verbindung oder verehrten ihn wie einen übernatürlich befähigten Schamanen der türkischen Volksreligion. Sein Tod war weniger übernatürlich: Er begann im Alkoholismus zu versinken und bei öffentlichen Empfängen peinliche Szenen zu provozieren. Als er sich trinkend auch über die Zirrhose-Diagnose seines Arztes hinwegsetzte, hatte er sein Todesurteil gesprochen. Am 10. November 1938 starb er im Dolmabahce-Palast zu Istanbul.

Seinem denkmalartigen Ansehen, das er schon zu Lebzeiten genoß, taten diese Vorgänge keinen Abbruch. Im Gegenteil: Als »irdisch Unsterblichen« brauchten ihn die Türken über den Tod hinaus, um den Übergang in eine andere Türkei zu erleichtern.[148] So balsamierten sie ihn ein und beerdigten ihn erst 1953 in einem eigens errichteten Mausoleum – eine Ehrung, die er mit seinem Kritiker Lenin teilte.

Wer die Zwänge seiner Zeit berücksichtigte, mußte Kemal bescheinigen, daß er sein Land bestens bestellt hatte. Trotz privater Ablenkungen hatte sein politisch-analytisches Denken keine Wünsche offengelassen. Die kommenden Weltläufe sah er in seltener Klarheit. Dabei gab er der kommenden Türkei ein indirektes Vermächtnis mit. Kurz vor seinem Tode mahnte er seine Nachfolger in der Macht: Das Beispiel der verwandten Gewaltsysteme seiner Zeit sollte Warnung genug sein, im ethnischen Turkismus außenpolitisch vorsichtig zu bleiben. Keineswegs zu früh, denn der nächste Weltkrieg stand schon vor der Tür:

>»Wir werden einem zweiten Weltkrieg gegenüberstehen ... Einige Abenteurer haben sich mit Gewalt an die Spitze Deutschlands und Italiens gesetzt. Aus der Schwäche der ihnen entgegentretenden Staatsmänner gewinnen sie Verwegenheit. Sie werden nicht zögern, die Welt in ein Blutbad zu stürzen. Unser alter Freund, die russische Sowjetunion, wird es verstehen, aus den falschen Aktionen der Schwachen und der Abenteurer Nutzen zu ziehen. Das Endergebnis wird eine völlige Veränderung der Weltlage und des Gleichgewichts der Kräfte sein.«[149]

— B —
Von Asien nach »Ameropa«

1. Der Zweite Weltkrieg

Die Nachfolge Atatürks bereitete keine Schwierigkeiten. Ismet Inönü, der Sieger im Befreiungskrieg gegen die Griechen, hatte seit der Machtübernahme als Ministerpräsident die Amtsgeschäfte geführt. Effizient und loyal die Fäden ziehend, sorgte er dafür, daß die Dinge im Sinne seines Meisters liefen. Dabei mußte so manche der Entscheidungen, die jener alkoholisiert getroffen hatte, unauffällig revidiert werden – auch Inönüs eigene Entlassung, die Atatürk 1937 in einer nächtlichen Zechrunde angeordnet hatte. Der neue Mann, offiziell und privat integer, kritisierte den »Ghazi« intern, weil er in dessen Eskapaden ein politisches Risiko wähnte.

Bei Inönü waren die Interessen der Türkei bestens aufgehoben. Als geschickter Verhandlungsführer hatte er sich schon bei der Lausanner Korrektur des Friedensvertrags einen Namen gemacht. Dieses Talent war umso mehr gefragt, je bedrohlicher sich die Lage in Europa entwickelte. Nachdem Atatürk die Annäherung an England schon eingeleitet hatte, gelang seinem Nachfolger, der sich nun »Nationaler Führer« nennen ließ, ein diplomatisches Kunststück: Mit den Alliierten schloß man 1939 einen »Beistandspakt« ab, der wie üblich mit allerlei Militärhilfe belohnt wurde, und wenig später mit den Deutschen einen »Freundschaftsvertrag«, der Bedenken hinsichtlich des Hitler/Stalin-Pakts auszuräumen half.

Die raschen Erfolge der deutschen Truppen auf dem Balkan ließen diese Schaukelpolitik gerechtfertigt erscheinen. Als Deutschland 1942 die Sowjetunion angriff, war die akute Gefahr für das türkische Kernland zunächst halbwegs gebannt. Gleichwohl hatte Stalin inzwischen wieder sein bewährtes Drohinstrument hervorgeholt: die Erneuerung des alten Einflusses auf Ostanatolien und die Kontrolle der Meerengen.

Die deutsche Invasion in das Kaukasus- und Schwarzmeergebiet beeindruckte die Türken sehr und war durchaus geeignet, alte Großmachtträume zu wecken. Die Nazi-Ideologie vom ethnisch auserwählten Volk schien die Türken zu bestätigen, zumal sie Hitler selbst als »Herrenvolk« einstufte, das sich zusammen mit den Deutschen die slawischen

»Untermenschen« dienstbar machen sollte. Wie es außerdem hieß, könnten nun die unterjochten Turkvölker »heim ins Reich« geholt und ihrer angestammten, türkischen Herrschaft unterstellt werden.[150] Unter dem Führer der Radikal-Nationalisten, Alparslan Türkeş (gest. 1997), bekamen diese Strömungen starken innertürkischen Auftrieb und drohten Inönüs Ausgleichspolitik in Gefahr zu bringen. Die militärische Katastrophe von Stalingrad 1943 bedeutete allerdings die Wende des Krieges und damit auch das Ende des akuten Panturanismus, wie man den großtürkischen Herrschaftstraum nannte.

So ambivalent sich Inönü in der Außenpolitik gab, so unsicher schien er sich der eigenen Position zu sein. Innenpolitisch wurde ihm vorgeworfen, diese Unsicherheit durch eine totalitäre Parteipolitik kompensiert zu haben.[151] Allerdings hatte auch seine äußere Politschaukel inzwischen begonnen, in einseitige Schwingungen zu geraten. Je weiter die Deutschen in die Defensive gerieten, desto mehr drängten die Briten den taktierenden Türkenführer, in den Krieg einzutreten. Dieser lieferte sein Meisterstück ab, als er sich in der Konferenz von Kairo 1943 alle Optionen offenhielt, obwohl ihm Churchill – selbst ein Virtuose der Machtpolitik – mit der Besetzung Anatoliens drohte. So hielten die Türken eine »wohlwollende Neutralität« ein, die Zeitzeugen auch »kalkulierten Opportunismus« nannten.[152] Sie belieferten Deutschland weiterhin mit kriegswichtigen Gütern und erklärten ihm formal erst im Februar 1945 den Krieg, als die Sache der Deutschen längst verloren und keinerlei Gefahr mehr zu erwarten war.

Aus der Kombination eines »neutralen Opportunismus« ließ sich im weiteren Verlauf des Krieges eine vorteilhaft schillernde Zwischenposition entwickeln. Als gleichzeitige »Verbündete« Großbritanniens und »Freunde« der Sowjetunion lieferten die Türken ein klassisches Beispiel für das Prinzip der *gerichteten Unschärfe*. Mit systematischer Regelmäßigkeit zeigten sich die Meerengen für deutsche Kriegsgüter wesentlich durchlässiger als für russische Lieferungen. Dabei ging die eigentliche Denkrichtung jedoch weiter. Nach seinem Chef Inönü, der eine »Vernichtung des russischen Kolosses« für möglich hielt, ließ auch Ministerpräsident Saracoghlu die Schnörkel der Politikersprache beiseite. Er fügte den Klartext des ethnischen Turkismus hinzu, wobei nebenbei deutlich wurde, was die Kemalisten unter »Säkularismus« verstanden:

»Als Türke ersehne er die Vernichtung Rußlands, die eine säkulare Tat des Führers darstelle ... Das russische Problem könne von

Deutschland nur gelöst werden, wenn es mindestens die Hälfte aller
lebenden Russen erschlage, und wenn es weiterhin die von fremden
Minderheiten bewohnten, russifizierten Landesteile dem russischen
Einfluss ein für allemal entziehe, sie auf eigene Beine stelle, zu willigen Mitarbeitern der Achse und zu Feinden des Slawentums er-
ziehe.«[153]

Die letzte Kriegsphase hatte sich wesentlich durch das Eingreifen der
Amerikaner gewendet, mit denen die Türkei ihren alten Freundschaftsvertrag von 1830 nun zum »Beistandspakt« ausbauten. Als man Anfang
1946 auf der Konferenz von San Francisco die UNO aus der Taufe hob,
saßen auch die Türken am Gründungstisch. Was nach außen als »Wende
der Türkei zum Westen« erschien, war indes nichts anderes als das Ende
eines inneren Machtkampfes. Die Militärbürokratie hatte keine wirkliche Wahl, als es um die Frage ging, wie die enormen Finanzprobleme des
Landes zu lösen waren. Zu Beginn des Krieges hatte man sich bei den
Westmächten in einer Größenordnung verschuldet, welche die Kredit-
aufnahme des gesamten Jahrzehnts zuvor um fast das Dreifache übertraf.

Die führenden Machtkader sahen keinen Grund zu Loyalität, indem
sie den Staat etwa an ihren Privilegien aus Grundbesitz und Handel teil-
haben ließen. Zudem hatten die Amerikaner schon seit dem Ersten Weltkrieg ihren Einfluß ausgebaut und eine wachsende Zahl von Militär- und
Wirtschaftsberatern ins Land eingeschleust. Kein Geringerer als Inönü
selbst hatte sich die USA als türkische Mandatsmacht vorstellen können
(s.o. S. 94). Diese sahen sich inzwischen auch von ihren eigenen Eliten zu
verstärkter Kooperation mit der Türkei gedrängt.[154]

Im Rahmen der Ideologie des Kalten Krieges konnten nun die Wirtschaftskader beider Seiten Druck auf ihre Regierungen machen. Die Türkei, die traditionell antirussische Ressentiments hegte, hatte seit Jahren
am Bedrohungsszenario mit der Sowjetunion als Hauptakteur gearbeitet. Als die Amerikaner die These von der »Türkei als Schutzwall gegen
den Kommunismus« in die Truman-Doktrin aufgenommen hatten,
konnte man ganz offiziell an die Seite des westlichen Blocks treten. In dieser Phase wurde beispielhaft deutlich, daß die Weichen der Machtpolitik
nach wie vor – ob Demokratie oder nicht – von elitären Gremien gestellt
wurden. Vorliegend war es der drohende Bankrott im Innern, der es den
türkischen Machtkadern erleichterte, die regierenden Militärs vor ihren
Karren zu spannen. Was diese nicht ungern geschehen ließen, weil die Allianz mit den USA gigantische Waffengeschäfte in Aussicht stellte.

Die türkische Wende von der »wohlwollenden« Neutralitäts- zur US-orientierten Blockpolitik war ein Akt purer Notwendigkeit, der den Machtkadern die Herrschaft des Landes auch auf »modernisierter« Ebene sicherte. Um auf Dauer unbequeme Fragen zu vermeiden, erfand man die eingängige Formel vom »treuen Wächter am Bosporus«, die bis heute ihre Wirkung nicht verfehlt. Kenner der türkischen Geschichte sehen diesen Schritt als eine neue Qualität des »kalkulierten Opportunismus« und vergleichen ihn mit der Abhängigkeit aus den Kapitulationen, die zum Zusammenbruch des Osmanischen Reiches beitrugen.[155]

Als erste Folge des neuen Machtschubs sorgten die Wirtschaftseliten für verstärkte Steuerprivilegien, die bis 1950 die Wachstumsraten auf historische Tiefstände drückten und die Arm-Reich-Schere weiter öffneten. Die Agrarproduktion war schon während des Krieges um ein Drittel, die Gesamtproduktivität um 12 Prozent gefallen, in den Nordprovinzen begannen Hungersnöte zu grassieren. Gleichzeitig intensivierten sich die elitären Türkei/US-Kontakte in Banken, Unternehmen und Verbänden und warfen rasch wachsende Gewinne ab. Wie es hieß, »konnte sich am Ende des Krieges die Türkei im Grunde genommen nur noch den Vereinigten Staaten ausliefern – und deren Ideologie«.[156]

Für die neue Harmonie hielt einmal mehr Stalin einen probaten Wermutstropfen bereit. Er forderte, alle einschlägigen Vereinbarungen mit der Türkei – insbesondere die Meerengenfrage betreffend – zu überprüfen, da sie nun nicht mehr den veränderten Verhältnissen entsprächen. Mit ihrer enorm gewachsenen Stärke scherten sich die Sowjets nicht mehr um »anti-imperialistische« Theorie, sondern pochten auf realpolitische Praxis, auf imperiale Macht. Sie konnten dabei sogar als die Erben des alten Türkenreiches auftreten, denn ein großer Teil der ehemaligen Osmanenkolonien auf dem Balkan stand nun unter ihrer Besatzung. Der Anspruch auf die Mitkontrolle der Meerengen war also keineswegs abwegig. Vor dieser Konkurrenz hatte auch schon Atatürk als oberster »Ghazi« der Türken gewarnt. Nach ihm waren die Kommunisten »eine schreckliche Kraft, welche alle materiellen und geistigen Möglichkeiten für die Weltrevolution mobilisiert ... und die ganze Zivilisation, ja sogar die gesamte Menschheit bedroht«.[157]

Als Folge des Zweiten Weltkriegs war aus einem Großmachtquartett – England, Frankreich, Rußland, Deutschland – die Zweierfront des Kalten Krieges zwischen den USA und der Sowjetunion entstanden. Die Finanzlage der Türkei und die Nutzenorientierung ihres Klientenkartells hatten die neue Richtung erzwungen. Amerika nahm die Position Englands als Vormacht des Westens ein, verkündete eine Sicherheitsgarantie für die Türkei und Griechenland und ließ die Mittelmeerflotte demonstrativ in den Bosporus einlaufen. Wie zu Zeiten des Ersten Weltkriegs durch das Zarenreich, so wurden die westlichen Interessen nach dem Zweiten Weltkrieg durch die Sowjetunion bedroht. Und wieder konnte die ideale Lage Anatoliens Erinnerungen an das gelobte Land *Ötükän* wach werden lassen.

Die geographische Schnittstelle an der Südostflanke Europas erschien mal als Brücke zum kommunistischen bzw. islamischen Block, mal als Bollwerk gegen den einen oder anderen, vielleicht sogar ganz Asien. Immense Früchte trug zunächst das Feindbild Sowjetunion, indem sich die Türken der US-Schutzherrschaft unterstellten. Ein umfangreiches Vertragsbündel besiegelte die Einbindung der neuen Türkei in die globale US-Strategie, belohnt mit Rüstungsgütern und Finanzhilfen. Dies alles hatte seinen Preis: Artikel 1 des Beistandspaktes sah vor, daß sich die Türkei sämtlichen zukünftigen Gesetzen des amerikanischen Kongresses unterwarf. Dafür folgten – nach der UNO – 1947 die Mitgliedschaften in Weltbank und Weltwährungsfonds, 1948 in der OECD, 1949 im Europarat.

1950 unterstützte man die USA bescheiden, aber spontan im Koreakrieg, ein Verhalten, das eine dauerhafte, militärische Kooperation begründete. Die Entscheidung darüber war – wie vieles andere – in verschwiegenem Zirkel von wenigen Personen getroffen worden.[158] Mit dieser Maßnahme sollte die Atmosphäre für den NATO-Beitritt gefördert werden, der 1952 erfolgen konnte. Die Generalität sorgte zusätzlich für die vermeintlich passende Stimmung: »Jeder Ort, wo mit den Moskowitern Krieg geführt wird, gilt als türkische Grenze. Meine Soldaten warten darauf, noch mehr Kommunisten zu töten.«[159]

Auch dieser Schritt zielte eher auf schnelle Militärhilfe als ein durchdachtes Sicherheitskonzept. Nach Artikel 5 und 11 des Nordatlantikpakts waren die USA nicht automatisch verpflichtet, den Mitgliedern im Verteidigungsfalle Hilfe zu leisten. Dean Acheson, amerikanischer Außenminister, gab denn auch eine nebulöse Antwort auf die Frage seines türkischen Kollegen, ob die USA im Falle eines sowjetischen Angriffs auf die Türkei intervenieren würden. Die offizielle Verlautbarung an die türkische Öffentlichkeit legte ihm etwas anderes in den Mund: »Amerika ist an unserer Seite.«

Mit einer Stärke zwischen 700 000 und 800 000 Soldaten stellt die Türkei damals wie heute die nach den USA größte Militärmacht im westlichen Militärbündnis dar. Oft wurde sie als »Wachhund« bezeichnet, dessen Dienste man sich etwas kosten lassen müsse. Wer diese Kraft – z.B. im Rahmen der EU – integrieren soll, kann sich leicht als derjenige wiederfinden, der »integriert« wird, insbesondere wenn die Amerikaner die Aktion steuern. Es könnte ein Zwischenstatus zu jenem »Schutz« entstehen, den sich die Turkmuslime nicht nur bezahlen ließen, sondern seit jeher auch als Einstieg in die endgültige Machtübernahme nutzten.

2. Anlehnung an Amerika

Als UN-Mitglied hatte sich die Türkei auf Demokratie und Menschenrechte verpflichtet. Das System des türkischen Einheitsstaats, dessen »Republikanische Volkspartei« (*Cumhuriyet Halk Partisi* – CHP) jede Meinungsfreiheit unterdrückte, war offenbar nicht geeignet, das Land in eine Zukunft dynamischer Pluralität zu führen. Wenngleich Inönü seinen westlichen Partnern die Öffnung zu einem Mehrparteiensystem zugesagt hatte, so konnte dies aus turkistischer Sicht eine latente Gefahr für die türkische Einheit bedeuten. Eine akute Gefahr bildete es allemal für das Kartell der vorwiegend städtischen Eliten, die sich nach wie vor zwischen Militär, Verwaltung, Wirtschaft und Grundbesitz die Bälle zuspielten. Eine echte Demokratie, so ließ ihr feudales Diktat erkennen, würde dieses Spiel stören, indem der ländlichen Masse ein Einfluß auf die Geschicke des Staates zufiele, der kaum ihrer traditionellen Rolle und niedrigen Bildung entsprach.

Daß man für die turkistische Verdummung der Massen in den Nationalschulen und Volkshäusern, in der Erziehungsdiktatur des »Ghazi«, selbst gesorgt hatte, war natürlich irrelevant. Dabei hatte die Einheit des Wissens auf niedrigem Niveau bedenkliche innertürkische Folgen gezeitigt. Bezogen auf den Stand des Ersten Weltkriegs hatte sich die Bevölkerung bis in die 1950er Jahre nahezu verdreifacht und inzwischen massenhaft auf Arbeitssuche begeben. Das Tempo dieser »Binnenwanderung« brachte überall in den Großstädten die sogenannten *Gecekondu* (türk.: über Nacht errichtet) hervor,[160] aus dem Boden gestampfte Wohnviertel, die der grassierenden Verarmung eine passende Bleibe gaben.

Sich westlich gebende Eliten erinnerten noch immer an osmanische Strukturen, indem sie der Bevölkerung ein Maximum an Arbeit und Steuern abpreßten. In ihrem Auftrag erzwang die allgegenwärtige, türkische Polizei Arbeitsleistungen und Abgaben, im Zweifel mit Prügeln und Repressalien, mit Verhören und Foltern, wie es alter Brauch im turkislamischen System war und – bis auf weiteres – ist. Ein Unterschied bestand darin, daß man nun die eigenen Leute ausbeuten mußte. Nichttürken standen nach ihrer massenhaften Vernichtung nicht mehr in ausreichendem Maße zur Verfügung. Kurioserweise hatte ihr Tötungsreflex die türkischen Herren nun teilweise selbst zu Dienern gemacht, was wiederum die »Liberalität« der modernisierten Tributmaschine veranschaulichte.

Mit der bildungsbedingten Vermassung der Türken ging auch ihre Re-Islamisierung einher. Gemäß bewährtem, turkistischem Nutzendenken gab man ab 1947 die Parole von der »*Türkisch-Islamischen Synthese*« aus, mit der sich auch die Renaissance des Islam in den Dienst des Ethno-Nationalismus stellte. Traditioneller Islamunterricht, eine Islamakademie zur Ausbildung von Vorbetern und ein Religionsministerium (diyanet) unterstrichen den Willen der Einheitspartei, die schwindende Macht aus den Reihen der Religionsdiener aufzufüllen.[161] Gleichzeitig zielte diese Maßnahme darauf ab, alternativen Kräften den Wind aus den Segeln zu nehmen. Denn sie wollten ihrerseits dem Islam wieder Öffentlichkeit geben, um die wachsende Menge der Unzufriedenen – mehrheitlich gläubige Muslime – an sich zu ziehen. In der »säkularen« Türkei entstand ein Wettbewerb um die Gunst der Staatsreligion!

Gleichzeitig hatte sich unter dem Signum des »Freiheitspakts« als wichtigste neue Kraft die »Demokratische Partei« (*Demokrasi Partisi* – DEP) etabliert. Mit diesem Begriff wollte man symbolisch an den »Nationalpakt« Atatürks von 1919 anschließen und dessen noch verbliebene Aura nutzen. Hinzu kam, daß man den Anspruch auf Wirtschaftskompetenz erhob und der Bevölkerung suggerierte, ihre bescheidenen Einkommenssteigerungen statt amerikanischer Wirtschaftshilfe den Experten der neuen Partei zu verdanken.

Als solche profilierten sich vor allem die beiden Parteiführer, Djelal Bayar (gest. 1984) und Adnan Menderes (gest. 1961), die es zunächst erfolgreich verstanden, fehlenden Sachverstand durch politischen Instinkt zu ersetzen. Denn sie konnten auf die geballte Kraft der Kriegsgewinner, der Großgrundbesitzer und -unternehmer, zurückgreifen. Deren neue Übersee-Allianz steigerte zwischen 1947 und 1952 die US-Hilfe auf das Dreifache des Kreditvolumens, das man zwischen 1923 und 1945 insgesamt aufgenommen hatte. Die Abfolge der türkischen Forderungen und US-Zahlungen verfestigte sich zu einem grotesken Rhythmus, der Satiriker zu einem anschaulichen Vergleich aus dem Sprichwortbereich anregte: »Einem Kind, das nicht schreit, gibt man nicht die Brust.«

Alle Manipulationen zur Abwehr dieser Konkurrenz halfen der abgewirtschafteten Volkspartei nichts. Auch der Versuch Inönüs, durch vorgezogene Wahlen und Wahlfälschung die Chancen der Demokratischen Partei zu senken, gelang nur kurzfristig und schlug letztlich ins Gegenteil um. Selbst das unerhörte Versprechen, die verstaubenden »Pfeile« des Türkenvaters ins Archiv zu verbannen, verhallte ohne Resonanz. Bei den ersten Parlamentswahlen im Mai 1950 landeten die »Demokraten« einen Erdrutschsieg von 53 Prozent, die ihnen über das Mehrheitswahlrecht 84 Prozent der Sitze bescherten.

Die antikommunistische Hetzwelle der McCarthy-Ära schwappte von den USA auch auf die US-abhängige Türkei über. In ihrem Kielwasser konnten sich die islamischen Einrichtungen weiter kräftig erholen. Der neue Ministerpräsident Menderes beglich seine Verpflichtungen gegenüber der konservativen Wählerschaft. Nicht nur Atatürks »Volkshäuser« wurden als »linke Brutstätten« geschlossen, auch die religiösen Orden durften immer offener auftreten und das sozialpolitische Gegengewicht bilden, dessen Konkurrenz der kemalistische Turkislam lange Zeit abgedrängt hatte. Polygamie, Imam-Ehe und Schleier konnten sich ausbreiten, weil die Behörden »von oben« Anweisung erhielten wegzuschauen. Sie hatten ohnehin alle Hände voll mit Denunziationen gegen vermeintliche Kommunisten zu tun, in deren Nähe nun auch die Kemalisten gerieten, weil sie alle als »gottlos« galten.

Die Gegnerschaft zur Volkspartei verschärfte sich zu einem Ämterschacher, der in offiziellen Funktionen nur noch »Demokraten« duldete. Partei und Amt begannen eine untrennbare Einheit zu bilden, deren Mechanik dazu zwang, immer höhere Ämter mit immer unfähigeren Anwärtern zu besetzen. Das System erneuerte islamtypische Strukturen, die bei hohen Kosten geringe Effizienz erzeugten. Der Parteizwang führte zum Austausch ganzer Bürokratien, was nicht nur das System der Türkei, sondern alle feudalen Machtordnungen kennzeichnet. So auch das Parteienkartell des »modernen« Deutschland, das die Institutionen ebenso mit Parteigängern besetzt. Auf diese interessante Parallele werden wir weiter unten genauer eingehen.

Zensur der Presse, Meinungsdruck an den Universitäten, enge Kontrolle der Gewerkschaften und eine schamlose Klientenpolitik zugunsten der Grundbesitzer führten zu einem aggressiven Klima, das sich den üblichen Sündenbock suchte und 1955 in Ausschreitungen gegen die Griechen Istanbuls entlud. Den Vorwand lieferte Zypern, wo sich im Rahmen des antibritischen Untergrundkampfes inzwischen griechisch-türkische Ressentiments angestaut hatten. Das Verhältnis zu Griechenland, das sich nach dem gemeinsamen NATO-Beitritt 1952 und dem Balkanpakt von 1953 merklich entspannt hatte, geriet unter neue Belastungen. Zudem erzwang das turkistische Anspruchsdenken bei der Republikgründung Zyperns unangemessene Vorteile, die neue Konflikte bereits vorprogrammierten.

Die Regierung Menderes ging den US-gestützten Weg der Klientenwirtschaft und Korruption in beispielhafter Konsequenz zu Ende. Die Amerikaner hatten die Weichen in ein umfangreiches Vertragswerk gestellt. Bis Mitte der 1960er Jahre würden über 100 Einzelabkommen geschlossen sein, die eine weitreichende US-Abhängigkeit der Türkei sicherstellten. Sie war und ist das einzige Land in der westlichen Hemisphäre, das den USA die bedingungslose Erlaubnis zu jederzeitigem Einmarsch erteilte.[162] Dennoch verdüsterte sich das wirtschaftliche Bild. Die Akzente auf Mechanisierung der Landwirtschaft und Ausbau des Straßennetzes nutzten wenigen Polit- und Finanzpaten des Landes, nicht jedoch einem soliden Unternehmertum.

Die Verschuldung war gigantisch gestiegen und hatte das Vertrauen vor allem der nichtamerikanischen Investoren erschüttert. Währungsverfall, Schwarzmarkt und Mafiabildung waren die logischen Folgen. Neben dem traditionellen Waffenmarkt entwickelte sich als zweiter »Renner« ein florierendes Tauschgeschäft zwischen US-Luxusgütern und türkischen Antiquitäten, das den Machtkadern über viele Jahre enorme Beträge in die Kassen spülte. Beschleunigt durch die Umstellung auf großflächige Bewirtschaftung, setzte sich währenddessen eine rasante Verarmung der ländlichen Massen fort, die zur Arbeitssuche in die Städte gezwungen wurden.

Dazu kam ein tiefes Mißtrauen zwischen dem kemalistischen Militär und dem antikemalistischen Zivilisten Menderes. Dieser ließ 1960 Truppen gegen Studentenproteste in Istanbul und Ankara aufmarschieren und hatte damit den Rest seines politischen Kredits verspielt. Die Armeeführung stoppte die Aktion und verhaftete statt dessen das gesamte Kabinett der »Demokraten«. Ein Militärgericht verhandelte gegen die Verantwortlichen wegen Hochverrats und verhängte 15 Todesurteile, von denen drei vollstreckt wurden. Eines davon an Menderes, den seine Klientel, Grundherren und Ordensscheiche, prompt zum Märtyrer verklärten. Menderes war allerdings nicht der erste türkische Machthaber, dem finanzielle und sonstige Wohltaten posthum mit einer spirituellen Aura vergolten wurden.

Der Staatsstreich ging im wesentlichen auf jüngere Offiziere und Vertreter der führenden Schichten zurück, die in der nun ausrangierten Vetternwirtschaft zu kurz gekommen waren. Den Nachdenklichen war längst klar geworden, daß ihr Staat in mindestens einem Aspekt die Tradition des osmanischen Reiches fortführte – in der Bedienung elitärer Interessen. Was sich nominell Säkularisierung nannte, war wenig mehr als die »Kemalisierung« des osmanischen Systems. Die Führung blieb bei den alten Machtkadern, die auch die Institutionen und Parteien kontrollierten. Zwar hatte man A. Türkesh, der als Sprecher des radikal-nationalen Flügels aufgetreten war (s.o. S. 113), als Botschafter nach Delhi weggelobt, doch dauerte es noch zwei Jahre, bis sich die Wellen in der Armee geglättet hatten.

Als wichtigstes Ergebnis der Regierungskrise entstand 1962 der »Nationale Sicherheitsrat«. Hier handelt es sich um ein bis heute bestehendes, machtvolles Kontrollgremium, dessen Existenz die Nichtexistenz der Demokratie dokumentiert. Solange es gebraucht wird, macht es die Unfähigkeit aller Akteure zur Entwicklung eines intakten Rechtsstaats deutlich. Es besteht aus Staatspräsident, Premierminister, dem Generalstabschef und den Oberbefehlshabern von Armee, Luftwaffe und Marine. Der Sicherheitsrat tagt monatlich und kann Regierung und Parlament jederzeit blockieren. Seine militärische Mehrheit setzt dabei die uralte türkische Herrschaftstradition fort.

Auch die zugleich erstellte zweite Verfassung nach 1924 bestätigte die alten Machtverhältnisse auf ihre Weise: Die komplizierten Bestimmungen wollten wiederum nur diejenigen verstehen, die sie verstehen mußten, um sie zu finanziellem Vorteil umgehen zu können. Zwar war eine erste theoretische Öffnung »vom Polizei- zum Sozialstaat« erfolgt, doch bedurfte es tiefgreifender Reformen, um hier nachhaltig voranzukommen. Die Erlasse und Maßnahmen in den Bereichen Versammlungsfreiheit, Gewerkschaften und Geburtenplanung in den 1960er Jahren waren erste Schritte, denen die Herrschenden nur halbherzig zugestimmt hatten und im weiteren Fortgang immer wieder entsprechende Hindernisse in den Weg legten.[163]

Wie sich herausstellte, sollte der Islam langfristig den größten politischen Profit aus diesem Dilemma ziehen. Er wirkte und wirkt in die Masse, die weniger eine pluralistische Zivilgesellschaft, sondern eine türkisch-islamische Doppelgesellschaft entwickelte (s.u. S. 263). Die Großstädte des anatolischen Westens können noch nicht gänzlich darüber hinwegtäuschen, daß die ländlichen Türken mehrheitlich eine vormoderne Religionsgesellschaft mit pseudo-demokratischen Strukturen bilden.

So scheint sich denn ein entsprechend großer Anteil von ihnen bis auf weiteres als Resonanzboden für die wirtschaftliche Nutzung durch die Eliten zu eignen, seien sie osmanisch oder »demokratisch«. Die türkische Gesellschaft reproduziert sich mit starken Zuwachsraten und wird für Europa zu einem zweideutigen Faktor: Zwischen einem künstlichen Säkularismus und einem erstarkenden Turkislam schillert die Türkei zwischen europäischer Partner- und Gegnerschaft. Diese Spaltung hat auch innertürkisch längst zu kontroversen Spannungen geführt.

Entscheidend für eine intakte Demokratie ist jedoch die Fähigkeit von Eliten, das Gemeinwohl zu optimieren, und von Massen, sich gewaltfrei gegen Mißbrauch und Manipulation durch Eliten zu wehren. Die türkischen Führungsebenen hatten alles andere als das Gemeinwohl im Auge, und der türkischen Gesellschaft fehlten die Mittel, ihre Rechte differenziert geltend zu machen. Erstens hatte man kein Interesse an staatsbürgerlicher Bildung entwickeln können, und zweitens reservierte man die Gewalt für den *ethnischen Djihad* gegen die Minderheiten.

Immer besser funktionierte diese Methodik auch bei den Kurdenführern. Solange sie von der Zentralregierung finanziell stillgestellt werden konnten, würden sie die Kurden von Bildung fernhalten, ihnen eintrichtern, die »richtigen« Parteien zu wählen und ihre Gewaltneigung ablenken – z.B. in den Irak oder Iran. Eindeutig steckte die türkische »Demokratie« noch tief in ihren überkommenen Strukturen. Am wenigsten konnte das Elitenkartell an ihrer Überwindung interessiert sein.

3. Ausbreitung nach Europa

Nach dem Staatsstreich und den Neuwahlen von 1961 hatte die alte Volkspartei knapp vor der »Gerechtigkeitspartei« (*Adalet Partisi* – AP) gewonnen, die als Nachfolgeorganisation der nun verbotenen Demokratischen Partei angetreten war. Nach elfjähriger Opposition übernahm Inönü eine Koalitionsregierung, deren Zusammensetzung in den Jahren bis 1965 mehrfach wechselte und sich dabei inzwischen aus elf Parteien bedienen konnte. Als Führer der Gerechtigkeitspartei arbeitete sich mit Süleyman Demirel eine jener dominanten Figuren nach oben, die für den personalen Charakter der türkischen Machtausübung so typisch sind. Vier Jahrzehnte lang sollte er die Politik mitbestimmen. Er vertrat eher die mittleren Ebenen der wesentlichen Gruppen, die kleineren Grundbesitzer und Kaufleute, die mittleren Militärs und Beamten, die gemäßigten Muslime etc. Indem er zudem erfolgreichen Antikommunismus betrieb, gewann er schließlich die Wahlen von 1965 mit 53 Prozent ähnlich überlegen wie die »Demokraten« 15 Jahre zuvor. Mit 28 Prozent sank dabei die Volkspartei des »Türkenvaters« in die Durchschnittlichkeit.

Das gewaltige Wirtschaftswachstum des Westens in den 60er und 70er Jahren schob drei Fünfjahrespläne (1962–1977) an, die immer noch dem alten »Pfeil« des kemalistischen Etatismus folgten. Wenngleich sie die Industrialisierung eindeutig ankurbelten, so konnten sie doch die Geburtsfehler staatlicher Lenkung und elitärer Vorteilsnahme nicht verleugnen: nicht sinnvolle, sondern diktierte Schwerpunkte auf bestimmte Sektoren und Regionen. Auch die 1963/64 vollzogene Assoziierung mit der EWG blieb zunächst ohne strukturelle Impulse. Von dem neuen Schub profitierten eher Westanatolien sowie Vorzeigeprojekte wie Elektrifizierung, Straßennetz und Automobilbau. Stolz verwies man auf Prestigebauten wie Staudämme, Superbrücken und Pipelines, die zwar hohen geopolitischen Wert, aber nur geringe Breitenwirkung haben. So wurde es Zeit, den Bevölkerungsdruck in den urbanen Massenvierteln zu entlasten.

Die epochale Welle türkischer Migranten mußte und konnte beginnen, sich mit Ziel Deutschland in Bewegung zu setzen, denn hier war dringender Arbeitskräftebedarf entstanden. Je unverschämter sich die türkischen Eliten an den Segnungen der Zuschüsse und Projektfinanzierungen bedienten, desto kräftiger konnte der zaghaft entstehende türkische Mittelstand und sein Arbeitsmarkt gerupft werden. Die »freigesetzten« Kräfte sammelten sich mehrheitlich in den Gecekondu und bildeten durch nach wie vor mangelnde Bildung das ideale Reservoir für den erstarkenden Islam. Je stärker sich jedoch dieses brisante Sammelbecken seinerseits islamisierte, desto nachdrücklicher folgte es dem Befehl Allahs, sich maximal zu vermehren.

Es entstand eine Reproduktionsspirale, welche die Türkei unter einen gefährlichen demographischen Binnendruck setzte. Dieser Druck mußte sich ein »Überlaufventil« suchen, wenn er nicht zu innenpolitischem Sprengstoff werden sollte. Die geeignete Lösung war der dynamische Arbeitsmarkt in Deutschland, der sich auch mit einer passenden Ideologie verknüpfen ließ. Hier begann sich die herrschende Meinung des dogmatischen Multikulturalismus zu etablieren, der fremden, insbesondere nichtchristlichen Kulturen liberale Spielräume schuf. Wer nicht nur Türke, sondern auch Muslim war, konnte unter diesem Dogma mit erweiterten Privilegien rechnen, eine Konstellation, die für die turkislamische Herrschaftsdoktrin langfristig wie maßgeschneidert schien.

In der Türkei erzeugte die Industrialisierung einen ebenso brüchigen Mittelstand, wie die »Säkularisierung« eine nur schwach »aufgeklärte« Zivilgesellschaft hervorbrachte. Auch und gerade im Wirtschaftsbereich wurde deutlich, daß die Eliten nicht bereit oder fähig waren, dem Gemeinwohl einen angemessenen Stellenwert zu geben. Es blieb im wesentlichen bei den eingefahrenen Profitgleisen, die Militär, Bürokratie, Grundbesitz und Wirtschaft traditionell besetzt hielten. Die wachsende Frustration im Lande stärkte jedoch den Islam, der sich allmählich aus der bürokratischen Einbindung lösen und wieder ein Eigenleben entfalten konnte.

Den führenden Ebenen der Türkei war klar, daß wenn die Tributmaschine neuen Treibstoff finden sollte, man über den Hebel der Migration besonders fündig werden konnte. Eine gewisse Verselbständigung des Islam, eventuell auch des aufkommenden Islamismus, war dabei billigend in Kauf zu nehmen. Kein Wunder, daß nach turkistischem Sprachgebrauch das deutsche Siedlungsgebiet schon in den 80er Jahren zur »Westtürkei« aufgestiegen war.

Erste Früchte hatte der modernisierte Tributapparat schon erbracht. Die laufende Entlastung der *Gecekondu*-Viertel begann inzwischen, durch Überweisungen der in der BRD tätigen Arbeitskräfte die türkische Zahlungsbilanz zu entlasten. Die Phase verstärkter Industrialisierung hatte die Auslandsverschuldung, Währungsschwäche und Inflation weiter angekurbelt. Die Bilanz dieses Ablaufs sah natürlich wiederum die Polit- und Finanzeliten des Landes im Vorteil.

Zwar stieg die industrielle Arbeiterschaft zwischen 1955 und 1970 von 5 Prozent auf 15 Prozent, doch stagnierte der Anteil der ländlichen Bevölkerung immer noch bei knapp zwei Dritteln. Deren enorme Benachteiligung ließ sich zu Beginn der 70er Jahre besonders deutlich am Stand der Industrie- und Agrarproduktion ablesen, die zu dieser Zeit mit jeweils knapp einem Viertel des Bruttosozialprodukts etwa gleichauf lagen. Die Folge dieses Ungleichgewichts war die weitere Verstärkung der Binnenwanderung von Osten nach Westen, vom Land in die Stadt. Dies hatte weniger, wie Wohlmeinende oft hervorhoben, mit moderner Urbanisierung zu tun, sondern mit der »Anatolisierung«, d.h. Proletarisierung der

Städte mit allen negativen Folgen wie Arbeitslosigkeit und politischer Radikalisierung.

Mit dem Vorrücken westlicher Industrie- und Konsumgüter verband sich eine überaus wichtige Nebenerscheinung. Was Ghazi Atatürk bei seinem Feldzug für die türkische Nationalisierung – vornehmlich mangels Finanzen und Infrastruktur – nicht zuwege gebracht hatte, war nun auf natürlichem Wege erreicht worden: die flächendeckende Versorgung der Bevölkerung mit Massenkommunikationsmitteln wie Rundfunk und Fernsehen und die damit gegebenen Möglichkeiten gezielter Beeinflussung. Sie mußten umso willkommener sein, als die Analphabeten mehr als die Hälfte der Bevölkerung stellten. Die Mehrheit derer, die erst ins Gecekondu und dann nach Deutschland wanderten, konnte also weder lesen noch schreiben, geschweige denn eine andere Sprache sprechen; aber sie konnte fernsehen, vor allem auf Türkisch!

Mit Demirels Wahlsieg 1965 hatte ein gewisser Bülent Ecevit den letzten Vertreter der alten Garde, Ismet Pascha Inönü, vom Vorsitz der Volkspartei abgelöst. Er setzte auf eine kommende Linkstendenz im Lande. Diese stieß nicht nur aufgrund des stumpfsinnigen Antikommunismus auf wachsende Sympathie, sondern konnte sich überhaupt auf einen mächtigen Trend der Sozialdemokratie in ganz Europa stützen. Demirel verfolgte noch den Atatürk-Pfeil des Populismus. Die Mehrheit seiner Wähler kam nach wie vor aus dem türkischen Mittelstand, der sich nach der traditionellen Führungsordnung richtete.

Ecevit brachte dagegen auf moderne Art die Volkspartei ins Spiel, der sich die neuen Wählerschichten in der gehobenen Arbeiterschaft anschließen und das soziale Thema insgesamt aktivieren sollten. Ob ein solches Konzept in einer Gesellschaft Erfolg haben konnte, die kaum säkularisiert und nur oberflächlich industrialisiert war, stand zunächst dahin. Auf einen ersten Prüfstand würde die Frage zwischen dem Populisten Demirel und dem Intellektuellen Ecevit in jedem Falle gestellt. Während ersterer die Wahlen von 1969 noch einmal für sich entscheiden konnte, übernahm Widersacher Ecevit schließlich das Ruder als Wahlsieger von 1973.

Bis zu dieser Zeit war das Land durch eine Kette radikaler Erschütterungen gegangen. Die lang unterdrückte Linke begann sich in zahlreichen Publikationen, diversen Gruppierungen von Studenten und Intellektuellen sowie Demonstrationen der Gewerkschaften Ausdruck zu verschaffen. Eine seit längerem aktive Arbeiterpartei (Türk Ishci Partisi - TIP) hatte nur geringen Erfolg, weil sie weder in der türkischen Oligarchie noch in Moskau Rückhalt fand. Erneut hatte sich der Kommunismus als Ideologie bestätigt, die unter westlichen, d.h. säkularen Bedingungen entstand, und daher geringe Aussichten hatte, in einer islamischen Gesellschaft Fuß zu fassen.

Als Reaktion meldeten sich die radikalen Rechten zu Wort, die – gestützt auf den ethnischen Turknationalismus – auf positive Resonanz hoffen konnten. Dabei durfte A. Türkesh nicht fehlen, der die Gunst der Stunde zur Gründung einer Partei nutzte. Seine »Grauen Wölfe« von der »Partei der Nationalistischen Bewegung« (*Milliyetci Hareket Partisi* – MHP) griffen auf das bewährte Symboltier türkischen Herrschaftsdenkens zurück, dem zufolge »über jeder Rasse die türkische Rasse« stand. Da sich aus ihrer Wolfssicht das Linkstum mit allem Fremdkulturellen, dem verhaßten Nichttürkentum verband, mußte es bekämpft werden. Sowohl Kurden als auch Aleviten sympathisierten latent mit den Linken, also gerieten auch sie akut ins rassistische Visier der Rechten.

Gegen Ende der 60er Jahre entwickelte sich ein schleichender Bürgerkrieg zwischen diesen Extremen, den sowohl die türkischen Eliten als auch diverse Geheimdienste mit Wohlwollen verfolgten. Eine wesentliche Rolle spielte dabei die »Abteilung für besondere Kriegführung« (*Özal Harp Dairesi* – ÖHD), auch »Konterguerilla« genannt, die offiziell der Bekämpfung des Kommunismus diente und inoffiziell mit verdeckten Provokateuren bis hin zu regelrechten Mordkommandos arbeitete(s.u. S. 228).[164] Was konnte die Bevölkerung von der Qualität der alten Ordnung schlagender überzeugen als tägliche Attentate und Explosionen sowie die Fortsetzung des ethnischen Djihad?

Teil der alten Ordnung war allerdings auch der Islam. Dessen radikale Variante des Islamismus befand sich nun schon seit Jahren auf dem innertürkischen Vormarsch und folgte damit einem islamweiten Trend. Wie gesehen, hatte diese Strömung dabei nicht unwesentlich auch von der Dauerpropaganda des Antikommunismus profitieren können. Hier war ein Schutzraum entstanden, der den Islamführern unbeabsichtigte, dafür umso komfortablere, weil unbeobachtete Chancen bot. Ebenso erfuhren sie Zulauf aus dem Landvolk und dem Mittelstand, deren Lebensumstände nach wie vor durch die mächtigen Wirtschaftskader beschnitten wurden.

Dieser Trend bekam auch in der Türkei einen Namen und eine Partei: Necmettin Erbakan, der 1970 die »Nationale Heilspartei« (*Milli Selamet Partisi* – MSP) gründete. Geboren 1926, war Erbakan Mitglied des Naqshbandiya-Ordens, von dessen Istanbuler Fatih-Loge die Idee einer

Muslimpartei ausgegangen war.[165] Er durchlief eine Ingenieursausbildung – davon sechs Jahre in Deutschland – und lernte dabei, wo die Schwachstellen einer modernen Gesellschaft liegen. Er wußte, daß sich in Europa politischer Radikalismus sehr wohl mit Demokratie vereinbaren ließe, wenn er religiös verpackt würde: »Es darf nicht vergessen werden, die Demokratie ist Mittel, nicht Zweck.«[166] Umgekehrt mußte er in der Türkei auf die religiöse Komponente zunächst verzichten, weil sie offiziell dem »Pfeil« des Laizismus zuwiderlief. Inoffiziell konnte er dagegen die religiöse Karte immer offener spielen, weil ihn der Anstieg seiner Popularitätskurve bestätigte.

Mit dem Hauptzulauf aus den mittleren Schichten hatte er sich nicht nur zum Anführer der »Elitengeschädigten« gemacht, sondern auch einen Teil der Demirel-Klientel an sich gezogen. Bei den Wahlen von 1973 errang seine Partei auf Anhieb 11 Prozent und brachte Wahlsieger Ecevit in die Verlegenheit, mit ihm koalieren zu müssen. Erbakan konnte gewissermaßen mit Atatürks »Pfeilen« spielen: Was ihm der Laizismus nahm, gab ihm der Populismus zurück. Mit anderen Worten: Weil sie formaldemokratische Strukturen nutzen, können Islamisten gewählt werden.

Seither haben sie mit wachsendem Erfolg Atatürks latentes jakobinisches Erbe fortgeführt (s.o. S. 108) und islamische Macht in formaldemokratischen Strukturen aktiviert. Wie die Weimarer Republik die Nazis ermöglichte, können also heutige Demokratien andere Radikale, u.a. Islamisten, ermöglichen. Erbakan verpackte solche Perspektiven in zündenden Formulierungen, die ihm enormen Zulauf in der Türkei verschafften und seinen Landsleuten in Europa eine attraktive Zukunft in Aussicht stellten:

»Die Folge (der Gerechten Ordnung des Islam) wird sein, daß die Türkei keine Arbeiter mehr, sondern Touristen in den Westen schickt. Die Türkei ist nicht länger Knecht, sondern Führer.«[167]

Als geeigneten Raum für eine experimentelle »Islamisten-Demokratie« hatte Erbakan Deutschland ausgemacht. Dort war die sogenannte *Milli Görüsh* (Nationale Weltsicht) gegründet worden, ein radikaler Kader, der sich allmählich von seiner verräterischen Kampfsprache trennte und eine geschmeidigere, der deutschen Politszene angepaßte Propaganda zulegte. Inzwischen übt er nicht nur großen Einfluß auf die Landsleute in den »westtürkischen« Ghettos aus, sondern pflegt auch beste

Kontakte zu den Eliten des Landes, obwohl ihn die Sicherheitsbehörden als staatsfeindlich einstufen (s.u. S. 151).

Die deutschen Parteien befinden sich, wie wir später ausführen werden, in einem fatalen Prozeß der Entdemokratisierung, der sich von der öffentlichen Kontrolle abzukoppeln und den Rechtsstaat zu unterlaufen beginnt (s.u. S. 160f.). Je weiter man auf diesem Weg voranschritt, desto mehr konnte man sich mit den türkischen Machtkadern verähnlichen und daher umso mehr Verständnis für ihre Interessen entwickeln.

4. Renaissance des Turkislam

Der Koalition Ecevit-Erbakan war 1971 eine Intervention des Militärs »zum Schutz und Bestand der Republik« vorangegangen. Die chaotischen Zustände, die der Kampf zwischen den türkischen Extremen erzeugt hatte, schrieb man der »liberalen« Verfassung von 1961 zu. Also strich man wesentliche Grundrechte und setzte das Ergebnis in die Praxis um. Als Folge ging eine Welle der kemalistischen Ordnung durchs Land, in der Abweichler verhaftet und von »Staatssicherheitsgerichten« – ohne Verteidigung oder Berufung – abgeurteilt wurden. Wer konnte, floh ins Ausland und berichtete von den Vorgängen im »säkularen Rechtsstaat« Türkei.

Dieser verlor einmal mehr und besonders auffällig seine Unschuld, als Ecevit das Regierungsbündnis mit Erbakan einging. Nachdem dessen »Nationale Heilspartei« zwei Jahre zuvor von den kemalistischen Generalen als »anti-laizistisch« verboten worden war, machte der Führer der Volkspartei sie nun auf höchstem Niveau hoffähig. Unter Protest verließen konservative Reste die Partei und bildeten unter dem Namen »Republikanische Vertrauenspartei« (*Djumhuriyet Itimat Partisi*) mit einer früheren Abspaltung ein Bündnis, das später in anderen Gruppierungen aufging. Was die beiden Führer zu einen schien, war die Abneigung gegen Amerika und Kapitalismus sowie der Slogan, etwas für die benachteiligten Massen tun zu wollen. Wie dies wiederum aussehen sollte, blieb im Dunkeln, hätte aber auch beiden Ideologien widersprochen. Denn ein intaktes, demokratisches Gemeinwesen setzt unabhängig denkende Individuen voraus, die weder im Turkismus noch im Islam willkommen sind.

Trotz des militärischen Eingreifens von 1971 verschärften sich die anarchischen Umstände im Land. Die Ölkrise von 1973 trug zur allgemeinen Wirtschaftsmisere bei, die mit Kampfkommandos verschiedenster Couleur feind- und beutesuchend die Städte verunsicherte. Niemanden wunderte es, daß sich nun auch wieder Ghazis alter Schule unter sie mischten, deren Bomben primär nicht die Herrschaft der Türken, sondern des Islamgesetzes verwirklichen sollten. Immerhin hatte die *Konferenz Islamischer Staaten* die Nachfolger der ehemaligen osmanischen Herrscher 1973 wieder in ihren Kreis aufgenommen und 1976 sogar ihre Jahrestagung in Istanbul durchgeführt. Hier konnten erste Schnittstellen vermutet werden, die später zu Kooperationen zwischen türkischen Islamisten und saudischen Muslimbrüdern führten (s.u. S. 243f.).

In die innenpolitisch höchst explosive Lage platzte 1974 die zweite Zypernkrise. Sie war seit langem überfällig, weil der türkische Teil sich jeder Kooperation verweigerte. Dabei hatte die erste Krise ein Jahrzehnt zuvor auf unangenehme Weise die Abhängigkeit von den Amerikanern bewußt gemacht. Denn deren zahlreichen Stützpunkte und Abhöranlagen im anatolischen Kernland konnten nicht nur als Freundschaftsbeweis, sondern auch als Kontrollnetz verstanden werden.

In der zweiten Auseinandersetzung sollte sich diese Erfahrung nicht wiederholen. Ecevit ergriff die Gelegenheit, sich gegenüber der islamischen Konkurrenz zu profilieren. Optische Handlungsfreiheit gegenüber den USA zu zeigen und zugleich von den schweren inneren Problemen abzulenken, konnte am ehesten auf echt türkische Art geleistet werden – durch Okkupation. Während die Griechen durch einen Regierungswechsel abgelenkt waren, besetzten die Türken – in der ersten außeranatolischen Aktion seit 1918 – zwei Fünftel des Territoriums im Norden der Insel. Wieder erfolgte der unvermeidliche »Bevölkerungsaustausch« – 100 000 Griechen und 40 000 Türken wurden vertrieben. Schnell zog sich mitten durch Nikosia eine Mauer, die den gar nicht so hintersinnigen Namen »Attila-Linie« erhielt.

Der türkische Alleingang blieb, bis auf ein halbherziges Embargo der Amerikaner, folgenlos. So konnten sich die unvereinbaren Positionen der Griechen – Einheit – und der Türken – Teilung – vorläufig zementieren. Mit dem EU-Beitritt des griechischen Teils 2004 haben sich die Europäer zunächst die türkische Position zueigen gemacht. Was mit den anderen, seit Jahrzehnten strittigen Punkten zwischen den beiden Kontrahenten werden soll, weiß niemand. Während man sich in hochgerüsteten Grenzfestungen gegenübersteht, ziehen sich die Diskussionen über bestimmte Seegrenzen in der Ägäis seit vielen Jahren in einer Verbissenheit hin, deren Sinn sich nur noch den Beteiligten erschließt.

Der nationale Jubel um seine Zypern-Aktion veranlaßte Ecevit, Neuwahlen anzusetzen, um aus dem vermeintlichen Popularitätsgewinn
Wählerprozente zu schlagen. Diese Strategie erwies sich als fataler Fehlschlag, der 1975 Demirel wieder an die Macht brachte. Er bildete eine
Koalition mit Erbakan und dem unvermeidlichen Türkesh. Gemäß
türkischem Klientenprinzip hatten die Islamisten längst die Regierungszeit mit Ecevit genutzt und viele Kostgänger in wichtigen Positionen
untergebracht. Auch Türkesh sorgte gezielt und erfolgreich dafür, daß
seine Gefolgsleute bevorzugte Verwendung in Sicherheitsbehörden und
Geheimdiensten fanden, die wiederum mit NATO und CIA beste Verbindungen unterhielten.[168]

Türkesh war sich mit Erbakan über die »Türkisch-Islamische Synthese« einig, mit der unter diesen beiden Führern eher eine Radikalisierung beider Aspekte zu erwarten war. Nach ihnen sollte die Kraft der
türkischen Kultur und ihrer hohen Reproduktion langfristig dem Westen
überlegen sein, der offenbar in einer tiefen Identitätskrise steckte. Aus
Sicht der »Synthese« konnte eine Kultur von Drogen und Verbrechen,
kinderlosem Sex, Abtreibung der Nachkommenschaft und Förderung
bzw. Duldung unproduktiver Sexualformen wie Homo- und Pädo-
sexualität nicht unbedingt zur Nachahmung auffordern. Da die türkische Linke ohnehin für alles Negative verantwortlich war, schien sie ganz
besonders auch von der westlichen Identität angekränkelt, deren Ideologie nun das gesunde türkische Volksdenken zu infizieren drohte. Unweigerlich erfaßte die Feindbildspirale einmal mehr auch die Kurden und
Aleviten, so daß sich gegen Ende der 70er Jahre eine weitere, nochmals
verschärfte Welle der Anarchie entfaltete.

Aus dem latenten wurde ein akuter Bürgerkrieg, den die Regierung
selbst über mehrere Jahre in Gang hielt. Politiker, Intellektuelle, Gewerkschaftler, Journalisten, Literaten, Künstler wurden nahezu täglich im
Dutzend liquidiert. Die Polizei traf routinemäßig zu spät an Tatorten ein,
welche die Täter zuvor in aller Ruhe – z.T. von den Medien gefilmt – verlassen hatten. Bei jährlich jeweils etwa 1000 Attentaten zwischen 1978
und 1980 konnte angeblich keiner von ihnen identifiziert werden. Die
Türken hatten eine Regierung, die Staatsterrorismus betrieb.

Immer deutlicher wurde die Handschrift der erwähnten »Konterguerilla« sichtbar, die schon in den 1960er Jahren mit CIA-Hilfe aufgebaut
worden war (s.u. S. 228f.). Unter der offiziellen Bezeichnung »Abteilung
für besondere Kriegführung« betrieb diese Einrichtung die »Säuberung
des Staatsmechanismus von oppositionellen Elementen«, was nach

»konterrevolutionärer« Routine totalitärer Systeme darauf hinauslief, gezielten Aufruhr in der Bevölkerung zu schüren und mißliebige Personen und Gruppen auszuschalten.[169]

Während Demirel diesem zynischen Spiel nicht gewachsen war, erwiesen sich Erbakan und Türkesh als routinierte Komplizen des organisierten Mords. Als oberste Verantwortliche taten sie nichts, ihre Verfassungsaufgabe zu erfüllen, nämlich Schaden vom türkischen Volke abzuwenden. Warum auch – ihre Gefolgsleute hatten sich längst in führenden Positionen des Staatsapparats eingenistet, die ihnen von jeder Kontrolle gelöste Macht verfügbar machte. In personeller, »türkischislamischer Synthese« vollstreckten sie klinisch präzise einen ehernen, historischen Auftrag: die reine Herrschaft des türkischen Islam.

Auch die Europäer konnte man als eine Art passiven Drahtziehers sehen, denn auch sie unternahmen nichts. Die Europäische Gemeinschaft blieb stumm, während sich einer ihrer assoziierten Partner, der inzwischen auch die Zollunion anstrebte, mit Einverständnis der eigenen Regierung in Kollektivterror übte. Ecevit, der im Kampf der Koalitionen kurzzeitig an die Macht gelangt war, hatte mit harscher Europakritik einen willkommenen Vorwand geliefert, sich aus dem Desaster herauszuhalten.

Mit der innertürkischen Katastrophe bestätigten sich erneut zwei Aspekte, die wir im geschichtlichen Verlauf mehrfach beobachtet haben: die Unfähigkeit des Turkislam zu gewaltfreiem Ausgleich und die Unfähigkeit europäischer Politik zu kompetentem Umgang mit Gewaltsystemen. Von Byzanz bis in die Moderne bestand für Europa der »Dialog« mit dem Islam in der Anbiederung an dessen Gewalt. Diese ließ sich allerdings immer auch als bequemes Herrschaftsmittel gegen die eigene Bevölkerung einsetzen. Byzanz galten Kritik und Einsatz gegen den Islam als »Kampf gegen Gott«, dem modernen Europa als »Intoleranz«, mit der man »die Gefühle der Muslime verletzte«.

Veränderungen der globalen Politlage bescherten den staatlich legitimierten Gewalttätern in Ankara unverhoffte Schützenhilfe. 1979 fegten die Staatsterroristen des Ayatollah Khomeini das Schahregime fort. Schon in den ersten Wochen liquidierten die »Gottesmänner« das halbe Parlament. Im gleichen Jahr marschierten die Sowjets in Afghanistan ein. Gegen sie traten fanatische Islamkämpfer an (arab.: mudjahidun), die mehrheitlich aus saudisch-amerikanisch finanzierten Ausbildungslagern kamen. Erneut bewies die strategische Lage Anatoliens ihre Ergiebigkeit als Faustpfand gegenüber westlichen Interessen. Wiederum öffneten sich

die US-Waffen- und Finanzquellen, um das »Bollwerk am Bosporus« auf-
zurüsten, dokumentiert im Stützpunktabkommen von 1980.

Den staatlichen Dauerterror und die wuchernde Bestechung, mit der
man die noch verbliebenen konstruktiven Parlamentarier wegkaufte,
konnten diese Geschenke nur eindämmen, ganz zu schweigen von den
europäischen Lippenbekenntnissen der »Sorge um die türkische Demokratie«. Nach kurzzeitiger Verlangsamung marschierte die Gewaltspirale
des türkischen Bürgerkrieges 1980 in ihr vorläufiges Crescendo. Die zi-
vilen »Politiker« verkamen endgültig zu Handlangern der »Konterguerilla« und ihrer diversen Gewaltkommandos. Diese konnten sich leicht
mit den »offiziellen« Polizeikräften eines Türkesh zu einer mafiosen
Schattentruppe verbinden und somit überreichlich den Lebensgeist eines jeden totalitären Systems verbreiten: Angst.

Um die Dehnbarkeit der turkislamischen Machtideologie unter Beweis zu stellen, übernahm auch Ecevit die Sprache des »Synthese«-Füh-
rers Erbakan und taufte die Europäer in einen »imperialistischen Christenclub« um. Erbakan selbst war inzwischen schon weiter: Er rief die
Türkei auf, dem Iran auf dem Weg in den Gottesstaat zu folgen. Dabei
befand er sich in eigentümlicher Gesellschaft: Die deutsche Außenpolitik hatte sich die »byzantinische Methode« angeeignet, indem sie mit
Massenmörder Khomeini einen »kritischen Dialog« begann. Die Führer
der türkisch-islamischen Synthese beeindruckte dies wenig. Insbesondere für den Altrassisten Türkesh waren westliche Imperialisten immer
auch »Zionisten« gewesen. Der Turkislam führt einen fest eingebauten
Antisemitismus mit sich – neben dem Armeniergenozid das strengste
Tabu türkischer Politik (s.u. S. 215).

Gegen den innertürkischen Terror von 1980 schritt am 12. September
einmal mehr die Armee ein. Wie bei den Interventionen von 1960 und
1971 hieß es getreu turkistischer Doktrin, daß die Integrität des Landes
und die Einheit der Nation zu sichern seien. Was folgte, war die Fortsetzung dessen, was man zu beenden vorgab: Der starke Arm des Militärs
verstärkte auch den Bürgerkrieg in einen Krieg der Obrigkeit gegen die
Bürger. Die ehemaligen Hauptakteure – Erbakan und Türkesh – wurden
zunächst unter Hausarrest gestellt. Ein Netz umfassender Verfolgung
überzog das Land. Ausnahmezustand und Willkürkontrollen in der Bevölkerung führten zu Ausgangssperren, Verhören, Folterungen, Inter-
nierungslagern, Standgerichten und zahllosen weiteren Zwangsmaßnah-
men, die den totalitären Charakter des türkischen Militärstaates
erschreckend demaskierten.

Aus dieser Konstellation heraus ließ das Militär die dritte Verfassung der Republik ausarbeiten und verkündete einen »Neubeginn der Demokratie«, der zwei Schwerpunkte erkennen ließ. Zum einen schraubte man die Sozialmaßnahmen der 60er Jahre zurück. Mit Einschränkungen im Arbeits- und Gewerkschaftsbereich schien man sich auf die kommende Wirtschaftsliberalisierung vorzubereiten. Die türkische Sozialwissenschaft kritisierte die monetaristischen Einschnitte in die ohnehin schmalen sozialen Rechte und Budgets. Ihr erschien die neue Verfassung als »untersagender, begrenzender Rückschritt zu 1961« und die Zeit danach als »Zusammenbruch des Sozialstaats«.[170]

Zum anderen wollte man den religiösen Teil der religiös-rassistischen Strömung eindämmen, die in der »türkisch-islamischen Synthese« erkennbar geworden war. Mit dem »Amt für Religiöse Angelegenheiten« und unter dessen Aufsicht durchgeführter Religionsausbildung wurde die staatliche Kontrolle des Islam noch einmal gestrafft und durchorganisiert. Die äußeren Merkmale des Islamismus, Bart und Kopftuch, mußten aus öffentlichen Räumen verschwinden. Ob damit auch dessen personelle und geistige Anwesenheit beendet war, unterlag allerdings erheblichem Zweifel.

Im Rahmen gezielter Klientenwirtschaft hatte das gewachsene Quartett aus Militär, Bürokratie, Wirtschaft und Grundbesitz – neben der »Fünften Kolonne« des Islam – seit jeher jeden Ansatz zur Demokratisierung unterlaufen. So erschien auch ein national-islamistischer Marsch durch die türkischen Institutionen durchaus möglich. In der Armee turkistische Ideen zu verankern, entsprach schon immer militärischem Selbstverständnis, wenn nicht dem urtürkischen Gründungsmythos überhaupt.

Der wachsende Islamismus erfaßte nun auch das Offizierkorps selbst. Verbunden mit steigendem Einfluß auf die Imam-Hatip-Schulen (türk. *imam hatip* = predigender Imam)[171] verschafften sich Erbakans Islamisten Zugang zur radikal-islamischen Ausbildung der kommenden Generation. So war es nur eine Frage der Zeit, bis sie über das Militär auch in die Kontrolle der Religion hineinwachsen und sich damit selbst begünstigen konnten, wie es türkischer Machtroutine entsprach. In Deutschland konnte sich dieser Trend besonders intensiv entfalten. Dem Islamistenkader der *Milli Görüş* ermöglichte die offizielle Toleranzpolitik schon ab den 90er Jahren, die Imam-Hatip-Agitatoren systematisch als Religionslehrer in ihren Moscheen und »Kulturzentren« einzusetzen (s.u. S. 193f.).[172]

Wenn der Turkislam überhaupt eine wie immer geartete Säkularisierung zugelassen haben sollte – über diesen Prozeß wurde sie zuverlässig beendet. Im Gegenteil: In der Fusion mit Türkeshs Rassismus vollzog sich eine »islamisch-türkische Synthese«, in deren Fadenkreuz beides geriet: das Nichttürkische und das Nichtislamische. Es blieb abzuwarten, ob und wie das Verhältnis zu Amerika und Israel tangiert wurde, die traditionelle Hauptfeinde der Islamradikalen sind.

Unter dem Eindruck des Vietnamkrieges (1960–1973) hatte sich in Deutschland mit der linksliberalen Koalition der 70er Jahre ein amerikakritischer Trend entfaltet, der sich auch in der rechtsliberalen Ära ab 1982 nicht wesentlich änderte. Der multikulturelle Mainstream, angeschoben durch die 1968er-Bewegung, zwang inzwischen alle, sich zum Toleranzglauben an das Fremde zu bekennen. Dieser Glaube mußte sich besonders doktrinär dort gegen die Eigenkultur wenden, wo die Interessen des Islam betroffen waren. Im Laufe der 90er Jahre begann dieser Trend politreligiöse Züge anzunehmen, die den Islamisten in Deutschland systematischen Vorschub leisteten.

Je stärker sich auch der globale Islamismus ausbreitete, desto mehr konnte sich der westliche, insonderheit deutsche Toleranzglaube mit einem neuen Pro-Islamismus identifizieren, der die Interessen seines Heilsobjekts zu den eigenen machte. War das Feindbild Amerika zuvor durch eine diffuse Antihaltung gegen Kapitalismus und Vietnam geprägt, so nahm es nun gegen Globalismus und Israel deutlichere Konturen an. Dem Projekt der türkischen Ausbreitung nach Deutschland konnte diese Entwicklung nur nützlich sein. Deutscher Proislamismus und erstarkender Islam in der Türkei sollten sich zu einem Tandem mit Wirkung auf die EU verbinden.

— C —

Allianz der Eliten

1. *Kurden und »Liberalisierung«*

Als neue Kraft im Konzert der türkischen Klientelparteien meldete sich zunächst die »Mutterlandspartei« (*Anavatan Partisi* – ANAP) des Turgut Özal zu Wort. Dieser hatte internationale Erfahrung in der Weltbank und im Management eines türkischen Konzerns gesammelt, bevor er Staatssekretär im Wirtschaftsministerium der Demirel- Regierung wurde und unpopuläre Anpassungen an die Kreditstandards von Weltbank und Währungsfonds durchsetzte. Özal gewann die Wahl von 1983 mit 45 Prozent, wobei er von der Frustration profitierte, die sich in der Bevölkerung nach der Herrschaftsphase des Militärs ausgebreitet hatte.

Mit mächtigen Sponsoren und der monetaristisch getrimmten Verfassung von 1982 im Rücken formte der erklärte Islamfreund ein Kabinett aus Wirtschaftsleuten, die das Regieren als Basis für Geschäftskontakte verstanden. Özal selbst brüstete sich, Anhänger des Thatcherismus zu sein, also den Turbo-Kapitalismus der »Eisernen Lady« Großbritanniens auf die Türkei übertragen zu wollen. Als »Ingenieure der neuen Türkei« trieben er und seine Mannschaft ein Programm der wirtschaftlichen Umgestaltung voran, das sich allerdings eher an unternehmerischen Interessen als den Erfordernissen der türkischen Volkswirtschaft ausrichtete.

In den vorgezogenen Wahlen von 1987 machten alle Parteien einen erneuten Anlauf, scheiterten aber mit Ausnahme Demirels an der Zehnprozenthürde. Özal konnte mit mageren 36 Prozent weiterregieren, praktizierte nun aber Vetternwirtschaft und private Bereicherung in einem Stil, der selbst den großzügig gezogenen Rahmen orientalischer Praktiken sprengte. Die Grenzen zwischen Politik, Geschäft und organisiertem Verbrechen, die im Islam allgemein und in der Türkei besonders verschwimmen, lösten sich vermehrt auf. Regierungsmitglieder beteiligten sich an Geschäften und umgaben sich mit Kontakten, die sie immer mehr in die Welt der Mafia driften ließen.

Mit seiner demonstrativen Nähe zu religiösen Orden und einer medienwirksam in Szene gesetzten Mekka-Wallfahrt trug Özal wenig zur

Verbesserung der eigenen Glaubwürdigkeit bei. Er war Mitglied der Naqshbandiya, einer orthodoxen Vereinigung, die dem Atatürk-Regime vorübergehende Probleme bereitet hatte und seither verboten war (s.o. S. 100).[173] Die Mutterlandspartei hatte sich ursprünglich als Sammelbecken der traditionellen Machtsektoren formiert. Nun begann sie zwei ausgeprägte Lager zu bilden, die wie alle anderen zuvor das Land zur Beute machen wollten – pragmatische Wirtschaftsliberale und ideologische Turkmuslime, denen nach wie vor die urtürkische, »national-islamische Synthese« vorschwebte.

Letztere erkannten, daß sie mit den geldgierigen Neureichen auf Dauer schlecht harmonieren würden, und zogen es vor, allmählich zu den Islamisten abzudriften. Özal manipulierte sich ins Amt des Staatspräsidenten und überließ die Partei dem Wirtschaftsliberalen Mesut Yilmaz, der die Wahlen von 1991 mit 24 Prozent gegen die 27 Prozent des unverwüstlichen Demirel verlor. Erbakan erneuerte die radikale »Synthese« mit Türkesh, bildete mit ihm eine Wahlgemeinschaft und schaffte mit 17 Prozent wieder den Sprung ins Parlament.

Die ökonomische Liberalisierung der 90er Jahre unterzog das Land enormen Veränderungen. In diversen Industriebereichen hatte man den Anschluß an den Weltmarkt gefunden. Das Pro-Kopfeinkommen verdoppelte sich auf 2000 US-Dollar. Das Straßennetz, nach amerikanischem Muster ein Favorit türkischer Infrastruktur, begann sich auch in entlegenere Gebiete auszuweiten. Die Zahl der Kraftfahrzeuge war auf das Dreifache gestiegen. Ein gigantisches System von Talsperren sollte zu Beginn des neuen Jahrtausends die Energieversorgung sichern und überdies die Türkei zum Kontrolleur der Wasserversorgung von Syrien, Irak und Israel machen. Eine willkommene Nebenerscheinung war die Überflutung zahlloser Kurdendörfer, deren Bevölkerung man in einer planvollen Neuansiedlung zerstreuen konnte.

Das alles wurde erkauft mit gewaltigen Auslandsschulden und einer immensen Verschärfung der Einkommensunterschiede. Die Bevölkerung explodierte um ein weiteres Drittel auf über 60 Millionen und trieb die traditionelle Binnenwanderung von Ost nach West in erschreckende Dimensionen. Fast die Hälfte aller Türken lebte in den fünf größten Städten und wiederum die Hälfte von ihnen in den Gecekondu, die riesenhafte Ausmaße anzunehmen begannen.

Zu den »normalen Armen« vom Lande gesellten sich immer mehr Verlierer der Özal-Deregulierung. Dabei rekrutierte sich die Mehrheit der Wegrationalisierten aus der ostanatolischen Bauernschaft sowie aus ei-

nem fetten Bürokratenstand und einem mageren Mittelstand aus
Handel und Handwerk. In der Größenordnung zwischen 10 und 15 Millionen Menschen hatten sich die *Gecekondu* mittlerweile zu einem
»demographischen Zwischenlager« entwickelt. Der Druck in den Massenvierteln war höher als je zuvor. Was lag näher, als das Überlaufventil
der Migration in Richtung Deutschland weiter zu öffnen?

Regionalpolitisch stand die Özal-Zeit unter dem Eindruck des
Iran/Irak-Krieges, der bis 1988 die alten schiitischen Kontrahenten in Teheran unter willkommenen Druck gesetzt hatte. Mit dem Irak war man
seit jeher besser zurechtgekommen, weil er türkische Güter abnahm und
beim Kampf gegen die nordirakischen Kurden half. Der Golfkrieg von
1991 störte diese Routine. Als Beitrag zur »Allianz für den Frieden« unterstellte Özal die südtürkische Flugbasis Incirlik dem US-Kommando,
um Saddams Expansionspläne in Richtung Golf zu disziplinieren.

Die Idee der Türken, als Gegenleistung die 1920 an die Briten abgetretenen Mossul-Ölquellen wiederzuerlangen, wiesen die amerikanischen
Realpolitiker als utopisch zurück. Der Wirklichkeit näher war man in Gestalt von 300 000 Kurden, die vor den Truppen des irakischen Diktators
in die Türkei flohen. Der Nordirak wurde zur UN-Schutzzone erklärt,
um die Massenflucht im besonderen und das Kurdenproblem im allgemeinen unter alliierte Kontrolle zu bringen.

Seit der Kolonialzeit waren die Kurden bevorzugtes Ziel türkischer Gewalt, wann immer man aufgrund innerer Probleme einen Sündenbock
brauchte. Der turkistische Rassismus – Kurden sind indoiranischer Abstammung – nährte eine latente Aggression gegen das Nichttürkische, die
sich in erratischen Ausbrüchen gegen Armenier, Kurden und auch
»Linke« Luft verschaffte. Kurdenland war somit immer auch unruhiges
Land. Die permanente Unterdrückung machte diese Region zum Armenhaus der Osttürkei, was bei dem west-östlichen Einkommensgefälle
einiges heißen will. Auch die geistig-kulturelle Repression – wer kurdisch
sprach, war strafbedroht – lastete schwer auf den kurdischen Volksteilen,
die man auch »Bergtürken« oder »Ostbürger« nennt. Ob diese sunnitisch, schiitisch, alevitisch oder vielleicht sogar christlich lebten, spielte
dabei keine Rolle, was die Reflexhaftigkeit der türkischen Dominanz unterstrich. An der Kampfdevise, die das Militär 1961 offiziell herausgab,
hat sich im Grunde bis heute wenig geändert:

»Wenn die Bergtürken sich nicht ruhig verhalten, wird die Armee
nicht zögern, ihre Städte und Dörfer in Grund und Boden zu bom-

bardieren. Sie und ihr Land werden in einem Blutbad verschwinden.«[174]

Durch solcherart konzentrierten Rassendruck bedroht, wurde Kurdenland zu einer Art Konzentrationslager mit Freigang, dessen Insassen das Leben in den *Gecekondu* als deutlicher Fortschritt erschien. So nahmen sie lebhaft an der Binnenwanderung teil und sind in den Massenvierteln überrepräsentiert. Unvermeidlich schleusten solche Umstände besonders viele Kurden durch das deutsche »Überlaufventil«. Dort machen sie etwa 25 Prozent der Türken gegenüber 20 Prozent der Türkei-Bevölkerung aus. Das Land exportiert sein »Rassenproblem« nach Deutschland, wo es noch immer latent wächst. Aber auch der generell aggressivste Bevölkerungsteil im Alter zwischen 16 und 30 Jahren liegt in der deutsch-türkischen Kulturkolonie höher als im Mutterland.

Einen ersten Vorgeschmack bekam die deutsche Mehrheitsbevölkerung vermittelt, als um die Mitte der 90er Jahre die Kurden gegen ihre türkischen Herren auf deutschem Boden aufbegehrten. Sie standen unter Führung der PKK (Kurdische Arbeiterpartei), die seit 1978 mit dem Namen ihres – seit 2001 inhaftierten – Führers Abdullah Öcalan verbunden ist. Mit marxistischer Propaganda richtete sich die PKK gegen die turkistisch-amerikanische Hegemonie. Denn schon seit den 80er Jahren hatte man begonnen, das südöstliche Grenzgebiet u.a. unter Einsatz von Panzern und Jagdbombern von Kurden zu »säubern«. Mit Zustimmung Saddams dehnten sich diese Aktionen auch auf den Nordirak aus, wo die Truppen des Diktators sie mit Giftgas-Experimenten unterstützten.

Vor dieser urtürkischen Gewaltwalze floh in den zwei Jahrzehnten danach weit über eine halbe Million Menschen nach Deutschland. Indem sie dort um Asyl nachsuchten, machten sie ihre Haltung zur turkislamischen Demokratie deutlich. Sie brachten allerdings auch die deutschen »Friedenspolitiker« in Verlegenheit, denen die multikulturellen bzw. proislamischen Argumente ausgingen. Wie sollte man das Asyl vor der Verfolgung durch ein Land begründen, das offiziell als demokratisch zu gelten hatte und dazu noch mit dem Islam ausgestattet war, jener Religion wiederum, die den Deutschen als die Höchstform des »Friedens« angeboten wurde?

Wenn man die Logik nicht mehr für sich in Anspruch nehmen kann, muß man sie – zusammen mit der Geschichte – verbieten und durch das Gebot der universalen »Toleranz« ersetzen. Mit diesem Rezept ist der deutsche Proislamismus, der inzwischen quer durch die »Deutungseliten« geht, bislang gut gefahren. So fanden es nur wenige merkwürdig, daß immer wieder um betonte »Toleranz« für die türkische Zuwanderung geworben wurde, obwohl die Türken als »Demokraten« und der Islam selbst als »tolerant« gelten. Hinweise auf die Menschenrechtsverstöße in der Türkei blieben die Ausnahme. Bei allem Wortgeklingel wollten massenweise flüchtende Kurden dennoch nicht so recht in das Bild der »toleranten Demokratie« Türkei passen.

Da waren selbst die Türken realistischer. Offiziell stellte man sogar erste, zaghafte Überlegungen an, wie man sich aus der selbstgestellten Gewaltfalle befreien konnte. Nach und nach, nicht zuletzt unter dem Eindruck ausländischer Proteste, mehrten sich auch die türkischen Stimmen, die zu einer friedlichen Lösung der Kurdenfrage rieten. Wie diese auch immer aussehen mochte – ein eigenes, kurdisches Territorium kam nach wie vor nicht in Frage. Hinter vorgehaltener Hand war man sich allerdings über eines einig: Vorläufig blieb die Gefahr eines Kurdenstaats gering, weil die kurdischen Klane und Herrschaftscliquen ebenso machtgierig wie zerstritten waren.

Vor diesem Hintergrund ging Özal kein großes Risiko ein, als er die Zulassung der kurdischen Sprache vorschlug, zumal er als Staatspräsident den Tücken der Tagespolitik enthoben war. Dennoch wurde Layla Zana, eine kurdische Abgeordnete, 1994 zu 15 Jahren Haft verurteilt, weil sie im Parlament kurdisch gesprochen hatte. Um an der Heimatfront eine gute Figur zu machen, zog Özal gegenüber Europa die alten Register der türkischen Anspruchshaltung. Seit der Assoziation war der Beitritt zur Europäischen Gemeinschaft immer schon ein Fernziel gewesen, das im Wunschdenken der Türken auch durch die Leichtigkeit des NATO-Beitritts genährt worden war. Dieses Ziel schien einen großen Schritt nähergerückt zu sein, nachdem man 1970 die Freizügigkeit für türkische Arbeitnehmer ab 1986 vereinbart hatte.

Als es so weit war, konnte davon keine Rede mehr sein. Das wirtschaftliche Blatt hatte sich vollständig gewendet. In Europa grassierten Kapazitätsüberhänge und Arbeitslosigkeit. Noch war hier die Turbophase der Globalisierung durch Freigabe der Arbeits- und Finanzmärkte nicht in Gang gekommen. In den 80er Jahren hatte man mit den »Reaganomics«, der Angebotspolitik in den USA, und mit dem Thatcherismus in Großbritannien zunächst die Grundlagen für den »Manchester-Kapitalismus« anglo-amerikanischer Prägung gelegt. Deren »trilaterale« Übertragung auf den europäischen Kontinent und Ostasien stand erst

noch bevor. In dieser Interimslage lieferte Deutschland ein Musterbei-
spiel für das Wechselspiel wirtschaftlicher und ideologischer Zwänge.
Das Projekt des multikulturellen Idealstaats auf deutschem Boden und
seine Finanzierbarkeit waren zunächst in weitere Ferne gerückt. Die
deutsche Politik verschanzte sich vorübergehend hinter verbalen Zugeständnissen an die öffentliche – nicht veröffentlichte – Meinung. Den
Links-Grünen waren die Türken zu undemokratisch, den Rechts-Liberalen zu islamisch. Sie alle wagten allerdings nicht mehr, die Zuwanderung selbst in Frage zu stellen, die sich zum Heiligtum der Bundesrepublik Deutschland entwickeln sollte. Das bekannte Motto des ehemaligen
Bundeskanzlers Helmut Schmidt – »Das Boot ist voll« – war bereits wenige Jahre später zur Spitze des Ketzertums geworden. Wer es fürderhin
in den Mund nahm, galt nicht nur als »Nestbeschmutzer«, sondern be-
endete zuverlässig seine politische Karriere.

Diese Ideologie wurde zum unaufhaltsamen Selbstläufer: Aus dem
Versprechen der Rechts-Liberalen von 1982, die Zuwanderung zu hal-
bieren, war bei ihrer Abwahl 1998 eine Verdopplung geworden. Der
neuen Links-Grün-Regierung erschien dies keineswegs ausreichend.
Durch ihre Brille stellte sich Zuwanderung bald nicht mehr nur als die
übliche, »kulturelle Bereicherung«, sondern zunehmend auch als »demographische Notwendigkeit« dar. Trotz sinkender Arbeitspotentiale erschien sie als einzige Alternative, mit der sich die abnehmende deutsche
Basisbevölkerung und deren sinkende Rentenbeiträge auffüllen ließen.
Konnte es eine idealere Entsprechung zu den *Gecekondu* geben, die in der
Basistürkei aus den Nähten platzten?

2. Wirtschaft und Isolation

In Europa stieß Özal mit der kennzeichnenden Devise, »ein Zeitalter
überspringen« zu wollen, unbeirrt nach. 1987 stellte die Türkei Antrag
auf Vollmitgliedschaft in der EG, die 1989 abgelehnt wurde. Die Argumente entsprachen einer europäischen Sprachregelung, die noch nicht
die Realitätsferne der deutsch-türkischen erreicht hatte. Während man
inoffiziell den Zuzug eines unkontrollierbaren Türkenstroms fürchtete,
beschränkte man sich offiziell eher auf ökonomische Begründungen. Es
hieß, daß mit fast 50 Prozent die Beschäftigung in der Landwirtschaft zu
hoch, das Prokopfeinkommen mit einem knappen Drittel des EG-
Schnitts zu niedrig und das Niveau der sozialen Absicherung unterhalb

jeder diskutablen Grenze lägen. Der türkischen Kritik, die Europäer hätten ihr Versprechen freier Arbeitsmärkte nicht eingehalten, hielten diese entgegen, die Türken hätten ihre Freiheitsversprechen in Sachen Menschenrechte und Importe nicht eingehalten.

Wer den Überblick behalten hatte, wußte natürlich, daß des Pudels Kern in der Wechselwirkung zwischen Arbeitsmarkt und Zuwanderung lag. Wenn die Türken ihre Märkte für Auslandsgüter öffneten, würden viele ihrer ohnehin schwachen Wirtschaftszweige wegbrechen. Die Spiralen der strukturellen Arbeitslosigkeit und ihrer »Zwischenlager« in den Großstadtghettos würden ins Astronomische gedreht. Schon ab den 90er Jahren war fast die Hälfte der Türken unter 25 Jahre alt, und mindestens ein Drittel von ihnen hatte lebenslang keine Aussicht auf Arbeit, solange sie in der Türkei blieben.

Um die Mitte des ersten Jahrzehnts im 21. Jahrhundert wird ein Anteil zwischen 6 und 9 Millionen von etwa 72 Millionen Türken keine Zukunft im eigenen Lande haben. 20 Jahre später werden von dann ca. 100 Millionen – gleiche Bedingungen vorausgesetzt – vorsichtig geschätzte 15 bis 20 Millionen ausbildungs- und perspektivlos sein und in den *Gecekondu* auf mehr oder minder gepackten Koffern sitzen. Um 2015 – spätester Termin des Beitritts und völliger Freizügigkeit – ist ein Mittelwert um 10 Millionen Menschen zu erwarten, die sich in Richtung Westeuropa in Bewegung setzen werden. In der Diskussion der aktuellen Entwicklung werden wir auf diese demographische Zeitbombe detailliert eingehen.

Auch in Europa waren strukturelle Beschäftigungsprobleme entstanden, die man »Sockelarbeitslosigkeit« nannte. Mit der globalen Wende von 1989, mit dem Zusammenbruch der Sowjetunion und der Wiedervereinigung Deutschlands, löste sich allmählich auch das West-Ost-Denken auf. Es machte einem weltweiten Wirtschaftsliberalismus nach amerikanischem Muster Platz, der durch die erwähnten Signale der Reaganomics und Thatcherpolitik eingeläutet wurde. Nun konnte sich die eigentliche Globalisierung, die freie Optimierung von Arbeit, Kosten und Produktivität, in Gang setzen, mit der die Freigabe der Währungen und Finanzmärkte einherging.

»Deregulierung« war das Zauberwort, das die globale Freiheit der Märkte und ihrer zählbaren Ergebnisse zu unnahbaren Fetischen erhob. Diese hatten sich möglichst schnell auch von »Altlasten« zu befreien, vor allem im Arbeits-, Renten- und Gesundheitssektor. Nichts konnte den Gewinnfortschritt besser verdeutlichen als die explodierenden Weltbörsen der 90er Jahre. Je weiter sich die Inlandswirtschaft globalisierte, in-

Die neue Türkei

dem sie Produktion ins Ausland verlagerte, den eigenen Markt der Auslandswirtschaft öffnete und damit laufend Arbeitskräfte freisetzte, desto höher stieg die »Sockelarbeitslosigkeit«. Diese war allerdings vom Staat – aus sinkendem Steueraufkommen – zu finanzieren, wobei die Unternehmen weiter wuchsen und sich teilweise zu überstaatlichen Gebilden entwickelten.

Indem sich die Profitrationalität von nationalen Grenzen befreite und ins Globale ausdehnte, konnte sie sich auch von den »Altlasten« entsprechender Dimension, vor allem von Menschenrechten und Umweltkosten trennen. Viele Länder erhielten bei geplanten Industrieansiedlungen gerade deshalb den Zuschlag, weil bei ihnen Menschenrechte und Umweltskrupel, geschweige denn Sozialkosten eben nicht gewinnsenkend im Wege standen. Die Islamregion wäre im Grunde ein idealer Raum, weil man hier diese Blockaden kaum kennt.

Dagegen gibt es ideologische Blockaden, die sich gegen die Ansiedlung des Fremden wehren und die Investition für ausländische, damit vielleicht auch »ungläubige« Anleger unsicher machen. Hier ist eine Gemengelage entstanden, in der sich die islamischen Eliten mit den Islamisten arrangieren müssen. Um ihr Privileg ausländischer Wirtschaftsengagements nutzen zu können, zahlen viele von ihnen inzwischen eine Art innerislamischen Tribut, damit die immer stärker werdenden Islamisten die Investitionen der »Ungläubigen« dulden. Darin läßt sich durchaus eine Variante des alten »Schutzvertrags« (arab. *dhimma*) erkennen, unter dem die Muslime Kopfsteuern von Juden und Christen einzogen (s.o. S. 53). Auf Dauer werden die Islamisten zwar die westliche Unternehmenspräsenz, weniger jedoch den Konsum westlicher Produkte und Lebensart bremsen können, die im Zuge der Globalisierung dabei sind, die gesamte Welt zu durchdringen.

Nun ist allerdings bekannt, daß das »Humankapital«, das sich nicht rationalisieren bzw. elektronisieren läßt, nicht nur Arbeit, sondern auch Bildung und Ausbildung anbieten muß. Während letztere kaum zu den Stärken des Islamismus gehören, kann er in Hülle und Fülle pure Arbeitskraft anbieten. Er lehnt Menschenrechte und Gemeinwohl ideologisch ab, dies auf unabsehbare Zeit, weil die Gemeinschaft sich – ebenfalls ideologisch – stark vermehrt. Wer also die in Europa gewachsenen Kostenfaktoren des Humanen und Sozialen wegrationalisieren will, muß europäisch denkende Menschen verdrängen und islamisch denkende Menschen importieren. Hierin liegt der zentrale, volkswirtschaftliche Sinn der islamischen Zuwanderung. Da man den Muslimen auch scheindemokratische Strukturen anbietet, können sie vorübergehend deutsche Kartellparteien und zukünftig islamische Eigengründungen wählen. Hierin liegt der politische Sinn der Zuwanderung, der das islamische Vehikel zum Erhalt feudaler Parteienmacht nutzt.

Auf diesem Klavier der »turkislamischen Korrektheit« wußten die Türkeneliten seit langem für beide Seiten ertragreich zu spielen, wenngleich sie nicht immer den richtigen Ton trafen. Sobald ihre Praktiken im Kurdenkampf, Zypernkonflikt, Politgeschäft oder sonstigen Reizbereichen kritisiert wurden, reagierten sie mit aggressiven Reflexen, so geschehen in der Auseinandersetzung 1990, bei der man den EG-Verhandlern barsch bedeutete, »sich nicht in ihre inneren Angelegenheiten zu mischen«.[175] Wer sich indessen schon weit vor dem Beitritt zur Europäischen Gemeinschaft solche »Einmischungen« verbat, machte allenfalls deutlich, daß ihm Fähigkeit und Bereitschaft zur Einfügung in eine Gemeinschaft fehlten. Man war daher gut beraten, den Antrag zeitweilig zurückzustellen, um Verfeinerungen in den Bereichen Strategie und Taktik zu entwickeln.

Die Abkühlung des Verhältnisses zur EG und die Auflösung des Warschauer Pakts brachten die Türken dazu, sich vorübergehend betont nach Osten zu orientieren. Mit dem möglichen Einfluß auf die nun souveränen Turkvölker Zentralasiens sowie den vielfältigen Rohstoff-Ressourcen im Kaukasus und am Kaspischen Meer kehrte ein Hauch vom alten Panturkismus zurück. Diesen Schwung nahm Özal mit, als er 1992 in Istanbul den Schwarzmeer-Rat gründete, in dem sich elf Staaten zu wirtschaftlicher Kooperation unter den Vorzeichen von Menschenrechten und Demokratie zusammenschlossen.

Anfängliche Euphorie und Hoffnungen auf eine Führungsrolle verflogen allerdings rasch, als erkennbar wurde, wie unterschiedlich die beteiligten Kulturen nach wie vor waren (Islam, orientalisch-orthodoxes Christentum) und wie dominant das Gewicht der Russen sein würde. Als diese dem verhaßten Armenien 1993/94 gegen die Turknation Aserbaidschan im Kampf um die Enklave Nagornij Karabach zum Erfolg verhalfen, wurde den stolzen Türken vor Augen geführt, wer die eigentliche Führungsmacht in diesem Raum war und nach wie vor ist.

Sogar die iranischen »Gottesstreiter« verbanden sich mit Moskau, um die Türkei von Aserbaidschan fernzuhalten, weil sie den türkischen Einfluß auf die Azeris[176] im eigenen Lande fürchteten, die fast ein Viertel der Bevölkerung stellen. Während die Usbeken und Turkmenen ohnehin eigene Wege gingen, sahen auch die Möglichkeiten bei den anderen Turkvölkern – Kirgisen und Kasachen – trübe aus. Ihre unterentwickelte Infrastruktur bildete eine Herausforderung, die für die schmalen Finanzpotentiale der Türkei kaum zu bewältigen war. Nachdem Özal noch 1991 den Türken die vollmundige Devise mitgegeben hatte, sich als »Erben eines Weltreichs« zu verstehen, endete die pantürkische Erkundungstour 1994 in Ernüchterung.

In Situationen, in denen die eigene Unfähigkeit erkennbar wird und eine realistische Bestandsaufnahme fällig ist, reagieren Turkmuslime – wie fast alle Muslime – mit einer an Paranoia grenzenden Empfindlichkeit.[177] Wieder einmal sah man sich von perfiden Verschwörern umgeben – vorliegend vom arroganten, undankbaren Europa und der NATO, die sich feige davor gedrückt hatte, für den türkischen Waffenbruder gegen Rußland anzutreten und Aserbaidschan zu befreien. Was die »Weltreicherben« allerdings als Erbschaft aus ihrer Sondierungsaktion mitnahmen, war die Renaissance einer alten Tradition: Völkerwellen aus Zentralasien. Bis zur Jahrtausendwende machten sich 5 bis 6 Millionen Menschen aus den Turkstaaten auf den Weg ins gelobte Anatolien. Die Türkei wurde zum Einwanderungsland, und die vollen *Gecekondu* wurden noch voller.

3. Mit Korruption in die »Demokratie«

Als Özal im April 1993 überraschend einem Herzschlag erlag, trat Demirel seine Nachfolge als Staatspräsident an. Ministerpräsidentin wurde Tansu Ciller, eine schillernde Volkswirtin aus vermögendem Hause, ausgebildet in der Kaderschmiede des US-akademischen Wirtschaftsliberalismus und Inhaberin der amerikanischen Staatsbürgerschaft. Unterstützt von der rechten MHP,[178] versprach sie den Terror der PKK zu beenden, der seit 1992 zu kriegsähnlichen Zuständen in Südostanatolien eskaliert war. Dort hatte man seit 1993 nicht weniger als 300 000 Mann stationiert, was allein 10 Prozent des Bruttosozialprodukts verschlang.

Eine Lösung war selbst über die Aghas, die ansonsten allmächtigen Klanführer, nicht mehr möglich. Das Heft hatte eindeutig die PKK in die Hand genommen, die sogar den hochgerüsteten Regierungstruppen empfindliche Verluste beibrachte. Die Türkei intervenierte in Europa und erreichte, daß die PKK neben anderen Ländern in ihrem wichtigsten Ruhe- und Nachschubraum, in Deutschland, verboten wurde. In den

Jahren danach folgte jener turkistische Vernichtungsfeldzug, den wir weiter oben schon angesprochen haben (s.o. S. 138).

Wie erwähnt, wurde Layla Zana, kurdische Abgeordnete, 1994 zu 15 Jahren Haft verurteilt, weil sie im Parlament kurdisch gesprochen hatte. Zahlreiche Versuche von Menschenrechtlern, diese Strafe zur Bewährung aussetzen zu lassen, führten erst 2004 zum Erfolg, als etwa zwei Drittel der Zeit abgesessen waren. Der Turkismus brauchte nicht locker zu lassen, gerade weil seine muslimischen Tandempartner in der »türkisch-islamischen Synthese« inzwischen das Regierungsruder übernommen hatten. Wie der Rabulist Erdogan auf einer Pressekonferenz in Paris im Juli 2004 süffisant kundgab, habe man in die Kopenhagener Kriterien für den Kandidatenstatus der Türkei die Anerkennung des Armeniermordes nicht eingeschlossen. Somit stelle sie allenfalls »den leeren Teil des Glases« dar, ein nutzloses Thema für Historiker. Die national-islamistische AKP-Linie des ethnischen Djihad hatte er schon Anfang des Jahres in einem Interview mit einer libanesischen Zeitung offengelegt: »Selbst wenn die Kurden in Argentinien ein Kurdistan gründen wollten, würde die Türkei dies bekämpfen.«[179]

In den 90er Jahren waren sowohl die Wirtschaftsliberalisierung, als auch die *Schleichislamisierung* Europas vorangekommen, so daß auch hier das Engagement für Demokratie und Menschenrechte erlahmte. Die EU schien graduell Fähigkeiten und Eigenschaften annehmen zu können, die sie für die islamischen Interessen öffnete, sozusagen »fitmachte« für das historische Projekt der islamischen Expansion.

Mit der »türkisch-islamischen Synthese« war ein Konzept unterwegs, dessen Erfolg niemand aufhalten konnte und wollte, weil es dem nationalen Selbstverständnis der Türken und der globalen Islamerneuerung entsprach. Ciller schuf die wirtschaftlichen Voraussetzungen, um diesen Trend langfristig zu unterstützen. Sie trat wie eine Funktionärin der Weltbank auf, als sie deren Maßnahmendiktat zur Erlangung von Stützungskrediten durchsetzte. Um grassierende Wirtschaftsschrumpfung und Inflation in den Griff zu bekommen, war das übliche Zwangspaket verordnet worden: Freigabe von Steuern und Preisen, Begrenzung der Löhne, Privatisierung von Staatsbetrieben und Ausdünnung des Bankennetzes.

Das Ergebnis dieses Maßnahmenbündels war in jedem bislang durchgeführten Fall tendenziell dasselbe gewesen, allerdings mit abgestufter Heftigkeit: Gewinnexplosion der Eliten und Armutsexplosion der Massen. Das Tempo des Vermögenstransfers richtet sich nach der jeweiligen

Wirtschafts- und Sozialstruktur. Entwicklungsländer mit schwachem Mittelstand und starker Korruption brechen schneller zusammen als Industrieländer mit starkem Mittelstand und schwacher Korruption. Der Türkei nützte ihr Status als industrielles Schwellenland wenig, weil sie traditionell von elitären Machtkadern bestimmt wurde, die von struktureller Korruption lebten. Die Verarmung der Bevölkerung half dabei finanziell den Reichen und politisch den Islamisten.

Auch Ciller wollte nicht zu kurz kommen. Sie galt als Politikerin, die Verbindungen zur türkischen Mafia unterhielt, Drogengeschäfte unterstützte und in Auftragsmorde verwickelt war.[180] Zudem verschaffte sie dem Mafiapaten M. Agar über ihre Partei des »Rechten Weges« (!) Zugang zum Parlament und machte ihn zum Justiz- und Innenminister. Als Regierungsmitglied mit Zugriff auf die Staatssicherheit repräsentierte er zusammen mit seiner Gönnerin in idealer Weise die Staatsmafia – eine im Islam notorisch geübte und eventuell auch in der EU wieder hoffähig werdende Machtform (s.u. S. 170f.).

Cillers Koalitionspartner Erbakan und seine Islamistenpartei waren gut beraten, sich nicht störend in diese Vorgänge einzuschalten, weil sie ihnen die Wähler zutrieb. 1994 konnten sie erstmals zu den Etablierten aufschließen. Cillers »Rechter Weg« und Yilmaz' Mutterlandspartei erhielten je 20 Prozent, die Islamisten 19 Prozent. Die ehemaligen Atatürk-Republikaner, die sich unter Führung des Inönü-Sohnes Erdal nun »Sozialdemokraten« nannten, waren bei bescheidenen 14 Prozent gelandet. Bis zu ihrer endgültigen Machtübernahme 2002 sollten sich die Islamisten dagegen noch auf sensationelle 35 Prozent steigern können, die ihnen zu zwei Dritteln der Parlamentssitze verhalfen. Keinen geringen Anteil an diesem Erfolg hatten Weltwährungsfonds, Weltbank und die mafiosen Praktiken der Turkeliten.

Die 35 Prozent der Islamisten im Jahre 2002 entsprachen exakt auch den 35 Prozent, die im Jahr der Neuwahlen von 1995 gegen die Wirtschaftsliberalisierung und gegen die EU votierten.[181] Erbakan legte erneut auf über 21 Prozent zu, während die bisher Führenden, Ciller und Yilmaz, auf je 19 Prozent zurückfielen. Der Wahlkampf bestand mehrheitlich aus gegenseitigen Korruptionsvorwürfen, deren Wahrheitsgehalt – entgegen anderen Programminhalten – nur von wenigen bezweifelt wurde. Nachdem Ciller hier mit riesigen Beträgen neue Maßstäbe der Bestechung gesetzt hatte, wollte offenbar auch Yilmaz nicht zurückstehen. Endgültig in die Schlagzeilen kam er allerdings erst 2001 im Rahmen eines russisch-türkischen Ölabkommens, das er mit Staatschef Putin und dessen Tombay-Mafia[182] – weit über dem aktuellen Preisniveau –verein-bart hatte. Wie Ciller stand auch Yilmaz inzwischen über dem Gesetz, un-terstützt durch die USA. Über die amerikanischen Kanäle zum Nationa-len Sicherheitsrat wurden Journalisten, die darüber berichtet hatten, umgehend aus ihren Redaktionen entfernt.[183]

Dem Respekt, den deutsche Politik und Medien diesen Gestalten zoll-ten, tat dies keinen Abbruch. Ganz im Gegenteil: Auch an vielen anderen Mitspielern der Weltpolitik hatten sie immer wieder bestätigt, daß ihr »Respekt« gegenüber islamischen Politikern mit der Radikalität ihres Re-gimes steigt. Das Respektsbarometer ist nach oben offen und erreichte für den Mafia-Konzernchef Arafat vorläufige Höchstwerte (s.u. S. 149f.).

Ciller und Yilmaz wurden nicht nur von der EU-Politik hofiert. Es spielte keine Rolle, ob letzterer die westlichen Werte mal im üblichen »Christenclub« ortete, mal »von ganzem Herzen teilte«.[184] Seine ambiva-lente Weltsicht fand zum Teil auch bereitwillige Aufnahme bei den »In-tellektuellen«. So z.B. bei dem Soziologen und selbsternannten »Euro-Muslim« Bassam Tibi, der in seinem Buch »Aufbruch am Bosporus«, sein besonderes Lob für den ehemaligen MHP-Aktivisten Yilmaz[185] reserviert und ihn fast so häufig wie Atatürk erwähnt. Was immer auch das Motiv sein mochte – es wäre seinem Renommee zugute gekommen, wenn Tibi seine Argumente und die Vita des Gepriesenen einer nochmaligen Prü-fung unterzogen hätte.

Wie routiniert sich das türkische Machtkartell nach wie vor die Bälle zuspielte, hatte einmal mehr Erbakan bewiesen. Seine Islamisten be-wahrten die korrupte Ciller im Parlament vor einem Untersuchungsaus-schuß, den sie kurz zuvor selbst hatten einsetzen lassen. Die Anhänger Allahs, die zur Protestpartei, zum Sammelbecken der Modernisierungs-opfer geworden waren, warfen sich für die Ikone der Modernisierung in die Bresche. Wenn die Interessen des Volkes niederzuhalten waren, hat-ten die Mitspieler, ob Militär oder Verwaltung, Wirtschaft oder Grund-besitz, Islam oder Nichtislam, seit jeher jeden politischen Graben über-brückt. So konnte am Testfall der türkischen Tributmaschine deutlich werden, wie konkret die Kollaboration zwischen Globalisierung und Weltislam bereits gediehen war.

Erbakan mußte zunächst vorsichtig taktieren. Noch war er nicht stark genug, die islamistische Katze vollends aus dem Sack zu lassen. Dennoch ließ er es sich nicht nehmen, 1996 in den Iran zu reisen, dessen »Gottes-staat« er als Vorbild der Türkei gepriesen hatte (s.o. S. 132). Während er diesen Kontakt geschickt noch mit dem »gemeinsamen Kampf gegen den kurdischen Separatismus« rechtfertigte, geriet der nachfolgende Staatsbesuch in Libyen zu einer Farce, die allerdings ungeplant und damit für ihn umso bedrohlicher war. Der unberechenbare Ghaddafi trat seinem türkischen »Glaubensbruder« genau dorthin, wo es besonders weh tat, an die Achillesferse des Kurdenproblems:

> »Die Zukunft der Türkei liegt nicht bei der NATO oder darin, Kurden zu quälen. Der Staat Kurdistan sollte seinen Platz unter der Sonne des Orients einnehmen.«[186]

Wer die Türken kennt, der weiß, was auf diese kurdenfreundliche Ungeheuerlichkeit folgen mußte. Nun konnte sich die enorm integrierende Kraft des Turkrassismus beweisen, die innertürkisch alle Gegensätze überwindet und nach außen eint. Urplötzlich waren alle Gräben eingeebnet. Die gesamte Presse, die eben noch Erbakan verflucht hatte, nahm ihn jetzt aus der Schußlinie. Erneut holte man die bewährte Paßformel hervor, nach der »sich niemand in die inneren Angelegenheiten der Türkei einzumischen habe«, schon gar nicht das unbedeutende Libyen. Selbst die verfeindeten Ciller und Yilmaz bildeten eine Allianz, die dem Islamisten Erbakan in der Frage der nationalen Dominanz loyal zur Seite sprang. In das gemeinsame Fadenkreuz rückte nun der libysche Diktator, der zum »Feind der Türkei« (Ciller) oder zur schlichten, »libyschen Katastrophe« (Yilmaz) geriet.

Der Impuls des *Turkismus*, der sich je nach Situation nationalistisch, rassistisch und religiös gibt, wendet sich reflexhaft gegen alles Nichttürkische, sobald dieses es wagt, das Türkische anzugreifen. Historisch gewachsen und tiefer verankert als der Islam, bildet er die wichtigste Legitimationsbasis der traditionellen Eliten. Solange der Staat den Charakter des Quasi-Heiligen bewahrte, würden seine Befehlshaber auch in der neuen Türkei wie »gewählte Könige« erscheinen können.[187] Sie standen weit über ihren Parteien, weil sie im Grunde immer noch die Führer einer *Religionsnation* waren.[188] Wie die Provinzen des Osmanenreichs einst das Reich selbst kopierten (s.o. S. 72), so sah man auch die Parteien als integrale Teile des Ganzen. Erdal Inönü, Sohn des Atatürk-Nachfolgers und Führer der Volkspartei-Nachfolgerin SHP (*Sosyal Demokrat Halk Partisi*), stieß mit seiner Kennzeichnung auf wenig Widerspruch:

> »Im Westen sind die Parteien beständig, die Führer vergänglich, bei uns sind die Führer das Überdauernde, und sie wechseln die Parteien

wie die Hemden ... *So gesehen besteht kein großer Unterschied zwischen Parteien und religiösen Orden.* Die Partei ist nicht einfach abgetrennter Teil des Ganzen, sie ist die des ganzen Volkes, sie ist selbst dieses Ganze, sie ist die Nation.«[189]

Die Verehrung der Führergestalten sollte sich wenig später in einer scheinbar alltäglichen Situation bestätigen, die von hohem Informationswert für Deutschland und Europa sein konnte. Wie oben berichtet, hatte die türkische Presse Ciller, inzwischen Außenministerin, immer wieder mit Korruption, vor allem Geldwäsche, in Verbindung gebracht. Solche Ansätze blieben regelmäßig folgenlos, weil die Einflußsphären der Turkeliten den Staat selbst bilden. Dies wurde deutlich, als ein deutsches Amtsgericht gegen internationale Drogenhändler verhandelte und der türkischen Machtikone Anfang 1997 offiziell bescheinigte, sich an der Unterstützung von Drogengeschäften beteiligt zu haben.[190]

Die Reaktion erfolgte prompt, denn was Türken recht war, konnte Nichttürken keineswegs billig sein. Vor allem schien man etwas gegen unabhängige Richter zu haben, die sich gegen politische Erpressung immun zeigten. Inzwischen waren die Führungsebenen der Türkei schon so auf den Beitritt fixiert, daß jede auch noch so kleine bzw. begründete Einwendung oder Kritik als antitürkische Zumutung erschien. Da solche »Affronts« jedoch keineswegs aufhörten, wollten auch jene Stimmen nicht verstummen, die den Marsch auf Europa immer wieder als »Irrweg in die Sklaverei des europäischen Christenclubs« anprangerten.

Erneut verbat man sich also die »Einmischung« in türkische Interna und empfahl aggressiv, »vor der eigenen Tür zu kehren«, womit u.a. auch die Korruption der Politführungen in Deutschland und in der EU gemeint sein konnte. Jedenfalls gingen unlautere Machenschaften in der Türkei, wenn es sie überhaupt gab, nur die Türken etwas an. Wenn es andererseits unlautere Machenschaften in der EU geben sollte, mußten letztlich auch sie türkischer Beurteilung überlassen bleiben. Zumindest schienen sie kein hinreichender Anlaß zu sein, die Türken vom Beitritt abzuhalten, zumal sich auch bei ihren Glaubensfreunden, den Muslimbrüdern, die Einträglichkeit der EU-Töpfe herumgesprochen hatte. Deren palästinensischer Ableger, die Autonomiebehörde Arafats, hatte Korruptionsvorwürfe ebenfalls mit dem Hinweis zurückgewiesen, daß dieses Problem zuallererst ein europäisches sei:

»Es tut mir leid zu sagen, daß auf Seiten der Geberländer und nicht etwa innerhalb der Autonomiebehörde Korruption herrscht ... Europas Problem ist die Korruption innerhalb der EU, und davon wird die Autonomiebehörde in Mitleidenschaft gezogen.«[191]

Da alle Eliten von jedem wichtigen Trend, also auch von der Modernisierung und ihren finanziellen Segnungen profitierten, bildeten sie eine historisch gewachsene Zweckgemeinschaft, die seit Urzeiten unentwegt an zwei Projekten gearbeitet hatte: an der Pflege laufender und Erfindung neuer Ausbeutung sowie der Reparatur ihrer »Kollateralschäden«. Bei negativen Entwicklungen konnte im Turkislam die eigene paranoide Mentalität besonders hilfreich sein, weil sie die Schuld für besonders monströse Fehlleistungen regelmäßig bei anderen, vorzugsweise dem Westen, suchte. Solange indes die Modernisierung die Einzelbereiche in Wirtschaft, Handel und Handwerk noch nicht entscheidend in Mitleidenschaft gezogen hatte, schien auch die islamische Welt noch in Ordnung.

Erst als die Deregulierung massiv die Traditionsstrukturen zerstörte, Landflucht und städtische Verelendung, Arbeitslosigkeit und Inflation ihre häßlichen Häupter für alle unübersehbar erhoben, wurde das Feindbild Westen nachhaltig aktuell. Wie früher die Christen, machten die türkischen Machthaber nun die EU-Kapitalisten zu »Kreuzzüglern«, deren Korruption die eigene Geldgier komfortabel verschleiern konnte. Der Marsch der Islamisten durch die Institutionen, die Übernahme der erwähnten Imam-Hatip-Schulen, die Besetzung wichtiger Verwaltungsposten und besonders die Infiltration der Armee, hatte ihr Wählerpotential und damit auch ihre Rolle im türkischen Machtkartell enorm gestärkt.

Das Militär hielt zunächst noch dagegen. Um den islamistischen Vormarsch zu schwächen, wurde 1997 die Schulpflicht an den religiösen Imam-Hatip-Schulen von fünf auf acht Jahre erhöht und ein Ermittlungsverfahren gegen Erbakan eingeleitet, weil er Atatürk als »Feind des Islam« bezeichnet hatte. Islamistische Eiferer wurden mit den wirkungsvollen Straftatbeständen der »Volksverhetzung« und der »Armeebeleidigung« verfolgt und 100 Offiziere entlassen, weil sie religiösen Orden angehörten. In dieser Situation waren sogar die linken Gewerkschaften willkommen. Sie assistierten, indem sie den »Rechtsstaat statt Gottesstaat« forderten. Mit ihnen gingen auch die Frauen gegen den Gehorsamszwang Allahs auf die Straße.

Den Vormarsch des Islamismus in der Türkei und in den deutsch-türkischen Kulturkolonien konnten diese Maßnahmen nicht aufhalten.

Gleichzeitig damit ging eine fortwährende Annäherung an die saudische Muslimbruderschaft einher. Ihre Finanzkraft und Propaganda waren besonders willkommen, weil man sie für ein zentrales Projekt brauchte: die islamistische Indoktrination der *Gecekondu* im allgemeinen und ihrer Auswanderer im besonderen. Aus der turkislamischen Not wurde eine westliche Untugend: Wer sich gegen türkische Zuwanderung wehrte, war intolerant und zudem undemokratisch, weil er den Islamradikalen Religionsfreiheit verwehrte. Denn mit steigender Macht der Islamisten in der Türkei hatten auch die Türken in Deutschland immer muslimischer zu werden, ob sie wollten oder nicht. Was ihnen wie allen Muslimen der Geschichte einmal mehr aufgezwungen wurde, war die politische Ausbeutung ihres Glaubens.

Die Kader der *Milli Görüsh* (MG) wurden nun durch Kontingente gut ausgebildeter, doktrinär geschulter Agitatoren verstärkt, die schon ab Mitte der 90er Jahre das taktische Verhalten und strategische Niveau dieser Gruppierung verbesserten. Ihnen kam die Politik des deutschen Parteienkartells entgegen, das sich im Zuge der weltweiten Islamisierung seinerseits immer proislamischer gab. Nachdem die Links-Grünen und auch die Liberalen seit jeher nicht nur islamische, sondern z.T. auch islamistische Positionen vertraten, zogen auch die »Konservativen« nach. Prominente Unionspolitiker machten schon ab Mitte der 90er Jahre in Grußadressen an MG-Veranstaltungen deutlich, daß sie zwar nicht unbedingt deren Gewaltziele begrüßten, aber – ob bewußt oder unbewußt – ihre staatsfeindliche Strategie billigend in Kauf nahmen.

Flankiert wurde dieses Vorgehen durch die ständige »Beobachtung« der MG durch die Verfassungsschutzorgane, die in ihren Jahresberichten wiederholten, daß es sich bei den türkischen Kampfkadern um verfassungswidrige Organisationen handelte. Die Parteien unterließen es, die gesetzlichen Voraussetzungen dafür zu schaffen, dieser Situation wirksam zu begegnen. Weder wurde den »Sicherheitsbehörden« erlaubt, ihre Pflicht der Sicherung des demokratischen Rechtsstaats zu erfüllen, noch wurde der Begriff der Religionsfreiheit darauf überprüft, ob und wie er auf eine Politregion wie den Turkislam anzuwenden war. Wie auch, wenn sich eine Verfassungsrichterin bereits darüber Gedanken machte, »schariatische Elemente ins Grundgesetz aufzunehmen«.[192]

So konnte, wenn nicht mußte man sich über den Frieden des Islam auch und besonders einig sein, nachdem am 11. September 2001 die Türme von New York Tausende von Menschen unter sich begraben hatten. Unter keinen Umständen durfte der Islam mit diesem Geschehen in

Verbindung gebracht werden. Wenige Tage nach der Katastrophe trat eine geschlossene Phalanx aus Politik, Bildung, Kirchen und Medien auf, die alle Register proislamischer Propaganda zog, um ihre Heilsvision nicht unter den gleichen Trümmern begraben zu müssen. Erneut wurde sie ihrem Ruf als »Staats-Union der Pro-Islamisten in Deutschland« (STUPID) gerecht, der ihr schon seit einiger Zeit voraneilte. Weiterhin war die Bevölkerung in diesem Sinne zu indoktrinieren. Mit monotonem Nachdruck, der mit jedem Terroranschlag zunahm, wiederholte man die bekannte Schablone vom »Generalverdacht«, unter dem Frieden, Toleranz und Respekt nicht leiden dürften. Was auch immer geschah – »der Islam war nicht das Problem«.

In diesem Rahmen konnte die Türkei in zweierlei Hinsicht – in Theorie und Praxis – den Pilotfall für das Islamprojekt der deutschen Politklasse abgeben. In der Theorie würde sie weiter als säkulare Demokratie vermarktet, die über die Praxis der islamistischen Kaderarbeit eine »friedliche« Minderheit in Deutschland etablierte. Je weniger man sich in deren Belange »einmischte«, je weniger Integration man von den gemäßigten Muslimen verlangte, desto »authentischer« könnte sich diese Minderheit in ihrer deutschen Provinz einrichten. Die Fiktion, daß man es hier nur mit »Gemäßigten« zu tun haben könnte, offenbarte sich in der eigenen Ideologie und in den Milli Görüsh-Vernetzungen mit der Muslimbruderschaft. Die Kopenhagener Beitrittskriterien von 2001, der Wahlsieg der »gemäßigten Islamisten« von 2002 und der Irak-Krieg von 2003 brachten dabei zusätzliche Dynamik in einen Machtpoker, der unter Ägide der USA die Türkei und Europa einander immer näher rückte.

—— **Teil III** ——

Die eurotürkische Fusion

Es darf nicht vergessen werden,
die Demokratie ist Mittel, nicht Zweck ...
Die Folge (der gerechten Ordnung des Islam) wird sein,
daß die Türkei keine Arbeiter mehr,
sondern Touristen in den Westen schickt.
Die Türkei ist nicht länger Knecht,
sondern Führer.

Necmettin Erbakan,
Begründer des modernen türkischen Islamismus

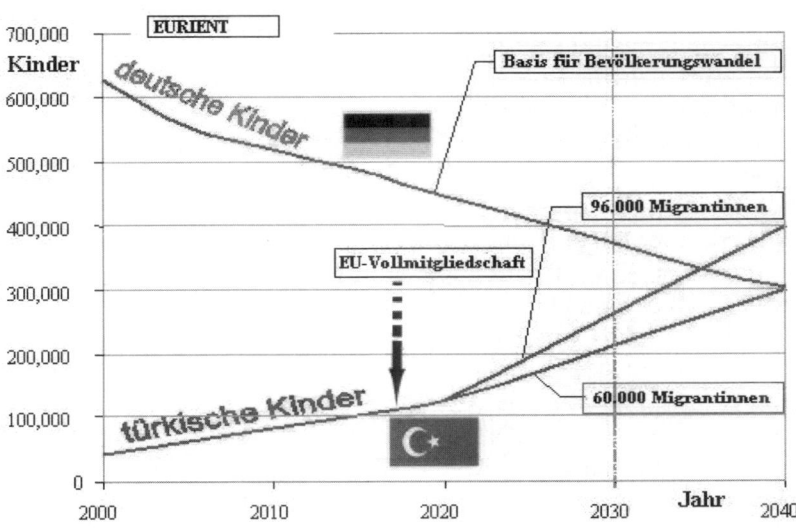

—— A ——
Herrschaft im Westen

1. Eliten, Volk und Interessen

Die Dauerprobleme, die dem Staat der Türken durch die historisch gewachsene Kombination aus Wirtschaftsschwäche, ethnozentriertem Islam und korrupten Eliten entstanden sind, scheinen kurzfristig kaum lösbar. Die brisante Mischung hat bislang ein Gemeinwesen verhindert, das sich aus der Abhängigkeit von Fremdhilfe und -vermögen hätte befreien können. Auch nach Gründung der »neuen Türkei« hatte sich eine Feudalklasse erhalten, die das eigene Volk chronisch niederhielt, obwohl sich immer wieder Wachstumsphasen einstellten, die eine konstruktive Wirtschaftspolitik hätten stützen können. Nachwievor landen das Volkseinkommen und die Finanzhilfen befreundeter Länder in großem Stil in den Kassen der Eliten, wenngleich der Wahlsieg die Islamisten von 2002 zu Reformen verpflichtete. Dem militärischen Selbstverständnis entsprechend blieb dabei bis auf weiteres die Armee der dominante Ordnungsfaktor.

Erst als die westlichen Kolonialmächte das osmanische Reich auf das anatolische Kernland reduziert hatten, konnte dessen Schlüsselrolle offenbar werden. Seine Lage wurde zum geostrategisch wichtigen und lukrativen Faustpfand, das sich untrennbar mit zentralen Interessen der zur Weltmacht aufsteigenden USA verknüpfte. Mit einer »europäischen« Türkei erreichen deren Machteliten und ihre amerikanischen Partner nun einen gemeinsamen Zwischenzweck: Die Nutzung der EU-Potentiale mildert die Finanz- und Bevölkerungsprobleme der Türkei, und die Bindung seiner Kräfte macht Europa innerhalb der US-Hegemonie noch lenkbarer, als es ohnehin bereits ist.

Gleich nach Amtsantritt Ende 1998 nahm der deutsche Außenminister Josef Fischer erste Kostproben von der Überzeugungskraft seiner damaligen US-Kollegin Madeleine Albright. Im laufenden Europa/Türkei-Gezänk hatte sie keinen Zweifel daran gelassen, daß die Amerikaner für die Zukunft der Welt zuständig waren. Mit leichter Hand schrieb die Ministerin den Europäern ins Notenbuch, wer im Weltorchester den Takt angibt. Mit einem Federstrich wurde ihnen diktiert, die Türkei in die Staatengruppe aufzunehmen, mit der man Beitrittsgespräche aufzunehmen gedenkt. Die 2001 in Kopenhagen beschlossene »Beitrittspartnerschaft« war ein weiterer Schritt auf einem Weg, dessen Richtung die Europäer keineswegs allein vorgeben.

Auch der Beitritt der drei baltischen Länder im Jahre 2004 ging wesentlich auf US-Initiative zurück. Sie waren Fremdkörper in der Sowjetunion und wurden prompt zu Musterschülern von Weltbank und Währungsfonds. Selbst wenn sie es nicht gewesen wären, hätten sie aufgrund ihres geringen Volumens und ihrer kulturellen Herkunft ein begrenztes Risiko bedeutet. Ganz im Gegensatz zur Türkei, deren Politik- und Wirtschaftsverfassung sie bislang zu einem voluminösen Dauerproblem gemacht haben. Auf globaler Ebene hingegen – als geostrategischer Partner der USA und größter Einzelschuldner des IWF – könnte sie sich in verschiedener Hinsicht zum Wunschkandidaten qualifizieren. Die kommende Beitrittsdiskussion sollte daher von drei Kräften bestimmt sein: US-Realpolitik, EU-Expansionsideologie und Türkisch-Islamischer Synthese.

Am »grünen Tisch« der Geokraten stellen sich derlei Konstellationen in der Regel als Planspiele dar, die in mehreren Reißbrett-Szenarien entworfen und mit bestimmten »Parametern«, d.h. dominanten, aber veränderbaren Vorgaben in Gang gesetzt werden. Für unsere Zielsetzung sind solche Sichtweisen wenig sinnvoll, weil sie langfristig, abstrakt und lebensfern ausgelegt sind. Der andere Pol des Spektrums würde in einer sehr tagesbezogenen, gegenständlichen und volkstümlichen Darstellungsform im Boulevardstil bestehen, die sich ebenfalls nicht eignet, weil sie ihren Informationswert nach wenigen Monaten verloren hätte.

Also werden wir uns weiter innerhalb des bislang gewählten Spektrums bewegen, das unsere erfahrbare Lebenswelt in einen mittleren, nachhaltigen Sach- und Zeitrahmen stellt. Nachdem wir diese Übung hinsichtlich der Türkei absolviert haben, müssen wir – etwas weniger ausführlich – auch die westlichen Umstände beleuchten, unter denen dieses Land sich nun nach Europa bewegt. Dazu müssen wir uns auf die Rahmenbedingungen konzentrieren, die für den Annäherungsprozeß der beiden – Türkei und EU – besonders wichtig sind, ohne dabei die Sonderrolle Deutschlands zu vergessen.

Aus der türkischen Geschichte wissen wir bisher, daß sich am Herrschaftswillen der Eliten und ihres Ethno-Islam wenig ändern wird. Sie sind prägende Merkmale einer kollektiven Identität, die sich über Jahrhunderte eingeschliffen und im Turkislam vitale Geltung verschafft hat.

Weder der rigorose Nationalismus der Türken noch ihre aggressive Staatsreligion passen in die Bedingungen einer pluralistischen Demokratie, vorausgesetzt allerdings, diese selbst sind noch intakt. Im historischen Verlauf neigten die europäischen Eliten oft dazu, sich mit den türkischen Eroberern zu arrangieren. Dem stünde wenig entgegen, wenn dabei nicht eine eigentümliche Spezialität zum Vorschein gekommen wäre. Regelmäßig sah man den »nahen Feind«, die offenbar größere Gefahr nicht im äußeren Aggressor, sondern zunächst in den gegnerischen Kräften der eigenen Kultur. So erschienen den Byzantinern ihre »lateinischen« Widersacher gefährlicher als die seldschukischen bzw. osmanischen Invasoren. Ebenso konnte sich der Siechprozeß des »kranken Mannes am Bosporus« noch einige Zeit in die Länge ziehen, weil die westlichen Großmächte ihn zur Blockade der jeweiligen Gegenposition innerhalb der europäischen Machtsphäre brauchten.

Zum Beispiel hofften die Franzosen, in der Kollaboration mit den Osmanen die Konkurrenz der Habsburger schwächen zu können. Die Erinnerung an dieses Machtspiel ist bei den heutigen Politführungen noch so lebendig, daß sie die Osmanen und ihre Nachfolger als »Europäer« betrachten. In unserer Zeit verhalten sich die »Global Players« ähnlich, indem die USA nun die Türkei in die EU schleusen möchten. Damit entlastet man sich im schwierigen Krisengebiet um den Kaukasus und hält zugleich den Konkurrenten Europa im globalen Machtrennen auf Distanz. Menschenrechte standen und stehen den US-Realpolitikern dabei nicht im Weg, wenn es darum geht, den Gewinn ihres »militärisch-ökonomischen Komplexes« zu maximieren. Er wurde durch überdimensionierte IWF-Kredite möglich,[193] die auch die Türkei überschuldeten und nun durch die EU, d.h. mehrheitlich Deutschland, saniert werden sollen.

Es lag und liegt in der »Natur« aller Herrschaftsformen, sich zu Lasten ihrer Bevölkerungen Macht und Vermögen anzueignen, doch bildeten diese selbst eine sozusagen »natürliche« Machtbremse, indem man sie nicht endlos ausbeuten oder in Kriegen verbrauchen konnte, ohne sie und damit die Herrschaftsbasis zu zerstören. Der Gedanke der Teilung zwischen weltlicher und überweltlicher Macht erzeugte den Unterschied zwischen Europa und Islam – eine Sozialethik, die nicht nur beutebedingtes Zweckdenken, sondern auch – als Wurzel der Menschenrechte – ein Wertdenken zugunsten des Individuums und Gemeinwohls ermöglichte.

Ursprünglich aus dem Christentum stammend, befindet sich dieser Gedanke im Rahmen des westlichen »Strukturwandels« auf einem fundamentalen Rückzug. Seine noch wirksamen Reste schienen die Amerikaner zu dem verächtlichen Wort vom »alten Europa« angeregt zu haben, womit man diejenigen meinte, die sich 2003 nicht am Irak-Krieg beteiligen wollten. Dabei war allerdings zu berücksichtigen, daß die USA sich ihrerseits nicht den Urteilen des Internationalen Gerichtshofs unterwerfen und dort – wegen Nicaragua – immer noch als Terrorstaat registriert sind.[194] Allerdings verdankte sich die Irakabstinenz Frankreichs und Deutschlands keineswegs christlichen Motiven. Inwieweit sie Ursache oder Wirkung einer tieferen politischen »Entfremdung« war, könnte also von zusätzlicher Bedeutung für die perspektivische Einordnung des Türkeibeitritts sein.

Naturgemäß überwiegen zwischen den USA und Europa die Ähnlichkeiten. Schon längst hatten sich indessen im Westen Tendenzen ausgebreitet, die eine diffuse Auffächerung in liberales und totalitäres Denken – z.B. in der Gendiskussion – erkennbar werden ließen. Je weiter Wissenschaft und Wirtschaft voranschritten, desto spezialisierter und organisierter wurden sie. Wissenschaft produzierte ansteigendes Wissen in kleiner werdenden Bereichen, und Wirtschaft erzeugte Waren und Leistungen in immer produktiveren Organisationen. Wenn der westliche Mensch diesem mehrdimensionalen Spektrum gerecht werden sollte, mußte er sein Wissen entsprechend spezialisieren und seine Person entsprechend organisieren lassen. Eine dauerhafte »Rechtfertigung« konnte also nur durch den Abbau übergeordneten Wissens und persönlicher Individualität erfolgen. Damit ging eine Vereinheitlichung der Bildung und der Lebenswelt einher, wie sie in den Gegenwarts-Idealen der »interaktiven Effizienz« und »interkulturellen Toleranz« der modernen Netzwerk-Gesellschaft zum Ausdruck kommt.

Gleichzeitig bewirkte dieser Ablauf allerdings auch, daß sich der Abstand zum Islam wieder verringerte, dessen Identität darin besteht, das individuelle Denken zu vereinnahmen und eine einheitliche, ebenfalls netzwerkartige Gemeinschaft zu gewährleisten.[195] Weder konnte sich hier ein konstruktives Wirtschaften, noch ein selbständiges Wissen entfalten, wobei wiederum – in Verkomplizierung der Situation – die liberale Modernisierung selbst einen Abbau des Denkens bewirkt und in abnehmendem Maße die Verbindlichkeit des universalen Glaubensgesetzes (Scharia) erkennt, d.h. sich nolens volens dem Islam annähert. So ist die Bereitschaft der westlichen Eliten, ihre Staaten der islamischen Expansion zu öffnen, in den letzten zwei Jahrzehnten vor der Jahrtausendwende unverkennbar gestiegen.

Islamische Macht wird letztlich von Allah verliehen und kann legitim nur auf Basis seines Gesetzes ausgeübt werden. Dessen eherne Grundlagen sind Koran und Tradition des Verkünders. Von Menschen gemachte Gesetze, vor allem die »Menschenrechte«, konnten in einem solchen Umfeld keine Geltung erlangen. Daß dies so war und wieder so werden könnte, zeigen die Staaten, die wie die Türkei westliche Rechtkodizes eingeführt haben. Latent behielten die schariatischen Regeln ihren Bestand und lebten in den Traditionen der Familie und Gemeinschaft vielfach aktiv fort. Dies war islamweit besonders vital dort der Fall, wo die koloniale Dominanz bzw. der westliche Einfluß sich zurückgezogen und die islamische Basis wieder freigegeben hatten. Auch in der Türkei selbst konnte sich schon zehn Jahre nach Atatürks Tod unter der Menderes-Regierung eine Renaissance des Islam – sogar mit »Genehmigung« des Militärs – in Gang setzen.

Wie wir nachfolgend sehen werden, haben die Zwänge der »Toleranz« im Kultur- sowie der »Effizienz« im Arbeitsbereich das westliche Bewußtsein für die Rechte des Individuums und der demokratischen Mehrheit deutlich beschädigt. Rückläufige Bildung und Vereinnahmung durch Arbeit und Freizeit bedeuteten Schwächungen für die politsoziale Urteilsfähigkeit der Bevölkerung. Ihr scheint nicht hinreichend gewärtig, daß ihr »wohlverstandenes Interesse« inzwischen zur Worthülse wurde, das in offiziellen Verlautbarungen zuweilen noch vorkommt, als politischer Orientierungswert jedoch eine abnehmende Rolle spielt. Nahezu unbeobachtet haben sich die Führungsebenen einen undemokratischen Handlungsspielraum angeeignet, den sie ständig weiter ausbauen. In Europa verstärkten sich damit zwei Handlungsperspektiven, die für unser Thema entscheidend sind: die realpolitische zu den USA und die ideologische zum Islam. Neben ihrer unterschiedlichen Geistesgeschichte werden sie die zeitgeschichtliche Zweideutigkeit zu erklären helfen, welche die Beurteilung Europas gegenüber Amerika und der Türkei, noch dazu im globalen Wirtschaftskontext, immer wieder schwierig erscheinen läßt.

In der Bevölkerung selbst herrschte hinsichtlich ihres »wohlverstandenen Interesses« über lange Zeit Lethargie. Erst mit einschneidenden gesellschaftlichen Folgen aus Arbeitslosigkeit, Sozialdemontage und Überschuldung schien sich im öffentlichen Bewußtsein eine banale Erkenntnis ausbreiten zu können: Das Gemeinwohl bildet ein kollektives Recht, dessen Wahrnehmung und Pflege oberste Pflicht der politischen Klasse eines jeden Staates ist, insbesondere in der Demokratie. Je

enger indessen der Politikhorizont gezogen ist, desto energischer beschneiden die Parteien die Rechte der Wähler. Und je enger der Erkennt-
nishorizont gezogen ist, desto später, dann allerdings umso nachhaltiger,
erkennen die Wähler den Machtmißbrauch ihrer »Vertreter«.

Wie steht es aber eigentlich um die ominösen »Eliten«, welche die Geschicke des Staates verantwortlich steuern? Ist das maßgebliche Denken,
die sogenannte »Deutungsmacht« in Politik, Wirtschaft, Wissenschaft,
Kirchen, Medien etc., wirklich so pflichtvergessen und machtversessen,
wie unsere Betrachtungen es manchmal vermuten lassen? Oder sind sie
vielleicht selbst Opfer eines größeren Trends, den sie nicht erkennen
oder nicht benennen können, weil übergreifendes Denken sich aus der
Kultur des Westens zurückzieht? Könnte es sein, daß die geistige und
biologische Verarmung durch Effizienz, Toleranz und Entertainment
die islamische Zuwanderung besonders begünstigt? Daß sie von der
Zwangsspirale des politreligiösen Generalvertrauens profitieren, strei-
ten selbst die Verstellungskünstler unter den Islamvertretern kaum noch
ab. Immerhin vermittelt ihr »Glaube« das Recht auf Gehorsam der »Ungläubigen«.

2. »Gewählte Könige« in Deutschland

Analysen, die sich mit den politischen Parteien in Deutschland beschäftigen, haben um die Jahrtausendwende einen kritischen Tenor angenommen. Als Motor der politischen Praxis stellen sie einen unverhohle-
nen Zug zum Amt und zur möglichst kontrollfreien Macht fest. Dabei
steht oft nicht der Dienst an der Verfassung, sondern vielmehr das persönliche Wohlergehen im Vordergrund. Indem Regierung und Opposition in dieser Motivation übereinstimmen, sind sich die Parteien über die
Jahre in ihren Programmen immer ähnlicher und in einem einig geworden: Das Gemeininteresse ihrer Parteien überwiegt bei weitem das Gemeininteresse der »Wähler«.

Obwohl diese Konstellation gegen die Verfassung verstößt,[196] können
die Parteien selbst kaum noch Abhilfe schaffen, weil sie die inzwischen
erreichte Machtposition wieder räumen, also gegen ihr eigenes Interesse
verstoßen müßten. Ganz im Gegenteil: Mit der Sicherung üppiger Gehälter und Altersversorgung schließen sie sich immer enger zu einem Pro-
fitkartell in eigener Sache zusammen. Dies schreckt auch keineswegs vor
Täuschung und Betrug zurück, wie inzwischen zahllose Affären doku-

mentieren. Mit Folgen haben die Täter kaum zu rechnen, weil die »Untersuchungsausschüsse« endlos tagen, während das Wahlvolk schnell vergißt. Letzteres ist überdies geneigt, das Polit-Theater eher als Bestandteil der Freizeit-Unterhaltung und weniger als Bedrohung der Demokratie zu sehen.

Während dieser Vorgang eine alte Ethik zugunsten einer neuen verdrängt, können weder die Akteure noch das Publikum ihr Verhalten als abweichend empfinden. Die vom Parteienkartell besetzten Institutionen – Gerichte, Medien, Verbände, Stiftungen etc. – verlieren ihre gesellschaftliche Ausgleichsfunktion und wandeln sich ihrerseits zu Hilfsorganisationen, die das kartellierte Interesse absichern. Was immer also diesem Parteiverbund nützt, muß sich letztlich negativ auf das Gemeininteresse auswirken.

Mittlerweile genießen die Abgeordneten weitgehende Immunität gegen rechtliche Kontrollen und können überall dort Vereinbarungen mit Lobbyisten der Unternehmen oder sonstigen Interessenvertretern treffen, wo sich ihren Parteien und/oder ihnen persönlich Chancen zu Vorteilsnahmen öffnen. In diesem Kontext suchen und finden sie Ämterkombinationen und Seilschaften, die es ihnen ermöglichen, den früheren Amtsethos der unbestechlichen Treue durch das neue Prinzip gewinnoptimierender Veruntreuung zu ersetzen. Nicht die Wähler, sondern die Parteigremien entscheiden über die Nominierungen und Listenplätze der Abgeordneten, um deren Ergiebigkeit ein interner Konkurrenzkampf abläuft. In einer solchen »Demokratie« sind Wettbewerb und Chancengleichheit nachhaltig ausgeschlossen.

Die Parteienmacht wird gegen Konkurrenz zusätzlich immunisiert durch Spenden und Wahlkampfpauschalen, die frei von Nachweis- und Steuerpflicht, dabei allerdings externen Wahlalternativen – wie z.B. Bürgerinitiativen – nicht zugänglich sind. Da die Parteien Legislative, Exekutive und Judikative gemeinsam besetzen, hebeln sie die Gewaltenteilung aus und haben – einer vormodernen Feudalklasse nicht unähnlich – den Staat faktisch in Besitz genommen.

Diese Machtergreifung hat sich über mehrere Jahrzehnte vollzogen und unterliegt generellem Schweigen. Die Ämterpatronage setzt eine innerparteiliche Loyalität voraus, welche die Loyalität gegenüber Staat und Volk weitgehend verdrängt. Demgemäß steht nicht sachbezogenes Denken im Vordergrund, das ein Problem *objektiv löst*, sondern machtbezogenes Denken, das es dem *subjektiven* Parteiengeist unterstellt. So konnte eine Art Schattensystem entstehen, das hinter den Kulissen der sichtbaren Politik den Erhalt und Ausbau des Kartells betreibt und zugleich die Substanz des Rechtsstaats und Gemeinwohls aushöhlt.

Seit Jahren wird eine Asylpolitik betrieben, die zu etwa 90 Prozent Ablehnungen erzeugt, eine Rechtspolitik, die sich zunehmend täterorientiert zeigt, eine Islampolitik, die wachsende Gewaltpotentiale fördert, eine Bildungspolitik, die sinkende Wissensstandards produziert, und eine Wirtschaftspolitik, die einer ungeprüften Deregulierung das Wort redet. Ebenso spricht man von Reformen im Bereich der Arbeit, Renten und Gesundheit, ohne daß brauchbare Ergebnisse erkennbar geworden wären. Die Inkompetenz, die sich mit finanziellem Raubbau an Staat und Gesellschaft bündelt, schreitet ungehindert fort, weil man dabei einer Bevölkerung sicher sein kann, deren Inkompetenz die ihrer Politiker noch übertrifft. Wie für religiöse Gemeinschaften drängt sich auch hier das Bild der willfährigen Herde auf. Es kommt lediglich darauf an, der Öffentlichkeit diejenigen Realitäten zu vermitteln, die wichtig für die Hirten, d.h. die Sicherung der kartellierten Macht sind. Hierzu gehören z.b. die Zuwanderung als »Bereicherung«, der Arbeitsplatzabbau als »Leistung am Standort Deutschland« und die Verhüllung der Inkompetenz als »Reformen«:

> »Denn diese (die Parteien) wissen, daß ihre politischen Erfolge entscheidend davon abhängen, welche Realitätsbilder sich im Bewußtsein der Bürger festsetzen. Darauf reagieren sie mit der strategischen Inszenierung der Wirklichkeit.«[197]

Wenn eine destruktive Politik derart gezielt durchgehalten wird, und auch die Bevölkerung nur geringes Interesse an Korrekturen zeigt, obwohl sie die Folgekosten zu tragen hat, kann kaum von einer vorübergehenden Fehlentwicklung gesprochen werden. Eher könnte man annehmen, daß Hirten und Herde sich in einem bemerkenswerten Konsens befinden. Die »Inszenierung der Wirklichkeit« wird in dem Maße zur Wirklichkeit, in dem beide Seiten fortfahren, die Entmachtung der Institutionen und die Ermächtigung der Parteien als das gemeinsam anzustrebende, politsoziale Ziel zu betrachten.

Die »gewählten« Politiker sehen daher ihre Aufgabe offenbar darin, eine fabrizierte Realität zu vermarkten, die allerdings als umso weniger fabriziert gelten kann, je länger und bereitwilliger sie von den »Wählern« akzeptiert wird. Solange allerdings dieser Umbau und die kartellierte Führung noch nicht hinreichend stabilisiert sind, müssen die Parteien in latenter Opposition zur Bevölkerung stehen, die sich wiederum durch die Verhaltenscodes der »politischen Korrektheit« abschwächen läßt. In diesem Rahmen, den man »Umkehrung der Demokratie« nennen kann, erfolgt die Demontage des Gemeinwohls, welche die alte demokratische Verantwortung in neofeudale Machtbefugnisse umwandelt. »Konsens« nach innen bzw. »Effizienz« und »Toleranz« nach außen sind die Schlüsselbegriffe, über welche die Hirten ihrer Herde wuchernde Abgaben, stetige Zuwanderung und den Verzicht auf Rechte als »Strukturwandel« und »Fitmachen des Staates« aufbürden.

Störungen dieses Ablaufs können jederzeit behoben werden, weil die Parteien ihr eigener Gesetzgeber sind. Der Bevölkerung ist es derweil kaum noch möglich, ihre fortschreitende Entmündigung bewußt zur Kenntnis zu nehmen, wenngleich sich ihr Vertrauen langsam zur unreflektierten »Politikverdrossenheit« wandelt. Der grassierende Bildungsverfall verhindert die geistige Initiative und bewirkt den Rückzug ins Infantile, wie nicht nur der steigende Erwachsenenanteil bei den Einschaltquoten für Kindersendungen zeigt.

In der Verkleidung scheindemokratischer TV-Rhetorik inszeniert das Kartell derweil »Politik fürs Volk« und hat sich fast unbemerkt eine Machtfülle aneignen können, die einen Vergleich mit den mittelalterlichen Eliten nicht zu scheuen braucht. Den Grund für die Mühelosigkeit, mit der sich dieser im Grunde unglaubliche Vorgang vollzieht, sieht Neil Postman im modernen Verlust von Kommunikation, der die Menschen auf einer kindhaften Stufe ohne ausgereiftes Denken festschreibt. Die Politik findet mithin ideale Bedingungen vor, indem Menschen Stimmrechte ausüben, ohne die Inhalte beurteilen bzw. deren Tragweite bewerten zu können, ganz zu schweigen von Themen, die ihnen – wie z.B. die Zuwanderung – gänzlich vorenthalten werden:

»Der Kind-Erwachsene ist ein Mensch, dessen intellektuelle und emotionale Fähigkeiten sich im Laufe seiner Geschichte nicht entfaltet haben ... Solche Menschen hat es immer gegeben, doch die Kulturen unterscheiden sich, wieweit sie die Entwicklung einer solchen Charakterstruktur begünstigen oder hemmen. Im Mittelalter war der Kind-Erwachsene gleichsam der Regelfall, vor allem, weil es in einer Welt ohne Literalität, ohne Schulen und ohne civilité keiner besonderen Unterweisung bedurfte, um erwachsen zu werden. Aus ähnlichen Gründen wird der Kind-Erwachsene auch in unserer Kultur wieder zum Regelfall.«[198]

Solange diese »pflegeleichte« Spezies noch nicht die Mehrheit erlangt hat, ist es den Parteimitgliedern nicht erlaubt, den Prozeß der Machtergreifung öffentlich zu kommentieren. Immer zahlreicher werden Merkmale eines Kartells, das seine illegitime Position durch konsequentes Schweigen tabuisiert. Das »Ehrenwort« des ehemaligen Bundeskanzlers Helmut Kohl schützte dieses Schattensystem und seine »Spenden« zwischen 1993 und 1998 gegen geltendes Recht. Es verdeutlichte, daß eine neue politische Klasse entsteht, die sich ihre eigenen Gesetze geschaffen hat und darin auch vom Volk, von dem angeblich »alle Gewalt« ausgeht, selbst dann nicht mehr nicht gestört werden könnte, wenn es ihr kognitiv noch möglich wäre:

»Bewegt man sich außerhalb der Rechtsordnung, werden stabile Vertrauensbeziehungen also umso wichtiger. Sie sind das Kapital, welches – gerade wegen des Ausweichens in die Illegalität – aufbauen und pflegen muß, wer im Schattenbereich agiert und darin Erfolg haben will. Das ist die Standardregel bei illegalen Vereinbarungen, von denen beide profitieren, die aber beide vor Entdeckung schützen müssen. Insofern gelten bei der Mafia die gleichen Grundsätze wie im politischen Schattensystem.«[199]

Umso bereitwilliger tritt die Schattentruppe, die sich »Volksvertreter« nennt, vor die Kameras und Mikrophone der Medien, um die nächsten Akte der demokratischen Tragikomödie zu »erläutern« und die eigenen Rollen darin zu verschleiern. In endlosen Wiederholungen werden Standardfloskeln zelebriert, die das einträgliche Polit-Theater immer höherer Steuern und Diäten gegen Kritik absichern – eine moderne Form der uns bekannten Tributmaschine. Wenn auch die Schablonen des Islamdialogs und eines EU-Partners Türkei hinreichend oft wiederholt werden, bleibt dem desinformierten Bürger auf Dauer keine Alternative zur bewährten »Toleranz« bzw. »Effizienz«. Sie aktivieren die großen Bereiche der Wirtschaftsliberalisierung und Zuwanderung, über welche die Sozial-, Finanz- und Rechtssysteme des Staates verfügbar gemacht werden. Wer dieses Megasystem auf Dauer »toleriert«, kolonisiert sich also gewissermaßen selbst.

Je stärker sich die Türkenkolonien von den *Gecekondu* nach Deutschland verlagern, desto höher wird der Sozial- und Finanzbedarf, an dem »Eliten« und »Experten« auf allen Ebenen – Politik, Wirtschaft, Kultur – partizipieren. Je konsequenter sich ein »Volksvertreter« für islamische _uwanderung und die EU-Türkei einsetzt, ohne beides als Wahlthemen zuzulassen, desto deutlicher wird die Handschrift der Schattenfraktion, die aus diesen Graubereichen diskrete Vorteile zieht.

Somit entscheidet also eine Politform, die tendenziell in den Bereich des Illegitimen driftet, über die langfristige Zukunft der Gesellschaft. Darin geht sie durchaus mit Managementformen konform, die sich in den Unternehmen bilden. »Firmenvertreter« – Beispiel Mannesmann-Vodafone – ziehen rasant steigende Vorteile aus den Einsparungen, die aus der »Freisetzung« von Arbeitskräften und der Schließung »unrentabler« Teilunternehmen entstehen. Hier tritt der »Effizienz«-Aspekt als Treibriemen der modernen Tributmaschine hervor.

Wie gesehen, kommt es wesentlich darauf an, Vergangenheit und Gegenwart, Realität und Fiktion, den »Frieden« des Islam mit seinem aggressiven Alltag zur Deckung zu bringen. Der moderne »Strukturwandel« geht mit der ihm eigenen Propaganda einher, Arbeitslosigkeit in »Liberalisierung« und Zuwanderung in »Bereicherung« zu wandeln. Die universale Breite dieses Vorgangs hat sich inzwischen ihre eigene Klasse von »Vertretern« geschaffen. Von Politik über Wirtschaft, Wissenschaft und Medien bis hin zur Kirche und Kunst ist ein umfassender Wettbewerb entbrannt, in dem jeder auf seine Weise das neue Weltbild unterstützt. Forschung und Religion sind sich zum Beispiel mehrheitlich darin einig, daß Eigenkultur und Menschenrechte »unbrauchbar« für das Gespräch mit den Muslimen sind und diese sich daher »authentisch« etablieren müssen.[200]

Von dieser Entwicklung betroffene Wissenschaften wie die Orientalistik oder auch Soziologie befinden sich teilweise bereits auf dem Weg zur Auftragswissenschaft, die eine bestellte Wirklichkeit erzeugt. Je höher die Zahlung, desto weiter kann das Ergebnis von der erfahrbaren Wirklichkeit abweichen – bis hin zur Rechtfertigung totalitärer Methoden. Wie Hermann Lübbe feststellt, kann eine solche, globalistische Massenideologie unter geeigneten Bedingungen »terrorfähige Eliten« hervorbringen,[201] ebenso wie schon Michel Foucault erkannte, »daß Wahrheit ist, was sich durchsetzt.«

Diejenigen Soziologen, die sich den Blick über die Grenzen der »Feldforschung« hinaus erlauben, können denn auch zu alternativen Ergebnissen gelangen. So weist Peter Weingart auf einen der zentralen Aspekte des Umbaus hin: Eine gewandelte Realität entsteht durch die neue *Vereinbarkeit bislang getrennter Normen.* Wenn es z.B. der Wirtschaft gelingt, das ökonomische Ergebnis der wissenschaftlichen Objektivität vorzuordnen, kann die Nutzenrationalität eine neue Wirklichkeit schaffen und damit auch »neue Normen« setzen:

> »Es ist ein systematisches Charakteristikum der Kopplung von Wissen und (politischer) Entscheidung ... daß wissenschaftliche Berater Expertisen anbieten und Empfehlungen aussprechen, die durch das entsprechende Wissen nicht gedeckt sind ... *Die neue Interpretation der Vereinbarkeit von Normen der Wissenschaft mit denen der Wirtschaft wird als Transformation des (politischen) Normensystems insgesamt betrachtet* ... Die industrielle Unterstützung der Forschung kann sich negativ auf die Kritikfähigkeit der Forscher auswirken ... Der in totalitären politischen Ordnungen am deutlichsten sichtbare Konflikt besteht in der Inkompatibilität zwischen dem wissenschaftlichen Ethos und dem *politischen Code,* der irrelevante Kriterien wie Rasse oder politische Überzeugungen für verbindlich erklärt.«[202]

Von diesem Trend unterschiedlich erfaßt, nehmen die deutschen »Volksvertreter« auch unterschiedlich ausgeprägte Interimspositionen in der Wahrung fremder, z.B. turkislamischer Interessen ein. Zwischen ideologischer Pflichtübung und profitablem Geschäftsbereich unterliegen sie jedoch alle einer *gerichteten Unschärfe,* die sie tendenziell nicht dem Gemeinwohl, sondern dem Kartellinteresse folgen läßt. Im Volk, das sie »vertreten« sollen, sehen sie daher eher ein latentes Feindbild, zumindest ein lästiges Hindernis.

Das interne Auswahlsystem bevorzugt den solcherart konformierten »Parteisoldaten«, der den verordneten »Fraktionszwängen« folgt. Wer in der »Ochsentour« ausreichend indoktriniert wurde, hatte wenig Zeit für den Erwerb individuellen, unabhängigen Wissens, das er/sie in einen sinnvollen Dienst am Gemeinwohl stellen könnte. So entstand jener Typus des Politikers zwischen Opportunismus und Beschränktheit, der das öffentliche Ansehen des Berufs auf inzwischen kaum noch unterbietbare Respektswerte drückt.

Natürlich gibt es nicht wenige Politiker, die diesem Bild nicht entsprechen, indem sie wertvolle Sacharbeit leisten. Doch reicht weder ihre Zahl noch ihre Arbeit aus, die Entdemokratisierung und Imagedemontage zu beenden. Ihre Tragik ist die aller Systemopfer: Innerhalb des Kartells bilden sie eine konstruktive Minderheit, welche die Tätigkeit ihrer destruktiven Mehrheitskollegen sogar unterstützt. Denn die können jederzeit

. den »Pluralismus« ihrer Parteien verweisen und dabei auf die negative Dominanz des – aus ihrer Sicht konstruktiven – Haupttrends vertrauen. So entsteht ein Vexierbild, das den einen positiv, den anderen negativ erscheint. Bei abnehmender Finanzierbarkeit vollzieht sich dabei der Wandel nur langsam. Der Bevölkerung wird sich erst allmählich die sehr viel ernstere Richtung offenbaren, in die sich der derzeit tragikomische Durchgangsstatus ihrer Politklasse entwickelt.

Die Satire trifft hier auf unerschöpfliche Potentiale, weil innerhalb des Zwangstrends die Reste freien Willens fortlaufend schrumpfen. So sind im Politbereich Anspruchsprofile unbekannt, die über den Konformismus hinausgehende Sachkenntnis und Leistung honorieren. Wer sich indessen auf Ämterhäufung und Machtsicherung konzentriert und dabei Kontrollen und Verantwortung umgeht, entspricht dem geforderten Berufsbild. Er trägt zu jener Schattenzone bei, deren Systematik langfristig auch die Illegalität nicht ausschließt.

Erfolgreiche Karrieren sind daher nur innerhalb einer dem Kartell verpflichteten, der Öffentlichkeit entzogenen Parteiräson möglich. »Politiker« in Deutschland kann somit nur derjenige werden, der Mitglied einer der vier maßgeblichen Parteien ist. Dabei ist es im Grunde unwesentlich, für welche von ihnen er oder sie sich entscheidet. Mit immer ähnlicheren »Sachprogrammen« verfolgen sie alle ein oligarchisches Machtinteresse, das die demokratische Opposition außer Kraft gesetzt hat. CDU/CSU, SPD, FDP und Grüne lassen sich also als Teile einer deutschen Einheitspartei sehen, deren »Politbüro« sich in Elitenzirkeln, den sogenannten »Elefantenrunden«, abzeichnet. Ihre feudalen Führer können sich durchaus mit ihren türkischen Kollegen, mit »gewählten Königen« (s.u. S. 148) vergleichen, die vor dem Wahlpublikum Scheingefechte über ähnliche »Programme« führen, welche wiederum wirtschaftlich dominierten Leitlinien folgen.

Wer als Kandidat auf der Wahlliste erscheint, wird nicht vom Volk gewählt, sondern ist zuvor vom vereinheitlichenden Parteiraster herausgefiltert worden. Er/sie bildet mit den Kollegen eine fraktionelle bzw. parlamentarische Masse, ein »Gehäuse der Hörigkeit« (M. Weber), das die vorformulierten Entscheidungen mechanisch »abnickt«. Die Geschicke des Staates werden von wenigen Parteispitzen, eben den »gewählten Königen«, entschieden. Da ihre Machtaneignung die Institutionen kartellartig besetzt, bilden sie in mancher Hinsicht bereits den Staat selbst und könnten somit auf dem Rückweg in eine vormoderne Herrschaftsphase sein. Ludwig XIV. wird der berühmte Satz »Der Staat bin ich« (l'état c'est

moi) zugeschrieben, mit dem er einst die absolutistische Verantwortung
für Staat und Volk beanspruchte. Wir wissen nicht, ob auch Türkenvater
Atatürks »Ich bin die Türkei« von ihm inspiriert war, und dürfen gespannt
sein, wann der erste Bundeskanzler verkündet, »Deutschland zu sein«.
Wie sich am Verhalten vieler »Volksvertreter« ablesen läßt, sehen sie
ihre Aufgabe schon jetzt durchaus elitär. Der Mitspracheanspruch des
Volkes gerät dabei zur störenden Zumutung. Die Absprachen, die sich
zwischen »Vertretern« der Gesellschaftsbereiche, der Wirtschaft, Wissenschaft und auch des Islam entwickeln, zielen primär auf unangemesse-
nen Einfluß, auf Ämter und Finanzquellen ab. So haben sich ganz »natürliche«, diesem Zweck dienliche Strukturen herausgebildet. Das System
kann weder Euro- und Zuwanderungsfragen als Wahlkampfthemen zulassen, noch staatsfeindliche Islam-»Vertretungen« wie die türkische
Milli Görüsh verbieten, solange sie ideologisch und wirtschaftlich nützlich sind. Dabei handelt es sich keineswegs um eine einmalige, sondern
eine prozeßhafte Entwicklung, die zu den strukturellen Eigenschaften
der westlichen Demokratie gehört:
»Bei der Legitimierung ihrer Position nutzen die neuen Eliten inzwischen Institutionen, welche die öffentliche Meinung entscheidend bilden und prägen. Indem sie eine Mischung aus Verspre-
chungen und Drohungen laut werden lassen, können erzieherische
und religiöse Institutionen, gemeinsam mit den Massenmedien und
anderen Meinungsmachern, zu Instrumenten der Propaganda für
das neue »Regime« umgewandelt werden.«[203]
Dieses Gebilde, das durch die Vereinnahmung der Institutionen eine
gemeinsame »Deutungsmacht« aus Wirtschaft, Politik, Wissenschaft,
Medien, Kirchen und Islam darstellt, wollen wir im weiteren »*Leitkartell*«
nennen, weil es über die Bevölkerung hinweg den Staat lenkt. Wie bereits
bemerkt, profitiert es dabei ganz wesentlich von der Dynamik der sogenannten *gerichteten Unschärfe*. Darin eingeschlossen sind Pauschalbe-
griffe wie »Toleranz«, »Effizienz«, »Konsens«, »Pluralität« etc., die ein liberales, sich selbst organisierendes Spektrum vortäuschen. Sie klingen
harmonisch-freiheitlich und suggerieren den Eindruck einer modernen
Humanität, die sozusagen den Idealstaat als Selbstläufer erzeugt. Da man
dem Volk indessen keine wirksame Mitsprache einräumt, entwickeln
sich die Floskeln zu einer Art »Erziehungsdiktatur«, zu wirksamen Lenk-
instrumenten der Führungsebenen. Rhetorisch liberal, werden sie faktisch als Verhaltensregeln durchgesetzt. Sie fördern einen vereinheitlich-
ten Menschentypus, der bei Abweichungen als »politisch unkorrekt« gilt.

. der elitäre Führungsanspruch einseitig zu Lasten der Bevölkerung ..nt, klaffen mittlerweile tiefgreifende Diskrepanzen: zwischen politischem Anspruch und sozialer Wirklichkeit, zwischen deutscher Politik und verantwortlichem Sachverstand, zwischen »kultureller Bereicherung« und Türkenghettos, zwischen dem »Frieden« des Islam und seinen aggressiven Vertretern. Es stauen sich Defizite auf, die rasant steigenden Rechtfertigungsbedarf bei den »gewählten Königen« erzeugen. Der Bevölkerung beginnt aufzufallen, daß je *unschärfer* die Begriffe »korrekten« Verhaltens formuliert sind, sie sich umso *schärfer* gegen ihre demokratischen Rechte *richten*.

Dabei geht es keineswegs um ein unangemessenes Sozialnetz, das Eigeninitiative bestraft und gewollte Arbeitslosigkeit belohnt. Es geht um eine angemessene Beteiligung der Gesellschaft an den Produktivitätssteigerungen, die sich überhaupt erst durch die Effizienz ihrer Menschen ermöglichen lassen. Nur so sichert sich der selbsttragende, ökonomische Kreisprozeß, ohne den jede Volkswirtschaft in Stagnation und Verteilungskonflikte steuert. In Deutschland wirken dabei neben rechtlichen seit langem auch ideologische Bremsen. Das »Leitkartell« in Wirtschaft, Wissenschaft, Justiz, Kirchen etc. hat inzwischen begonnen, auch die »islamische Korrektheit«, sozusagen die Codes Allahs, zu gesellschaftlich akzeptierten Leitlinien zu machen.

Moscheebau, Islamunterricht, Kopftuch etablieren sich unter eigenrechtlichen Bedingungen, die sich – wie das »Leitkartell« selbst – der öffentlichen Kontrolle zunehmend entziehen. So, wie die politsoziale Klasse zum Erfüllungsgehilfen der wirtschaftlichen Profitklasse wurde, so wird ihre proislamische Fraktion zum klassischen »Helfer« der zuwandernden Muslime. Deren »Auswanderer« (arab. *muhadjirun*) haben sich in bisher jedem Expansionsvorgang ihrer Geschichte Angst und Gier der lokalen Kräfte als »Helfer« (arab. *ansar*) zunutze gemacht, um »Allahs Pfad« zu betreten und den Geltungsbereich seines Gesetzes auszuweiten.[204] Der Verkünder des Islam selbst war mit dem zündenden Aufruf seines Auftraggebers vorangegangen: »Wer für die Sache Allahs auswandert, der wird auf Erden genug Stätten der Zuflucht und der Fülle finden« (Koran 4/101).

Da auch deutsche Politiker mittlerweile über die Handlungsfreiheit verfügen, »Stätten der Fülle« zu finden, werden sie zu effizienten Helfern einflußreicher Kreise. Ob Unternehmensinteressen oder Islamdialog, ob Eurofragen oder Zuwanderung, ob »Reformpolitik« oder Politikberatung – in jedem Falle geht es primär um die verbale Beruhigung der Öffentlichkeit und die Sicherung von Ämtern und Einnahmequellen. Da sämtliche Zuwendungen ohne Meldepflicht steuerfrei vereinnahmt werden können, kennt der deutsche »Rechtsstaat« für seine Politiker den Tatbestand der Korruption nicht. Als neue »Leitkultur« entsteht ein »Leitkartell«, dessen Leistungsfokus sich auf illegale Machtverewigung und Selbstversorgung »richtet«, ohne rechtlich belangt werden zu können. Da die Ansprüche der Bürger dabei einen unbequemen Kostenposten darstellen, müssen sie mit den üblichen Lenkbegriffen in diffuse Graubereiche gezogen und fortlaufend beschnitten werden. Der Verwaltungsjurist H. von Arnim stuft diese illegitime Schattentechnik als »System der organisierten Verantwortungslosigkeit« ein.[205]

Ein auf Macht und Geld gerichteter »Berufsstand«, der die Institutionen des Staates in Erbhöfe der Parteien umwandelt und finanzstarken Interessengruppen (»pressure groups«) verfügbar macht, kann weder an sachgerechtem Wissen, noch an der Wahrnehmung des Gemeinwohls interessiert sein. Die Machthierarchie fordert systemgerechtes Wohlverhalten, das objektive Sachverhalte dem subjektiven Kartellinteresse anpaßt. Je einflußreicher eine Pressure Group ist, je lukrativer dem Kartell der »organisierten Interessen« das jeweilige Potential erscheint, desto stärker belastet es das Gemeinwohl. Die größten Kostenposten, die zu einer wachsenden Gefahr für den Gesellschaftskonsens werden, erscheinen unter den Rubriken Sozialhilfe (inkl. Arbeitslosenunterstützung) und Zuwanderung. Hier wird freigesetzte und importierte Arbeit geparkt, die den Haushalt des Staates aufbläht, die Bilanzen der Unternehmen »verschlankt« und den »Shareholder Value« an den Börsen erhöht.

Die unsoziale Kostenschere verschärft sich durch zwei zusätzliche Aspekte. Zum einen entbrennt zwischen den Staaten ein globaler Steuerwettbewerb, indem sich die Unternehmen weltweit die verschiedensten Produktions- und Standortvorteile verschaffen. Zum anderen vollzieht sich innerhalb dieser Globalisierung ein Prozeß der Verdrängung und Fusion, der die schwächeren Drittweltfirmen zur Aufgabe und die »freigesetzte Arbeit« in die Verarmung oder Migration zwingt. Aber auch im Westen hat sich eine wachsende Pleitenwelle aufgebaut. Innerhalb dieser Welle zeigt der – oft pauschal gescholtene – Kapitalismus sein unschönes »Raubtier«-Gesicht. Unternehmen werden mit dem Zweck gekauft, ihre »Filetstücke« abzutrennen und weniger rentable Teile zu entsorgen, womit sich der Sozialhaushalt abermals erhöht.

Wie geschildert, hat dieser globale Vorgang das Weltbild der »Effizienz« und »Toleranz« erzeugt, dem sich inzwischen – unter anglo-ame-

..scher Führung – alle westlichen Gesellschaften unterwerfen. Der ..Itislam hat die ideologischen Chancen erkannt, die solches Denken der eigenen Expansionsstrategie bietet. Unter Führung der finanzstarken *Saudi-Connection*, die scheinseriöse Organisationen wie die Islamische Weltliga und sozial getarnte Radikalgruppen wie die Muslimbruderschaft kombiniert, hat sich in Europa schon seit den 90er Jahren eine vitale Islamisierung entfaltet. Der Fortschritt des Moscheebaus und die Unterstützung der islamischen Propaganda durch die europäische Politik könnten hier einen fundamentalen Wandel eingeleitet haben.

Jedenfalls gab es bislang keinen ernsthaften Versuch, den Islam auf seine Fähigkeit zur Religionsfreiheit abzuprüfen. Die Folge war eine kontinuierliche Radikalisierung der Islamvertretungen, die Deutschland zum bevorzugten Ruheraum der Extremisten gemacht hat. Dies hat ermutigende Wirkung auf die Islamisten überhaupt, die, wie im Jahre 2004 der Abzug der spanischen und philippinischen Kontingente aus dem Irak zeigte, mit ihrer Mischung aus Täuschung, Bedrohung und Terror bereits an so manchem Kabinettstisch mitregieren.

Die ausgeprägte Ideologisierung und Beeinflußbarkeit des deutschen Parteiensystems macht es zu einem attraktiven Partner der islamischen Expansion. Umso selbstverständlicher genießen die »gemäßigten Islamisten«, die türkische *Milli Görüsh* und der arabische »Zentralrat«, das Vertrauen der maßgeblichen Führungsebenen. Im »Leitkartell« der Parteien, Kirchen und Universitäten scheint man umso verbissener um ihre Gunst zu konkurrieren, je mehr Details über Demokratiefeindschaft, latente Gewaltbereitschaft und Verbindungen zu machtspendenden Islam-Netzwerken bekannt werden.

Besonders der Hamburger Kreis um den New York-Attentäter M. Atta sowie immer wieder auch der flinke »Kalif von Köln« exerzierten gekonnt vor, welche Freiräume sich gewaltbereite Islamisten durch die jahrelange Untätigkeit und »Toleranz« der deutschen Verwaltung verschaffen konnten. Welch extremer Aktionismus andererseits möglich ist, wenn die Ergebnisse ihrer Inkompetenz erkennbar geworden sind, zeigte wiederum der »Overkill« jener 17 Fahrzeuge, mit denen die Sicherheitsbehörden meinten, die Person des »Kalifen« rund um die Uhr observieren zu müssen.[206] Alle Justizebenen sind von den Parteien besetzt und dementsprechend beeinflußt. Davon ausgeschlossen ist auch nicht das Verfassungsgericht, dessen ehemalige Präsidentin sich vorstellen konnte, »schariatische Elemente in das Grundgesetz aufzunehmen«.[207]

Die Muslime haben keine Probleme, diese Lage zu ihren Gunsten auszubauen. Es bedarf lediglich gezielter Beeinflussung des deutschen Parteiengefüges, dessen enge Denkkapazität und Loyalität zumeist hinter Gefälligkeitsgutachten und »Fachkommissionen« verborgen bleiben. Der »Zentralrat« weiß diesen Mechanismus geschickt zu bedienen. In seinen »Wahlprüfsteinen« fordert er die Parteien zuweilen auf, ihre Einstellung zum Islam darzulegen. Es verwundert nicht, daß man nicht nur gehorsam antwortet, sondern auch ein aufschlußreiches Spektrum der eigenen »Islamizität« darbietet. Zwischen Grünen und CSU spannt sich ein Bogen abnehmender Unterwerfungsbereitschaft, der über die Jahre den Fortschritt widerspiegelt, den die Propaganda-Allianz aus »Vertretern« des Islam und des Parteienkartells bislang erzielt haben. Dieser Bogen verdeutlicht auch, daß die Parteienlandschaft sich ideologisch abstuft, aber *tendenziell proislamisch* nivelliert.

Dabei ist der Islam zwar eine wichtige, aber nicht die wichtigste Komponente des politischen Geschehens. Bedeutsamer scheint der Impulsgeber, der Macht/Geld-Faktor der »Volksvertreter«, der sie inzwischen, der Ladung eines physikalischen Kraftfeldes nicht unähnlich, gegen die Interessen der Bevölkerung zu »richten« scheint. Wie ernst diese Entwicklung zu nehmen ist, zeigen parteiinterne Spitzelsysteme, die für die Einhaltung und Kontrolle der Verhaltenscodes sorgen, um »Betriebsunfälle« in der Machtmaschine zu verhindern. Im Wettbewerb der »politischen Korrektheit« sichern sie Politkarrieren oder zerstören sie, wenn die Delinquenten hinreichend stören, d.h. vom Kodex abweichen.[208]

Das Hauptproblem der deutschen Gesellschaft ist – und hier trifft eine gängige Politfloskel zu – »nicht der Islam« (s.o. S. 152), sondern es ist ihre Parteienherrschaft, die den Muslimen und ihren »Repräsentanten«, das Land und seine Ressourcen verfügbar macht, solange es der Machtsicherung dient. Da das kurzfristige TV-Gedächtnis der Öffentlichkeit diese Machtaneignung kaum in Frage stellt, brauchen sich die Politakteure weder durch Kompetenz noch Verantwortung zu qualifizieren. Mit der Endlosfolge politischer Bühnenbilder, Personen und Texte hat sich das Parteienkartell inzwischen den medialisierten Staat angeeignet. So konnten auch die monströsesten Fehlleistungen im Sande verlaufen, wie unzählige Affären allein der Jahre um die Jahrtausendwende zeigten – von der Einstufung der Gegner der Rechtschreibreform als »Sicherheitsrisiko« bis hin zum Fall der Lkw-Maut, aus dem jeglicher Sachverstand sorgfältigst ferngehalten wurde.

Verschiedentlich hat man den dem System offenbar innewohnenden tendenziellen Zwang zu Täuschung und Kontrolle mit der sogenannten »unsichtbaren Hand« zu kaschieren versucht. Nach diesem liberalen Prinzip, das vom Ur-Ökonomen Adam Smith (gest. 1790) stammt, vollzieht sich in der Wirtschaft das Wechselspiel von Konkurrenz und Güterverteilung auf ganz natürliche, harmonische Weise. In bezug auf unsere »Volksvertreter« muß dieser Vergleich jedoch hinken, weil zwei wichtige Bedingungen außer Kraft gesetzt sind: freier Zugang zum und Wettbewerb im System. Da sich die Wenigen auf Kosten der Vielen bemächtigen und bereichern, erzeugt das System eine immer mächtigere und reichere Elite, die man auch *Kleptokraten* nennt, weil ihre Herrschaft auf widerrechtlicher Aneignung aufbaut (griech. *kleptein* = stehlen; *kratein* = herrschen).

3. Diener der »gerichteten Unschärfe«

Es muß nicht immer gleich bewußter Macht- und Gelderwerb sein, der die Akteure dazu bringt, sich kleptokratisch zu verhalten. Es genügt auch die dem System eigene, opportune »Leichtigkeit des Seins«, die viele Menschen magnetisch anzieht. Herrschaft an sich ist oft darauf angewiesen, sachbezogenes Denken außer Kraft zu setzen. Dieser wichtige Vorgang, den man *Ruption* nennt, kann den Ausbruch aus der geistigen Integrität und damit aus der sozialen Loyalität bewirken – die Basis der *Korruption*.[209] Wie gesehen, ist in der politischen Praxis das individuelle, kritische Urteil der Laufbahn nicht unbedingt zuträglich.

So überzeichnet solche Wertungen klingen mögen, so nachhaltig haben sie sich in der Vergangenheit bestätigt. Entsprechend frustrierend wirken sie auf diejenigen Akteure, die das politische System mit demokratischem und rechtsstaatlichem Leben füllen wollen. Stellvertretend für alle gesellschaftlichen Institutionen und Deutungsbereiche, die vom Parteienkartell beherrscht werden, stellen kritische Juristen für das deutsche Rechtswesen fest:

»Die politischen Parteien sind derzeit in der Lage, die Justiz unter permanentem Verstoß gegen die Verfassung mit Gefolgsleuten der eigenen Couleur auszustatten, und zwar umso ungenierter, je höher die Ämter sind ... Bei der Besetzung der höchsten Gerichte herrschen die Parteien uneingeschränkt ... Diese Günstlingswirtschaft erzeugt einen Geist in der Justiz, der sich der Politik und den Parteien verpflichtet fühlt«.[210]

So erschien es z.B. W. Hassemer, Vizepräsident des Bundesverfassungsgerichts, offenbar nicht erforderlich, zur Urteilsfindung über das Kopftuch im öffentlichen Dienst Sachverständige aus der Orientalistik als zuständiger Fachschaft zu bestellen. Daher konnte nicht erstaunen, daß ihm auch der Zugang zum Verständnis der ganz besonderen Position der Frau im Islam verschlossen blieb.

Deutlich wurde dies auch in seinem Vortrag über »Toleranz im Rechtsstaat am Beispiel des Islam«, den er im Februar 2004 vor Juristen in Wiesbaden hielt. Hier erschien »Toleranz« als Duldungsform, welche die deutsche Basisgesellschaft den Muslimen nahezu ungeteilt entgegenzubringen hat. Insofern deutete sich in seinem Falle die Gefahr der Ruption an, jener Trennung von geistigen und politsozialen Bindungen, die bereits M. Scheler (gest. 1928), Mitbegründer der Phänomenologie, einst als »Protest gegen alle bloße Wirklichkeit« beschrieb.[211] So erweckte Hassemer – absichtlich oder unabsichtlich – den Eindruck, daß auch das Rechtssystem des Islam keinen Wirklichkeitscharakter haben könnte:

»… und welcher Test sagt uns, welche Deutung in welcher konkreten Mischung der Wirklichkeit entspricht und welche in die Irre führt?«[212]

Diese scheinliberale Deutung erwies sich als klassisches Beispiel für unsere »*gerichtete Unschärfe*«. Da sich das bestehende Recht nicht als Deutungsrahmen der Wirklichkeit eignet, weil es zur Annahme abgelehnter Normen auffordert, kann ein Metadogma entstehen: Niemand hat das Recht, die Wirklichkeit nach irgendeiner Ordnung oder Richtung zu werten. Indem der Richter alles dem Einzelfall überließ, konnte er zum Metarichter werden, der auch unausgesprochen die neue Metaordnung in den Raum stellte. Mit keinem einzigen Wort erwähnte Hassemer das Recht des Islam, das den Kern dieser politischen Religion ausmacht und jeden islamischen Staat, jede islamische Gemeinschaft prägt. Da die Scharia, wie die Muslime ihr Recht nennen (arab. *shari'a* = Weg), darauf ausgelegt ist, andere Rechtssysteme zu verdrängen, ist sie gerade für die verfassungsrechtliche Beurteilung von Toleranz und Religionsfreiheit im Westen von zentraler Bedeutung.

Unter Umständen nicht so für den Vizepräsidenten des Bundesverfassungsgerichts, der Allahs Gesetz und seine Diskrepanzen zu Rechtsstaat und Demokratie als Leerstelle behandelte. Indem er es mit dem gängigen Kommentar zur Religionsfreiheit im Rechtsstaat zum Bestandteil der Religion machte, könnte er sich von den Normen des eigenen Rechts abgenabelt und die *Ruption,* den Bruch mit der alten und die Hinwendung zu einer neuen Ordnung und Loyalität vollzogen haben:

> »Die Bundesrepublik Deutschland ist ein solcher Staat. Sie garantiert den Bürgern im Grundgesetz Glaubens- und Bekenntnisfreiheit (Art. 4) und den Religionsgemeinschaften Freiheit und Hilfe (Art. 140 GG i.V.m. Art. 136ff. WRV); sie verbietet sich eine Staatskirche, entlässt die Religionen aber nicht in die Kälte einer laizistischen Trennung vom Staat, sondern kümmert sich vielfältig um ihren Bestand und ihr Überleben; sie verpflichtet sich, in Glaubensdingen neutral zu sein, die Religionen gleich zu behandeln, und unterwirft sich einem strengen Diskriminierungsverbot.«[213]

Da demgemäß für Hassemer die Scharia zur Religion gehört, muß der Staat also ihr Überleben sichern und sie gegen Diskriminierung schützen. Offenbar darf er ihre Anhänger zur Loyalität gegenüber seiner Rechtsordnung nicht verpflichten,[214] denn »es geht nicht an, fremde Religionen einer scharfen Befragung zu unterziehen«.[215] Wer sie dennoch fordert, gerät – wie auch der Verfasser dieses Buches selbst – in des Richters proislamisches Fadenkreuz. Indem dieser den absoluten Geltungsanspruch der Scharia offenbar nicht erkennt, übt er unfreiwille Loyalität zu diesem Recht. Zwangsläufig gerät er damit auch in die Nähe des sektenhaften Denkens der islamischen Gemeinschaft, die Islam-Analysen eben »nicht analytisch, sondern rhetorisch, verschwörungstheoretisch, aufrüttelnd, missionierend, normativ« empfindet.[216]

Weil es letztliche Wahrheit nicht geben kann, haben die Menschen zu allen Zeiten nicht nur Kriege geführt, sondern sich auch um Ausgleich in der ihnen zugänglichen Welt bemüht. Erinnerungen daran, diese Fähigkeit verloren zu haben, durchwehen durchaus den Text des Juristen, scheinen den Leser allerdings auch auf seinen ungeduldigen Gestaltungswillen gegen die Mehrheitsinteressen vorzubereiten: »Diesen Test gibt es nicht, und wir haben weder die Zeit noch auch nur einen Grund zuzuwarten, bis er endlich erfunden sein wird.«[217]

Damit kann es weder auf Wissen ankommen, noch auf den sachlichen Ausgleich zwischen Gegensätzen – Rechtsstaat versus Scharia –, geschweige denn den politsozialen Ausgleich zwischen der Basisgesellschaft und ihrem »*Leitkartell*«. Die verlorene Fähigkeit zum demokratischen Kompromiß hat Volksbefragungen zur eigenen Zukunft zur Zumutung werden lassen, so daß überraschen muß, wenn Ansprüche an das »Leitkartell«, den eigenen Rechtsbestand zu wahren, überhaupt noch »beunruhigend« wirken:

»Sie transportieren einen schweren Vorwurf insbesondere gegenüber denjenigen, die rechtzeitig gegensteuern müßten, es aber aus Verblendung, Feigheit oder Kumpanei nicht tun.«[218]

Der Mangel an Beruhigung kann wiederum aus dem Islam gedeckt werden, der – um die Gemeinsamkeit des schariatischen Rechts reduziert – in die üblichen »Dialog«-Facetten zerfällt und damit nahtlos an die unverbindlichen »Mischungen der Wirklichkeit« anschließt. So enthält z.B. der Ruf des Muezzin ein Glaubensbekenntnis, das sich gegen alle Nichtmuslime richtet und damit bei jedem Gebetsruf die Gefühle der Andersgläubigen verletzt. Außerdem bedeutet es im bekenntnisfreien Staat einen Verstoß gegen die negative Glaubensfreiheit. Im öffentlichen Raum braucht sich niemand irgendwelche Religionsinhalte aufzwingen zu lassen – auch nicht das Kruzifix. Hierauf hingewiesen, wich Hassemer der Sachdiskussion aus: Da der Gebetsruf auf Arabisch erfolge, könne er – wörtlich: »Allah sei Dank« – von der Bevölkerung kaum verstanden werden. Dieser »Wertung« nach hatte es den Anschein, daß der Sachverhalt für die Beurteilung der Rechtslage eher von geringerer Bedeutung war. Sollte sie indes Schule machen, würde dies allerdings auch bedeuten, daß nicht verstandene Inhalte zu geltenden Normen werden könnten. Indem die Mehrheit des Verfassungsgerichts (5:3) die Entscheidung über Sein oder Nichtsein des Kopftuchs an die Länder verwies, nahm dieses einen im Grunde unnötigen proislamischen Wettbewerb in Kauf, der unser Prinzip der »*gerichteten Unschärfe*« auch auf der institutionellen Ebene bestätigt. Im Kampf um interkulturelle Liberalität erscheint es wenig »modern«, von den muslimischen Lehrerinnen weltanschauliche Neutralität zu verlangen. Deren Kopftuch wird ohnehin nur als »Spitze des Eisbergs« gesehen.[219] Auch ihr Amt soll nicht dem Gemeinwohl der Kinder, sondern dem Willen der »Volksvertreter« dienen, den Islam als authentische Gemeinschaft zu installieren.

Diese Gemeinschaft fußt wiederum auf ihrem eigenen Recht, innerhalb dessen die Verschleierung der Frau eine zentrale Rolle spielt. Was der westlichen Multikultur als »Selbstverwirklichung« erscheint – die weibliche Verhüllung – ist aus Sicht der Scharia ein unverzichtbares Signal für ein unverzichtbares Recht: das Recht der Frau auf Gehorsam gegenüber dem Mann.[220] Die Religionsfreiheit soll eine männliche Dominanz ermächtigen, die es zwar im Islam, jedoch (noch) nicht im deutschen Rechtskodex gibt.

Zugleich soll sie der Lehrerin die »Entscheidung« über das Kopftuch überlassen, womit sie im islamischen Recht nicht nur verbleiben kann, sondern muß. Denn danach darf die muslimische Frau den öffentlichen Raum nur verhüllt betreten, insbesondere wenn dieser – wie bei der Lehrerin – zum nichtislamischen Rechtsbereich gehört. So kann nicht verwundern, daß die Scharia im Vortrag des Vizepräsidenten nicht vorkam. Das »Urteil« seiner Kammer hat die schwierige Klippe der weiblichen Gleichberechtigung erfolgreich umschifft. Es schuf die Unschärfe, die man für den proislamisch gerichteten Wettbewerb braucht. Der Verfassungsjurist Isensee kommentiert den Sachverhalt aus rechtsstaatlicher Perspektive:

> »In der offenen Gesellschaft der Verfassungsinterpreten ist ein Überbietungswettbewerb entbrannt, wer der muslimischen Lehrerin noch mehr Bekenntnis- und Bekleidungsfreiheit in der Schule zuspricht … Dem Sieger winkt die Palme der multikulturellen Offenheit, der Progressivität, der Toleranz. Man mag beinahe bedauern, dass der interpretatorische Aufwand für ein schlichtes Kopftuch erfolgt und nicht für die Totalverschleierung der Lehrerin im Unterricht, die umfassende Emanation religiös begründbarer Bekleidungsfreiheit. Der heilige Grundrechtseifer beschränkt sich freilich auf den Religions- und Kulturimport des Islam.«[221]

Der »heilige Grundrechtseifer« ist einer der Hauptkanäle, durch den der Religions- und Kulturimport stattfindet. Ein zweiter ist der Mythos vom »toleranten Islam«. Ihn legte der CDU-Politiker F. Pflüger in seinem kaum dokumentierten, plakativ betitelten Buch »Ein dritter Weltkrieg?« zugrunde. Hier wird ein Glaubensbekenntnis zu den wesentlichen, inzwischen eingeschliffenen »Dialog«-Schablonen abgelegt. Zugleich bewegt man sich innerhalb des »Dialog«-Zitierkartells, dem auffällig viele Nichtorientalisten angehören.

Im Zentrum des Mythos steht die islamische Kultur von Cordoba, die aus Dialogsicht als Wiege der europäischen Kultur gilt. Danach hätten ohne ihre Mittlerrolle westliche Wissenschaft, Toleranz und Modernität kaum entstehen können. Unerwähnt bleibt dabei, daß die größten Philosophen Andalusiens hart unterdrückt wurden, weil ihr unabhängiger Geist sich dem vereinheitlichenden Rechtsdenken nicht unterwarf.

Immer wieder wird – zu Recht – die christliche Intoleranz hervorgehoben, wobei indes zwei wesentliche Aspekte unerwähnt bleiben. Zum einen hat die klerikal legitimierte Gewalt nichts mit dem christlichen Gedanken zu tun, zum anderen wurde die cordobesische »Toleranz« durch die Auspressung der christlichen Bauern finanziert. Im weiteren erfahren wir ebenso vom einzigartigen Zusammenleben von Muslimen und Juden, als dessen Zeuge und Garant der größte spanische Jude überhaupt, der Philosoph und Arzt Maimonides (gest. 1204), angerufen wird. Daß auch Pflüger – wie viele, welche die Produkte des »Dialogs« ungeprüft übernehmen – von Absurditäten nicht verschont bleibt, zeigt die groteske Diskrepanz zur Wahrnehmung des großen Denkers selbst:

> »Ihr wißt, meine Brüder, dass Gott uns um unserer Sünden willen mitten unter dieses Volk zerstreut hat, das Volk des Ismail (Araber), das uns unnachsichtig verfolgt und auf Wege sinnt, uns zu schaden und zu entwürdigen … Kein Volk hat jemals Israel mehr Leid zugefügt. Keines hat es ihm je gleichgetan, uns zu erniedrigen und zu demütigen. Keines hat es vermocht, uns zu unterjochen, wie sie es getan haben.«

Die Unterdrückung und Vernichtung der Juden ist das Ziel des Islam geblieben, wie eine der wichtigsten zeitgenössischen Autoritäten, der Azhar-Scheich und Mufti von Ägypten, Muh. Tantawi, betonte. In bezug auf Israel bestand für ihn – wie für alle führenden Rechtsgelehrten auch – kein Zweifel daran, »daß man zu den Lehren des Islam zurückkehren müsse, um den Feind Allahs zu bekämpfen und die heilige Erde von den Juden zu reinigen«. Demgemäß erließ er ein Gutachten (Fatwa), dem zufolge Attentäter gerade dann auch als Märtyrer gelten müßten, wenn bei ihren Anschlägen jüdische Frauen und Kinder in den Tod gerissen würden. Statt dessen wird in Pflügers Buch ausgeblendet, daß die Täuschung Teil des islamischen Glaubens ist, und somit werden auch diejenigen Aussagen Tantawis berücksichtigt, die in das eigene proislamische Weltbild passen:

»Der Islam ist gegen alle Formen und Facetten des Terrorismus ...
Wir sind nicht damit einverstanden, daß sich jemand inmitten un-
schuldiger Menschen, Frauen und Kinder in die Luft sprengt ... Eine
harte Strafe wartet auf diejenigen, die den Menschen Unrecht tun
und Unheil auf Erden verbreiten.«[222]

Unschwer läßt sich auch bei Pflüger eine besonders ausgeprägte »*gerichtete Unschärfe*« ausmachen, die alle ideologischen Hindernisse präzise umkurvt. Bei Inanspruchnahme von Fachberatung hätte er leicht erkennen können, daß nach islamischer Doktrin Muslime Menschen sind,
die in bezug auf Nichtmuslime allein durch ihren »Glauben« weder Unrecht tun noch Schuld auf sich laden können. Demgemäß sind sie nicht
nur legitimiert, sondern verpflichtet, das Tun und Lassen der Nichtmuslime als Unrecht bzw. Schuld zu bekämpfen, wann und wo immer sie
über dazu ausreichende Kräfte verfügen. So stand für Tantawi auch außer
Zweifel, daß die über Tausende von Kilometern führende Besetzung
Spaniens im 8. Jahrhundert ein Akt der Verteidigung war, weil allein die
Existenz der dort versammelten Nichtmuslime einen zu bekämpfenden
Affront bildete. Daß dabei natürlich damals wie heute die Juden im Zentrum der Vernichtung stehen müssen, machte der Mufti unmißverständlich klar.

Indem er sich dabei auf Hitler und dessen »Mein Kampf« bezieht, erlangt er als Gewährsmann Pflügers eine bemerkenswerte Qualität: »Indem ich mich der Juden erwehre, kämpfe ich für das Werk des Herrn«,
zitiert Tantawi den deutschen Diktator und macht auf für den deutschen
Politiker unangenehme Weise klar, wie wichtig es für ihn gewesen wäre,
sich über die gängigen, proislamischen Hofschreiber und ihre Zitier-
kreise hinaus über sein Thema zu informieren. Indem er das »Werk des
Herrn« – so wie es Hitler verstand – in Kauf nimmt, nähert sich Pflüger
unweigerlich – zweifellos ohne jede Absicht – auch jener »Herrenmoral«
Nietzsches an (s.u. S. 275, Anm. 270), welche diesen für die Nazis u.a. so
attraktiv gemacht hat.

Pflüger wie Hassemer mögen als zwei Beispiele für alle diejenigen
»Diener der Unschärfe« gelten, die bei sorgfältigerer Prüfung und Bera-
tung zu einem ausgewogeneren, weil sachlicheren Urteil gekommen
wären. Auf diesem Wege fortschreitend, könnten sie sich Merkmale einer
Herrschaftsform aneigen, die Kontrollen des eigenen Handelns zurückdrängt und damit das Entstehen undemokratischer Tendenzen begünstigt. Wie andere nach oben offene Systeme der Vergangenheit erzeugt

eine solche Herrschaftsform auch einen charismatischen Wettbewerb, der einen umso schnelleren Aufstieg in umso höhere Ämter bewirkt, je unbeirrter die Probanden sich für die Zielvision, sozusagen »das Werk ihres Herrn« einsetzen.

Abgesehen von diesen Beispielen kann generell davon ausgegangen werden, daß das deutsche »Leitkartell« für neue Normen offen ist. Zwar verstoßen geistige und materielle Korruption trotz zunehmender »Liberalität« immer noch gegen akzeptierte Leitlinien, doch scheint sich im Schatten einer zurückweichenden Demokratie eine alternative Ordnung einrichten zu können. Die Parteien arrangieren sich neu auf einer denkerisch korrumpierten Ebene, auf der man die Institutionen – wie das Verfassungsgericht – besetzt und sich eigene Gesetze mit neuen Bindungen schafft. Während wir die beiden Beispiele ausdrücklich ausnehmen, stellen Juristen bedenkliche Entwicklungen fest: Je enger die Verknüpfungen ideologischer und materieller Vorteile werden, desto exklusiver auch die Teilnehmer, die sich in hochdiskreten Organisationsformen zusammenfinden.[223] Interne Hierarchie, Gehorsam, Vertrauen und eiserne Verschwiegenheit erlangen eine Verbindlichkeit, die keine Ausnahme duldet.

Nach H. von Arnim bilden sich hier ordensähnliche Kreise, die in regelrechten Initiationsriten nur bewährte, absolut loyale Kräfte zulassen. Über viele Jahre müssen sie einen unbeugsamen Kadavergehorsam bewiesen haben, um als neue »Eingeweihte« in den Gestaltungsbereich des (noch) Illegalen aufgenommen zu werden:

> »Das Ausweichen in den Untergrund fördert seinerseits das Entstehen eines ganz neuen hintergründigen Systems ... Da staatliche Sanktionen bei Verletzung der Schattennormen ausfallen, werden zur Sicherung des hintergründigen Systems verschworene Kreise gebildet (»Cliquen«), in die nur Personen aufgenommen werden, die sich »bewährt« haben ... Hohen Priestern (oder auch der Mafia) gleich werden Regeln zelebriert, von denen der durchschnittliche Bürger normalerweise keine Ahnung hat.«[224]

Solcherart Erwählte sind die Architekten einer neuen Gesellschaft, die mit scheinliberaler Ethik eine doktrinäre Praxis schaffen. Was sich hier bislang auf deutscher Ebene hat etablieren lassen, kann in Abstufungen auch für die anderen Länder der EU angenommen werden. Sie alle basieren auf gewachsenen, nationalen Strukturen mit Bevölkerungen, die der Parteienmacht in unterschiedlichem Beharrungsvermögen im Wege stehen. Die EU selbst ist ein Verbund dieser Staaten, der von solchen Hemmnissen weitgehend frei ist. Auch das Machtkartell der türkischen Eliten hat vielfach bewiesen, im Umgang mit mafiosen Praktiken jedem Wettbewerb gewachsen zu sein. Sie wollen ihren Staat nun in den europäischen Staatenbund einbringen. Es sollte sich also lohnen, die EU selbst in den für uns wichtigen Aspekten in die Betrachtung einzubeziehen.

4. EU – Legales und Illegales

Allerdings kann schon ein Blick auf das »System« der Europäischen Union offenbaren, daß es noch undemokratischer als das deutsche Parteienkartell ist. Jedes demokratisch orientierte Politsystem sollte schon von seiner Struktur her klar und ohne Schwierigkeiten definierbar sein. In der intakten Demokratie sind die Institutionen darauf ausgelegt, ausgleichend und überschaubar zu funktionieren. Nicht so in der EU, die eher das Gegenteil des herkömmlichen Systems darstellt. Obwohl sie über keine klar umrissenen Strukturen verfügt, übt sie umso klarere Wirkungen, d.h. eine enorme politische Macht aus. Dabei sind nicht nur ihre Konturen schwach, sondern besonders schwierig zu lokalisieren, wenn es um die wichtigste Frage überhaupt geht: die Zuordnung der Machtausübung.

Mit anderen Worten: Nach einhelliger Meinung der Politikwissenschaft ist die EU ein Gebilde, das immense und ständig weiter wachsende Macht ausübt, obwohl sich keine klaren Institutionen, kein fest umrissenes Machtzentrum und damit keine demokratische Legitimation feststellen läßt.[225] Wie wollen aber die Akteure, die dabei angeblich »Verantwortung« tragen und sich alle »aufgeklärte Demokraten« nennen, eine solche »Struktur« vertreten und überzeugend auf immer mehr Staaten ausdehnen?

Wie in der Betrachtung der deutschen Parteien, so müssen wir auch bei den EU-Mechanismen etwas weiter ausholen, werden dabei aber für die Beurteilung unserer Grundfrage – Sinn und Unsinn des türkischen Beitritts – belohnt werden. Nur bei Kenntnis beider Faktoren – Turkislam und Europolitik – läßt sich einschätzen, unter welchen Kriterien sich die Positionen und Verhandlungsperspektiven zueinander stellen. Angesichts der Komplexität, die unser Thema bislang hat erkennbar werden lassen, reicht es offenbar nicht, sich mit den Floskeln von der »säkularen Türkei« und dem »Frieden des Islam« zu begnügen.

Eher könnten sie Parallelen zur Strukturschwäche der EU ahnen lassen. Ähnlich deren Konturarmut mangelt es auch der proislamischen Ideologie an strukturellem Wissen. Dieses Defizit könnte sie dazu verleiten, ihr turkislamisches Beitrittsprojekt mit wenigen Sprachschablonen umso doktrinärer durchsetzen zu wollen. Die Parallele besteht in der Erzeugung von Macht durch Mehrdeutigkeit, die allerdings Methode besitzt, weil sie eine – vorteilhafte – Demontage des Gemeinwohls bewirkt. Der Unschärfetrend dieses Geschehens ist offensichtlich ein wesentliches Merkmal im Entstehen von Macht überhaupt und wird uns daher immer wieder begegnen.

Zur Erinnerung: »*gerichtete Unschärfe*« bedeutet, daß innerhalb eines Systems, das flexibel gestaltbar erscheint, Rahmenbedingungen eingehalten werden, die eine selbstlaufende, gerichtete Tendenz bewirken. Zum Beispiel erzeugte man mit dem Begriff des »Dialogs mit dem Islam« den Eindruck eines Gesprächs, das über den Abgleich von Sachargumenten zu einem ausgewogenen Interessenausgleich gelangt. Das faktische Ergebnis der zunehmenden Radikalität und Ghettobildung verdeutlicht, daß innerhalb der »*gerichteten Unschärfe*« die Unzahl der ausgetauschten Argumente irrelevant war, weil ihre Richtung von vornherein feststand. Wir haben es hier mit einer zeitverschobenen Mischung aus liberalen und radikalen Elementen zu tun, die sich aus einer kurzfristigen *Scheinfreiheit* zu einem langfristigen, immer deutlicher werdenden *Zwangseffekt* verdichten.

Im Turkislam dominierte der radikale Anteil traditionell, indem die Oligarchie – in wechselnden Allianzen mit dem Islam – die Herrschaft kurzfristig, also mehr oder minder despotisch, sicherte. Wesentlich »liberaler« schaltet sich diese Mischung im deutschen Staat. Allerdings brauchte hier das Parteikartell den Langzeiteffekt, um die Institutionen besetzen, die Gewaltenteilung aushebeln, die öffentliche Meinung manipulieren und die demokratische Mitbestimmung verhindern zu können. In der EU scheint dieses Prinzip ein vorläufiges Optimum – zumindest von der Größe her – erreicht zu haben, indem es umso konkretere Macht ermöglicht, je unschärfer die Strukturen werden.

Diese sind mit Kommission, Ministerrat und Parlament dementsprechend schnell umschrieben. Die Kommission besteht aus 20 Personen, die zwar adelsähnlich residieren, allerdings in regelhafter innerer Zerstrittenheit mit dem Ministerrat stehen. Das »Parlament« hat beiden gegenüber keinerlei Befugnisse und strebt sie auch kaum an, weil man sich inzwischen in einer Nische komfortabler Inkompetenz eingerichtet hat.

Keines der drei Organe unterliegt irgendwelchen wirksamen Kontrollen.

Während diese »Konstruktion« natürlich zu Korruption einlädt, von der noch die Rede sein wird, erzeugt sie zunächst und vor allem das Phänomen der illegitimen Macht. Denn in einem Umfeld der kontrollfreien Unschärfe sind weitreichende Zugeständnisse der Mitgliedsstaaten erforderlich, um auf europäischer Ebene überhaupt zu Entscheidungen kommen zu können. Die Nationen verzichten auf Souveränität zugunsten eines undemokratisch agierenden Gebildes. Umgekehrt können die Mitgliedsstaaten über diesen Hebel europäische Macht ausüben, indem sie möglichst geringe Kompromißbereitschaft aufbringen.

Auf diese Weise haben sich die klassischen Diplomatiemächte – Frankreich und England – sowie hartnäckige Verhandler – Spanien und Italien – Vorteile verschafft, die hauptsächlich von Deutschland finanziert werden. Bevor wir hierauf eingehen, sollten noch weitere Aspekte angefügt werden, die zur *gerichteten Unschärfe* beitragen. Hier geht es zunächst um die *Wirkweite* der jeweils diskutierten Maßnahmen und Schritte zur europäischen Einigung. Das heißt konkret, daß man dem berühmten »faulen Kompromiß« regelmäßig den Vorzug gegenüber der mutigen Reform gibt. Letztere ist im übrigen ohnehin umso weniger erforderlich, je mehr man sich am Gemeinwohl orientiert.

Erneut macht sich die sachliche Horizontverengung geltend. Weil man intellektuell nur zur Erfassung schrumpfender Zusammenhänge fähig war, verlegte man sich der Not gehorchend auf die »Politik der kleinen Schritte«. Sie mußte mangels Konzepts immer wieder korrigiert, modifiziert und repariert werden, bis sie ihre heutige »Form« als unkenntliches Flickwerk erreichte. Als Folgeprodukt zeigte dieser Ablauf die Eigenschaft, sich in immer erratischeren Phasen des »Stop and Go« zu vollziehen, im unregelmäßigen Wechsel zwischen blockierender Stagnation und hektischem Aktionismus.

Durch die Attraktivität der Europa-Ämter – Vergabe hoher Finanzmittel und beste Bezahlung – hat sich dieses Flickwerk zu einem überaus hungrigen Organ entwickelt. Ständig verlangt es nach neuer Finanznahrung und beginnt fatale Ähnlichkeit mit der orientalischen Tributmaschine anzunehmen. Auch der kollektive Rücktritt der Kommission, der durch eine selbst für EU-Verhältnisse unerträgliche Betrugshäufung im Jahre 1999 erzwungen wurde, hinterließ keine bleibende Wirkung. Dabei haben stereotype Schlagworte – europäische Einigung, Wirtschaftsintegration, Globalisierung etc. – längst ebenso gebetsmühlenhaften

Charakter angenommen wie »Toleranz«, »Frieden« und »Respekt« in der Islamdiskussion.

Die *gerichtete Unschärfe* kann somit auch in beiden Bereichen ähnliche Effekte erzielen. Je undifferenzierter der Islam als Institution des »Friedens« vermarktet wird, desto unbehelligter können sich seine Gewaltstrukturen etablieren. Je weniger Zeit die Türken zu Kompromißbereitschaft und Leistungsnachweisen aufbringen wollen, desto günstiger müssen die »Fortschrittsberichte« der EU-»Architekten« werden. Und je unkontrollierter sich somit die strukturlose Macht in Brüssel etabliert, desto mehr Souveränität müssen die angeschlossenen Staaten aufgeben. Ob auch eine EU-Türkei dieser Mechanik folgen wird, ist Gegenstand unserer Schlußbetrachtung.

Die Verluste aus diesen Prozessen werden an die Bürger weitergereicht – vor allem durch Erhöhungen von Abgaben, Streichungen im Sozialen und Beschneidungen von Grundrechten. Die Liberalisierung der Wirtschaft und Deregulierung ihrer Strukturen nimmt dabei die oberste Priorität ein. Gerade wegen ihrer Folgen – Abbau von Arbeitsplätzen und Sozialleistungen – muß sie den Menschen als die langfristig bessere Lösung vermittelt werden.

Eine mindestens ebenso prominente Rolle spielt in diesem Kontext die »Toleranz«, die eine durch die weltweite Produktionsausweitung ausgelöste Migration erleichtert. Die massive Zuwanderung deutschen Stils kann dabei nur durch eine konsequente Propaganda gesichert werden, die einen gesteigerten Verzicht der Bürger auf finanzielle Leistungen und demokratische Rechte erzwingt. Ihre Auswirkungen in der Zuwanderung bringen wir in Kürze zur Sprache.

Im Europrozeß verbinden sich wirtschaftliche und kulturelle Liberalisierung zu einem Tandem, das von der *gerichteten Unschärfe* direkt abhängt. In allen Kontexten ist die Rede von »unumkehrbaren Prozessen«, deren Komplexität eine Kontrolle, geschweige denn Eingriffe verbietet. Solche Aussagen werden besonders von Staatschefs gemacht, die über ganz erheblichen Einfluß verfügen. Obwohl Einzelmaßnahmen demnach sinnlos sind, bilden sie dennoch eine ansteigende Flutwelle der offiziellen Regulierung. Die Zahl der Gesetze und Verordnungen in Deutschland nähert sich den 30 000, die der EU den 80 000. Im »Dialog mit dem Islam« finden zahllose Treffen statt, welche die Standardfloskeln vom gemeinsamen »Frieden« zelebrieren. Wie es hier immer wieder heißt, ist diese Religion von solcher Vielfalt, »daß es den Islam eigentlich nicht gibt«. Dennoch breitet er sich – unter zumeist islamistischen

Führungen – in Europa vital aus. Es kommt daher die Frage auf, welcher Art »eigentlich« die Diskrepanz zwischen den Gebetsmühlen der »unumkehrbaren Prozesse« und der konkreten Macht ist, die sich kontrollfrei in Parteiklassen, supranationalen Konzernleitungen, universitären Zitierkartellen und islamistischen »Vertretungen« entfaltet. Oder anders gefragt: Ist diese Diskrepanz eine Systemschwäche oder das System selbst? Ist sie vielleicht sogar eine erwünschte Qualität, die möglichst ungestört wirken und eine neue Realität bewirken soll?

In der Politikwissenschaft wird hier dem sogenannten »funktionalistischen« Modell der Vorzug gegeben. Es besagt, daß sich der Gesamtprozeß weniger nach dem direkten Ausgleich von Vor- und Nachteilen bestimmt, sondern nach der *Hoffnung* auf einen indirekten Anschlusseffekt, der sich in einer freien *Richtung* auf angrenzende gleich- oder übergeordnete Bereiche fortsetzt. Mit anderen Worten: Es soll auf eine Analyse verzichtet werden, um sich den gerichteten Prozeß ungehindert entfalten zu lassen. Im EU-Kontext soll es bedeuten, daß durch Entwicklungsschübe in der bestehenden Gemeinschaft und Beitritte weiterer Länder neue Ebenen und Qualitäten der Kooperation entstehen, die sich fortlaufend verstärken und vernetzen. Im Islamdialog setzt man auf die gleiche Wirkungskette, die man allerdings ideologisch schützen muß, weil die dortige Kluft zwischen Wunsch und Wirklichkeit eine Integration verhindert.

Wenn oft genug der Koranvers wiederholt wird, dem zufolge es »keinen Zwang im Glauben« gibt,[226] könnte, so wird offenbar angenommen, der Effekt entstehen, daß die Muslime die Religionsfreiheit einführen. Da wir es aber mit einer dauerhaften *Richtung* zu tun haben, und die Muslime aufgrund ihres Rechts die Religionsfreiheit ablehnen, ist damit zu rechnen, daß die Europäer die *Religionsunfreiheit* einführen, indem sie auf die Selbstorganisation der Muslimgemeinschaft »hoffen«.

Hinreichend geduldig wiederholt und durch Codes »korrekten« Verhaltens gestützt, lassen sich fiktive Floskeln also durchaus in faktische Formen der Macht bringen. Der Transfer der Souveränität von den EU-Mitgliedsstaaten auf die EU hat dort nicht zu entsprechenden Institutionen, sondern zu fast kontrollfreier Macht geführt. Der verbale Transfer von »Frieden« in die muslimische Gemeinschaft hat dort faktisch die radikalen Elemente gestärkt. Der Transfer der Menschen von den *Gecekondu* in die türkischen Kulturkolonien Deutschlands hat dort nicht zu deren demokratischer Integration geführt.

Eher konnten sich aggressive Führungskader bilden, die ebenso kontrollfreie Macht auszuüben beginnen wie ihre deutschen Kartellhelfer.

Die Freiheit von Kontrolle tritt hier besonders zutage, indem sich die Turkislamisten der *Milli Görüsh* in aller Ruhe ausbreiten, obwohl – oder vielleicht weil – sie sicherheitspolitisch als »staatsfeindlich« eingestuft werden. So könnten Kontakte zur Islamistenszene bald zu den Standardqualifikationen der »Islamberater« gehören, wie im Falle der Staatskanzlei in Baden-Württemberg, die jede Warnung des Verfassungsschutzes als politische Zumutung zurückwies.[227]

Ähnlich lassen sich die Korruptionsvorgänge innerhalb der EU-»Strukturen« deuten. Hier hat sich eine Betrugsdynamik entwickelt, die den Akteuren selbst schützenswert, den Bürgern, die sie bezahlen müssen, zunehmend fragwürdig erscheint. Die Methode ist simpel und seit vielen Jahren aus der Wirtschaft bekannt. Man nimmt eine Rechnung oder sonstige Kostenposition, erhöht sie um eine bestimmte Prozentzahl, die sich nach dem realisierbaren Betrugsfaktor richtet und verteilt den Gewinn unter den Beteiligten, zumeist den Bestellern von Lieferungen und Leistungen. Allerdings gelingt es in der »normalen Praxis« nur selten, diesen Faktor auf Sätze um 50 Prozent zu treiben, wie sie in der EU-Kommission üblich sind.[228] Umso leichter ist es, sich derer zu entledigen, die solche Betrugsgeschäfte aufdecken. In der EU-Administration werden sie nicht nur – wie die Staatsschützer in Deutschland – gerügt, sondern in aller Regel entlassen. Die Gehälter der Beamten erlangen dadurch eher den Charakter von Schweigegeldern.

Da die mit Abstand größten Kostenposten der EU die Subvention der Landwirtschaft und die »Strukturförderung« sind, bilden sie auch die ergiebigsten Sammelbecken für korruptionsbereite Mitspieler. Die Beispiele, die im Lauf der Jahre – als winzige Spitze eines kolossalen Eisbergs – in die Öffentlichkeit gelangten, sind Legion. Die Förderung strukturschwacher Gebiete gilt als besonderes »Hochrisiko« für Betrug und Bestechung, weil es oft die Vertreter der neu beigetretenen Länder selbst sind, die teilweise sogar die Korruptionsdynamik der Kommission in den Schatten stellen.

Exportstützen, Stillegungsprämien und Produktionsanreize aller Art erzeugen einen Dschungel von Verordnungen, die zu verstehen und auszunutzen sich eine eigene Spezies von Experten gebildet hat. Sie stehen den Büros und Lobbyisten der Unternehmen, Behörden und Organisationen zur Seite, die ihre Interessen in den Planungs- und Finanzierungstöpfen der EU optimal plazieren wollen.

»Nirgends in Brüssel sitzen so viele skrupellose Geldvernichter wie im Agrarrat«, lautet das ernüchternde Fazit von EU-Analytikern, die eine unfreiwillige Parallele zur Globalisierung ausgemacht haben. So wie dort langfristig mit einer Spaltung der Weltgesellschaft in 20 Prozent Besitzende und 80 Prozent Besitzlose gerechnet wird, vereinigen in der EU bereits heute 20 Prozent der Landwirte 80 Prozent der Agrarsubventionen auf sich. Damit könnte sich das »moderne« Wirtschaftssystem Europas schon wieder auf dem Rückweg ins vormoderne Lehnswesen befinden. Immerhin sind es die Großgrundbesitzer, die hier besonders profitieren und damit ihren türkischen Kollegen sympathisch werden, die nicht von ungefähr hohe Mittel in die Beitrittskampagne der Türkei investieren.

Bei nur einem einzigen Prozent abgelehnter Fusionsanträge profitieren ebenso mehrheitlich die Großunternehmen. Sie haben sich zu globalen Mächten entwickelt, die souverän entscheiden, ob und wo sie investieren und Steuern zahlen wollen. In ihrem Auftrag erstellen Wissenschaftler Gutachten, die in jede Planung passen, wobei auch Politiker, wie man zuweilen mit dem Schlagwort »VW-Schröder« verdeutlichen wollte, offenbar den Charakter von Angestellten annehmen können.

In diesem Ausleseprozeß ist ein Zusatzfilter eingebaut, der den Finanzier Deutschland benachteiligt. Zum einen stellt es relativ zur Bevölkerungsgröße im Parlament weitaus weniger Abgeordnete als jedes andere Mitgliedsland. Zum anderen – und dies ist von entscheidender Wirkung – ist es unverhältnismäßig schwach in der Kommission und den wichtigen Ausschüssen vertreten. Dabei legen die Deutschen offenbar selbst kaum Wert auf angemessene Repräsentanz. Als ihre Vertreter entsenden sie bevorzugt dilettantische Lobbyisten und drittklassige Politiker. So verwundert es nicht, daß in den wichtigen EU-Projekten die deutschen Interessen am wenigsten und in den EU-Wettbewerbskontrollen die deutschen Unternehmen am häufigsten vorkommen.

Da Deutschland ein Drittel der gemeinschaftlichen Wirtschaftskraft stellt und somit schon immer »Hauptkuh« der EU war, wird es auch bevorzugtes Ziel der Hauptprofiteure – Frankreich und Spanien – bleiben. Durch verstärkte Deregulierung der deutschen Potentiale – Arbeitsrationalisierung, Sozialversicherung, Gesundheitsvorsorge – lassen sich noch ganz erhebliche »stille Reserven« anzapfen. Deren weiteres Ausschlachten wird dem gesellschaftlichen Konsens allergrößte Belastungen aufbürden. Ob das sinkende Aufkommen neben den laufenden EU-Lasten auch das Tabu der Staatsrenten von ca. 600 Milliarden Euro diskret genug abfangen wird, darf dabei bezweifelt werden.

Durch die wirtschaftliche Auszehrung und den demographischen Wandel in der Zuwanderung scheint Deutschland – bei gleichen Bedingungen – den Status eines »Auslaufmodells« im wörtlichen Sinne anzusteuern. Korrekt informiert, hätten allerdings selbst die verspielten Deutschen eine solche Zukunft kaum spaßig gefunden. So mußte unter allen Umständen vermieden werden, sie über ihren eigenen EU-Beitritt abstimmen zu lassen. R. Süßmuth, Ikone der Multikulturalisten und seinerzeit Präsidentin des Bundestages, ließ denn auch 1996 keinen Zweifel daran, daß die wichtigen Entscheidungen dem Kartell vorbehalten waren: »Wir können nicht sagen, in dieser Frage lassen wir das Volk entscheiden.«

Die Diskussionen, die 2004 um ein Referendum über die EU-Verfassung aufkamen, offenbarten die bereits vollzogene Trennung zwischen dem Volk und seinen »Vertretern«. Deren Verhalten wird weder von der Verfassung, noch von den »Wählern« beeinflußt, wie der Vorschlag einer »unverbindlichen Volksbefragung« unnachahmlich elitär verdeutlichte.[229] Das »Leitkartell« wurde nicht müde, die »schlechten Erfahrungen« zu beschwören, die man mit Volksbefragungen gemacht habe. Bei kritischen Beobachtern wie R. Köppel, Chefredakteur der »Welt«, stieß diese Wahrnehmung auf deutliche Skepsis:

> »Weitaus schlechtere Erfahrungen haben die Deutschen mit unfähigen politischen Eliten gemacht, die sich bei Bedarf über den Volkswillen hinwegsetzten, weil sie sich für moralisch überlegen und gescheiter hielten als die Bürger, denen sie ihr Mandat verdanken … Gemessen an diesen Befunden muten die aktuellen Bevormundungen aus dem Berliner Milieu in puncto EU-Verfassung geschichtsblind an … Tatsächlich ist es so, dass in Deutschland Unheil auch von unten kam. Aber es steht in keinem Verhältnis zu den Verheerungen, die in diesem Land von abgehobenen Eliten verschuldet wurden.«[230]

Leider treffen die »Verheerungen« auch auf den materiellen Bereich, die Korruption zu, denn es hängt die »Verteilung von Gratifikationen in einer Gesellschaft von der Machtverteilung, nicht von den Bedürfnissen des Systems ab«.[231] So mußte denn Deutschland durch die permanenten EU-Abschöpfungen und andere Lasten zum Deflationskandidaten Nr. 1 werden. Ausgelöst vom Konjunktureinbruch 2001 setzte sich die gefürchtete Schrumpfspirale sinkender Nachfrage und Preise in Bewegung.

Die Faktoren, die einer Befreiung aus diesem Dilemma entgegenstehen, sind bekannt: eine ideologische Politik und aufgeblähte Bürokratie, die sinnvolle Reformen in den Bereichen Steuern, Arbeit, Gesundheit, Industrieansiedlung und Zuwanderung verhindern. Mit einer Fortsetzung der Fehlentwicklung ist zu rechnen, weil Inkompetenz und Angst, den EU-»Freunden« finanzielle Einschnitte zuzumuten, jede Initiative lähmen. Was sich aus Sicht des Gemeinwohls als Misere darstellt, gerät dem »Leitkartell« indes zum Erfolg. Die Erweiterung von 2004 um zehn weitere Staaten schraubte den deutschen Finanzbeitrag zunächst einmal von knapp 8 auf 17 Milliarden. Der zusätzliche Beitritt der Türkei würde den Finanzbedarf um einen Betrag ausweiten, der den der zehn Staaten zusammen übersteigt (s.u. S. 260).

Das Beharrungsvermögen auch der lokalen deutschen Bürokraten erklärt sich nicht nur aus einem »normal« wuchernden Wachstum, sondern auch aus einer ebenso um sich greifenden Vorteilsnahme. Diese findet besonders lukrative Anreize im Asyl- und Zuwanderungssektor, die längst zu den ideologischen und finanziellen Achillesfersen der deutschen Zukunft geworden sind. Dabei ist die EU-Kommission über eine Problematik besonders besorgt, weil sie das EU-Projekt insgesamt bedroht: über die Schrumpfung der deutschen Bevölkerung. Hier entsteht ein kurioses Wettrennen zwischen zwei »Kühen«: Der deutsche Finanzier wird früher oder später Prioritäten zwischen der »Melkkuh« EU und der »Heiligen Kuh« Zuwanderung setzen müssen.

Wenngleich durch die islamische Migration für zuverlässigen Ersatz gesorgt ist, so kommt doch gelegentlich die Frage auf, ob die Muslime die Fähigkeit und Bereitschaft aufbringen werden, auf Dauer die Versorgung der alternden Europäer zu sichern. So sendet man zu passenden Anlässen Signale aus, um islamisches Wohlwollen zu sichern. Nach dem September-Anschlag auf Amerika priesen die EU-Außenminister den Friedenswillen der islamischen Diktatoren, und nach fast jeder anschließenden Attacke beteuerte eine Auswahl von EU-Innenministern, die Muslime nicht ständig an ihre Gewaltprobleme erinnern zu wollen. In solchen Bekundungen sehen sich auch die deutschen Proislamisten bestätigt, die in Außenminister und EU-Visionär J. Fischer einen besonderen Fürsprecher haben (s.u. S. 252). Wie in vielen anderen Bereichen, so bewies die EU allerdings insgesamt, daß sie in der Außenpolitik diejenige Konzeptlosigkeit beibehalten möchte, die bislang nahtlos ins Führungskonzept der Amerikaner paßte.

Die aggressive Rohstoffpolitik der USA, ihre waffentechnische Überlegenheit und ihre Einsätze in den Golf- und Irakkriegen haben in Europa ablehnende Reaktionen ausgelöst, die ohne direkte Konsequenzen blieben. Zuvor hatte das eigene militärische Fiasko auf dem Balkan ein Gefühl tiefer Inferiorität hinterlassen. »Die Amerikaner sitzen in der Pilotenkanzel, und die Europäer sammeln die Leichen ein«, war ein Slogan der UNO-Soldaten. Weil Europa Wissen, Technologie und Finanzen für ein Arsenal amerikanischen Stils fehlen, fehlt ihm auch die Fähigkeit zu kompatibler Machtpolitik.

So flüchtete man sich in Vorwürfe des Kolonialismus, den man selbst überwunden zu haben vorgab, um gegenüber den Amerikanern moralische Überlegenheit zur Schau tragen zu können. Insbesondere die Deutschen betrieben dabei eine ideologische Politik mit proislamischen Akzenten. Darin bettete sich ein Anti-Amerikanismus ein, der auch Israel, seinerseits Feind des Islam, einschließt. Damit geht wiederum ein neuer Antisemitismus einher, der nicht nur aus der Übernahme des islamischen Feindbilds, sondern auch aus dem Gefühl der gemeinsamen Inferiorität gegenüber der wachsenden US-Überlegenheit kommt. Ein spektakulärer Profiteur dieses Syndroms war Palästinenserführer Arafat, den die Europäer mit Milliarden US-Dollars versorgten, um seine Gewaltkreise gegen Israel zu beschleunigen (s.o. S. 149f.). Es drängte sich die Frage auf, ob hier wieder jenes spezifisch europäische Bild des »näheren Feindes« entstand, das die USA bedrohlicher erscheinen lassen konnte als den Islam – wie einst die Lateiner den Byzantinern.

Da die EU-Bedingungen die Wege zum Betrug kurz und bequem gestalten, laden sie nicht nur die einschlägigen Lobbyisten und Politjongleure ein, sondern regen auch die Phantasie der Satiriker an. Ob von der »Verschwendung zur Entwendung« der Gelder oder von der »Erstellung zur Entstellung« der Papiere – diese und andere Wortspiele wollen im Grunde nur die Peinlichkeit persiflieren, welche die offene EU-Tendenz zu Untreue, Betrug, Fälschung und Diebstahl begleitet. Dabei führen u.a. Rindfleisch, Milcherzeugnisse und Wein die Liste der Mißbrauchsprodukte an. Sie eignen sich ideal für die Subvention von Produktion, Umwandlung, Nichtproduktion und Vernichtung und halten das Betrugskarussell in profitablem Schwung.

Das »Europa der zwei Geschwindigkeiten« bestätigt sich auch auf ethischer Ebene: Der Hauptprofiteur Spanien meldete 1999 einen Betrugsfall, Deutschland deren 25. Ein ähnliches Nord-Süd-Gefälle hatte sich auch beim Rücktritt der Betrugskommission von 1999 abgezeichnet. Während der Norden – Skandinavien und Deutschland – mit etwa 80 Prozent dafür stimmte, zeigte sich der Süden – Italien, Spanien, Portugal – mit gut 10 Prozent zurückhaltend. Letzteren beiden Ländern wäre der

Zugang zu den Betrugstöpfen sogar ganz verwehrt geblieben, hätten ihnen nicht die Zuschüsse Deutschlands ermöglicht, die Kriterien des Maastrichter Vertrages zu erfüllen. Bei dieser Gelegenheit wurde auch erkennbar, daß im europäischen Vergleich der Korruptionsgrad des deutschen Kartells vorläufig noch hinter dem anderer EU-Mitglieder herhinkte.

Der Gesamtausfall ist praktisch kaum zu ermitteln. Bei steigender Tendenz rechnen Experten mit einem veruntreuten Bodensatz zwischen 5 und 10 Prozent des Haushalts, anfangs des neuen Jahrhunderts etwa die Nettosumme, die Deutschland jährlich zur EU-Finanzierung aufbrachte (um 8 Milliarden). Das Strafrisiko für Betrüger tendiert dabei gegen Null. Nicht nur, weil ihre Entdecker mit Entlassung bedroht sind, sondern weil nur etwa ein Viertel der veruntreuten Summen effektiv eingezogen werden. Drei Viertel der Betrüger können also ganz offen die Erträge ihrer Gaunereien genießen.

Das EU-Geld wartet sozusagen auf seine Liebhaber. Spaßvögel bemühten wieder das Kuhsymbol und sahen die EU-Kommissare »wie Kühe, die erleichtert sind, wenn man sie melkt«.[232] So profitieren unzählige Beraterfirmen von unzähligen Aufträgen, deren Sinn niemand kontrolliert, weil die Kontrolle die weitere Auftragsvergabe stören würde. Es gehört zu den wichtigsten Aufgaben der EU-Beamten, die Tätigkeit dieser ominösen Berater zu sichern, weil sie aus deren Honoraren einen ebenso wichtigen Teil ihrer Einkünfte abzweigen.

Wer so nonchalant mit Geld umgeht, ist allergisch gegen Kontrolle. Als man 1999 die deutsche Grünenpolitikerin M. Schreyer als Kommissarin für Haushalt und Finanzkontrolle einsetzte, bewies das System seinen rigorosen Selbstschutz. Statt die Kontrollen zu verbessern, schaffte sie die letzten noch aktiven Mechanismen mit der Begründung »zu hoher Kosten« ab. Diese waren auf 30 Millionen Euro veranschlagt und machten damit lediglich 3 Promille des jährlichen Schwunds aus – ein Bruchteil dessen, was in jeder Organisation oder Unternehmung üblich ist. Die Kommission wollte offenbar nichts unversucht lassen, ihrem Ruf einer mafiosen Vereinigung, die man seit langem auch »alte Hure« nannte, gerecht zu werden. Wer die EU-Finanzen nach traditionellen Buchungs- und Kontrollregeln führen wollte, erschien aus ihrer Sicht »verhaltensgestört« – fast schon eine Reminiszenz an »altbackene« Gewaltsysteme, die ihre Dissidenten in psychiatrische Anstalten steckten.

So leuchtet ein, dass die EU-Mafia, im internen Jargon auch als »Euromob« bekannt, inzwischen perfekt funktioniert. Schon 1992 hatte eine französische Firma subventionierte Butter in nichtprivilegiertes Gebiet verschifft und über 17 Millionen Euro abgezweigt. Um sie vor den 1997 anlaufenden Ermittlungen zu schützen, verschwanden die Beweisdokumente an drei Standorten gleichzeitig. Diese Nacht-und-Nebel-Aktion war nur durch Mitwirkung hoher Beamter möglich und wurde zum Vorbild für zahlreiche weitere Straftaten ähnlicher Art. Das Staunen über die »Verantwortlichen« kommentierte ein führender britischer Waffenhändler mit der Gegenfrage, »wo denn geschrieben stünde, daß Regierungen ihren eigenen Regeln folgen müßten«.[233]

L. Orlando, früherer Bürgermeister von Palermo und Spezialist für organisiertes Verbrechen auf Regierungsniveau, brachte das Problem auf einen systematischen Punkt:

»Die neue Front, die neue Grenzscheide der Welt, ist nicht mehr der Kampf zwischen Kommunisten und Kapitalisten, sondern der Kampf zwischen Legalität und Illegalität.«[234]

Die illegale Dynamik des fortwährenden Machterwerbs und Machterhalts, der Ämterpatronage und Korruption sind natürlich nicht auf die EU-»Strukturen« beschränkt. Mit dem erwähnten Nord-Süd-Gefälle haben die Mitgliedsstaaten unterschiedlich weit fortgeschrittene Stadien der Entdemokratisierung und Kriminalisierung entwickelt. Sowohl der Euromob als auch die Politkartelle der Einzelstaaten haben dabei bereits einen Herrschafts- und Korruptionsgrad erreicht, der Kontrollen »souverän« abwehrt, wie unser deutsches Beispiel unter Beweis stellt. Dabei sichert sich das Zusammenspiel zwischen Kommission und Regierungen gegen öffentliche Transparenz ab, so daß die kartellierte Macht sowohl auf Staaten- als auch EU-Ebene nicht in Frage gestellt wird.

So ist nach britischer Auffassung auch die EU-Zuwanderungsregelung (Schengener Abkommen) »nicht das Papier wert, auf dem sie geschrieben steht«.[235] Drogen-, Waffen- und Menschenhandel können im Grunde unbehindert betrieben werden. Die letzten Hürden, die diesem lukrativen Geschäft in Deutschland entgegenstanden, wurden durch das Zuwanderungs-»Gesetz« von 2002 beseitigt. Es kam durch einen Verfassungsbruch zustande und wurde zur Beruhigung der Öffentlichkeit später kosmetisch geändert. Daß beide Akte dieses Skandals problemlos durch die »demokratischen« Instanzen liefen, bestätigte die Logik eines Machtprozesses, der sich längst von Recht und Gesetz befreit hat. Besonders auch die Brüsseler Fürsten bekämpfen nicht den Betrug, sondern

dessen Kontrolle und haben inzwischen zahllose Schnittstellen zu Mißbrauch und Kriminalisierung geöffnet. In diesem Bestreben hängen sie
ganz entscheidend vom deutschen Kartell ab, denn »wenn Deutschland
nicht mehr zahlt, dann platzt der Laden«.[236]
Gegenüber solchen Abläufen versagen auch die üblichen Verschwö-
rungstheorien, in denen korrupte Politiker, Professoren, Priester und
sonstige Profiteure fortlaufend an irgendwelchen perfiden Plänen
schmieden. Wir haben es mit einem System zu tun, dessen »*gerichtete
Unschärfe*« fortwährend Werte in Zwecke umwandelt. Da beide untrennbar mit Ursache und Wirkung verbunden sind, läßt sich auch die
Umkehrung der Wirklichkeit, die Fabrikation einer neuen Realität bewirken.
Wie das Beispiel der beiden deutschen Islamdiener zeigte, kann es
darin dem islamischen Rechtssystem ähnlich werden. Denn dieses vertritt mit der gleichen Untrennbarkeit von Bedingung und Folge schon
längst die »Ethik«, der sich die westliche »Toleranz« anpaßte, indem der
deutsche Verfassungsrichter auf die »scharfe Befragung« des Islam ver-
zichtete. Aus der Annäherung beider Bereiche müssen die Piloten der
neuen Nutzentendenz, also die diversen »Leitkartelle« in der EU, die
größten Vorteile ziehen. Die moderne Pluralität geht damit konform,
weil auch sie das unabhängige Denken beschneidet, genau die Fähigkeit
also, die einst den Geist Europas begründete und im Islam aggressiv abgelehnt wird.

—— B ——
Deutsch-türkischer Wandel
1. Türkei und Geopolitik

Seit vielen Jahren laboriert die Türkei an einem demographischen Problem. Wachsende Massen anatolischer Landleute wandern in die Städte,
wo sie zur Aufblähung der *Gecekondu*, der für die Türkei typischen Massenviertel, beitragen. Dabei entsteht eine doppelte Spannung: innerhalb
des Landes zwischen dem armen Osten und dem reichen Westen und innerhalb der Städte selbst. Die Spannung erhöht sich zusätzlich durch den
hohen Anteil der unter 30jährigen, der bis 2025 von derzeit etwa der
Hälfte auf über zwei Drittel ansteigen wird.

Landflucht und Verstädterung bilden die Pole der Binnenwanderung, die ein Krisenpotential mit wachsender Ausbruchsgefahr aufbaut. Trotz schlechter Arbeits- und Lebensbedingungen in den ländlichen Gebieten schwächt sich das türkische Volkswachstum kaum ab. Die Bevölkerungskurve zeigt einen Anstieg von 50 Millionen in 1985 über 60 in 1995 auf 73 in 2005. Um 2025 wird sie knapp 100 Millionen erreicht haben. Die Kurden weisen dabei das Doppelte der türkischen Zuwachsrate auf, was sie stolz als ihre »Waffe« bezeichnen.

Die Binnenwanderung hat in der zweiten Hälfte des 20. Jahrhunderts das Stadt/Land-Verhältnis umgekehrt. Betrug es noch zu Anfang der 1960er Jahre etwa 1:2, so hatte sich zu Beginn des neuen Jahrtausends diese Relation umgekehrt: Etwa zwei Drittel der Bevölkerung lebten in den Städten, knapp die Hälfte davon in den fünf größten Metropolen. Bei einem etwa gleichen innerstädtischen Verhältnis zwischen *Gecekondu*-Bewohnern und dem Rest sowie einer mit 30 Prozent sehr niedrig veranschlagten Arbeitslosigkeit in den Massenvierteln ist für die Zeit zwischen 2005 und 2010 mit einer Größenordnung um 12 Millionen Menschen zu rechnen, die perspektivlos und latent ausreisewillig sind.

Natürlich bestand auch eine Wechselwirkung zwischen der raschen Verstädterung und dem Wachstum des Islamismus. Die enttäuschten Hoffnungen der *Gecekondu*-Bewohner wußten die Vertreter der Erbakan-Partei mit religiösen Ersatzlösungen aufzufangen, die das »korrupte alte System« überwinden sollten:

»Je rapider der soziale Wandel ist, je unbestimmter die Umwelt für die betroffenen Individuen ist, desto stärker wird das Bedürfnis nach Sicherheit bietender und Heil versprechender Religion ... Die Fundamentalisten wirken vorwiegend in einer städtischen Umwelt ... Man findet sie in den islamischen Ländern nur in Großstädten und unter halbgebildeten Schichten, nicht aber in ländlichen Gegenden und niemals unter der analphabetischen bäuerlichen Bevölkerung. *Dieser städtische Charakter des Fundamentalismus verrät seine enge Bindung an die Moderne, die er zu bekämpfen trachtet.*«[237]

Was die Aktivisten in den *Gecekondu* verbreiten, entspricht dem Programm der *Milli-Görüsh*-Ableger in Deutschland. Obwohl islamisch, liegt deren Betonung nicht zufällig auf Nationaler Weltsicht. Sie sehen es als eine Krankheit, den Westen nachzuahmen. Nur eine *national-islamische Türkei* kann sich gegen den überall fortschreitenden Zerfall stemmen. Islamische Bildung, Wirtschaft und Kultur werden die notwendige langfristige Stabilität geben. Die Demokratie soll dabei eine legitimierende Durchgangsstation sein, die man nach Erreichen hinreichender Stärke abschaffen will.

Die wirtschaftlichen Mißstände, die den Islamisten die Menschen zutreiben, hatten teilweise schon ihre osmanischen Vorläufer zu verantworten. Indem sie mit den *Kapitulationen* europäischen Produkten freien Zugang zu ihren Märkten verschafften (s.o. S. 74), zerschlugen sie das einheimische Handwerk und Gewerbe und damit auch die Basis für eine solide Industrialisierung. Die einseitige Orientierung auf das Militär, die sich auch in der modernen Türkei fortsetzte, verschlang gewaltige Mittel, die einem konstruktiven Wirtschaftsaufbau entzogen wurden.

So beschränkte man sich auf einige wenige Schwerpunktbereiche wie Textil- und Autoindustrie, wobei der Agraranteil der Beschäftigung auf strukturell hohem Niveau verblieb. Er liegt immer noch bei 40 Prozent, während der Industrieanteil knapp unterhalb 20 Prozent und die Dienstleistungen ebenfalls gegen 40 Prozent tendieren. Aufgrund extremer Bildungsdiskrepanzen verteilt sich die Produktion deutlich anders. Im Rahmen eines strukturellen Außenhandelsdefizits erzeugen zu 90 Prozent illiterate Landwirte um 20 Prozent der Ausfuhren, während ihre Industriekollegen bei 20 Prozent Analphabetismus 80 Prozent zum Export beitragen. Das Prokopf-Einkommen aller Türken lag 2003 knapp über einem Fünftel des EU-Durchschnitts bzw. einem Achtel Deutschlands.

Trotz erheblicher Schwierigkeiten brachte es die türkische Wirtschaft in den 1990er Jahren auf eine durchschnittliche Wachstumsrate um 3 Prozent, die zu Beginn des neuen Jahrtausends vorübergehend, aber mit knapp minus 8 Prozent dramatisch in den negativen Bereich absank. Sie konnte sich danach schnell erholen und in einen Aufwärtstrend einschwenken, dessen Nachhaltigkeit abzuwarten bleibt. Denn an den strukturellen Problemen hatte sich derweil wenig geändert. Immer schon gingen Arbeitslosigkeit und Inflation mit Währungsschwäche, Schattenwirtschaft und Steuerhinterziehung einher. In den offiziellen Statistiken wird die Arbeitslosigkeit traditionell auf Sätze unter 10 Prozent geschönt, während sie sich mit einiger Sicherheit eher um 20 Prozent bewegt.[238] Die Schattenwirtschaft ist traditioneller Bestandteil türkischer Realität (s.u. S. 232f.).

Seit jeher befanden sich die soliden Unternehmen, die »Filetstücke«, in privater Hand, während die ergebnisschwachen im Staatsbereich blieben, was wiederum chronisch den Haushalt belastete und die Deregulierung in engen Grenzen hielt. Nicht nur deswegen gestaltete sich das Verhältnis zwischen Türkei und EU seit der Ablehnung des Vollbeitritts 1990 schwierig. Die Vernichtungsfeldzüge gegen die Kurden 1991 und 1995, die permanenten Willkürakte und Folterungen durch Justiz und Polizei, diverse politische Krisen in der Türkei einerseits sowie diplomatische Affronts der EU und ihr Engagement für den griechischen Teil Zyperns andererseits bedeuteten eine Dauerbelastung, die sich auch nach Beitritt zur Zollunion 1996 nicht wesentlich entspannte. Schon zu jener Zeit ließen die USA allerdings keinen Zweifel daran, daß sie die volle Mitgliedschaft wünschten, weil eine EU-Türkei für ihre Rohstoffpolitik im Kaukasus eine langfristig unverzichtbare Größe bildet.

Wiederholt brachten die Türken dabei Argumente ins Spiel, die ihren erpresserischen Zweck gar nicht verhehlten und den O-Ton der USA durchklingen ließen. Wenn man der Türkei den Zutritt verwehrte, so hieß es, könnte sie endgültig zum Spielball der Islamradikalen werden, wobei ein türkeiloses Europa ohnehin von der weltpolitischen Bühne abtreten müsse:

>»Es ist wohl zu erwarten, daß die Differenzen zwischen Ankara und der EU weiter zunehmen. Was die praktische Seite betrifft, so wird die Türkei keinen besonderen Anlaß haben, zu einer Beilegung der Spannungen auf Zypern viel beizutragen oder die Kosten der westlichen Politik gegenüber Iran und dem Irak zu übernehmen. Die öffentliche Mißstimmung gegenüber Europa könnte weiter zunehmen und die islamistische Politik des passiven Desengagements vom Westen stärken. Strategische Weitsicht bleibt in der EU Mangelware, und es ist höchst zweifelhaft, daß irgendwann im 21. Jahrhundert Europas Stunde schlagen wird. Wer nicht den Mut aufbringt ... daß die Türkei zuverlässig an den Westen gebunden werden kann, läuft Gefahr, so viel Einfluß zu verlieren, daß er weltpolitisch bedeutungslos wird.«[239]

Wenn den Türken dennoch so dringend daran lag, sich an einen auf lange Zeit »bedeutungslosen« Partner zu binden, so hatte dies vorwiegend wirtschaftliche Gründe. In der Gestaltung der weiteren Diskussion kam der Wahlsieg der Islamisten von 1995 zu Hilfe. Mit dem bewährten Muslimbruder-Muster von Zuckerbrot und Peitsche konnte Erbakan innenpolitische Punkte sammeln: Zum einen malte er das Schreckensbild der Loslösung vom Westen an die Wand, zum anderen versprach er bei bestimmten Gegenleistungen Mäßigung und Wohlverhalten.

Außenpolitisch hatte er ohnehin das oben geschilderte Porzellan zerschlagen und den Europäern den Vorwand geliefert, bis auf weiteres die Warteposition zu beziehen. Wie sich in vielfältiger Hinsicht bestätigt hatte, war die Türkei schon immer ein unsicherer Kantonist gewesen, dessen Hauptmerkmal in einer umfassenden Nützlichkeitspolitik bestand. Mit den Islamisten in der Regierung war sie nun allerdings – zumindest vorläufig – ins politische Niemandsland zwischen Demokratie und Islamstaat gedriftet.

»Nachdem der Konflikt zwischen der Armeeführung und den Islamisten ausgebrochen war, wurde nicht der Dialog, sondern die Polarisierung gesucht. Die Islamisten wollten nicht wahrhaben, daß ein Teil der Bevölkerung vor einer Islamisierung der Türkei, also vor einem radikalen Wechsel ihres Alltags, wirklich Angst hatte. Sie taten diese Ängste als Hirngespinst ab. Die Säkularisten haben andererseits den Wahlsieg der Islamisten niemals respektiert und auch hingenommen, daß die Armee die gewählte Regierung nötigenfalls mit den Waffen aus der Macht vertreiben würde.«[240]

Inzwischen hatten sich die Dinge zwar ganz entscheidend zugunsten der Islamisten gewendet, doch trug man wie die Vorgänger unverändert schwer an traditionellen Minusfaktoren. Sie bereiteten immer wieder Sorge und schienen den Türken geradezu wie Pech anzuhaften: das immense Volkswachstum sowie die politische und ökonomische Instabilität, die als Spitze der Korruption einen »Parlamentarierbasar« hervorgebracht hatte. Für die Kooperation zwischen Türkei und USA war dies alles eher unerheblich. Ob »Säkularisten« oder Islamisten – maßgeblich blieb das gemeinsame Ziel, Europa zur Aufnahme von Beitrittsverhandlungen zu bewegen.

Bei seinem Besuch in Ankara im Juni 2004 forderte der US-Präsident die EU zur Angabe eines konkreten Termins auf. Die Türken sollten nicht nur physisch nach Westen wandern, sondern auch administrativ mit allen EU-Privilegien ausgestattet sein. Daß sie dies schon längst sind, wird unser anschließender Blick auf die Mechanismen der Zuwanderung zeigen. Dabei stand ein weiterer Aspekt im Raum: Man wollte Irritationen im Zusammenhang mit dem Irakkrieg 2003/04 ausräumen. Die Türken hatten sich geweigert, ihr Land als Flugbasis und Aufmarschgebiet zur Verfügung zu stellen. Wie im weiteren Verlauf deutlich wurde, galt auch unter dem neuen Islamistenregime ihre größte Sorge jenem Ziel, das alle türkischen Herrschaftsformen von Anbeginn angestrebt hatten: der ethnischen Einheit.

Nach Vernichtung der armenischen und assyrischen Christen blieben nach wie vor die Kurden, die sich über die Grenzgebiete zwischen Türkei, Syrien, Irak und Iran verteilen. Im Irakkrieg wurde die Politik der Amerikaner erkennbar, den zerstrittenen Stämmen zumindest theoretische Wege zur Eigenstaatlichkeit zu öffnen, die in der Praxis offenbar seit jeher schwer zu realisieren war. In der Türkei selbst war durch die Binnenwanderung eine wachsende Zäsur zwischen ländlichen Ost- und städtischen Westkurden entstanden. Außerdem hatte das – von den USA mitfinanzierte – Wasserprojekt GAP in Südostanatolien den gebietsmäßigen Zusammenhalt der Kurden gelockert.

Damit erhöhte sich zugleich auch das politische Erpressungspotential auf Syrien und Irak. Folglich forderten die Türken von den Amerikanern, die sowohl ihre traditionellen Partner als nun auch aktuelle Okkupanten des Irak mit großem Einfluß auf Syrien waren, Mitsprache bei den weiteren Planungen hinsichtlich der Kurden in beiden Ländern. Ein Kurdenstaat war für keine türkische Regierung diskutabel, und er kam auch nicht für das Islamisten-Regime in Frage, das seit Ende 2002 am Ruder war und mit großem Nachdruck den EU-Beitritt betrieb. Als Türken standen und stehen sie alle unter dem mächtigen Gebot der ethnischen Einheit, wenngleich die Amerikaner die »Kurdenkarte« verdeckt hielten (s.u. S. 199).

Nicht nur ihre mangelnde Finanzkraft hindert die Türkei daran, ihren pantürkischen Reflex in Richtung Kaukasus und darüber hinaus politisch zu realisieren. Ein wichtiges Motiv ist auch die beherrschende Position im Drogenhandel, die auf Kooperation mit den Klanchefs der Region angewiesen ist.. Eine weitere Rolle spielt das gemeinsame Interesse der Russen und Iraner, ihre Einflußzonen rohstoff-, islam- und ethnopolitisch abzuschirmen. Aserbeidschan und die Azeris sind ein Beispiel für bevölkerungspolitische Riegel, die eine türkische Expansion nach Nordosten, aber auch den amerikanischen Einfluß hemmen (s.o. S. 143). Umso ist stärker ist letzterer im Südosten, in den die Türkei als »islamische Demokratie« hineinwirken soll. Syrien und Irak, aber auch Libanon, Jordanien und Israel, gehören in eine US-Interessensphäre von ganz besonderer Art.

Die fünf Staaten verbindet die Eigenschaft, auf besonders intensive, wenngleich unterschiedliche Weise zwischen islamischen und westlichen Einflüssen zu stehen. In den 1940er Jahren hatten Syrien und Irak Versionen der sogenannten Baath-Partei (arab.: ba'ath = Erweckung) hervorgebracht, die mal mit national-sozialistischen, mal mit sozialistischen Parolen die Macht übernahmen. Indem sie dabei auch den Islam aktivierten, wenn er die Ideologie unterstützen konnte, ähnelten sie durchaus dem türkischen »Säkularismus«, ohne dessen ethnische Stoßkraft zu entwickeln.

In Jordanien und Libanon versuchte die PLO, mit Bedrohung und Terror Fuß zu fassen. Während sich der jordanische König mit noch brachialeren Maßnahmen von den Eindringlingen befreite, hatten sie im Libanon mehr »Erfolg«. Hier brachten sie nicht nur die ohnehin unsichere Balance zwischen Christen und Muslimen, sondern die gesamte Ordnung des Staates zum Einsturz. Statt dessen entstand ein semi-souveränes Gebilde, das vom Wohlwollen terroristischer Organisationen abhing. Sowohl die Hamas, der ultra-radikale Arm der PLO, als auch die Hizbollah, der Terrorableger des Iran, nutzen das Land als Operationsbasis.

Versuche Syriens und Israels, »Ordnung« zu schaffen, schlugen genauso fehl, wie der »Friedensprozeß« in Israel selbst. In Palästina schuf die PLO Terrorstrukturen, die rabiat gegen die eigenen Leute vorgehen und jede Kooperation mit dem israelischen Staat verhindern. Zuweilen versinken sie nach alter islamischer Tradition in völliger Anarchie, wobei sich die »Führungsebenen« – besonders brutal im Juli 2004 – auch intern bekämpfen. Mit Druck und Gewalt gegen Versöhnung sowie Belohnung für Aggression hat es die PLO verstanden, aus den Palästinensern eine Volksgruppe zu schmieden, die dem Staat Israel isoliert und destruktiv gegenübersteht. Diesem Zustand scheinen beide Seiten zwanghaft ausgesetzt zu sein, solange die USA ihn für ihre Zwecke als nützlich erachten, und die EU die korrupten PLO-Kader finanziert.

Während die Türkei auf amerikanischen Druck mit Israel kooperierte, lag der Fall bei Syrien und Irak anders. Sie beherbergen Kurden, eine ethnische Zumutung, die auch außerhalb der Landesgrenzen als Bedrohung gesehen wird. Kaum etwas war und ist vorhersagbarer als die Fixierung der Türken auf die »Befreiung« von den Kurden, die sie sich in den 90er Jahren um 100 Milliarden US-Dollar haben kosten lassen. Beide Nachbarländer handelten sich daher große Vorteile ein, wenn sie diesem Reflex folgten und die kurdischen Lebensumstände auf ihrem Territorium einschränkten.

Noch sahen die Amerikaner dies mit einiger Reserve. Mitte 2004 standen sie zwei türkischen Wünschen gegenüber: von der EU einen Termin für den Beitritt und von Syrien und Irak eine nachhaltige Unterdrückung der Kurden zu fordern. Auf dem EU-Gipfel in Irland wurde der erste Wunsch erfüllt, der zweite auf dem NATO-Gipfel in Istanbul (noch) abgelehnt. Mit der gewünschten Ausweitung Europas an die Grenzen des islamischen Raums schienen die USA das Kurdenthema offen halten zu wollen. Die Kurden selbst waren gut beraten, jeder US-Unterstützung mit Vorsicht zu begegnen. So leicht vergaß man die Ruhe nicht, mit der die Amerikaner den Massakern von 1991 im Nordirak zugeschaut hatten.

Eines der größten Schreckgespenster türkischer Minderheitenpolitik ist ein souveräner Kurdenstaat. Für den EU-Beitritt der Türkei erscheint er hingegen als unverzichtbare Bedingung. Ohne ihn fehlen zwei wichtige Voraussetzungen: die menschenrechtliche Glaubwürdigkeit der EU und die politische Stabilität, die man zur Entlastung Israels, aber auch zum virtuellen Einsatz des GAP-Talsperrensystems braucht. Denn dies stellt zweifellos einen gigantischen Wasserhahn dar, der keines Drohverhaltens bedarf. Allein seine Existenz zwingt diejenigen zu Wohlverhalten, die von seiner Versorgung abhängen.[241]

Aus den Bindungen Israels, der Türkei und der Eliten in Jordanien und Libanon an die USA sowie den US-abhängigen Scheinregierungen in Syrien und Irak ergibt sich eine Staatengruppe, die mit in dieser Reihenfolge absinkender Offenheit der »Demokratie« amerikanischer Machart gegenüberstehen. Dabei ist allerdings eine starke Position der Muslimbruderschaft in Jordanien zu berücksichtigen. Mit dem Maghreb – Marokko, Algerien, Tunesien – stellen diese Länder eine Art Teilgewölbe aus westernisierten Islamländern dar, das sein südöstliches Gegenstück in der europäischen Nordwesthälfte des Mittelmeers hat.

Zwar fällt Algerien noch deutlich aus dem Rahmen, doch läßt eine Merkwürdigkeit aufhorchen. Seit dem Beginn des islamistischen Terrors wurden dort zahllose Mordtaten an Ausländern verübt, aber keine einzige an Amerikanern, obwohl sie dort nicht nur das übliche Öl- und Gasgeschäft betreiben, sondern auch einer lebhaften Missionstätigkeit nachgehen. Libyen hat nach langer Isolation begonnen, sich der amerikanischen Politik anzuschließen und die maghrebinische Ländersäule nach Osten zu verlängern. Der vorläufige Schlußstein im westorientierten Staatengewölbe des Mittelmeers wäre Ägypten, uraltes Kulturland und geistige Führungskraft des Islam und Islamismus. Bis zur Kolonialzeit hatte allerdings im historischen Islam die Herrschaft über Ägypten immer auch Syrien eingeschlossen. Wer beide Länder beherrscht, greift auf Wurzeln zurück, die weit über simple Machtpolitik hinausreichen. Auch Napoleon wußte das, als er 1798 in Abukir landete.

2. Migration und Multikulturalismus

Das Mittelmeer gilt als »Wiege des Weltgeistes« und wurde daher für manche epochale Entwicklung zum Mittel- und/oder Ausgangspunkt. Auch in der Moderne hat sich die Dynamik dieses Raums kaum verringert. Der Zerfall der großen Imperien der Osmanen, Habsburger und Romanows am Beginn, der Briten und Franzosen um die Mitte und der Sowjets gegen Ende des 20. Jahrhunderts erhöhte die Zahl selbständiger Staaten von etwa 50 um 1900 auf über 200 um die Jahrtausendwende. Als einziges Imperium war Amerika übriggeblieben, das entscheidend von den Weltkriegen sowie dem Werden und Vergehen der großen Gewaltsysteme des Westens profitiert hatte.

Die zahlreichen ethnischen, religiösen, kulturellen, wirtschaftlichen und politischen Konflikte, intensiviert durch die Auswirkungen der westlichen Zivilisation, führten nach dem Zweiten Weltkrieg zu über 200 kriegerischen Auseinandersetzungen mit ca. 30 Millionen Toten und mehreren hundert Millionen Flüchtlingen. Im eurasischen Verbindungsgürtel zwischen Balkan und Kaukasus entstand dabei ein besonders unsicheres Krisengebiet, dessen Zentrum die politisch und wirtschaftlich instabile Türkei bildet. Erdöl, Wasser und Islam sind wesentliche Kennzeichen dieser Region, die zu einem der wichtigsten Interessenfelder amerikanischer Geopolitik aufstieg. Im Nordosten zwischen Kaspischem Meer und afghanischer Grenze liegt das größte bekannte Öl- und Gasfeld der Welt überhaupt.

Im nordatlantischen und südpazifischen Raum entstanden arbeitsteilige Zentren mit wirtschaftlich-technologischer Verflechtung, Prosperität, politischer Stabilität und geringem Bevölkerungswachstum. In weiten Teilen Asiens, Afrikas und Lateinamerikas bildeten sich dagegen riesige Regionen mit kulturellen Konflikten, wirtschaftlicher Auszehrung, politischer Instabilität und starkem demographischem Wachstum. Die Globalisierung verstärkte Arbeitslosigkeit und Naturzerstörung, die das Gefälle zwischen armutsbedingten Schub- und wohlstandsbedingten Sogkräften verschärften und eine steigende Wanderwelle von Armuts-

und Politflüchtlingen in Bewegung setzten. Immerhin hatte sich die Weltbevölkerung in der Zeit zwischen 1945 und 2000 von 2 auf über 6 Milliarden Menschen verdreifacht und wird für 2025 auf 8,5 Milliarden veranschlagt.

Damit ging ein Wandlungsschub zwischen Landflucht und Verstädterung einher. Er dünnte die Agrarbevölkerung von 85 Prozent auf 50 Prozent aus und blähte zugleich die urbanen Zentren zu Megastädten auf. Die weltweite Migration, verstärkt durch Medien, Telekommunikation und Tourismus, wurde in großem Maße von den fernöstlichen Tiger- und nahöstlichen Golfstaaten sowie von West- und Südafrika aufgenommen. Zu etwa 20 Prozent erreichte sie Europa, wo sie auf schrumpfende Bevölkerungen stieß – mit Deutschland und Italien als »Spitzenreitern«. Mit diesem Rückgang bestätigen sie auf sehr interessante Weise, was sie immer wieder auch in der Diaspora im Vergleich mit anderen Volksgruppen – Armenier, Juden, Chinesen – beweisen: eine schwach ausgeprägte Fähigkeit zur Bewahrung der eigenen Kulturexistenz.[242]

Nordatlantik und Südpazifik als Motoren der westlichen Zivilisation und Globalisierung sowie als Sogzonen der weltweiten Migration werden an den 8,5 Milliarden Menschen um 2025 nur noch mit etwa 1,4 Milliarden beteiligt sein (16,5 Prozent), während der »Rest der Welt«, die demographischen Schubzonen, mit 7,1 Milliarden ein Wachstum von über 75 Prozent aufweisen werden. In der Südpazifikzone, die über ein stabiles Bevölkerungswachstum und Kulturbewußtsein verfügt, haben bereits Abwehrmechanismen eingesetzt, die den globalen Wanderstrom vermehrt auf den Nordatlantik umlenken. Da Amerika zudem eine expansive Welt- und selektive Zuwanderungspolitik betreibt, landet ein tendenziell wachsender Migrantenteil in Europa. Hier bildet Deutschland mit einem komfortablen Asyl- und Sozialsystem sowie schwacher Kulturidentität den mit Abstand stärksten Anziehungsbereich.

Sowohl in den westlichen Industriestaaten als auch im »Rest der Welt« bewirkt der weltweite Wirtschaftsliberalismus eine negative Arbeitsplatzbilanz. In vielen Ländern – speziell in denen des Islam – herrschen undemokratische Verhältnisse, in denen Militär, Geheimdienst und diktatorische Eliten die maßgebliche Rolle spielen. Sie sind oft an einer Entlastung des Staates von Arbeitslosen bzw. politisch-ethnisch-religiös Verfolgten interessiert. Wie gesehen, macht die Türkei hiervon keine Ausnahme. Das soziale Schubpotential, das bis 2025 durch diverse Defizite der Arbeit, Politik und Umwelt entsteht, wird von der UNFPA (Weltbevölkerungskonferenz) auf mindestens 1 Milliarde Menschen beziffert. Bei gleichbleibendem Verteiler (20 Prozent) werden sich diese Menschen mit jeweils etwa 100 Millionen nach Nordamerika bzw. in das dicht besiedelte Europa auf den Weg machen.

Im Rahmen dieses Potentials entwickeln die Völker des Islam die stärkste Schubdynamik. Dank traditioneller Frauenrepression und Bildungsschwäche stehen sie mit knapp 3 Prozent Bevölkerungswachstum und nahezu 50 Prozent Analphabetismus an der Spitze vergleichbarer Großgruppen. Wenngleich sich die Wachstumskurve leicht abzuflachen beginnt, wird es um 2012 etwa 2 Milliarden und um 2025 knapp 3 Milliarden Muslime geben, die dann etwa ein Drittel der Weltbevölkerung ausmachen. Da sie einer Lehre anhängen, die mehr Dominanz als Integration anstrebt, werden sie zum weltweit wichtigsten Gesellschaftsfaktor mit starkem Einfluß auf Europa.

Innerhalb dieser Sogzone sorgte Deutschland bislang für gesteigerte Attraktivität. Innerhalb seines für undemokratische Fremdeinflüsse anfälligen politischen Systems hat es ideologische und finanzielle Bedingungen geschaffen, die zum Mißbrauch eines weltweit einzigartigen Zuwanderungs- und Asylrechts einladen. Im Rahmen dieser Regelungen fanden über 60 Prozent der EU-Migranten den Weg nach Deutschland. Sie setzen sich zu fast 50 Prozent aus Muslimen zusammen, die zu etwa 75 Prozent aus der Türkei und überwiegend aus den ungebildeten Gecekondu-Schichten kommen.

Mit dieser Entwicklung entstand ein »interkultureller Dialog«, der sich im Umgang mit dem Islam die geschilderten Denkgrenzen verordnet hat, eingebettet in einen Überbau aus Definitionen und Bedingungen der »multikulturellen Gesellschaft«. Sie wirkt bis heute als ideologische Vision, deren volkspädagogische Regeln schon seit den 1970er Jahren entwickelt wurden. Ihrer Einübung hat sich das einschlägige »Leitkartell« aus Politik, Wirtschaft, Bildung, Kirchen und Medien mit kaum nachlassender Hingabe unterzogen.

Das wichtigste Ergebnis war eine erfolgreiche Vereinheitlichung des Denkens. Mit dem Zentralbegriff der »Toleranz« verlieh man der Bevölkerung die Fähigkeit, sich den Erfordernissen der zuwandernden Kulturen, bevorzugt des Islam, zunehmend anzupassen. Abgesehen von der radikalen, indiskutablen Ablehnung von Zuwanderung insgesamt, läßt sich dabei die Fülle der Diskussionen auf zwei Grundformen zurückführen, die mit *ideologischem Multikulturalismus* und *pragmatischer Migrationspolitik* umschrieben werden können.

Der *ideologische Multikulturalismus* fixiert sich auf eine im Grunde ungehemmte Zuwanderung, die sich scheinliberale Rahmenbedingungen schafft. Während der Bevölkerung ein völkisch-dumpfes Stammtischdenken unterstellt wird, fordert man verbal den demokratischen Rechtsstaat und Menschenrechte ein. Das »Leitkartell« läßt einerseits offen, wie die Kulturen in der politischen Praxis ohne Mitbestimmung der einheimischen Gesellschaft integriert werden sollen, andererseits läßt es keinen Zweifel daran, daß seine Ideologie zur neuen »Leitkultur« aufsteigen soll.

Eine solche kann nach dieser Auffassung in der deutschen Basisbevölkerung nicht gesehen werden. Sie habe sich im Dritten Reich auf ewig disqualifiziert und auch als Bestandteil des Westens an der illegitimen Ausbeutung der Fremdkulturen – speziell des Islam – in Kolonisierung bzw. Globalisierung beteiligt. Deshalb sei es nun ihre Pflicht, die zuwandernden Kulturen original zu erhalten und ihnen die Integration zu ersparen. Diese erscheint ohnehin überflüssig, weil die Einheimischen biologisch vergreisen und ab etwa 2025 in der gesellschaftlich aktivsten Altersgruppe zwischen 20 und 40 in die Minderheit geraten werden.

Von einem solchen Volk braucht also weder eine physische noch politische Wirkung, geschweige denn »Gewalt« auszugehen. Mit dem Recht auf Selbstbestimmung und damit Selbsterhalt entfällt allerdings eine Grundlage, ohne die der demokratische Staat auf Dauer nicht lebensfähig ist. Statt dessen werden unverbindliche, »menschliche Wertesubstanzen«[243] oder noch unklarere Freiheitsbegriffe zugrunde gelegt. Sie sollen den zuwandernden Kulturen – Ethnien, Religionen und Nationen – größtmögliche Toleranz zur eigenen Selbstverwirklichung einräumen.

Da verwertbare Information und faktische Maßnahmen zur Integration der Fremdkulturen unterbleiben, können diese sich umso konkreter auf ihre Weise, d.h. »authentisch«, einrichten. Weitgehend unverändert, wachsen sie zahlenmäßig und mental in die Institutionen des Staates und zwingen die Basisbevölkerung, sich ihrerseits mit einem »Strukturwandel« abzufinden, der durch die wachsende Realität der Zuwanderer entsteht. Bedenken oder Widerstände erscheinen als »Ängste«, »Intoleranz« oder gar »Rassismus«, korrigierende Lenkbegriffe, die den Abweichlern vom multikulturellen Tugendpfad zeigen sollen, wo ihr eigentlicher Platz ist.

So liegt eine im Grunde unbegrenzte Zuwanderung im »wohlverstandenen Interesse« der Bevölkerung, die aufgerufen ist, unter Einsatz aller Ressourcen ihren eigenen Austausch zu bewerkstelligen. Das »Konzept«

des ideologischen Multikulturalismus ist diktatorisch: Weder soll es eine Mitsprache der Bevölkerung, noch eine Agenda für die politische und finanzielle Tragfähigkeit der angestrebten Vision geben. Behauptungen, die Deutschland zum Einwanderungsland machen, ersetzen nicht die strukturellen Unterschiede zu tatsächlichen Einwanderungsländern wie Australien oder die USA. In der Regel stellen diese ganz andere Anforderungen an die Qualifikation der Migranten und ziehen daher ausgebildete Bewerber den *Gecekondu*-Bewohnern vor. Um dieser Verlegenheit zu entgehen, wich man auf den Begriff des »Zuwanderungslandes« aus.

Die *pragmatische Migrationspolitik* nimmt das Problem unter Gesichtspunkten der Sachbezogenheit in den Blick. Zuwanderer werden nicht als quasi-religiöse Heilsbringer, sondern als Resultat einer globalen Entwicklung gesehen, die mit den Möglichkeiten des lokalen Gemeinwohls in Einklang zu bringen sind. Hier gilt nicht das unbegrenzte Interesse der Minderheit, sondern der Interessenausgleich zwischen Mehrheit und Minderheit, der durch beiderseitige Anpassungsleistungen erreicht werden soll. Im Gegensatz zur Ideologie, deren »*gerichtete Unschärfe*« keinen Zweifel am vorgefaßten Totalziel läßt, betont der Pragmatismus nicht ein diktatorisches, sondern prozeßhaftes Vorgehen, das auf Kompromissen beruht.

Hier geht man von einer Analyse der betroffenen Kultur, Ethnie, Religion oder Nation aus und stellt die Frage nach ihrer wahrscheinlichen Rolle in der aufnehmenden Gesellschaft. Die Pragmatiker wollen darüber diskutieren, wie verhindert werden kann, daß eine Kulturkolonie zum Ghetto wird. Sie fragen danach, ob eine anderskulturelle Ansiedlung als Zwischenstation zu einer festen, konfliktbeladenen Minderheit oder zur schrittweisen Integration in die Mehrheitsgesellschaft zu sehen ist. Nach dieser Sicht soll eine konstruktive Wechselwirkung zwischen den beiden Gesellschaftsteilen zustande kommen, die eine ständige, eben pragmatische Kontrolle der jeweiligen Migrationslage bedingt.

Je deutlicher das Zuwanderungstempo die Aufnahmefähigkeit übersteigt, desto weniger kann sich die »Leitkultur« zur Geltung bringen, desto schneller und klarer werden sich daher die Kulturkolonien herausbilden und abgrenzen. Umgekehrt verlieren diese Strukturen umso schneller ihre Bindungskraft, je langsamer und informativer sich der Zuwanderungsprozeß und je wirksamer sich damit die Toleranz der Hauptgesellschaft entfalten kann.

Sachverhalte wie Tempo und ökonomischer Sinn der Zuwanderung bzw. Belastbarkeit der Bevölkerung sind für sachunkundige Ideologen unbrauchbar. Sie werden in den Bereich der »Ängste« oder »Intoleranz« gezogen, um sich mit Gemeinwohl und Nutzenrechnung nicht beschäftigen zu müssen. Die Pragmatiker benutzen sie dagegen als Funktion der gesellschaftlichen Offenheit. Für die intakte Demokratie ist die öffentliche Diskussion auf Basis objektiver Analysen unverzichtbar, wenn der Gesellschaft die zuwandernden Minderheiten nicht unter Vortäuschung fiktiver Wirklichkeiten – z.b. mit dem »Frieden des Islam« – aufgezwungen werden sollen.

Wie wir nachfolgend deutlich machen, erfüllt das bislang praktizierte »Konzept« punktueller Maßnahmen in einer sich endlos hinziehenden Zuwanderungsdebatte alle Bedingungen der *»gerichteten Unschärfe«*. Das Zusammenspiel verbaler Zugeständnisse an das Wahlvolk und einer ungeplanten Zuwanderung ist für die Öffentlichkeit nicht durchschaubar. Umso liberaler gestalten sich die multikulturellen Freiräume, die den Teilnehmern wachsende Kompetenzen des Mißbrauchs öffnen.

Die Rahmenbedingungen der Zuwanderung gewährleisten eine zahlenmäßig positive Bilanz, d.h. sie verhindern eine überwiegende Abwanderung. Zwei Maßnahmen sorgen für wirksamen Schutz: Informationssperre über tatsächliche Größenordnung und Kosten der Zuwanderung sowie ihr Ersatz durch Erziehungsfloskeln der »kulturellen Bereicherung«. So vollzog sich in Deutschland in den 20 Jahren vor dem neuen Jahrhundert ein zukunftsträchtiger Wandel – vom Gastarbeiter- zum Einwanderungsland. In dieser Zeit verdoppelten sich die Zahl der Ausländer und mit 10 Prozent Anteil auch die Relation zum EU-Durchschnitt (5 Prozent), wobei die BRD-Fläche knapp 11 Prozent der EU – vor der Erweiterung von 2004 – ausmachte.

Darüber, daß Kritik an dieser Entwicklung gegen »politische Korrektheit« verstößt und – wiederholt vorgetragen – gar als »Ausländerfeindlichkeit« oder »Rassismus« gelten muß, ist sich das deutsche »Leitkartell« generell einig. Es gibt keine Opposition in der Tendenz, die Zuwanderung vor Sachargumenten zu schützen. Um Überraschungen zu vermeiden, klammert man sie systematisch aus den Wahlprogrammen aus. Damit tut man allerdings einer weltweit einzigartigen Einrichtung Gewalt an, dem individuellen Asylrecht, das sich die Deutschen eingedenk ihres Zivilisationsbruchs einst zu Recht verordnet hatten. Der dogmatische Schutz hat nun allerdings auch hier die Umkehrung der alten Ethik bewirkt: Das Asyl beherbergt immer mehr Kriminelle statt Verfolgter.

Aus der diktierten Toleranz bezog die Politklasse illegitime Machtbefugnisse, indem sie die Einspruchsrechte der Bevölkerung beschnitt. Mit dem Islam holte man sich dabei einen besonders anspruchsvollen Partner ins Boot. Zum einen bevorzugte man die Kulturkolonie ohne Integration, zum zweiten erstarkten die Radikalen, zum dritten begannen diese, Einfluß auf die Institutionen des Staates zu nehmen. Je weiter diese Konstellation fortschritt, desto enger wurde die Vernetzung der Politakteure mit den Islamisten und desto stärker der Zwang zur Täuschung der Bevölkerung über die faktischen Verhältnisse. Während die Zahl der islamistischen Opfer weltweit zunahm, hatten die Reden vom »Frieden des Islam« Hochkonjunktur.

Wie erwähnt, hat Deutschland über 60 Prozent aller Flüchtlinge und Asylbewerber aufgenommen, die seit 1985 nach Europa gekommen sind. Von entscheidender Bedeutung war dabei der Zuzug türkischer »Gastarbeiter«, der sich im gleichen Zeitraum überproportional um 70 Prozent, von 1,4 auf 2,4 Millionen, ausweitete. Dabei ermunterten die Rahmenbedingungen der deutschen Zuwanderungspolitik die Ghettobildung, vor allem durch den Familiennachzug, von dem die Türken stärker als die meisten anderen Gruppen Gebrauch machten. Hier liegt ein wichtiger Faktor der Gerichtetheit des Ablaufs, denn weder die familiäre Aufstockung, noch die türkisch konzentrierte Zuwanderung an sich sind unausweichliche Naturkonstanten.

Die Hälfte der in Deutschland lebenden Türken ist nicht älter als 25 Jahre, während dies nur für ein Viertel der alternden Deutschen zutrifft. Die ostanatolische Frau liegt in der Gebärstatistik mit über vier Kindern weit vor der westanatolischen mit knapp drei Kindern. Weder können deutsche Frauen von solchen Zahlen träumen, noch wollen sie es. Moderner Lebensstil und Berufstätigkeit haben ihren Schnitt auf 1,3 Kinder gedrückt, bei dem die demographische Schrumpfung stabil bleibt, solange er nicht wieder über 2,0 steigt. »Wir gebären euch kaputt« ist die unsensible Kampfparole der Türken für ihren biologisch verstandenen Fortschritt,[244] der u.a. auch seinen Niederschlag in der zunehmenden Verbreitung des Kopftuchs findet. Wenn es um die Überwindung nichttürkischer Hindernisse geht, wird natürlich eine weit schnellere Wirkung als die Geburtenwaffe der EU-Beitritt erzielen, nach dem sich die *Gecekondu* ganz offiziell in Richtung Europa entspannen können.

Bis dahin wird man sich in Kulturkolonien einrichten, die sich stetig ausweiten und dabei ethnisch und islamisch radikalisieren. Seit Erbakan lassen die Islamisten in Ankara keinen Zweifel daran, diese Entwicklung auch und besonders in Deutschland zu fördern. Führer Erdogan und sein Außenminister Gül wiesen alle türkischen Botschaften an, den verlän-

gerten Radikalarm *Milli Görüsh* zu unterstützen,[245] eine Maßnahme, der
das proislamische »Leitkartell« in Deutschland schon seit Jahren voraus-
eilend Folge geleistet hatte.

Der französische Anthropologe E. Todd entwirft ein Erklärungsmodell
für die langfristige Verhaltensweise der deutschen Gesellschaft in bezug
auf die Reaktion auf Minderheiten.[246] Danach ergibt sich im Gegensatz
zur angelsächsischen Kernfamilie, die auf Gleichheit basiert, aus der
deutschen Stammfamilie die Tendenz zur Abgrenzung und Ungleichheit.
Die Angelsachsen definieren Ungleichheit aus der Hautfarbe. Sie haben
die Afro-Amerikaner zu »Parias« gestempelt, um alles andere Ungleiche
mental absorbieren zu können.

Parallel dazu wird die türkische Kulturkolonie als kollektiver »Paria«
gesehen, um über sie alle kulturellen Ungleichheiten zu verarbeiten. Das
Paradox der protürkischen Zuwanderungspolitik löst sich im wahren
Wortsinne in der gesellschaftlichen Auflösung auf. Die ideologische
Fremdtoleranz bevorzugt systematisch die Kulturgrenzen mit der stärk-
sten Konturbildung. Denn sie sichern die Logik der eigenen Entgren-
zung, die Identität aus der Ungleichheit, und damit auch die ideologische
Basis, die man zur Machtausübung über eine sich auflösende Gesell-
schaft braucht. Dieser komplexe Zusammenhang wird sich in unseren
Schlußbetrachtungen weiter aufklären lassen.

Die permanente Kontaktsuche der deutschen Eliten zu Islamisten aller Schattierungen bis hin zu den Terroristen der Hamas und Hizbollah[247]
ergibt sich damit nicht nur aus dem Konzept anthropologischer Ungleichheit, sondern auch aus jenem Prinzip, das alle »Rassen« eint: die
Abgrenzung der Eliten gegen ihre Bevölkerung, aus der letztlich die
Macht kommt. Die Forderung des früheren Bundespräsidenten Rau, daß
»jeder Deutsche sich am Moscheebau beteiligen möge«, verdeutlichte die
Austauschbarkeit der Masse als Dienstkollektiv.

Mit fortschreitendem Expansionsprozeß der türkischen Kulturkolonien verstärkt sich allerdings auch die *Umkehrung der Realität*, d.h. der
Rollentausch, der die deutsche Bevölkerung zum kulturellen »Paria«
wandelt. Nicht nur die generelle Abwehr von Protest als »Rassismus«,
sondern auch der abschätzige Tenor, mit dem der Anspruch des Gemeinwohls oft als »Stammtisch« abgekanzelt wird, kennzeichnen den
Unwert der einheimischen Bevölkerung. So wurde es inzwischen zur täglichen Pflichtübung von Politik und Medien, z.B. lokale Widerstände gegen Moscheebauten als mehr oder weniger absurde Zumutung vom
Tisch zu wischen.

Solche Praktiken machen Schule, weil der Bevölkerung grundsätzlich die Fähigkeit abhanden zu kommen scheint, ihre Zukunft überhaupt beeinflussen zu können. Denn zwei ihrer größten Probleme – Bildungsmisere und Vergreisung – sind auf fatale Weise miteinander verknüpft. Ein Denken, das fortlaufender Einengung ausgesetzt ist, wird Wissensbereiche umso weniger erfassen können, je größere Zeiträume und Sachbereiche sie umspannen. Die Entwicklung von Bevölkerungen gehört zu den Bereichen, die sich über lange Perioden, dies allerdings mit unerbittlicher Konsequenz, erstrecken. Die grassierende Denkenge ist mit solchen Dimensionen nahezu unvereinbar, wie die Hartnäckigkeit beweist, mit der Politik und Medien sich dagegen wehren, die einschlägigen Fakten zur Kenntnis zu nehmen.[248]

Belastet durch die Rassenlehre des Dritten Reichs, blendete man diesen Bereich in Deutschland gänzlich aus und wendete sich umso euphorischer zwei Visionen zu, die wir bereits als das westliche Zukunftstandem ausgemacht haben: Wirtschaft und Zuwanderung. Erst in jüngerer Vergangenheit sind, ausgehend von der UNO und den G7-Staaten, Initiativen in Gang gekommen, die sich zaghaft mit den negativen wirtschaftlichen Folgen aus der westlichen Schrumpfspirale auseinandersetzen.

Da Ideologien jedoch von ganzen Generationen getragen werden, können die Begriffe der »Effizienz« und »Toleranz« noch über längere Zeit ihre Leitfunktion bewahren. Hierauf deutet insbesondere die einseitige Familienpolitik hin, die Kinderlosigkeit systematisch belohnt – »An Kindern profitiert, wer keine hat!« – und nach vielen anderen zuvor einen weiteren »rechtsstaatlichen Skandal« schafft.[249] Umso logischer erscheinen die Bemühungen, nichtproduktiven Sexualformen wie der Homosexualität mit Ehe, Adoption, Rentenanspruch etc. zu einem Status von hoher gesellschaftlicher Relevanz zu verhelfen.

Wie der Bevölkerungswissenschaftler Herwig Birg betont, wirken sich Tun und Lassen im demographischen Geschehen »werteschaffend und wertevernichtend« aus.[250] Aus der ungreifbaren Qualität des Langzeittrends ergeben sich greifbare Quantitäten der laufenden politsozialen Gegenwart – die Entsprechung zur *gerichteten Unschärfe*, die im »Strukturwandel« Werte in Zwecke umformt, d.h. kurzzeitige Quantitäten auf eine gewünschte Qualität *ausrichtet*. So enthüllt uns auch und ganz besonders klar das demographische Phänomen, faßbar und nicht faßbar zugleich, die *Umkehrung der Realität*, die sich aus dem Wandel von Qualität zu Quantität, von Wert zu Zweck ergibt und damit die Kausalität von

Ursache und Wirkung außer Kraft setzt.[251] Mit anderen Worten bedeutet dies allerdings auch, und wir sollten es uns an dieser Stelle ganz besonders sorgfältig notieren: Wer geistig keine Kultur repräsentieren kann, besitzt auch nicht die Fähigkeit, seine biologische Existenz zu überschreiten und in Nachkommen zu projizieren.

So kann denn auch eine Fixierung auf die Jugend in Personalpolitik, Werbung, Fernsehen, Film etc. auf Dauer nicht die steigende Vereinzelung, Besteuerung und Sozialdemontage kaschieren, die zwei mögliche Folgen signalisieren: Diffamierung des Alters und Verteilungskämpfe zwischen Alt und Jung.[252] Genau hier soll allerdings die Vision der islamischen Zuwanderung Abhilfe schaffen. Mit deren Führungsebenen sucht sich das einheimische »Leitkartell« – wie seine historischen Vorgänger – zu arrangieren. Über sie soll eine Machtalternative entstehen, die sozusagen eine neue demographische »Trägermasse«, noch dazu mit hohem Jugendanteil, zugänglich macht. »Leitkultur« besteht also nicht in der Kultur der schwindenden Bevölkerung, sondern im »Strukturwandel«, der den kontrollierten Übergang von der alten Wertekultur in eine neue Zweckkultur bewirkt.

Die islamische Zuwanderung wirkt dabei als stärkender Katalysator, sozusagen als belebender »Körperstrom« auf den westlichen Prozeß des sowohl biologischen als auch geistigen Schwunds. Der »Körperstrom« leitet sich vom Begriff der »Körpermaschine« ab, den M. Foucault als Kennzeichnung der »Bio-Macht«, einer Masse gelehriger und damit nützlicher Körper, geprägt hat. Nicht zufällig steht dieser Ausdruck wiederum im Zentrum der globalen Wirtschaftsideologie, der eine »biopolitische Maschine« als dynamischer Mischer für Ökonomie und Kultur der neuen Weltgesellschaft vorschwebt. Ihre Kontrolle soll dressierten Eliten unterliegen, denen auf lokaler Ebene wiederum unsere »Leitkartelle« entsprechen.[253]

Integration wird somit ein besonders inhaltsloses Schlagwort der kulturpolitischen Propaganda bleiben. Die Einebnung von Konflikten erfolgt nicht durch eine Integration der Fremdkultur, sondern durch den mit »Toleranz« erzwungenen Abbau der altgesellschaftlichen »Besitzstände«. Was global-kulturell gemischt werden soll, muß sich lokal-kulturell – geistig und rechtlich – entmischen. Im Windschatten öffentlicher Desinformation müssen die deutsch-türkischen Kulturkolonien also weiter wachsen. Die Finanzierung erfolgt aus drei Quellen: Neuverschuldung, Vernachlässigung der öffentlichen Infrastruktur und die Sozialdemontage des deutschen Altstaates. Um einen Eindruck von deren Auswirkungen zu erlangen, sollten wir uns einen kurzen Einstieg in die Praxis der Zuwanderung selbst erlauben.

3. Zuwanderung und Mißbrauch

Seit dem Ende des Zweiten Weltkrieges hat Deutschland Wanderungsbewegungen bewältigt, die in Europa kein Beispiel kennen. Bis 1993 kamen 15 Millionen deutsche oder deutschstämmige Flüchtlinge und Vertriebene, Übersiedler und Aussiedler in die Bundesrepublik. Daneben setzte sich zwischen dem ersten »Anwerbevertrag« mit Italien von 1955 und dem »Anwerbestop« als Folge des Ölschocks von 1973 ein weiterer Strom in Bewegung. Es kamen über 14 Millionen »Gastarbeiter« nach Westdeutschland, denen 11 Millionen Rückwanderer gegenüberstanden. Für diejenigen, die blieben, hatten schlechte Bedingungen in den Heimatländern sowie die attraktive Möglichkeit des Familiennachzugs den vorübergehenden Aufenthalt in einen dauerhaften umgewandelt.

Die Zeitstufen des Aufenthaltsrechts – befristete Aufenthaltsgenehmigungen und unbefristete Aufenthaltsberechtigungen – machten aus zeitlich begrenzten Gastarbeitern zeitlich unbegrenzte Quasi-Einwanderer mit inoffiziellem Bürgerstatus. »Wir haben Arbeiter gerufen und Menschen blieben« war und ist ein beliebter Vorhang vor einem wichtigen Vorgang. Dahinter vollzog sich eine optische Verringerung der arbeitenden Ausländer bis 1989 um 20 Prozent auf 2,3 Millionen, während sich ihre Gesamtzahl – darunter ein Drittel Türken – um ca. 50 Prozent auf 4,9 Prozent erhöhte. Damit die Bevölkerung den wachsenden Ausländeranteil weiterhin als vorübergehende Erscheinung wahrnahm, operierte die Politik zunächst mit Suggestivformeln wie »Die Bundesrepublik ist kein Einwanderungsland«.

Mit dem Kollaps der Sowjetunion und der deutschen Wiedervereinigung explodierte die Zahl der Asylanträge. Die Gesetzesnovelle von 1990 und der »Asylkompromiß« von 1993 dämpften zwar das offizielle Zuwanderungsplus, steigerten jedoch den Anteil der Illegalen. Insgesamt erhöhte sich die Zahl der Ausländer von 3 Millionen in 1973 über jeweils knapp oberhalb 5 Millionen in 1990 bzw. 7 Millionen in 1995 auf über 8 Millionen um die Jahrtausendwende. Wie erwähnt, hatte sich ihr Anteil inzwischen von 5 Prozent auf 10 Prozent glatt verdoppelt und dabei die Schätzziffer für Illegale auf mindestens 1 Million gesteigert. Die Hauptherkunftsländer sind die Türkei, Irak, Afghanistan und das frühere Jugoslawien.

In dieser Entwicklung vollzog sich ein weiterer Wandel, der den Übergang vom temporären zum permanenten Aufenthalt, vom Gast- zum Bürgerrecht, überstieg. Aus einer wirtschaftlichen Aktion – Anwerbung von Arbeit – wurde ein umfassender Prozeß – Zuwanderung als Bevölkerungsaustausch. Die sinkende Reproduktionsrate der Deutschen wurde als »basiswestlicher« Zivilisationsfaktor erst dann allgemein bewußt, als die Zuwanderung sich als demographische Folge bereits voll entfaltet hatte. Dabei begannen inoffiziell zwei Faktoren ins öffentliche Bewußtsein zu treten, welche die offizielle Propaganda über lange Zeit erfolgreich verdeckt hatte: die politische Irreführung im Ausländerrecht allgemein und der gezielte Mißbrauch des Asylrechts im besonderen. Kein Bereich ist so problembelastet wie das Asyl. Indem die Politik es in einen unkontrollierbaren, mißbrauchbelasteten Graubereich zieht, erschwert sie es der Bevölkerung, einer Einrichtung zuzustimmen, die sie im Grunde bejaht.

Weniger als 10 Prozent der Antragsteller werden anerkannt, und dennoch werden fast alle Abgelehnten ebenfalls mit den Folgerechten wie unbefristetem Aufenthalt und Sozialhilfe ausgestattet. Über 90 Prozent kommen ohne klare Identität und Vergangenheit, die ihre Einstufung als – in fast 100 Herkunftsländern – Verfolgte schwierig macht. Schleuser und lokale Anwälte instruieren die Kandidaten, wie sie die Behörden täuschen können, wobei auch gefälschte Papiere eine große Rolle spielen.

Flüchtlinge aus der Türkei, die EU-Mitglied werden möchte, liefern interessante Beispiele für die Vielfalt der Manipulation. So zitiert der Migrationsexperte Stefan Luft eine akademische Arbeit, die sich mit kurdischen Asylbewerbern beschäftigt. Für 1995 registrierten türkische Menschenrechtler 251 gefolterte Kurden, während 7900 im Asylverfahren angaben, gefoltert worden zu sein. Besagte Untersuchung schreibt die Differenz den Legenden zu, die viele Bewerber den Beamten auftischen.[254]

Hier kommen zwei wichtige Aspekte nicht zur Geltung: zum einen der generell hohe Wahrscheinlichkeitsgrad, mit dem Kurden in der Türkei tatsächlich gefoltert werden, und zum zweiten der Umstand, daß auch die türkischen Menschenrechtler sehr vorsichtig agieren müssen, wenn sie keine Probleme mit Vertretern ihres Staates bekommen wollen. So dürfte weder die eine, noch die andere Zahl stimmen – eine der Funktionen »*gerichteter Unschärfe*«, innerhalb derer das Image eines Folter-

staats graduell in das eines Rechtsstaats driften kann. Die unbeirrbare
Konsequenz dieses Ablaufs bestätigte ein deutsches Gericht, das einen
kurdischen Bleibeantrag mit der »Begründung« ablehnte, daß die befürchtete Folter in Kauf zu nehmen sei, »weil sie zum Kulturgut der Türkei gehöre«.[255]

Ähnliches gilt für die Yeziden, eine kurdische Sekte,[256] die mehrheitlich
im Irak, aber auch im Kaukasus und in der Südost-Türkei vertreten ist.
Ihnen wirft man Legendenbildung vor, d.h. ihre Lage übertrieben negativ darzustellen, weil nach offizieller türkischer Statistik ohnehin nur
noch etwa 2000 von ihnen existieren sollen. Hier wird der turkislamische
Druck nicht berücksichtigt, der alle Minderheiten in einen »Krypto«-Zu-
stand zwingt. Das bedeutet, daß Angehörige anderer Ethnien und Religionen ihre Identität verschleiern, um nach außen dem Reinheitsgebot
des türkischen Staates zu entsprechen und Repressionen zu entgehen.
Diese Methode des Selbstschutzes war auch schon bei den Juden erkennbar geworden (s.o. S. 102). So kann sich paradoxerweise der Grund
des Abtauchens, die Unterdrückung, zur Begründung der Asylablehnung
wandeln.

Wie ideologisch besetzt die Zuwanderung ist, zeigte u.a. die Ausländerbeauftragte der Bundesregierung, M. L. Beck, die zuweilen eher als
»Beauftragte der Ausländer« aufzutreten scheint. Sie unterstellte dem
BAFl (Bundesamt für die Anerkennung ausländischer Flüchtlinge) ver-
fälschte Gutachten. Beamte dieser Dienststelle werden an die deutschen
Vertretungen der wichtigsten Herkunftsländer entsandt, um sie in asyl-
rechtlichen Fragen zu beraten. Frau Beck zog daraus den Schluß, daß Berichte, an deren Erstellung BAFl-Beamte mitwirken, »nicht mehr neutral
sein können«.[257] Wenn also Staatsbedienstete, wie beschränkt auch immer, das Gemeinwohl wahrnehmen, sieht die – ebenfalls staatlich ali-
mentierte – Migrationslobby darin offenbar einen Akt, der zu uner-
wünschten Störungen im Zuwanderungsstrom führt. Kein Wunder, daß
ihre Dauerproteste gegen den »rassistischen« Rechtsstaat Mitte 2004 einen besonders schrillen Ton annahmen. Um diese Zeit waren Vorschläge
aufgekommen, die Asylanträge schon im Herkunftsland zu prüfen und
damit die Antragsteller von teuren Schleuserdiensten und der Vernichtung ihrer Papiere zu entlasten.

Mit fast der Hälfte aller Verfahren bedeutet der Asylkomplex eine
enorme Belastung der Verwaltungsgerichte, die daher auch unangemessene Fristen bedingen. Jeweils etwa ein Drittel wird bis zum Ablauf von
einem bzw. vier Jahren erledigt, während sich das restliche Drittel auf

Zeiträume bis zu zwölf Jahren verteilt. Ablehnungen ziehen Folgeanträge nach sich, für die speziell türkische Organisationen mit gefälschten Unterlagen neue »Fakten« schaffen. In der Türkei bestochene Beamte erstellen Papiere, die dem Antragsteller Straftatbestände und bei Rückkehr die Gefahr der Verfolgung bescheinigen[258] – in Deutschland wiederum hinreichender Grund, die Abschiebung zu verhindern und Bleiberecht mit Sozialhilfe zuzuerkennen.

Verschleierung der Identität, Endlosschleife der Verfahrenstechnik und Dauerdruck der Asyl-Lobby führen zu einem wachsenden Überhang an Abschiebekandidaten, deren Kosten sich besonders problematisch in den Großstädten aufstauen. Hamburg und Berlin registrieren jeweils über 10 000 Ausreisepflichtige, die aus diversen Gründen nicht abgeschoben werden, u.a. weil man ihr Herkunftsland nicht ermitteln kann. Selbst wenn es bekannt wäre, würden der drückende Finanzmangel die Ausreise, die pro Person um 17 000 Euro kostet, ohnehin verlangsamen. Währenddessen beziehen auch diese Personen Sozialhilfe und gehen nicht selten kriminellen Tätigkeiten, vor allem dem allgegenwärtigen Drogenhandel, nach.

Bundeskanzler Schröders markiges »kriminelle Ausländer raus!« vom Juli 1997 machte einmal mehr die Wirkungsweise der »*gerichteten Unschärfe*« deutlich. Es waren ganz besonders SPD-Kanzler, die beginnend mit Brandt 1974 über Schmidt und auch Schröder mit populistischen Parolen die Zuwanderung in Gang hielten. Denn während sich das Wahlvolk beruhigen ließ, konnte eine politische Praxis weiter laufen, die völlig andere Resultate erzielte. Die mediale Inszenierung einer fiktiven Wirklichkeit schafft den Freiraum für eine reale Zuwanderung, die sich ohne wirkliche Kontrolle entfalten und kriminellen bzw. radikalen Kräften Vorschub leisten kann.

Wer solche Aussagen für übertrieben hielt, brauchte nur den Werdegang des Metin Kaplan zu studieren, den man auch »Kalif von Köln« nennt. Er stand spektakulär für die vielen Beispiele der täglichen Praxis, in der Zuwanderer umso größere Bleibechancen haben, je krasser sie gegen die geltenden Vorschriften verstoßen. Er und die Asyl-Lobby führten der Öffentlichkeit drastisch vor, wie sich der »Rechtsstaat« in Zukunft mit seinen eigenen Bestimmungen auflösen lassen könnte, wenn hinreichend viele »Kalifen« die Behörden gleichzeitig beschäftigen.

Jahre zuvor hatte auch der schwere Landfriedensbruch durch Anhänger der kurdischen PKK in Deutschland nur geringe Konsequenzen bewirkt. Es blieb bei Verbalübungen, denen zufolge man »in aller Schärfe mit den Mitteln des Rechtstaates vorgehen« wollte. Das Verfassungsgericht selbst hatte den Rückzug geltenden Rechts beschleunigt und die Politik konkreter Maßnahmen enthoben. Nach ihm braucht ein Abschiebeverfahren nur lange genug zu dauern, damit der individuelle Freiheitsanspruch des Abzuschiebenden, wie kriminell auch immer motiviert, »das öffentliche Interesse überwiegt«.[259] Hier wurde das »stille Staatsziel«, das sich in der Auflösung der Mehrheitsrechte abzeichnet, auch offiziell formuliert.

Vor diesem Hintergrund kann auch der Unschärfetrend deutlicher werden. Als Rot-Grün auf Bundesebene regierte und auch die islamistischen Schützlinge in Ankara ans Ruder gekommen waren, hielt man die Islamisten für ganz besonders »gemäßigt« und die Türkei für in jeder Hinsicht vertrauenswürdig. Durch diese Brille war man dort so westlich geworden, daß die EU-Mitgliedschaft nicht nur als »Bereicherung«, sondern als ein existentielles Muß erschien. Der EU selbst schien keine Alternative mehr offen, »weil die Türkei Europa vor dem arabischen Terror schützt« (EU-Kommissar Verheugen).

Im Rahmen des proislamischen Trends hat sich auf deutscher Seite eine zunehmend aggressive Migrationslobby gebildet, die Zuwanderung und Asyl zu ungeprüften Selbstläufern machen will. Sie kämpft konsequent gegen den Vollzug des Rechts, indem sie Behörden einschüchtert und sie zu Maßnahmen zwingt, die geltendes Recht unterlaufen. Wenn es gegen alle Widerstände gelungen sein sollte, den einen oder anderen Schwerkriminellen abzuschieben, so greift dieser auf eine inzwischen gebräuchliche Befristung der gesetzlichen Wiedereinreisesperre zurück. Sobald die Frist abgelaufen ist, reisen die Abgeschobenen zumeist wieder ein und halten das Karussell endloser Verfahren und Zahlungen weiter in ertragreichem Schwung.

Damit bestätigt sich der grundlegende Wandel, der uns schon in anderem Kontext, angeführt von prominenten Juristen und Politikern als besonders willigen Vollstreckern aufgefallen war (s.o. S. 172ff.): die Verlagerung der Rechtsnormen von objektiven Kriterien auf subjektive Befindlichkeiten. Recht ist nicht, was dem Gemeinwohl, sondern was Interessengruppen dient – seien sie wirtschaftlicher, politreligiöser oder sonstiger Art: »Nicht mehr der Gesetzgeber bestimmt, wie lange sich ein Mensch ohne Aufenthaltsgenehmigung in Deutschland aufhält, sondern der Zuwanderer selbst oder das Herkunftsland.«[260]

So verwundert nicht, daß Inhaber offizieller Funktionen sich und ihr Amt nur dann rechtfertigen können, wenn sie jedes Risiko vermeiden,

das den Fortgang der Zuwanderung hemmt. Da man an die Immigranten als Quasi-Heilsbringer keine Ansprüche stellt, sind im Grunde alle
Menschen für die Einwanderung deutscher Machart qualifiziert. Weil
fachliche Anforderungen die Ungebildeten »ausgrenzen«, sind auch sie
ideologisch verboten. So trennen sich Spreu und Weizen schon in der
Türkei. Die *Gecekondu* entlassen ihre Kinder nach Deutschland,
während die qualifizierten Türken Frankreich, England und die USA
bevorzugen.

Diejenigen, die schon im Lande sind, müssen entsprechend gehindert
werden, es zu verlassen. Eines der ultimativen Mittel ist die sogenannte
»Härtefallkommission«. Ihr Zweck besteht darin, gegen den »Abschiebe-
terror« des Asylgesetzes vorzugehen und jedem abgelehnten Bewerber
das Bleiberecht zu erwirken. Wem nicht einleuchten will, daß das Asyl-
gesetz einen undurchdringlichen Schleier vor die mafiose Unterwanderung der deutschen Gesellschaft zieht, der könnte sich vielleicht durch
die »Härtefallkommission« überzeugen lassen. Da sie die letzte Schutzin-
stanz vor dem Heilsobjekt einer neuen Gesellschaft bildet, sind ihre Fürsprecher oft mit sektenhaften Begriffen aus der Welt des Verschwörungs-
und Endzeitdenkens bei der Hand, die für die Zukunftsfähigkeit deutscher Politik noch einiges erwarten lassen.

Mehrheitlich dem links-grünen Spektrum entstammend, macht sich
die deutsche Migrationslobby zur kuriosen Speerspitze ihr selbst unge-
wohnter Interessen und Inhalte. Denn sich vor den Karren der Konzerne
und/oder Politreligionen zu spannen, indem man ihnen billige Arbeitskräfte bzw. sich selbst politische Konkurrenz ins Land holte, stand lange
Zeit nicht auf der Agenda der »traditionellen« Sozialdemokraten, geschweige denn der Gewerkschaften. Ebensowenig wäre ihnen eingefallen,
die Rechtsradikalen ins Boot zu holen. Genau dies geschieht allerdings
über die Förderung der national-islamistischen Ethnotürken, deren Antisemitismus die Sympathie der deutschen Neonazis genießt. Allein im
letzten Jahrzehnt des abgelaufenen Jahrhunderts erlebte Hitlers »Mein
Kampf« in der Türkei acht seiner insgesamt zwanzig Auflagen.[261]

Über ihren Naturglauben stehen die Grünen solchen Schnittstellen besonders nahe, wie sowohl die Vergangenheit als auch die Gegenwartspo-
litik ihrer prominenten Vertreter zeigt.[262] Kaum eine politische Gruppe
bemüht häufiger den Vergleich der »rassistischen« Asylregelungen mit
den Zuständen im Dritten Reich, ein Sachverhalt, auf den auch der alt-
grüne Islamkritiker Rolf Stolz allgemein hinweist.[263] Die Zuwanderung
deutscher Machart gehört zu den besten Beispielen der Zeitgeschichte,

wie sich Ideologie und Ertragskraft zu einem mystisch-technischen Politikstil verbinden lassen, der eine geflechtartige Funktionsgesellschaft nach Maßgabe der Empire-»Biomaschine« zur Folge hat.[264] Auf keinen Fall darf sie daher Eingang in die Wahlkampfprogramme finden, wo sie etwa herkömmlicher, oft als »rassistisch« gekennzeichneter Rationalität ausgesetzt wäre, welche die Ausgrenzung der eigenen Gesellschaft unangenehm offenlegen könnte.

Auch die Kirchen folgen diesem Trend, der nach Wunsch seiner Vertreter möglichst alle Menschen – zumindest die Deutschen – erfassen und konformieren soll. Das Kirchenasyl, mit dem so manche staatliche Maßnahme unterlaufen wurde, gilt als »Beitrag zum Erhalt des Rechtsfriedens und der Grundwerte unserer Gesellschaft«.[265] Daß es sich hier auch um die Werte einer vormodernen Theokratie handeln könnte, machte ein prominenter Vertreter der Evangelischen Kirche Brandenburg deutlich. Den Berliner Innensenator wollte er 1998 wegen seiner »menschenunwürdigen«, weil gesetzmäßigen Ausländerpolitik vom Abendmahl ausschließen.

Nicht wenige Pfarrer und Priester lassen sich schon im Studium der Theologie darauf trimmen, politischen Einfluß auf die inneren Strukturen der Kirchen zu gewinnen. Die Ähnlichkeit zwischen ihnen und der »profanen« Asyl-Lobby kann daher nicht überraschen. Da es sich um den herrschenden Trend selbst handelt, vermittelt er auch in den Kirchen umso mehr Befugnisse, je konsequenter er vertreten wird. So verlaufen auch dort die Karrieren mit Parteibuch häufig anders als ohne, besonders wenn zudem verbindliche Richtlinien erlassen werden.

Im Jahre 1997 wurde von den Kirchenführern Lehmann und Engelhardt ein gemeinsames »Migrationsmanifest« vorgelegt, das im wesentlichen den Forderungen der politischen Asyl-Lobby folgt.[266] Für Deutschland wird darin eine so umfassende Einwanderungs-»Regelung« gefordert, daß es zum Menschheitsasyl an sich werden könnte. Hier scheint wiederum der Multikulturalismus auf, dessen Utopien sich mit religiösen Vorstellungen vermischen. In einem rechtsfreien Umfeld kann der Asylbewerber somit zur sakrosankten Heilsfigur aufsteigen, deren Unangreifbarkeit ihren »Verteidigern« konkrete Macht verleiht.

Ibrahim al-Zayyat, Milli Görüsh-Urgestein und islamistischer Multifunktionär, gehört zu denjenigen, die diese Botschaft früh verstanden und den rechtsfreien Raum geschickt besetzt haben. Bevor wir weiter unten auf einige seiner Aktivitäten eingehen (s.u. S. 246f.), darf an dieser Stelle ein kurzer Auszug aus seinen einschlägigen Thesen nicht fehlen:

»Nur wenn wir es schaffen, unsere Identität und unseren Glauben in dieser Gesellschaft zu wahren, können wir eine *Bereicherung* für diese Gesellschaft werden und – Inscha'Allah – eine zentrale Führungsrolle übernehmen ... Der Islam ist eine ganz konkrete Antwort und Lösung für die Probleme dieser Gesellschaft ... Die Zukunft des Islam in diesem unserem Land, in Deutschland, gestalten wir ... *Entscheidend ist, daß wir in diesem Land unsere Religionsfreiheit haben* ... Dieses Land ist unser Land. Mit der Hilfe Allahs werden wir es zu unserem Paradies auf Erden machen, um es der Islamischen Ummah (Gemeinschaft) und *der Menschheit insgesamt zur Verfügung zu stellen.*«[267]

Wie wir wissen, gehören Lüge und Täuschung zwar zur Glaubenspraxis des Muslim (s.u. S. 246f.), doch werden sie umso weniger vorwerfbar, je begeisterter die Migrations-Lobbyisten, selbst zu Quasi-Muslimen geworden, zum Mißbrauch einladen. So werden auch die Lügen, welche die »normalen« Zuwanderer nach Wegwerfen des Passes zwecks Bleiberecht vortragen, zu Glaubenssätzen des Multikults.

Ähnliches vollzieht sich im »Dialog«, in dem die westlichen Teilnehmer stumm gebannt an den Lippen der Muslime hängen. Allein schon ihre Zugehörigkeit zur Religion des Islam macht sie zu kompetenten Theologen, deren Aussagen zu bezweifeln das »Feindbild Islam« erzeugt. Umso zwingender ergibt sich die Konsequenz, dem Asylbewerber den Status des »perfekten Menschen« zu verleihen. Er erscheint umso vollkommener, je anonymer und fremder er in Erscheinung tritt, so daß sich ein identitätsloser Zuwanderer dem Idealbild der Asyl-Lobby annähert. Wie deren Rechtspraxis unabweisbar bestätigt, wird die Zusatzbedingung der Kriminalität dabei billigend in Kauf genommen. Dieser Typus scheint das perfekte Instrument zur Untergrabung des demokratischen Rechtstaates zu bilden, zur »Überwindung der bürgerlichen Gesellschaft«, wie sie seit jeher der Linken wie der Rechten vorschwebte.

Die Zielvorstellung richtet sich auf den Ersatz des altstaatlichen Gewaltmonopols. Als bevorzugte Alternative tritt der Islam hervor, innerhalb dessen wiederum die radikale, weil schnellere Variante des Islamismus gefördert wird. So erstaunte es erneut nicht, als Kirchenführer Lehmann den Islamistenführer des »Zentralrats« 2002 in den Mainzer Dom bat, wo dieser u.a. über den Frieden und das Töten referierte. Man erfuhr, daß sich schuldig macht, wer einen Unschuldigen tötet. Dabei blieb die islamische Doktrin unerwähnt, nach der unschuldig nur der

Muslim ist und sich schuldig macht, wer nicht zum Islam übertritt, obwohl er von ihm Kenntnis hat.

Während sich hier der arabische Islamismus meldete, entwickeln die zahlenmäßig stärkeren Türken ein wesentlich größeres Gewicht, abgesehen von ihrer bevorzugten Stellung im Westen insgesamt. Dennoch benötigt das gemeinsame turko-arabische Interesse an der Dominanz des islamischen Rechts keine demokratischen Mehrheiten. Man nutzt die deutsche Politallianz, die sich mehrheitlich nicht an den eigenen Rechtsnormen, sondern den Forderungen der Islamvertreter orientiert, und profitiert von dem Generalvertrauen, das die Proislam-Lobby im Windschatten der gesellschaftlichen »Toleranz« aktiviert. Bis auf die abnehmende Finanzierbarkeit sind derzeit keine Faktoren sichtbar, die den Erfolg dieser Strategie nachhaltig behindern könnten.

Inzwischen sind weite Teile der Verwaltung mit einer Vielzahl angeschlossener, öffentlicher bzw. bediensteter Stellen in den gemeinwohlwidrigen Toleranztrend eingeschwenkt. Zum Beispiel bezeichnete der bayerische Flüchtlingsrat gesetzmäßig arbeitende Gerichte als »rassistisch«, und die baden-württembergische Staatskanzlei empfand – in einem Umkehrschluß – den Verfassungsschutz als »politisch unangenehm«.[268] Es liegt auf der Hand, daß im Zuge einer sich wandelnden Realität der Diensteid, »Schaden vom deutschen Volke abzuwenden«, eine neue Bedeutung annehmen muß. Immer weniger Beamte sehen Veranlassung, Kritik an den Folgen der Kriminalisierung der Zuwanderung bzw. der Radikalisierung des Islam zu üben.

Also wechselt man den Blickwinkel. Wie einst in Byzanz Kritik am Islam zum »Kampf gegen Gott« wurde, wird sie heute zum »Feindbild Islam« oder zum universalen »Rassismus«, der Andersdenkende zu gesellschaftlichen Unmenschen stempelt. So nimmt die Zahl derer, welche die »Einwanderung in die Sozialsysteme« kritisieren, stetig ab. Sie werden zu Einwanderern ins Lager des Hauptstroms, der bisherige »Werte« ins jeweilige Gegenteil und damit zu Zwecken einer alternativen Wirklichkeit umformt.

Als Markenzeichen westlicher »Bildung« wächst die Unfähigkeit, Ursache und Wirkung von Ereignissen und Entwicklungen in einen größeren Zusammenhang zu stellen – eine wesentliche Grundlage der Spaßgesellschaft. Wer indes die Ursachen muslimischer Zwangsmuster nicht versteht, wird auch ihre Wirkungen nicht beeinflussen können. Wenn bereits jeder kritische Hinweis als »Störung des Dialogs« gilt, werden sich Ghettosiedlungen, Jugendbanden, Terrorzellen weiter entwickeln und sowohl »Strukturwandel« als auch »Spaß« auf ihre Weise in Gang halten können.

Wiederholt wird das »reiche Deutschland« beschworen, dessen Verschuldung laufend neue Höchststände erreicht. Da das Gemeinwohl keine schützenswerte Größe ist, dürfen Kosten keine Rolle spielen, weil sich der finanzielle Ruin besonders eignet, den Altstaat auszuhöhlen. Ohnehin scheint man nicht mit Generationen zu rechnen, die sich betrogen fühlen könnten. Kommende Verteilungskämpfe werden dennoch kaum zu vermeiden sein, da sich die finanziellen Spielräume unerbittlich verengen. Erdrückend sind dabei die Hinweise auf die Illoyalität der »Verantwortlichen«, die im Pro-Asyl/Islam-Komplex besonders ungeschminkt hervortritt.

Zur Sicherung des türkischen Einflusses in Europa wäre also ein EU-Beitritt nicht erforderlich. Er ergibt sich auf »natürliche« Weise im laufenden Wachstum durch Zuwanderung und Reproduktion einerseits sowie die mentale und demographische Selbstverkleinerung der deutschen Basis andererseits. Ein Staat, der den Migranten ein dauerhaft einklagbares Bleiberecht gibt, wird auf Gebietshoheit und Souveränität verzichten müssen. Wenn zudem das Außenministerium eine Politik der inflationären Visaerteilung verfolgte, brauchte man sich über einen Mangel an Illegalität und Terrorgefahr keine Gedanken zu machen. Für seine Beamten ist der islamistische Ultra-Hardliner Qaradhawi ein »Beispiel für islamischen ›Pluralismus‹«.[269] Kein Wunder, daß »Altstaatler« wie der bayerische Innenminister statt der neuen Realität im Außenministerium immer noch ein »Sicherheitsrisiko« sahen (s.o. S. 11).

Zu den wichtigeren Tabus der Altgesellschaft gehören denn auch – neben der Gewalt des Islam – die Demokratie als Auslaufmodell, die Kosten der Zuwanderung und die Rolle der Bevölkerung als Zahlmeister des eigenen Austauschs. Was sich aus den Wahlthemen nicht ausklammern läßt, wird in einem kreativen Kaleidoskop von Haupt-, Neben- und Sonderetats in Bund und Ländern zerteilt. In Anlehnung an die Sprachregelung im Islamdialog, nach der es »den Islam eigentlich nicht gibt«, könnte es also auch hier heißen, daß es »die Zuwanderung eigentlich gar nicht gibt«. Dennoch ist in der Realität eine wachsende Spannung zu erwarten, zwischen dem »Leitkartell«, das seine Pflicht im Umbau des Staates sieht, und denjenigen Teilen des Altstaates, vor allem der Bevölkerung selbst, deren Beharrungsvermögen dem interkulturellen Fortschritt offenbar immer störender im Wege steht.

So behindern die »konservativen« Einrichtungen der Polizei und Gerichte die Arbeit der »progressiven« Asyl-Lobby, die schon längst die Vision einer problemfreien Universalkultur als Deutschland-Ersatz vor Augen hat. Aus ihrer Sicht sollte sich der Altstaat den zuwandernden Heilsbringern, insbesondere der islamischen Art, nun endlich beugen, statt ständig unrechtmäßige, wenn nicht illegale, zumindest inhumane Fragen nach der Rechtmäßigkeit ihres Zuzugs und Aufenthalts zu stellen. Wie der oben zitierte Verfassungsjurist in aller Schärfe vorgab, »haben wir weder Zeit noch auch nur einen Grund zuzuwarten«, womit nichts anderes als die Installation der Alternative gemeint ist, die bekanntlich keiner »scharfen Befragung« unterzogen werden darf (s.o. S. 174).

Schließlich rundet sich auch der Kreis zur Rechtmäßigkeit der Korruption. Wie K. Joisten eindringlich beschreibt, liegt in der *Ruption*, in der rechtsfreien Energie, die von allen Bezügen »abreißt«, der Beginn der geistigen Selbstzerstörung. Indem sich das Denken korrumpiert, aus der Dreiheit von Eigen-, Fremd- und Selbstbezug ausbricht, verliert es seinen raumzeitlichen Kontext. Es wird zum dimensionslosen Teil, das sich nicht als »Selbst« orientiert, sondern in einer kollektiven »Bewegung« ausgerichtet wird. Es schafft die klassische Basis für einseitig geschaltete Weltbilder – Ideologien, Politreligionen –, deren Visionen den *Zivilisationsbruch* nicht nur rechtfertigen, sondern geradezu voraussetzen.[270] Wer dagegen die Verbindung bewahrt und den Ausgleich zwischen Mehrheit und Minderheit ermöglicht, erweist sich darin als Widerständler, »der Theorie und Praxis in der gelebten Wirklichkeit zu vermitteln weiß, ohne sich in der Arroganz reinen Wissens oder in der Ignoranz blinden Tuns zu versteigen«.[271]

4. Das Gecekondu in Deutschland

Aus solchen Bedingungen können die Türken als größte und demographisch vitalste Fremdgruppe auch die größten Vorteile ziehen. Bislang konnten sie ihre originalen Merkmale, ihre »Authentizität«, erfolgreich wahren, indem sie den Familiennachzug nutzten, zu zwei Dritteln untereinander heirateten und ihre Kinder in der Türkei zur Schule gehen ließen. Wie wir wissen, wirken Türkentum und Islam positiv auf das Reproduktionsverhalten ein. Jede dritte Ausländerfamilie mit drei Kindern und jede zweite mit vier Kindern ist eine türkische Familie.

Auch wenn ihre Profiteure es verständlicherweise immer wieder bestreiten, so bedeutet doch die Zuwanderung eine enorme Belastung, die

sich durch ihre Kriminalisierung und Radikalisierung fortlaufend verschärft. Neben Arbeitslosen-, Sozial- und Gesundheitshilfe sind die ausländischen Mitbürger prominent in den Kosten für Sicherheitsorgane
(Staatsschutz und Geheimdienst), Polizei, Gerichte und Strafvollzug vertreten, für die es jedoch offizielle Zahlen weder geben kann noch darf.
Immerhin ist der »Beitrag« der illegalen Ausländerbeschäftigung eini-
germaßen gesichert. Mit 350 Milliarden Euro betrug er 2002 etwa 16 Prozent des BIP.[272] Da Deutschland Hauptfinanzier sowohl der EU-Zuwan-
derung als auch der EU selbst ist, steuert es bei rasant abnehmendem
Steueraufkommen in die Staatskrise. Sichtbares Indiz ist zum einen der
grassierende Verfall der gesamten öffentlichen Infrastruktur. Weniger
sichtbar ist zum anderen die Finanzauszehrung, die bei demographischem Schwund zu einer negativen Prognose für die Zukunft des Staates
berechtigt.

So negativ, daß Versicherungen ihre Engagements in der deutschen
Staatsverschuldung abzubauen beginnen. Bankvertretern zufolge, die
mit der Bundesschuldenverwaltung einschlägige Termingeschäfte, Optionen, Transfers etc. vereinbaren, tritt u.a. der saudi-arabische Staat vermehrt als Refinanzierer auf. Auch aus solchen Verflechtungen, die Anfang
der 1980er Jahre unter Bundeskanzler Schmidt eingeleitet wurden,
mochte sich teilweise – neben den amerikanischen und ideologischen
Einflüssen– das proislamische Engagement Deutschlands erklären.

Der junge Ausländeranteil wird sich in den Großstädten besonders
rasch verändern. Dort wird um 2010 jeder zweite Einwohner unter 40 ein
Ausländer sein. In Berlin, Hamburg und Duisburg sind schon heute Kin-
dergärten und Grundschulklassen mit nahezu rein ausländischer Besetzung keine Seltenheit. Dabei trägt die turkislamische Abgrenzung zu
wachsender Koloniebildung bei, in der sich die Türken einen von der
Heimat geprägten Zwischenstatus schaffen. Läden und Straßenbild, Zeitungen und Fernsehen verdichten sich zur deutsch-türkischen Lebenswelt, die sich immer mehr dem türkischen Original annähert.

So ziehen die besser gestellten Deutschen fort. Diejenigen, die bleiben
müssen, sind mit türkischen Vermietern und anderen Problemen konfrontiert, die sie zu faktischen »Fremden« im eigenen Land« machen.
Emotionen der Unsicherheit auf der einen, der Dominanz auf der anderen Seite schaukeln sich zu permanenter Brisanz auf und lassen die multikulturelle Vision zur praktischen Farce werden. Besonders in der türkischen Jugend wächst die Gewaltbereitschaft, die sich in Pöbeleien,
Prügeleien, Diebstählen und Einbrüchen ihre Ventile sucht. Immer häu-

figer kommt es zu sexistischen Übergriffen auf nichttürkische Frauen sowie Tätlichkeiten an Jugendlichen, die von den Medien selten erwähnt werden, »um den Dialog nicht zu stören«.

Im Schnitt liegt sowohl die Arbeitslosigkeit der Ausländer (20 Prozent) als auch der Anteil der Sozialhilfeempfänger (13 Prozent) etwa doppelt so hoch wie die jeweiligen Raten der Inländer. Innerhalb urbaner Brennpunkte wie im Hamburger Wilhelmsburg oder Berliner Kreuzberg kann sie das Drei- bis Vierfache erreichen. In Berlin entstand die größte türkische Ansiedlung überhaupt, die auch erste und bislang einzige türkische Großstadt außerhalb der Türkei ist. Sie mag als »westtürkisches« *Gecekondu* verstanden werden, das nun auch in anderen deutschen Großstädten heranwächst:

> »Die blindlings in diese metropolitane Umgebung gelangte Bauernfamilie – meist türkischer oder kurdischer Herkunft, die vielleicht noch zwei oder drei Generationen lang bäuerlichen Umgangsformen mit einem konventionellen Familienideal nachhängen wird ... stellt nicht nur in vielen Schulen inzwischen die Majorität, sie hat auch die Tendenz, immer größere Bereiche der lokalen Infrastruktur zu besetzen.«[273]

Was wir gemeinhin als Brennpunkt bezeichnen, sollte in diesem Kontext eher »Brennkreis« genannt werden. Es lassen sich konzentrische Kreise orten, die sich in abgestufter »Turkizität« um die eigentlichen Brennpunkte bilden. Solche Zentren zeichnen sich vor allem durch mangelnde Deutschkenntnisse, hohe Arbeitslosigkeit und – als anatolisches Bauernerbe – fehlendes Interesse an Bildung aus. Diese Kombination konserviert sowohl Türkentum als auch Islam und stellt den idealen Resonanzboden für die Kampfparolen der Milli Görüsh, die weitere, traditionelle Querverbindungen zu noch radikaleren Gruppen wie Hamas und Muslimbruderschaft unterhält.[274] Deren kombinierte Propaganda faßt zunächst Fuß in den Brennpunkten bzw. zentralen Brennkreisen, von wo aus sie sich in die weniger konzentrierten Umkreise ausbreitet.

Die Berliner Zentralkreise Kreuzberg und Wedding sind weit über die Grenzen Berlins hinaus bekannt geworden als Problemgebiete, deren Turkizität zu immer klarerer Abschottung führt. Sie stehen beispielhaft für Gebiete in den deutschen Großstädten, um die sich vergleichbar konzentrische Kreise der turkislamischen Ghettobildung anordnen. In den Polzonen, in denen sich diese Identität besonders strikt ausprägt, lassen sich immer wieder ähnliche Konzentrationen mit einem Ausländeranteil um 50 Prozent feststellen. Dabei ist etwa die Hälfte der Schulkinder türkischer Herkunft und spricht bis zu 90 Prozent kein Deutsch.

Der Wegzug deutscher, aber auch integrierter türkischer Bürger erhöht die turkislamische Konzentration und zugleich den Einfluß radikaler Organisationen. In Kulturkolonien, die sich fortlaufend türkisch abgrenzen und vernetzen, kann immer weniger von Integration gesprochen werden. Mit steigendem Anteil der jüngeren Generationen wächst das Türkische ohnehin in eine deutsche Gesellschaft, in der sich der Anteil der älteren Generationen erhöht. So erscheint es unlogisch, von den Türken die Einfügung in eine sich abschwächende deutsche Umgebung zu erwarten. Mit deren biologischem und geistigem Schwund nimmt auch ihre Integrationskraft ab und wird demographischen Schätzungen zufolge um 2025 in die Minderheit geraten.[275]

Die latente Brisanz der fortlaufenden Turkisierung liegt also vor allem im jungen, dynamisch wachsenden Bevölkerungsteil. In den zentralen Brennkreisen der wichtigen Großstädte ist ein Drittel bis zur Hälfte der Türken unter 35 Jahre alt, von denen ebenfalls nur jeder dritte bis zweite einen Arbeitsplatz und mit höchstens 25 Prozent eine abgeschlossene Berufsausbildung hat. Die Drift ins soziale Abseits ist vorprogrammiert, wird allerdings noch durch die traditionellen Bindungen in den Familien gebremst. Ebenso stabilisierend wirken lokale Institutionen wie zentrale Beratungsstellen und Moscheevereine, die häufig Herkunftszentren bilden und für Einheimische schwer durchschaubare, »verkleidete Gemeinschaften« mit Problempotential darstellen.[276]

Zu stark sind die lokale Reproduktion und der laufende Nachschub aus den Gecekondu, als daß bei fehlender deutscher Integration die Türken in der Lage wären, ihre Kolonie anders als türkisch zu gestalten. Derweil verweigert die offizielle Politik der Öffentlichkeit weiterhin die Information, die für ein Verständnis dieses fundamentalen Wandels erforderlich wäre, und fördert somit ganz entscheidend selbst die Vorurteile, die sie abzubauen vorgibt.

Mit der Jahrtausendwende wurde eine wichtige Marke durchbrochen. Seit 2001 machen die kommunalen Sozialleistungen mehr als die Hälfte der Steuereinnahmen aus. In den letzten zwei Jahrzehnten davor war die Sozialhilfe um nahezu 300 Prozent und damit dreimal so schnell wie die Gesamtausgaben gestiegen. Allein in der Zeit zwischen 1980 und 1992 explodierte der Anteil der ausländischen Empfänger auf das Zehnfache gegenüber dem Dreifachen bei der Basisbevölkerung.

Daß solche Abläufe die Entfremdung zwischen In- und Ausländern nicht dämpfen, sondern die Rede von der »Einwanderung in die Sozialsysteme« weiter anheizen, liegt auf der Hand. Es hat sich auch nicht die offizielle Behauptung bestätigen lassen, daß die Ausländer Nettobeiträge zur Staatsfinanzierung leisten. Wie das Max-Planck-Institut ermittelte, findet das Gegenteil statt: Die Einheimischen zahlen derzeit pro Person und Monat um 70 Euro an die Zuwanderer.[277] Mit der demographischen Schere steigt auch diese Transferbelastung an, eine unabweisbare Konsequenz, an der die finanzielle Hasardmentalität der interkulturellen Vision letztlich scheitern wird.

Der Trend zur Desintegration tritt besonders krass an den Schulen zutage. Drei Viertel der Hauptschüler stammen aus Familien mit mindestens einem Elternteil, der kein oder kaum Deutsch spricht. Somit ist auch die Hauptschule die Schulform, die zwei Drittel aller türkischen Kinder durchlaufen.[278] Nur wenige im Restdrittel schaffen die Hochschulreife. Der Grund liegt einmal mehr in der Bildungsschwäche des Islam. Zwei Drittel der mehrheitlich ostanatolischen Türken heiraten Frauen, von denen jede zweite Analphabetin ist. Umso intensiver fahren sie fort, mit ihrem Beispiel den Kindern die traditionelle Rollenverteilung und Männerdominanz zu vermitteln. Nur ein Fünftel von ihnen verwendet im Alltag Deutsch, wobei die alten Muster der männlichen Unterdrückung fortwirken. Die osmanische Elitenkultur ist längst versunken, in der man sich einst fragte: »Wie weise, reich, würdevoll und glücklich kann eigentlich ein Mann sein, der eine ignorante, ungebildete Frau hat?«[279]

Wenn die alten Traditionen fortleben, in denen vor allem die Mütter die Kinder prägen, wird sich auch nach Verpflanzung in den Westen wenig ändern. Auch wenn das *Gecekondu* nun nicht mehr in einer türkischen, sondern in einer deutschen Großstadt steht, wirken die alten Muster fort. Die Frauen bleiben ungebildet, weil die Männer sie von den kommunalen Sprachangeboten fernhalten. Der Standortwechsel hat einen Zusatzeffekt, welcher der Reproduktion zugute kommt. Denn verbesserte Hygiene und kostengünstige Gesundheitsversorgung können die hohe Kindersterblichkeit des anatolischen Landes senken. Dort erleben 90 Prozent der Frauen vor, während oder nach der Geburt die Not des Verlusts mindestens eines Kindes.

Umso türkischer breitet sich die ethnische Netzwirkung in den Infrastrukturen der *Gecekondu* in Berlin, Hamburg oder anderswo aus. Sprache, Familiennachzug, Reisen in die Heimat, türkisches Fernsehen, Besuche türkischer Politiker verdichten sich zu einer mentalen – und finanziellen – Nabelschnur. Durch sie schiebt sich die Türkei biologisch und geistig nach Deutschland vor und macht aus einer simplen Anwesenheit eine politische Einheit.

Seit sie auch die Türkei regieren, können die Islamradikalen über *Milli Görüsh* und ihre deutschen Polithelfer diesen Ablauf noch gezielter zur Förderung der turkislamischen Netzwerke beeinflussen. Die Städte werden somit zu »gigantischen Desintegrationsmaschinen« werden,[280] deren Sogwirkung immer neue Wanderwellen aus der Türkei anzieht. Sie sind das ideale Betätigungsfeld der Islamradikalen. Indem man sie sich selbst überläßt, werden sie zu Konfliktherden, die der Zuwanderungslobby allerdings als »konzentrische Kreise der beginnenden Demokratie« (Beck) erscheinen.[281]

Die »islamisch-türkische Synthese« und die Neigung der Türken zu ethnischen Gemeinschaften bildet sich nicht nur in den politsozialen Vereinen der *Milli Görüsh* ab. Auch in ihnen nahestehenden Wirtschaftsverbänden wie dem Müsiad oder Mischkonzernen wie der Refah-Gründung Kombasan bzw. der Endüstri-Holding schlägt sich das Bestreben nieder, Kapital zur Bildung und Ausbreitung islamischer Interessen zu sammeln. Nicht selten nutzen sie dabei die Frömmigkeit der Muslime und verkaufen ihnen »gesegnete« Anteilscheine im Gegenwert von vielen Milliarden Euro. Dabei sehen sie sich zuweilen »berechtigt«, sowohl vom westlichen Recht als auch vom Pfad Allahs abzuweichen. Der Kaufhauskonzern Yimpash kam in Deutschland ins Gerede, weil er für über 100 Millionen Euro Firmenzertifikate an gutgläubige Zeichner verkauft hatte, die ihm *Milli Görüsh* zutrieb. Einerseits löste er die Papiere auf Anforderung nicht ein, andererseits unterstützte er den Wahlkampf der Erdogan-Partei.[282]

Entgegen landläufiger Meinung sind Ausländer, insbesondere anatolische Türken, keineswegs krimineller als Deutsche. Wenn man allerdings für Verhältnisse sorgt, die ihnen kriminelles Handeln aufdrängen, dann wird man ihnen kaum verübeln können, wenn sie dieser Aufforderung oft folgen. Die Dauerfrage, warum die Politik solches ideologisch fördert und mit steigenden Zuwendungen finanziert, beantwortet sie, indem sie die Fehlentwicklungen systematisch fortsetzt und verstärkt. Niemand hat bislang den Versuch gemacht, das Zuwanderungsrecht in eine Form zu bringen, welche eine sachgerechte Information der deutschen Mehrheit und damit eine ausgewogene Integration der türkischen Mehrheit bewerkstelligen könnte.

Somit drückt sich der Erfolg deutscher Migrationspolitik in hohen Kriminalitätsraten bei Ausländern bzw. Türken aus. In den Sektoren Mord, Totschlag, Vergewaltigung und Raub liegt der Anteil der Nichtdeutschen – bei einem Gesamtanteil von 10 Prozent – etwa zwölfmal so hoch wie bei Inländern. Die Türken stellen dabei ein Fünftel innerhalb eines Gesamtanteils der Ausländer von einem Drittel. Das bedeutet, daß sie – mit 3 Prozent Anteil an der Bevölkerung – 20 Prozent der Schwerkriminalität ausmachen und mit 30 Prozent Anteil an den Nichtdeutschen in dieser Gruppe 60 Prozent der Schwerkriminellen stellen.[283] Dabei sind diese Relationen eher geschönt, weil sie nicht die Einbürgerungen berücksichtigen, die aus Türken Paßdeutsche, in jedem zweiten Fall Doppelpaß-Deutschtürken machen.

Da sich die Kriminalität in den Großstädten ballt, tritt sie in höchster Konzentration in den Ethno-Kolonien der deutschen *Gecekondu* auf. Nur jeder vierte Türke lebt außerhalb der Großstädte, die drei Viertel aller Tatverdächtigen stellen. Die urbane Verdichtung der ethnischen Netzwerke dürfte daher die sicherste Methode sein, die innere Integrität Deutschlands zu destabilisieren. Sollte die Bevölkerung eines Tages mangels anderer Ausdrucksmöglichkeiten ihre Rechte gewaltsam einfordern, wird man ihr gelassen entgegnen können, es schon immer gewußt zu haben: Die »rassistischen« Deutschen lernen eben nie aus.

Ob mit oder ohne Beitritt zur EU – die Türken nähern sich einer neuen Ära. Ob national oder islamisch eingestimmt, die Besiedlung Deutschlands könnte ihnen bald wie eine territoriale Verwirklichung der »türkisch-islamischen Synthese« erscheinen, einer Verbindung der mythischen Landideen: Islamland und Ethnoland Ötükän. Dagegen hätten die meisten Türken nichts einzuwenden, obwohl so mancher von ihnen, ob Islamist oder Nationalist, Europa aus alter Gewohnheit als »christlicher Festung« mißtraut.[284] Solche Bedenken sind jedoch unbegründet, solange sich die bisherigen Verhältnisse halbwegs konservieren lassen. Zu wirksam ist die erreichte »Leitkultur«, die Kombination aus Toleranzzwang, Bildungsverfall und »Korrektheit«, als daß die Türkenführer um das Projekt der Euroexpansion fürchten müßten.

Was auf oberer Prozeßebene sozusagen als »vorauseilender Strukturwandel« richtungweisend vorgegeben ist, scheint in großen Teilen der Bevölkerung angekommen und gerade auch von der jungen Generation inzwischen verinnerlicht zu sein. So geben deutsche Jugendliche ihre Wertgegenstände und sonstige Habe ab, sobald sie sich von Ausländern bedroht fühlen. Aufgrund der Erfahrung signalisiert allein ihr Erscheinen die virtuelle Gefahr. Wenn es zu Anzeigen kommt, sind als Tatverdächtige die Türken »drastisch überrepräsentiert«,[285] was wiederum mit der hohen Gewaltbelastung türkischer Familien erklärt wird.

Arbeitslosigkeit, geringer Bildungsstand und Männerdominanz bewirken die geschilderte Negativauslese, die in den türkischen Ethno-Kolonien längst auch die Schnittstellen zur traditionellen organisierten Kriminalität – Drogen-, Menschen-, Waffenhandel – pflegt (s.u. S. 249). Da man zudem islamideologisch das umgebende Rechtssystem ablehnt, kommen immer weniger Straftaten zur Anzeige, indem man sie – z.B. Gewalt an Frauen – intern regelt. Der türkische Bevölkerungsteil zwischen 20 und 30 – inzwischen in dritter Generation – bildet den mit Abstand gewalthaltigsten Faktor der deutschen Zukunft.

Hier konserviert sich die turkislamische Kultur der Ehre und Männlichkeitsnorm, die der Verfasser anderenorts für den Islam allgemein behandelt hat.[286] Innerhalb der Abschottung gegen die nichttürkische Umgebung kann sich die Gewalt in den Familien nochmals verstärken, indem man mit z.T. brachialen Erziehungsmethoden versucht, die junge Generation, speziell die Töchter, an der kurzen Traditionsleine zu führen und vor den Einflüssen der abgelehnten Konsumwelt zu »schützen«. Die Frau, und zwar die *verdeckte* Frau, ist nach wie vor »das erste und charakteristischste Element, welches (die Türkei) von der westlichen und christlichen Weise trennt«, soziologisch gesprochen der »*Zentralcode der turkislamischen Kultur*«.[287]

—— C ——

Staatsmafia und Leitkartell

1. Konterguerilla und Kontrolle

Wir wissen, daß die Türken eine traditionell starke Stellung im nahöstlichen Drogengeschäft halten. Dabei haben ihnen ihre großen rechtlichen Spielräume in Deutschland auch dort weitreichende Handlungsfreiheit gesichert. Rechtlich halbwegs immunisiert, konnten sie eine solide Wettbewerbsposition im organisierten Verbrechen erreichen. Als kombinierter Standort für Produktion, Verarbeitung und Vertrieb von Heroin pumpt die Türkei seit Jahren große Mengen des ertragreichen Stoffes nach Europa, wobei die Nabelschnur nach Deutschland eine große Rolle spielt. Hier mischen allerdings auch die Kurden mit, die den Drogenhandel zur PKK-Finanzierung (bzw. HADEP – *Halk Demokrasi Partisi*) brauchen, während die Stammtürken zudem auch das Geschäft mit der Prostitution und Schutzgelderpressung beherrschen.

In der mit solchen Aktivitäten verbundenen Geldwäsche können Türken eine besondere Versiertheit entfalten, weil sie »von Hause« aus mit mafiosen Strukturen vertraut sind. Wir erinnern uns an die angestammte türkische Verquickung von Klientelinteressen und Staat. Hier entstanden Strukturen zur privaten Abschöpfung öffentlichen Vermögens, welche sich auch in die Verbindungen zwischen der Basistürkei und ihrem deutschen Ableger einschalten. So kann es kaum ausbleiben, daß ein Mafiapate, der Erpressungen und Kontraktmorde betreibt, in Personalunion auch Aufsichtsrat einer führenden türkischen Bank ist.[288]

Die feudal-militärische Verknüpfung von Politik und Wirtschaft bildet eine Tradition, die sich aus osmanischer Zeit in die Moderne erhielt. Der Islam wurde dabei als eine integrale, aber sekundäre Dienstbürokratie mitgeführt. Bis in unsere Zeit wirkte dieses Kartell mit Militärs, Bürokraten, Politikern, Kaufleuten und Muslimen/Islamisten zusammen. Da sie dabei nach selbstgeschaffenen Gesetzen vorgingen und sich rigoros über die Belange des Volkes hinwegsetzten, wurden sie nolens volens zu Mitorganisatoren von Kriminalität und Gewalt. Indem sie an Vorteilen partizipieren wollten, trugen sie als hohe und höchste Amtsträger dazu bei, daß sich der Staat selbst in das organisierte Verbrechen integrierte. Diese spezielle Kombination nennen die Türken selbst »*Staatsmafia*«.[289]

Die militärische Kontrolle des Staates und die Neigung des türkischen Ethnoglaubens zum Verschwörungsdenken gingen schon seit Atatürks Tagen mit der Bildung geheimer Überwachungsapparate und »Spezialeinheiten« einher. Seine sogenannten Hamza- und MM-Gruppen waren Vorläufer der 1927 gegründeten »Nationalen Sicherheitsdienste« (MAH – *Milli Amele Hizmetleri*). Sie hatten die Aufgabe, den »Ghazi« gegen Angriffe zu schützen und unmittelbare Feinde oder Konkurrenten aus dem Wege zu räumen (s.o. S. 102).

Mit dem Beitritt zur NATO 1952 entstand die Notwendigkeit, eine nationale Abteilung des NATO-Superdienstes Gladio zu bilden, wie sie jedes NATO-Mitglied unterhält. Die türkische Variante hieß ab 1965 »Amt für Spezielle Kriegführung« (ÖHD – *Özel Harp Dairesi*; s.o. S. 126), dem im gleichen Jahr die in Nationaler Nachrichtendienst MIT (*Milli Istihbarat Teskilati*) umbenannte MAH angegliedert wurde. Daraus entstand eine schlagkräftige Konterguerilla, die sich gegen alle vermeintlich staats-feindlichen Kräfte, vor allem natürlich gegen Kurden und »Linke« wandte. Die türkische Tradition des elitären Machtkartells ging aller-dings über die Gladio-Stoßrichtung des Antikommunismus hinaus, in-dem sie das ÖHD überhaupt gegen alle Kräfte einsetzt, die seinen Inter-essen zuwiderlaufen. Dieses Organ kontrolliert den gesamten Staat:

»Das ÖHD ist nicht nur eine speziell militärische Geheimorganisa-tion. Es ist gleichzeitig ein Wirtschafts- und ein politischer Geheim-dienst. Diese Organisation zieht sich quer durch alle Bereiche der Gesellschaft: durch politische Parteien, den Geheimdienst, die Me-dien, religiöse Institutionen und die Justiz.«[290]

Regimekritiker, die das System durch langjährige Verfolgung und Haft von innen erlebt haben, machen zwei operative Ebenen aus. Die Konter-guerilla tritt offen, teilweise sogar uniformiert auf und propagiert, sabo-tiert, verübt Attentate, entführt, foltert und tötet. Die andere agiert als Geheimorganisation mit »Spezialeinheiten« in Geheimdienst, Militär und Polizei ohne jede Bindung an das formale Recht.

Die praktische Durchführung der Militärinterventionen von 1960, 1971 und 1980 lag in der Hand des ÖHD. Eine zentrale Rolle spielte die MHP (*Milliyetci Hareket Partisi*) des A. Türkesh, indem sie Tausende links-demokratischer Intellektueller, Lehrer, Gewerkschaftler und Stu-denten liquidierte (s.o. S. 130). Für den Kampf gegen die Kurden bildete man zusätzlich den Gendarmeriegeheimdienst JITEM (*Jandarma Istih-barat Terörle Mücadele*). Er setzt sich aus ÖHD-Leuten und einer spezi-fischen Form türkischer Konvertiten zusammen.

Letztere sind Menschen, welche nach dem »Reuegesetz« der Regime-kritik abgeschworen und sich dem Kampf für die türkische Reinheit an-geschlossen haben. Sie verbinden sich zur blutigsten »Spezialeinheit« des türkischen Kontrollapparats, die u.a. auch den zynischen Euphemismus der »Dorfschützer« hervorbrachte. Damit sind besonders systemtreue Konvertiten gemeint, die Systemfeinde ausfindig und unschädlich ma-chen sowie im kurdischen Fall für die Ausrottung ganzer Dörfer sorgen. Indem man sie gegen die eigenen Leute einsetzt, können sie in gewisser Weise also auch an die Tradition der Janitscharen anschließen.

Auch wenn die MHP die 10 Prozent-Hürde nicht schafft, suchen die Parteien den Kontakt zu diesem einflußreichen Schattenpartner, weil er die allgegenwärtigen Interessen des ÖHD vertritt. Lobbyartige MHP-

Kontakte, welche die Beseitigung unliebsamer Elemente sichern, sind daher unverzichtbare Parteipflicht. Ecevit gestaltete dieses Verhältnis durch ausgeprägte Kurdenfeindlichkeit sehr erfolgreich, und Ciller galt als politische Galionsfigur der türkischen Mafia, die Drogengeschäfte autorisierte und Aufträge zu Bombenanschlägen und Morden erteilte.

Die kurdisch-demokratische Opposition erhob schwere Vorwürfe gegen die deutschen Parteien, die Ausbreitung dieser Konstellationen in Deutschland als »organisierte Protektion« gefördert zu haben. Kein Land gewähre der MHP so viel Spielraum, weshalb es diesem Gewaltkader gelungen sei, Deutschland zum wichtigsten Standort im Ausland zu machen.[291] Diese Kritik ließ sich natürlich auf den Komfort ausweiten, den man dort – sozusagen paritätisch – auch dem islamistischen Teil des türkischen Politspektrums angedeihen ließ. In keinem anderen Land genießt ein Radikalkader wie *Milli Görüsh* eine Sonderbehandlung der Art, wie sie sich zwischen »Beobachtung« durch die Sicherheitsorgane und Untätigkeit der Politik eingerichtet hat.

Mit dieser Art »organisierter Protektion« hatte sich das deutsche »Leitkartell« seinem türkischen Pendant bemerkenswert angenähert. Mit ihm nahm man ein vormodernes Gebilde in Kauf, das in einer staatlichen Symbiose aus Wirtschaft, Politik, Militär und organisiertem Verbrechen die osmanische Cliquenherrschaft fortsetzt. Insbesondere die Kriegswirtschaft, der repressive Druck der Eliten und der Wechsel zwischen latenter und akuter Gewalt sind Merkmale, die sich aus früherer Zeit vital erhalten haben. Ob ethnischer »Widerstand« gegen die Türken - wie die Kurden - oder sonstige Machtgegner - sie alle wurden und werden früher oder später von der Konterguerilla des ÖHD und ihren Todesschwadronen unterdrückt oder beseitigt. Daneben unterhält es auch externe Spezialeinheiten zur Nachrichtenbeschaffung in Europa, in denen Mitglieder der MHP eine prominente Rolle spielen.

Die Oberaufsicht über den Verbund von Militär, Parteien, Bürokratie, Wirtschaft, Grundbesitz und Islamverwaltung hat der erwähnte Nationale Sicherheitsrat, der einzigartig ist in den Staatengemeinschaften wie Zollunion, NATO etc., denen die Türkei angehört. Er erscheint als spezifisch türkische Einrichtung, die von Kritikern mehr als skeptisch beurteilt wird. Zumindest zur Jahrtausendwende sah man sie noch weiter von demokratischen Strukturen entfernt als von klassischen Kontrollorganen der westlichen Gewaltsysteme. Wenn die Europäer darauf hoffen, daß die Islamisten die militärische Kontrolle dieses Organs durch eine zivile ersetzen und dabei auch noch die von ihnen abgelehnte Demokratie einführen, hängen sie einer Idee nach, deren Utopiegrad mit ihrem Erweiterungstempo Schritt hält.

«Eine Minute Dunkelheit für dauerhafte Erleuchtung« lautete das Motto einer wochenlangen Kampagne, mit der die türkische Bevölkerung nach der Susurluk-Affäre (s. Anm. 290) etwas Licht in die Machenschaften ihres mafiosen Machtkartells bringen wollte. Weniger als Opposition gegen den Islamismus der zu jener Zeit mit Ciller regierenden Refah-Partei des N. Erbakan, sondern als Widerstand gegen die Volksfeindlichkeit der *Staatsmafia* war diese Massenaktion zu verstehen. Sie blieb letztlich wirkungslos.

Die kriminelle Vernetzung aller Machtebenen konnte sich in den Folgejahren weiter stabilisieren und dabei auch die Islamisten erfassen. Berichte des Journalisten U. Mumcu legten schon in den 80er Jahren beklemmende Zusammenhänge zwischen den Machtebenen der USA, Europas und der Muslimbruderschaft (Rabita) offen, die ihn 1988 das Leben kosteten.[292] Sie lassen umso eher verstehen, warum die EU-Zugehörigkeit der Türken ein bereits feststehendes Ergebnis eines langen Trends sein könnte, in dem sich eine ebenso lange Diskussion mit unzähligen Argumenten als Chimäre erweist. Was immer auch in der Türkei geschah, tendenziell kehrte man immer wieder zu der Überzeugung zurück, daß dieser Staat – Mafia hin, Mafia her – ein unverzichtbarer Garant für den Erhalt der Demokratie in Europa und die Sicherheit der EU war bzw. ist.

Ein Mafiastaat kann angenommen werden, »wenn auf verschiedenen Ebenen ein Aufeinandertreffen von organisierter Kriminalität und staatlichen Stellen stattfindet«.[293] Im türkischen Fall hat bislang vieles darauf hingewiesen, daß dieses »Aufeinandertreffen« offenbar nicht zufällig, sondern gezielt und von den Parteien gesteuert erfolgt. Im Islam bildet es ohnehin ein Verhalten, das historisch gewachsen und allgemein akzeptierte Regierungspraxis ist.[294] Seit im Rahmen der Özal-Liberalisierung das Kapital der Wirtschaft, Parteien und Mafia – und Islamisten – vermehrt auch in die Medien geflossen ist, wirkt ihr vereintes Diktat nochmals verstärkt auf die Öffentlichkeit ein und schreibt den Willen des Staates ins kollektive Bewußtsein.

Die Tabus der Medien und des Staates sind somit identisch. Statt objektiv zu informieren, wirken sie als Meinungstrichter des Machtkartells. Diese »Leitkultur«, die seit 2002 auch vom ehemals geführten Islam mitgeführt wird, verfolgt nach wie vor die Interessen unveränderter Eliten. Der Machtwechsel ist also weniger als ein herkömmlicher Übergang zu verstehen, sondern als Akzentverlagerung in einer Oligarchie gemeinsamer Machtinteressen.

Einen außertürkischen Effekt dieses Vorgangs konnte man im Frühjahr 2004 in einer bayerischen Kleinstadt verfolgen. Nachdem dort ein BR-Fernsehteam zur Recherche einer örtlichen Moscheediskussion angesagt war, fand ein Wechsel des örtlichen Moscheevereins statt. Durch einen konsularischen Verwaltungsakt wandelte man ihn von einem islamistischen Milli Görüsh- in einen kemalistischen DITIB-Verein um. Was zuvor als »staatsfeindlich« vom Verfassungsschutz beobachtet wurde, erschien nun als vertrauenswürdiger Ableger der laizistischen Religionsbehörde.[295]

Die türkischen Medien kritisieren die Oligarchen, stellen aber ihre Legitimation nicht in Frage. Insofern ähneln sie den deutschen Medien, die in den wichtigen Fragen wie Zuwanderung, Islam und Eurolasten es längst aufgegeben haben, Sachpositionen gegen die »gewählten Könige« zu vertreten. Auf beiden Seiten wird Information durch elitenfreundliche Propaganda ersetzt. Das Fernsehen versieht dabei seine bewährte Funktion als Medium, welches das Denken dämpft, Bedürfnisse weckt und Gewalt normalisiert. In beiden Ländern – Türkei und Deutschland – verhalten sich die Kartellapparate ähnlich: Sie konzentrieren sich auf die Kontrolle von Befugnissen und Ressourcen sowie die Abwehr von Konkurrenz. Es kann nicht oft genug wiederholt werden: Es sind die Eliten, die nach ihren Interessen definieren, was unter Gemeinwohl, also dem »wohlverstandenen Interesse« des Volkes zu verstehen ist.[296]

Während die türkischen Drogenpaten ihre Geschäfte führen, beteiligen sich ihre politischen Kontakte aktiv an den Kontrollgremien der UNO. So erlangt die oberste Ebene einen verbesserten Überblick über die strategische Lage und kann die Einheiten des Kartells mit operativ wertvollen Informationen versorgen. Die Europäer – allen voran die Deutschen – nehmen 80 Prozent der türkischen Lieferungen auf. Dabei wagte es die deutsche Justiz, noch bis Mitte der 90er Jahre in kartellwidriger Weise auf die Verwicklung der türkischen Regierung mit der Drogenmafia hinzuweisen.

Je weiter sie sich selbst ins »Leitkartell« integrierte, desto leiser wurden auch die Kommentare der Justiz, zumal die offiziellen Türkeivertreter sich ohnehin jede »Einmischung« verbitten. Sie werden ebenso bei politischen Stiftungen vorstellig, wenn Veranstaltungen durchgeführt oder Publikationen veröffentlicht werden, die vermeintlich unzulässig türkeikritische Inhalte verbreiten. Die Sicherheitsbehörden wissen um die Brisanz dieser beginnenden Monopolsituation, ohne von der Politik hinreichend unterstützt zu werden. Im Drogenbereich tritt sie besonders klar zutage:

»Die türkische Mafia kontrolliert ganz Osteuropa, Deutschland, Belgien, Holland und England. Der Grund für diese enorme Entwicklung ... ist der Rückzug der italienischen Mafia aus dem Drogengeschäft ...Doch nicht nur im Drogenhandel liegt die türkische Mafia in Europa an erster Stelle, auch in der Herstellung von Falschgeld ... ist sie führend ... *Die türkische Mafia benutzt die in Europa lebenden 2,8 Millionen türkischen Staatsbürger.*«[297]

Daß solche Aktivitäten durch Geldwäsche effizient und profitabel unterstützt werden können und müssen, versteht sich von selbst. Verschiedene Quellen innerhalb und außerhalb der Türkei kommen zu vergleichbaren Ergebnissen: Seit Jahren machen Schwarzeinnahmen über die Hälfte des Bruttosozialproduktes aus und übertreffen damit den offiziellen Staatshaushalt.[298] Die Einnahmen sind so hoch – allein aus dem Kasinogeschäft über 20 Milliarden US-Dollar – daß sie von den Beteiligten nicht mehr absorbiert werden können. So steigen die Devisenreserven, obwohl sie laut Statistik der defizitären Zahlungs-/Leistungsbilanz sinken müßten.

Zwangsläufig nimmt das Land einen weltweiten Spitzenplatz im Wachstum der für die Geldwäsche wichtigen Sparten ein: Briefkastenfirmen, fingierte Rechnungen, Kasinos und Wettbüros, Kreditkarten aus Steuerhäfen, Konversion in Wertpapiere, Investment in Freihandelszonen, Tourismus und Immobilien, Entwicklung passender Bankservices, in die auch die Istanbuler Börse eingeschaltet ist. Durch traditionelle Kriegswirtschaft, Bekämpfung der Kurden und Bereicherung der Eliten wurde die Staatsmafia zur logischen Folge. Es bleibt abzuwarten, auf welcher Basis die Vertreter solcher Strukturen und der EU seriös verhandeln wollen, wenn nicht eine umfassende Reform erfolgt, die vor allem Transparenz schafft. Simple Dekrete von oben, die aus Islamisten »Gemäßigte« und womöglich aus Kriminellen »Demokraten« machen, mögen dem sich bildenden deutsch-türkischen Kartelltandem eine Weile weiterhelfen, sind jedoch auf Dauer kaum tragfähig.

Für die Hauptgeschäftsbereiche Drogen und Geldwäsche bleibt Europa einstweilen unverzichtbar. Die Öffnung der Grenzen bringt die *Staatsmafia* ganz offiziell ins Geschäft, weil sie noch immer der türkische

Staat selbst und damit Partner der EU-Staaten ist. Wie geschildert, war man allerdings auch dort durchaus erfolgreich, wenn es um die Befreiung von demokratischen Kontrollmechanismen ging. Sollten sie die Segnungen der organisierten Kriminalität nicht bewußt angestrebt haben, so werden die Europäer durch den Beitritt der Türkei verstärkte Bekanntschaft mit ihnen machen. Wenngleich die EU-Spitzen selbst längst kontrollfreie Entscheidungen treffen, so wird dieser Vorgang ihnen eine neue Qualität der Illegalität verleihen.

Wenn Kriminalität und Korruption zur Normalität werden, gehören sie zur Realität. So erscheint auch die EU-Aktion nach dem Helsinki-Gipfel vom Dezember 1999 heute verständlicher als vielen Zeitgenossen zu jener Zeit. Javier Solana, damaliger EU-»Außenminister« und G. Verheugen, EU-Erweiterungskommissar, flogen in der französischen Regierungsmaschine für ein 20minütiges Gespräch nach Ankara, um Türkenchef Ecevit zu veranlassen, ein Bekenntnis zum EU-Beitritt abzulegen.

Als sie noch in selbiger Nacht zurückflogen, hatten sie dessen Vorhersage wahr gemacht: Ecevit hatte schon immer prophezeit, daß die Europäer die Türkei eines Tages um den Beitritt bitten würden. Auch US-Präsident Clinton und Bundeskanzler Schröder leisteten zusätzliche Überzeugungsarbeit bei dem begehrten Kandidaten. Vor diesem Hintergrund schienen die Kurden und Zypern zu Randfragen zu schrumpfen. So fiel denn auch der Medienkommentar euphorisch aus. Hürriyet, eine der führenden türkischen Zeitungen, titelte: »Der erste muslimische Kandidat«.[299]

Mit US-Hilfe hatten die Türken inzwischen ihre Rüstung auf den modernsten Stand gebracht, während die Deutschen ihre Militärstärke – bei veraltenden Standards – auf etwa die Hälfte der türkischen reduzierten. Der militärischen Abhängigkeit der Deutschen steht die wirtschaftliche der Türken gegenüber. Deutschland ist ihr wichtigster Handelspartner und nach den USA auch größter Waffenlieferant. Özals Liberalisierung hatte zwar kurzzeitigen Wohlstand erzeugt und auch den Islam scheinbar etwas abgedrängt, doch löste der Freihandel eine weitere Runde der mafiosen Verwilderung aus. Die privilegierten Großunternehmer profitierten vom ungeschützten Wettbewerb, laugten den ohnehin schwachen Mittelstand aus und setzten eine weitere Welle von Arbeitslosen in Richtung *Gecekondu* in Gang.

Aus der verstärkten Öffnung der Arm-Reich-Schere zogen die Islamisten doppelten Vorteil. Zum einen strömten ihnen die frustrierten Wählermassen zu und schraubten 2002 ihren Anteil auf 35 Prozent. Zum anderen erhielten die Herrschaftsverhältnisse einen qualitativen Schub: Das Machtkartell erweiterte sich um die Vertreter des Islam. Die verwalteten Religionsdiener wandelten sich zu Staatsherren, die, wie der bayerische Lokalfall demonstriert hatte, die Religionsbürokratie ansatzlos von Laizismus auf Islamismus umschalteten. Auch sie hatten nun den angemessenen Zugang zu den Ämtern, Finanzquellen und Machthebeln der Klientenkaste, wie es einem führenden Kartellmitglied gebührte.

An den globalen Konstellationen änderte sich derweil wenig, wenngleich man in Europa dem gesteigerten Einfluß des radikalen Islam Rechnung trug. Die Türkei und ihre Gesellschaft sind integraler Faktor der US-Geopolitik, dessen Bedeutung mit dem Wachstum der deutschen Kulturkolonie immer direkter auch auf Deutschland einwirkt. Wie berichtet, gab die neue, nun »gemäßigte« Islamistenführung kurz nach Amtsantritt Anweisung an alle Botschaften, insbesondere in Deutschland, die Organisationen der *Milli Görüsh* zu unterstützen. Auf sie und ihre Verbindungen zur Muslimbruderschaft werfen wir einen abschließenden Blick, soweit sie die Untersuchung ergänzen. In anderen Darstellungen hinreichend beschrieben, sind sie in Verbindung mit der mafiosen Tradition der Türkei von besonderer Bedeutung. Vor den Karren des turkislamischen Expansionsprojekts ist ein zweites trojanisches Pferd gespannt: Aus dem säkularen Einspänner wird ein Doppelspänner, der immer stärker auch vom radikalen Islam nach Europa gezogen wird.

2. *Turkislam und »Strukturwandel«*

Der türkische Staat wurde und wird bis auf weiteres also von Klienteninteressen bestimmt, die sich rigoros gegen Machtkonkurrenz und ethnische Unreinheiten durchsetzen. Man arrangierte sich intern in einem Kartell, das sich gegenüber dem Volk aggressiv abschirmte und dabei auch vor Terror nicht Halt machte. Die Gewalt der Polizei und die gewachsene Praxis der Gewohnheitsfolter sind totalitäre »Traditionen« des Landes, die sich nicht durch Edikte von oben, sondern allenfalls durch eine umfassende Bewußtseinsänderung, einen »Marsch durch die Institutionen« beenden lassen. Es bleibt abzuwarten, ob die Islamisten den Willen und die Fähigkeit aufbringen, einer Machtbürokratie wirkungsvoll zu Leibe zu rücken, der sie selbst – nun sogar auch an leitender Stelle – angehören.

Trotz einiger administrativer Veränderungen (s.u. S. 257) präsentieren sich die türkischen Strukturen in der seit dem Zweiten Weltkrieg gewachsenen Form. Vielleicht haben wir in diesem Kontext mit »Mafia« sogar einen unangemessen abwertenden Begriff verwendet. Denn er verdankt sich einer »konservativen«, rechtsstaatlichen Sichtweise. Wenngleich man ihn mit den EU-Reformen verbal anstrebt, gibt es »den Rechtsstaat« in der Türkei nach wie vor nicht. Offenbar hat er auch aus Sicht der Führungsebenen Deutschlands, insbesondere der EU, an Geltungskraft eingebüßt. Wie geschildert, erscheint es den hier maßgeblichen »Leitkartellen« inzwischen völlig normal, den fremden, neuen Rechtsmaßstäben, vorliegend den turkislamischen, zunehmenden Spielraum zu gewähren.

Insbesondere die Betrachtung der Zuwanderung konnte zeigen, daß es »den Rechtsstaat« in entsprechend abnehmendem Maße gibt. In den vielfältigen Situationen, denen ihn die Immigranten aussetzen, zerfällt er in zahlreiche Ausnahmefälle, die es vermessen erscheinen lassen, überhaupt noch von »dem Rechtsstaat« oder »der Demokratie« zu sprechen. Wieder ließ sich ein deutlicher Zug zur Entdemokratisierung feststellen, der in ursächlicher Wechselwirkung mit dem politischen »Leitkartell« steht. Kritiker der Zuwanderung setzen sich daher dem Vorwurf der unrealistischen Betrachtungsweise aus, wenn sie unentwegt vom »Bankrott des Rechtsstaats« reden. Es geht offenbar um den Blickwinkel, von dem aus ein Trend zu beurteilen ist, d.h. welche Realität er anstrebt und durchsetzt.

Die Türken präsentieren sich uns als dynamisch wachsendes Volk, das sich nach Deutschland und Europa ausdehnt, wo es auf schrumpfende Bevölkerungen trifft. Während sie ihre wesentlichen Merkmale – ethnisches Türkentum, Islam und Elitenstaat – pflegen und stärken, beginnen den Europäern die Entsprechungen – Kultursinn Europas, Christentum und demokratischer Rechtsstaat – zu entgleiten. Auch wenn die Zahlen derzeit sinken, so treiben doch Wirtschaftsliberalisierung und Übervölkerung die Menschen aus den zentraltürkischen *Gecekondu* weiterhin nach Deutschland. Dort treffen ihre wachsenden Kolonien auf sinkende Arbeits- und Steuerpotentiale, die zunehmende innerdeutsche Probleme schaffen.

Die abnehmende deutsche Bevölkerung könnte auf den schrumpfendem Arbeitsmarkt leicht und harmonisch reagieren, wenn eine gemeinwohlverträgliche Politik betrieben würde. Mit Ausnahme der *»gerichteten Unschärfe«* gibt es keine Antwort auf die Frage, warum die Führung eines vergreisenden Volkes mit steigender Arbeitslosigkeit und sinkenden Steueretats auf einer Zuwanderung mit unqualifizierten Menschen und entprechender Budgetbelastung beharrt. Im pauschalen Import billiger Arbeits- und islamistischer Führungskräfte scheint sich daher weniger eine eigene Interessenpolitik, sondern die Allianz der amerikanischen und türkischen Realpolitiker sowie deutschen Kulturideologen abzubilden.

Die Zuwanderung vollzieht sich, ohne daß innerhalb bestimmter Kontingente eine gezielte Eignungsprüfung durchgeführt würde. Die »Auswahl« geschieht daher eher durch Schleusermafien, deren Lieferungen eine verordnete »Toleranz« genießen. Das System erzeugt einen Ausleseprozeß, in dem es auf ideologisch diktierte, nicht auf ökonomisch sinnvolle Kräfte ankommt. Dabei dominiert der stärkste Geltungsanspruch, ob er dem Wirtschaftsprozeß nützt oder nicht. So ist es kein Zufall, daß in Deutschland die Menschen des Islam zu knapp 50 Prozent und darin mit 75 Prozent mehrheitlich unqualifizierte Türken überrepräsentiert sind.

Die islamische Kultur enthält Radikalformen, die sich mit dem Ethnoglauben des reproduktionsstarken Turkismus zu aggressiven Gruppen wie der *Milli Görüsh* verbanden. Sie konnte sich immer besser in Position bringen, weil Parteiräson, Bildungsverfall und Vorteilsnahme das unabhängige Urteil der aktiven Politik schwächten. Immer selbstverständlicher wurde den Deutschen die türkische Ansiedlung als eigenes, »wohlverstandenes Interesse« vermarktet. Auf Basis der verordneten »Toleranz« konnte sich die herrschende Ideologie zunehmend auch mit dem Rechtsdenken der islamischen Gemeinschaft identifizieren. Der demographische und geistige Schwund im Westen wirkte dabei wie ein unbeirrbarer Hintergrundantrieb für die islamische Expansion. Deutsche »Realpolitik« erschien immer weniger gegen die Interessen der islamischen Vertretungen möglich. Kaum etwas konnte diesen Ablauf besser dokumentieren als die Wandlung von der Fiktion der »Bereicherung« zur Realität der rechtsstaatlichen Erosion in bezug auf die Radikalität der Islam-»Vertreter« und den Kriminalitätsgrad der Zuwanderer.

Nach Meinung ihrer Fürsprecher müssen demokratischer Staat und pluralistische Gesellschaft solches »aushalten«. Zuwanderer und Muslime dürfen nicht unter »Generalverdacht« gestellt werden. Im Ergebnis muß beiden ein Generalvertrauen geschenkt werden, unter dem sich der Rechtsstaat jeder beliebigen Veränderung zu unterziehen hat. Die Zuwanderung genießt eine so hohe Priorität, daß sie vor den Wählern geschützt wird. Indem man zugleich die Muslime auch gegen das geltende Recht schützt, setzen sich in den wesentlichen Bereichen – Straf-, Familien- und Verwaltungsrecht – ganz allmählich auch die Rechtsnormen der Scharia durch.

In der Praxis bilden Angelegenheiten der Zuwanderung inzwischen die mit Abstand wichtigste Beschäftigung der Juristen. Ob unmuslimisch oder muslimisch bedingte Straftaten, ob Moscheebau und Islamunterricht mit »getürkter« Dokumentation, ob türkischer Gemüsehändler und Mafiapate oder das allgegenwärtige Kopftuch – über den Hebel des *Generalvertrauens,* das man auch Toleranz nennt, können sie alle das geltende Recht auf ihre Weise auslegen. Sie bündeln den islamischen Rechts- und ethnischen Volksanspruch und bilden ein vielschichtiges Vehikel für die Aushöhlung des alten Rechtssystems. Da der Islam eine universale Rechtsordnung ist, dringt er auch auf alle Rechtsebenen vor. Er zerfällt dabei in so viele Facetten, daß es nach offizieller Sprachregelung unmöglich ist, von »dem Islam« zu sprechen. Die Frage bliebe, ob man noch von »dem Rechtsstaat« reden kann.

Noch etwas zögerlich in der ehemaligen DDR, läuft dieser Vorgang in den alten Bundesländern seit Jahren ungebremst ab. Mit dem »Leitkartell« hat er inzwischen die sogenannte *Neo-Institution* gebildet, in der sich die alten Institutionen unter proislamischem Vorzeichen sammeln. Wie die Soziologie überzeugend zeigt, gehen Menschen in der Tat zu reflexhaftem, physikalisch kodiertem Verhalten über, wenn ihnen in einer Organisation über Belohnungssignale eine dauerhafte Legitimation verliehen wird.[300] Fast kann man sie auch schon als neo-islamische Klasse qualifizieren, als eine »Summation von Personen innerhalb einer Gesellschaft, welche sich im Hinblick auf Macht, Privilegien oder Prestige in einer ähnlichen Situation befinden«.[301] Im pluralen Staat zeigt sich die Konformität der »Verantwortlichen« dabei unterschiedlich stark gepolt. An dem einen Rand des Spektrums, z.B. im südlichen Flächenstaat Bayern, ist ihr Tempo kontrollierter und langsamer, am anderen Rand, z.B. im nördlichen Stadtstaat Bremen, kann sie als eine Art Pilotprojekt unter intensiven Laborbedingungen, sozusagen als politischer »Durchlauferhitzer«, studiert werden. Neben anderem begeisterte die Menschen das Wort des Bürgermeisters, daß »die Islamisten ihn und er die Islamisten liebten«.

So wie sich unter den Bundesländern die Migrations- und Islamdiskussionen differenziert abstufen, so bilden sie innerhalb des föderativen Ländersystems einen Raster, an dem der »Strukturwandel«, der Fort-

schritt der demographischen und ideologischen Umformung, verein-
facht abgelesen werden kann. Die Entscheidung über das Kopftuch im
öffentlichen Dienst, die vom Bundesverfassungsgericht an die Länder
zurückverwiesen wurde, bildet ein Beispiel für den fehlenden Willen, das
geltende Recht anzuwenden. Da der Bund ohnehin seinen Einfluß auf die
Länder ausdehnt, wird sich auch dieser Raster fortlaufend weiter unifor-
mieren.

In Kulturfragen besteht die Vereinheitlichung in der Subjektivierung.
Mit anderen Worten: So, wie in der Zuwanderung dem Asylbewerber
überlassen wird, ob er kriminell werden will oder nicht, soll der Kopf-
tuchträgerin im öffentlichen Dienst überlassen werden, ob sie dem Staat
gegenüber Loyalität üben will oder nicht. Alle Zwischenformen, ob noch
differenziert oder schon vereinheitlicht, bewirken das gleiche *stille Ziel*
der tendenziellen Überwindung bestehender Rechtsnormen.

Daran ändert sich auch wenig, wenn einzelne Bundesländer Gesetze
gegen das Kopftuch im öffentlichen Dienst erlassen. Im Gegenteil: Indem
es allen anderen Frauen »erlaubt« ist, bestätigt der deutsche Staat die Ungleichheit der Geschlechter. Er bestätigt die wichtigste Rechtsnorm des
Islam überhaupt, denn die Frau unterliegt der Kontrolle des Mannes und
darf nur verhüllt den privaten Raum verlassen. Auch das von Islamistin-
nen gern vorgetragene Argument, erst der moderne Islam erlaube ihnen,
den öffentlichen Raum zu betreten, beseitigt keineswegs die vollständige
Verwobenheit ihrer Existenz mit der Herrschaft der Männer.

Der »Strukturwandel« besteht also nicht in einer oberflächlichen,
leicht steuerbaren Veränderung. Er bildet das vorläufige Resultat einer
komplexen Kombination aus Globalisierung, Gesellschaftsumbau und
einer damit abgestimmten Kulturideologie. Sie stehen in dynamischer
Wechselwirkung mit Gesetzgebung und öffentlicher Diskussion, die einem fortlaufendem, allerdings *gerichteten* Wandel unterliegen. Indem sie
das Gemeinwohl blockierte, konnte diese Richtung einen zunehmend
proislamischen Kurs einschlagen. Im Spektrum zwischen ihren Gegen-
polen – demokratischem Ausgleich und islamischem Fortschritt – ent-
schied man sich *tendenziell* für die Einführung der anderskulturellen
Normen in die bestehende Ordnung.

Wie die Situation in der Zuwanderung zeigt, sind Faktoren wie der türkische Ethnoglaube und seine biologische Reproduktion geeignet, diesen
Kulturwandel zu verstärken. Zudem geht der demographische Wandel
mit geistigen Veränderungen einher, welche die Dynamik der Transformation nochmals beschleunigen. Solange die Deutschen altern und

schwinden, während die Türken sich verjüngen und vermehren, werden Wahrscheinlichkeit und Verwirklichung ethnischer Abgrenzung und gesellschaftlicher Verwerfungen unaufhaltsam ansteigen.

Während es sich hier um einen langsamen Vorgang handelt, der erst allmählich ins Bewußtsein tritt, laufen andere Entwicklungen in mehreren Geschwindigkeiten und Ebenen ab. Die Globalisierung setzt Rahmenbedingungen, die man auch das »Regime« nennt, durch die weltweite Ausbreitung materieller Produktivität und humaner Wanderwellen. Die Bedingungen bevorteilen ein einseitiges, elitäres Nutzendenken, das den Ausgleich mit dem Gesamtinteresse zurückdrängt. Die Produktivität von Standorten richtet sich primär nach den Kosten der Ressourcen – Arbeit, Rohstoffe und Infrastruktur – sowie der Nützlichkeit ihrer Eliten, die sie verfügbar machen.

Wenn wirtschaftliches Nutzendenken normative Geltung erlangt, müssen sich die Bindungen an den Rechtsstaat und die Funktionen der Eliten auflockern. Politiker werden zu Werbemanagern der Unternehmen, Verfassungsrichter zu Anwälten des Islam, und globale Konzerne engen die Menschenrechte ein, soweit sie den Unternehmensgewinn schmälern.[302] Damit stehen sie in einer Linie mit dem proislamischen »Leitkartell«, das seinerseits Menschenrechte ideologisch ablehnt, weil sie den muslimischen Schützlingen im Wege stehen. Diese Konstellation harmoniert wiederum mit der US-Geopolitik, die mit islamischen Gewaltregimen kollaboriert und dabei Islamisten und Terroristen unterstützt.[303]

Es gibt also keinen Grund, weshalb das türkische Machtkartell als oligarchischer Partner nicht sämtliche Bedingungen für ein Zusammenwirken auf globaler und europäischer Ebene erfüllen sollte. Der Kreis schließt sich über die Wirtschaft, die nicht nur im klassischen Geschäft – Drogen, Waffen, Öl –, sondern inzwischen auch in »offiziellen« Produktbereichen an der Schattenwirtschaft teilnimmt. Besonders im Islamraum ist der geschmuggelte Anteil des Konsumgüterimports so hoch, daß er in der globalen »Erschließung neuer Märkte« eine zentrale Rolle zu spielen beginnt.[304]

Es leuchtet ein, daß ein derart umfassender Prozeß nur sehr bedingt mit Moral im herkömmlichen Sinne zu tun haben kann. Eher läßt sich von einer Vermischung von Wertrationalität mit Zweckrationalität sprechen. Unter rechtsstaatlichen Bedingungen werden Werte z.B. von obersten Richtern bewahrt und von Kirchen gestützt. Innerhalb eines solchen Wertesystems können dann Zwecke von Politikern vermittelt und von

Wissenschaftlern untermauert werden. Heute gehen beide eine immer engere Verbindung ein, die man Politikberatung oder auch »Dialog« nennt und die von der Nutzenrationalität der Wirtschaft bestimmt wird. So können sich Professoren, aber auch Politiker, Richter und Priester nützlich machen, indem sie alle in besagtem, neo-institutionellem »Leitkartell« den Strukturwandel vorantreiben.

Obwohl es eine objektive Wertrationalität gibt, die sich in ihrem eigenen Menschsein manifestiert, beugen sich die »Verantwortlichen« der subjektiven Zweckrationalität des Prozesses. Viele von ihnen wissen z.b., daß es einen qualitativen Unterschied zwischen der Gewalt des Islam und des Christentums, jedoch keinen zwischen der Sklavenjagd des frühen Islam und der heutigen Sklavenjagd im Sudan gibt. Sie wissen ebenso, daß der »Friedensprozeß« zwischen getöteten Palästinensern und getöteten Israelis nicht unterscheidet, oder daß die Ölgewinne der Konzerne und die Ölgewinne der Saudiprinzen vergleichbar sind. Und dennoch ziehen sie vehemente Trennlinien.

Indem die Gewalt des Islam zur »Anstrengung im Glauben« wird, können die – zumeist christlichen – Opfer des Islam im Sudan und die jüdischen Opfer in Israel keine Rolle spielen. Eher können Israel zum »Terrorstaat« und die Ölkonzerne zu »Handlangern des Terrors« werden, weil sie die Region ausbeuten und islamistische Gewalt als »Notwehr« erscheinen lassen. Daß zugleich in Saudi-Arabien der ölbedingte Wohlstand wenigen Familien zufließt, die sich mit Milliarden-Zuschüssen aktiv am Terror beteiligen, unterliegt dem gleichen Schweigen, wie der »Frieden des Islam« zum unentwegt propagierten Vorbild des westlichen Meinungskartells wird.

Es liegt auf der Hand, daß eine derartig proislamisch orientierte »Argumentation« dem türkischen Kartell das kommende Beitritts-Marketing zum Kinderspiel macht. Dabei spielt es keine Rolle, ob die Türken selbst islamisch, säkular, rassistisch oder demokratisch sind. Ihren Staat hatten sich die Parteien so unverfroren angeeignet, daß sich in der Türkei für sie die allgemeine Bezeichnung *Staatsmafia* durchsetzte. Dennoch kamen sie den meisten EU-Regierungen wie »säkulare Demokraten« vor.

Das türkische Volk sah es anders. Ihm erschien die Partei der Islamisten als der einzige Ausweg aus der vorherigen »Demokratie«, die sich im Griff organisierter Verbrecher befand. Bevor jedoch die neuen Machthaber ihre Regierungsgeschäfte aufnehmen und im Amt irgendeine nachhaltige Richtung erkennen lassen konnten, galten sie in Europa bereits als »gemäßigt«. Ohne einen Leistungsnachweis erbracht zu haben, war auch dieses – islamistisch erweiterte – Machtkartell im Grunde genauso »demokratisch« wie seine Vorgänger. Per Dekret diverser EU-Regierungschefs hatten die Europäer die Vereinigung mit diesem Gebilde sogar als »unumkehrbaren Prozeß« zu sehen (s.u. S. 256f.).

Je weiter sich also der »demokratische Rechtsstaat« der alternativen Kultur öffnet, desto weniger braucht sich die neue Zweckrationalität nach dem alten Wertesystem zu orientieren, desto ähnlicher werden sich die westlichen und türkischen Politkartelle, und desto mehr kann ein Beitritt zur faktischen »Bereicherung« geraten. Dies allerdings nur auf der Ebene der Eliten, deren Kartelle den »unumkehrbaren Weg« der Annäherung in die Fusion mit einer Mischung aus Druck und Propaganda schützen. Dabei zahlt sich aus, daß man bereits zentrale Institutionen wie Recht und Medien besetzt hält, um sie nun übergeordneten, d.h. undemokratischen, feudalen Interessen nutzbar zu machen.

Ehemalige Werte nationaler Politik werden zu aktuellen Zwecken globaler Politik. Die hegemoniale Ölstrategie der USA machte die Geosituation der Türkei und den Islamismus stark und zwang Deutschland in die Rolle des Empfängers und Finanziers der »Sendungen« aus den Gecekondu. Daß die Zuwanderung massiv die Ressourcen des deutschen Staates angreifen würde, konnte erst nach Jahrzehnten der Praxis erkennbar werden. Daß dabei radikale, gegen die Demokratie gerichtete Entwicklungen begünstigt wurden, unterstrich allerdings die zum Extremismus offene Tendenz.[305]

3. Deutsch-türkischer Islamismus im Netzwerk

Diesen Trend nutzt der Islamismus seit Jahren mit wachsender Konsequenz und Intelligenz. Seine Vertreter lehnen zwar die Zivilisation des Westens und seine politischen Strukturen ab, haben aber längst die Chancen erkannt, welche die proislamischen Strömungen in Europa bieten. Über die dortigen Parteien entstehen neue Formen der Kooperation in Wirtschaft und Propaganda, indem türkische Unternehmer und Ideologen auf ihren Listenplätzen auftauchen.

Sektoren des »Leitkartells« – Universitäten, Kirchen, Medien etc. – leisten in ihrem jeweiligen Rahmen Beiträge zur Stärkung der turkislamischen Präsenz und Interessen. Andere Formen der Kooperation bringen deutsch-türkische Institute hervor, die öffentlich bezuschußt werden, allerdings – wie z.B. das Essener Zentrum für Türkeistudien – in einem scheinliberalen Spektrum primär türkische Ziele verfolgen. Hier hat sich ein Netzwerk umfassender Kooperation deutscher und türkischer Institutionen und Organisationen gebildet, die im übergreifenden Schulterschluß auf Kosten des Gemeinwohls den interkulturellen Strukturwandel vorantreiben.

Diese Kooperation hat in den Gruppierungen deutscher und türkischer Interessen zu vergleichbaren Allianzen geführt. Das deutsche »Leitkartell« kollaboriert mit den Vertretern des türkischen und arabischen Islamismus, das türkische Kartell arrangiert sich mit der AKP, der islamistischen Regierungspartei. Eine gemeinsame Verbindung beider Islamismen bildet die Muslimbruderschaft (MB). Sie wirkt direkt über den saudischen Wahhabismus und indirekt über *Milli Görüsh* auf die deutsche Situation ein. Zum türkischen Islamismus, der als Dach der *Milli Görüsh* gelten kann, bestehen wiederum vielfältige MB-Verbindungen, die sich u.a. offiziell in der Mitwirkung in der Konferenz Islamischer Staaten niederschlagen. Eine wichtige Rolle spielt dabei auch die Hamas, die mit verbaler und finanzieller Unterstützung der EU-Staaten die Brücke zum globalen Terrorismus schlägt,[306] eine weniger wichtige die Hizbollah, die sich in früheren Jahren am Kurdenkampf beteiligt hatte.

Über Staaten wie Ägypten, Pakistan und Saudi-Arabien steht die Islamkonferenz unter starkem Einfluß der Muslimbruderschaft und der Hamas, aber auch der USA, so daß auch in der EU deren Formel Geltung hat: »Der Islam ist nicht das Problem.« In den deutschen Ministerien und Dialoggremien ist sie nicht nur zum Bestandteil des Wortschatzes geworden, sondern hat sich auch zu einer Art Weltbild verfestigt, in dem »der Islam« inzwischen eine wesentliche, für manche »Verantwortliche« geradezu persönlichkeitsbildende Komponente bildet.

Die Sicherheitsbehörden »beobachten« die türkischen Islamisten von *Milli Görüsh* und stufen sie in ihren Jahresberichten regelmäßig als »staatsfeindlich« ein. Kartell-Vertreter sehen sie eher als konstruktiven Partner, die sich »auf dem Weg in die Demokratie« (Beck) befinden. Hier scheint die *»gerichtete Unschärfe«* auf höherer Ebene institutionalisiert, indem Einrichtungen wie Staatsschutz und Parteien seit Jahren gegenteilig sprechen und handeln. Da der Gegensatz jedoch keine Konsequenzen bewirkt, die dem Gemeinwohl zugute kämen, kann ihr Fehlen die Standardfolgen kontrollfreier Liberalität nach sich ziehen: Korruption und Radikalisierung.

Udo Steinbach, langjähriger Leiter des öffentlich finanzierten Orient-Instituts in Hamburg, setzte sich immer wieder auch für türkische Islamisten ein, insbesondere für Milli Görüsh. Er kämpfte für ihre staatliche Unbedenklichkeit und versuchte, ihnen die Aura des sogenannten »Euro-Islam« zu verleihen. Auch daß *Milli Görüsh* zugleich zur Vernichtung Israels aufrief, könnte Schnittstellen mit Steinbachs Weltbild haben: Er sah keinen Unterschied zwischen den Widerständlern des Warschauer Ghettos und den palästinensischen Selbstmordattentätern.[307]

So wie nahezu alle deutschen Stiftungen wegen »islamistischer Aktivitäten« vorübergehende Probleme mit der türkischen Staatsanwaltschaft bekamen, so zog sich Steinbach den Unmut des Ministerpräsidenten Ecevit zu. Dieser bat im Februar 2000 den Bundeskanzler um Schließung des Orient-Instituts, weil es »den Islamismus in der Türkei fördere«. Natürlich lehnte man das Ansinnen ab, so daß zumindest in Deutschland die »Förderung des Islamismus« fortgesetzt werden konnte. Einen ganz wesentlichen Beitrag dazu leistete Steinbachs bekanntes Wort vom »Menschenrechtsfundamentalismus«, mit dem er seinen Schützlingen ersparte, ihren islamischen Rechtsanspruch auf den demokratischen Prüfstand zu stellen.

Nachdem das deutsch-türkische Einvernehmen im Grunde bereits seit Jahren festlag, gab der Wahlsieg der Islamisten im November 2002 der STUPID-Fraktion (Staats-Union der Pro-Islamisten in Deutschland) und ihrer Politik einen weiteren, enormen Aufschwung. Von ihrem Impetus hatte schon nach dem 11. September der »Zentralrat der Muslime« profitiert. Er konnte mit den Pfunden seiner Kontakte zur Muslimbruderschaft und Rabita sowie deren Finanzquellen wuchern. Bei letzterer handelt es sich um eine Organisation der Islamischen Weltliga, die zumindest zeitweilige Kontakte zur Al-Qaida pflegte.[308]

Wie gesehen, gehört es inzwischen zur deutschen Politmechanik, daß bestimmte Gruppierungen sich besonders sicher wähnen können, wenn sie der Verfassungsschutz – vorliegend jener des Landes Nordrhein-Westfalen – als bedenklich einstuft. Denn wie das Beispiel *Milli Görüsh* zeigt, ist es regelhafte Konsequenz der »*gerichteten Unschärfe*«, daß sicherheitspolitische Illoyalität umso sicherere Loyalität des proislamischen »Leitkartells« hervorruft. So standen hohe und höchste Exponenten der Politik, Bildung, Kirchen und Medien z.B. für die Interessen des »Zentralrats« mit einer Standfestigkeit ein, von der die deutsche Mehrheit nur träumen konnte.

Der Umstand, daß solche Gruppen nicht nur radikale Schnittstellen pflegen, sondern auch weniger als 2 Prozent der Muslime vertreten, schien ihnen eine unerschütterliche Legitimität zu verleihen. Wie unsere

Untersuchung zeigt, brauchte man diesen Vorgang nicht, um die fortgesetzte Illoyalität der deutschen Eliten zu erkennen, die ganz offensichtlich einen anderen Staat anstreben. Wenngleich sie solches immer wieder entrüstet von sich weisen, haben sie es bislang mit der gleichen Festigkeit abgelehnt, den jederzeit möglichen Gegenbeweis anzutreten. Es wäre lediglich von der einseitigen Wahrnehmung von Fremdinteressen auf eine Politik des Ausgleichs umzuschalten, die das Minderheiteninteresse zum Bestandteil des Gemeinwohls macht. So wie die Dinge liegen, wird das deutsche »Leitkartell« jedoch bis auf weiteres seine diktatorische Minderheiten-, insonderheit Islampolitik, und damit den Prozeß der Entdemokratisierung fortsetzen.

Als systematischer Profiteur dieses Ablaufs hat *Milli Görüsh* mittlerweile ein gut funktionierendes Netzwerk über ganz Deutschland legen können, innerhalb dessen von mindestens 30 000 kampfbereiten Mitgliedern die Rede ist. Dabei zeigen ihre Führer, daß sie durchaus das Zeug zu »jakobinischen« Strategien haben (s.o. S. 127), mit denen sie die Demokratie langfristig aushebeln können:

»Das Grundgesetz ist dem Islam nützlich, denn es bietet die Basis dafür, dass man Rechte einfordern kann ... Wie bejahen ein demokratisches politisches System wegen der Möglichkeiten, die es bietet, islamische Inhalte und Forderungen in den politischen Entscheidungsprozeß einzubringen...[309]... Wir müssen die Demokratie für unsere Sache nutzen. Wie müssen ganz Europa mit Moscheen und Schulen überziehen.«[310]

Inzwischen verfügt man über 2000 Vertretungen in Europa bei etwa 500 Moscheen allein in Deutschland. Bei wachsendem Einfluß auf die über 3 Millionen Turkmuslime konnte *Milli Görüsh* eine erhebliche finanzielle Kraft entwickeln und die Wahlkämpfe der türkischen Mutterpartei nachhaltig unterstützen. Kein Wunder, daß Türkenführer Erdogan sich mit seinem Aufruf nach Regierungsantritt entsprechend revanchierte.

Während man sich an der deutschen Front eifrig um die Verbreitung des Islam bemüht, wird gleichzeitig alles daran gesetzt, die Mutterpartei in der Türkei zu unterstützen: »Der politische Kampf gegen den Laizismus in der Türkei wird somit entscheidend von Deutschland aus gefördert.«[311] Wenn nötig, beinhalten die Methoden auch muslimische Desinformation (arab. taqiya) und sind vielleicht vergleichbar mit dem

Vorgehen ausgeprägter Islamfreunde wie Marieluise Beck und Udo Steinbach:

»Wenn es dem Islam und der eigenen Organisation nützt, die man ja für den besten Vertreter des Islam in Deutschland hält, ist es unter Umständen keine Sünde, seine eigentlichen Absichten zu verbergen. Die ›Innenpolitik‹ mancher Vereinigungen kann, muß aber durchaus nicht mit den in der Öffentlichkeit vertretenen Auffassungen übereinstimmen.«[312]

Um solcher Propaganda Nachdruck zu verleihen, plädiert die »Ausländerbeauftragte« M. L. Beck für vermehrten Einfluß der Muslime in Rundfunk- und Fernsehräten. Steinbach trug der Einsatz für den radikalen Islam schließlich angemessene Ehren ein. Die »Gesellschaft Muslimischer Sozial- und Geisteswissenschaftler/Innen e.V.« (GMSG) verlieh ihm 2003 den »Falaturi-Friedenspreis für Dialog und Toleranz«. Laut BKA lassen sich bei der GMSG Verbindungen sowohl zur Muslimbruderschaft als auch zu *Milli Görüsh* annehmen.[313]

Die Laudatio hielt das GMSG-Vorstandsmitglied Ibrahim al-Zayyat, der als Multi-Manager in ein weitgefächertes islamistisches Geflecht hineinwirkt. Er beeinflußt die MSV-Muslim Studenten-Vereinigung, Islamic Relief Humanitäre Organisation in Deutschland e.V., Islamische Jugend in Europa e.V., Islamisches Konzil in Europa e.V., Europäische Moscheebau- und Unterstützungsgemeinschaft e.V. (EMUG) und SLM-Liegenschaftsmanagement. Bei näherem Hinsehen lassen sich Verbindungen sowohl zur Muslimbruderschaft als auch *Milli Görüsh* ausmachen. Die beiden letztgenannten Organisationen gehören zum MG-Komplex, wobei die SLM in Aktivitäten der Geldwäsche verwickelt sein soll.[314]

Al-Zayyats Frau Sabiha, geborene Erbakan, leitet das Kölner »Zentrum für Islamische Frauenforschung« (ZIF) und ist die Schwester des langjährigen MG-Chefs Mehmet Erbakan, seinerseits Neffe des uns bekannten Parteipaten Necmettin Erbakan. Mit der geschmeidigen Täuschungstaktik seines Onkels hatte Mehmet die plumpen Parolen der MG-Vorgängerin AMGT und ihrer Abspaltung des Kölner »Kalifen« Kaplan, der »Islamischen Union Europa« e.V., überwunden. Ihre Tiraden kamen für die neuen MG-Manager, sozusagen als »Islamisten im Nadelstreifen«, nicht mehr in Frage. Eines ihrer Flugblätter hatte – wenngleich nicht in allen Punkten falsch – auch die Arbeit ihrer deutschen Polithelfer ganz besonders erschwert:

»Der Europäer ist ein Atheist und Götzenanbeter, ein Wucherer, Kapitalist, Sozialist, Zionist, Kommunist und Imperialist, ständig brünstig und betrunken, ehebrecherisch und materialistisch.«[315]

Neben ihrer Täuschungsstrategie müssen sich die Islamisten, die als Biedermänner auftreten, um Brandstifter werden zu können, zumindest den Vorwurf des materiell denkenden, noch dazu in der Schattenwirtschaft tätigen Kapitalisten gefallen lassen. Wer wie Ibrahim al-Zayyat in die Nähe von Geldwäsche und »humanitären Organisationen« islamischer Machart gerät, hat sich vielleicht für Praktiken entschieden, die solches begünstigen. So vermietete einst die auf den britischen Virgin Islands registrierte, saudische Akira Corporation über ihn ein Gelände an Milli Görüsh.[316] Ob solche Geschäfte direkt oder im SLB-Verfahren (Sale-and-Lease-Back) ablaufen, in jedem Falle können unversteuerte Mittel beteiligt sein, weil man sonst eine andere Gesellschaftsform wählen würde.

Die mehr oder weniger engen Verknüpfungen zwischen MG (Milli Görüsh) und MB (Muslimbruderschaft) sind nicht vom Himmel gefallen, sondern haben in Deutschland Komfortbedingungen vorgefunden. Schon zu Anfang der 1980er Jahre saß Al-Zayyat zusammen mit Muslimbruder Al-Islambuli in einem Gremium, das den Vorstand der Muslim Studenten-Vereinigung bestimmt. Letzterer ist Cousin von Sadat-Mörder Khalid al-Islambuli und gehörte zeitweilig zum Umfeld der Aachener Bilal-Moschee, ein Kennzeichen wiederum, die ihn mit dem saudi-stämmigen Muslimbruder N. Elyas, dem Vorsitzenden des erwähnten »Zentralrats der Muslime« verbindet.

In der Bilal-Moschee trat u.a. der prominente Afghanistan-Kämpfer und Muslimbruder G. Hekmatyar auf, der heute an der Entwicklung der Pakistan-Achse zur Destabilisierung Zentralasiens mitwirkt.[317] Daneben ist er Weggefährte des Usama bin Ladin, ein Merkmal auch für Al-Islambuli, der sich zeitweilig in dessen Umgebung aufhielt.[318] Daß Al-Zayyats »humanitärer« Islamic Relief mit Mafien in Tschetschenien, Rußland, Albanien und im Kosovo zusammenarbeitet,[319] kann nach unseren Analysen nicht erstaunen. Es entspricht der inneren Machtlogik des Islam, die Destabilisierung und Umsturz braucht, um die Geltung des schariatischen Gesetzes zu erneuern.

Dabei konnten auch die internationalen Verbindungen des vom Zentralrat abgespaltenen »Islamrats« für die besondere Zuneigung des deutschen »Leitkartells« qualifizieren. Dies nicht nur, weil sein Dunstkreis den umtriebigen Hekmatyar, sondern auch Kontakte zu libyschen und algerischen Terrorkreisen sowie vermeintlich liberaleren Einheiten wie dem Unternehmerverband Müsiad und der Scientology-Sekte enthielt bzw. enthält. Der Vorsitzende des »Islamrats«, Hasan Özdogan, unterhält Kontakte, die nach amerikanischer Auffassung rasch in die Nähe terroristischer Kreise führen könnten. Im Gespräch mit ihm konnte beim Fernseh-Journalisten P. Scholl-Latour vielleicht jener »Funken« überspringen, der den Zugang zu »weitverzweigten Verbindungen und verläßlichen Informationen« zu öffnen schien.[320]

Auf globaler Ebene sicherte Hekmatyars Pakistan-Achse den Drogenanbau in Afghanistan und die Weiterverarbeitung in Usbekistan. Unter Kontrolle des ISI, des pakistanischen Geheimdienstes, breitete sich die IMU (Islamic Movement Usbek.) in allen ehemaligen Islamrepubliken der Sowjetunion aus. Ihre Anfänge haben sowohl die Islamisten in der Türkei als auch Erbakans Gefolgsleute in Deutschland (Köln) mitfinanziert.[321] Letztendlich hängt die gesamte türkische Vormachtstellung im europäischen Drogengeschäft von der Mafia-Achse Türkei-Pakistan ab, die man auch den »Goldenen Halbmond« nennt. Mit dem parallelen Export von Kämpfern und Waffen haben sich Pakistan/ISI und die USA zur Kontrollmacht in der Region mit erkennbarem Einfluß auf deutsche und EU-Kartellmitglieder entwickelt.

An dieser Expansion nimmt in erheblichem Maße auch Saudi-Arabien teil, dessen wahhabitische Muslimbrüder sich mehr auf die Indoktrination der Bevölkerung verlegen. Als man diesen Einfluß auch nach Tschetschenien ausdehnte, und die dortigen »Freiheitskämpfer« mit Geld, Waffen und Söldnern ausstattete, schlugen die Russen zurück. Sie wissen um die Härte der Tschetschenen und die Mafia-Bosse um den Wert ihrer Geschäftsbereiche. Sie werden die islamistische Konkurrenz kaum dulden. Ganz in Gegensatz zum Balkan, wo sich die Europäer von den USA demonstrieren ließen, wie man Ordnung im »Haus Europa« schafft.

So sind hier als »Ordnungskräfte« inzwischen die Islamisten aus Pakistan, Afghanistan und Saudi-Arabien tätig. Sie wollen zwischen Türkei und EU mit Albanien, Bosnien und Kosovo eine »Islamische Freihandelszone« bilden, die zur Drehscheibe für Drogen, Waffen, Prostituierte, Immigranten, Falschgeld, Terrorgruppen und einiges andere mehr werden kann. Schattenwirtschaft und Mafia sind die wichtigsten Faktoren auf dem Zentralbalkan. Sie beschäftigen etwa die Hälfte der Bevölkerung und zeigen eine ähnlich stabile Verankerung von Klaneliten wie die Türkei.[322]

Mit der Islamisierung des Geschäfts geht eine massive politreligiöse Missionierung der gesamten Region durch saudi-arabische Aktivisten einher, begleitet von ebenso regem Moscheebau. Während die USA die Saudis unterstützen, setzen sie die lokalen Kräfte unter Druck, den wachsenden iranischen Einfluß zurückzudrängen.[323] Um die islamische Infrastruktur weiter zu optimieren, folgt man auch hier dem türkischen Vorbild, vertreibt die noch verbliebenen Restchristen und vernichtet ihre Kirchen. Die auffallend schwache Verfassungstreue der Region, die sie für mafiose Praktiken anfällig macht, werden nicht zuletzt ihrer osmanischen Vergangenheit zugeschrieben.[324] Dementsprechend gering ist auch die Bereitschaft ausgebildet, sich ernsthaft mit dem Schutz von Minderheiten zu beschäftigen.[325] Das Schweigen der deutschen Politik über diese Entwicklungen entspricht ihrer proislamischen Position im eigenen Lande.

Nach UNO-Erhebungen betrugen um die Jahrtausendwende die weltweiten Umsätze von Drogen, Waffen und Menschen jeweils um 500 Milliarden US-Dollar. Allein im Drogenbereich ist die Pakistan-Achse mit 200 Milliarden beteiligt.[326] Wenn die Türken ihre kulturelle Präsenz in der Region begrenzen, so geschieht dies aus drei Gründen, von denen die schwache Finanzierungskraft des Staates der geringste ist. Ihre Zurückhaltung beruht auf dem enormen Interesse der türkischen Mafia, die von den Führungsebenen des Staates nicht zu trennen ist. Schon um die Mitte der 1990er Jahre setzte sie allein in der Abteilung Drogen 50 Milliarden um, mehr als der gesamte Staatshaushalt. Dabei wurden von den türkischen Banken in Deutschland während der fünf Jahre zuvor jährlich 15 Milliarden gewaschen.[327]

Hinzu kommt, daß die *Staatsmafia* und ihr Wachhund ÖHD diese Aktivitäten seit langem mit Plazet der USA betreiben, die nach alter CIA-Manier auf beiden Seiten mitmischen: legal und illegal. So wie die Amerikaner in den 70er Jahren das Scharia-Pakistan des Zia' ul-Haqq (gest. 1979) zum säkularen Staat erklärten, so ernennt die EU heute die Türkei zur Demokratie. Es sind verbale Diktate von oben, die eine elitären Interessen dienliche Realität erzeugen sollen. Wenn in diese Wirklichkeit nun auch wieder der türkische Islam hineinwächst, so entspricht es nicht nur osmanischer Tradition, sondern auch dem Zweckinteresse aller Beteiligten. Im Zusammenwirken der Oligarchien in der EU, der Türkei und in Deutschland entsteht ein Gebilde, das sich in einem komplexen, dabei allerdings gerichteten Umbruch befindet. Während türkische und andere Muslime einwandern, sich reproduzieren und radikalisieren, hat das deutsche »Leitkartell« begonnen, dieser Ausbreitung Staat und Recht auf breiter Front zu öffnen. Die regionalen deutsch-türkisch-europäischen MG/MB-Zusammenhänge und ihre weltweiten Vernetzungen unter US-Ägide können also auf ihre ganz eigene Weise zeigen, was man unter Globalisierung und »interkulturellem Dialog« zu verstehen hat. In einem islamistischen Netzwerk, das sich ständig weiter ausbreitet und verdichtet, bilden die deutschen Polithelfer einen der wichtigeren Knotenpunkte, weil sie in der Mitte Europas den Hauptfinanzier der EU »vertreten«. Ihre übergeordnete Loyalität gilt eindeutig der Eingliederung in diese Expansion, wobei das Mehrheitsinteresse zu einem zunehmend lästigen finanziellen und kulturellen Hindernis wird.

Einigen hatte sich ohnehin der Verdacht aufgedrängt, daß hier etwas grundsätzlich nicht stimmte. Wo war eigentlich der Zusammenhang, wenn der fortlaufende Sozialabbau, der staatsweit immer spürbarere Folgen zeitigte, im eigenen, »wohlverstandenen Interesse« lag? Hatte er vielleicht auch mit unternehmerischen Vorstellungen zu tun, wenn »VW-Schröder« seine Hartz-Arbeitskonzepte von dem gleichnamigen Manager des Unternehmens erstellen ließ? Waren das wirklich so unausweichliche, nahezu gottgegebene Folgen, wie sie M. Miegel, Vorsitzender des u.a. unternehmensfinanzierten »Bürger-Konvents«, als bindend für das gesamte 21. Jahrhundert verkündete? Eine nähere Betrachtung von Namensgebung, Zielsetzung und Sponsorenschaft dieses »Konvents« konnte rasch erhellen, wem er letztlich nützen sollte.[328] Umso zwingender erschien die Konsequenz, die Migration wie alles andere auch dem ökonomischen Kalkül zu unterstellen. Denn wer wollte ernsthaft behaupten, daß im globalen Kontext Arbeitslosigkeit von Zuwanderung getrennt werden konnte?

Dem deutschen »*Leitkartell*« ist es gelungen, alle Widerstände ohne größere Konflikte zu überwinden, indem man sie in der endlosen *Unschärfe* des »Dialogs« verpuffen ließ. Seinen Vorteilsnehmern kann also kaum empfohlen werden, dieses Erfolgskonzept zu ändern. Immerhin hat man der Bevölkerung den Verzicht auf Mitbestimmung über die eigene Zukunft, vielleicht ihre langfristige Verdrängung, als »*Bereicherung*« vermitteln können. Mithin scheint dem Vorgang eine gewisse, aus »konservativer« Sicht negative, aus »progressiver« Perspektive positive Genialität innezuwohnen. Den Nachteilsträgern, d.h. der Bevölkerung selbst, ist allerdings zu raten, ihre Position als bisheriger Finanzier des Ablaufs darauf zu untersuchen, welches konkrete Ergebnis der enorme Aufwand der Vergangenheit erbracht hat.

Zu prüfen wären zunächst die Fragen, worin die »Bereicherung« bisher eigentlich bestanden hatte, und wie ihre weitere Entwicklung aussehen sollte. Wesentliche Teile dieser Betrachtung haben wir am Beispiel der »*eurotürkischen Fusion*« hier vorgestellt. Im Zeitalter der Wirtschaftsliberalisierung ergibt sich als erste Konsequenz natürlich die Deregulierung, d.h. die *Privatisierung der Zuwanderung*. Bei immer knapperen Kassen werden Zuwanderer früher oder später von denjenigen zu finanzieren sein, die – aus welchen Gründen und zu welchen Zwecken auch immer – den Eindruck haben, sie zu benötigen. Im Umweltbereich kennt man dieses Verfahren seit langem: Man nennt es Verursacherprinzip.

Ein »gerichteter« Ausblick

Mit abnehmender Finanzierbarkeit ihrer Utopien mußte das Verhalten der »Leitkartelle«, bestimmt durch Vision, Praxis und Diktat, zunehmend letzterem zuneigen. Dabei sollten sich mentale und finanzielle Belastbarkeit der Bevölkerung immer wieder durch zweideutige Begriffe und »Reformen« testen lassen können. Als besonders erfindungsreich hatte sich hier der deutsche Außenminister erwiesen, dessen Talent auch die Amerikaner zu schätzen wußten. Mit visionären Konzepten wie z.B. dem »Holocaust als Gründungsmythos«, der »Rekonstruktion des Westens« und der »elementaren Bedeutung der persischen Revolution« hatte Fischer eine weittragende, proislamische Nützlichkeit unter Beweis gestellt.[329] Seit langem wurden Neider ermahnt, nicht etwa kleinmütig seine Vergangenheit in Frage zu stellen, auch wenn sie ein Fall für die Staatsanwaltschaft und sein Ministerium zum »Sicherheitsrisiko« geworden waren (s.o. S. 219).[330]

Schließlich ließ sich die Richtigkeit seines Handelns auch durch die Beliebtheitsskala der deutschen Spaßgesellschaft bestätigen, in der er seit vielen Jahren einen Spitzenplatz besetzt. Wer immer auch diese »Statistik« erstellt, er sollte dabei allerdings – zumindest kosmetisch – im Auge behalten, daß kein Verlauf dieser Art eine solche Konstanz über eine derart lange Zeit ohne Manipulation konservieren kann. Fischer selbst brauchte dies weniger zu kümmern. Er bahnte sich längst einen probaten Weg zwischen US-Realpolitik und der Ideologie der eigenen Partei. Schon in den 1980er Jahren hatte sich bei den Grünen eine Front zwischen »Realos« und »Fundis« gebildet, die sich als eine Folge des überlagernden, liberalen Großtrends auffassen ließ. Ihre Zweigleisigkeit erschien wie ein lokales Abbild der »Effizienz« und »Toleranz«, die den Prozeß der anglo-amerikanischen Wirtschaftsliberalisierung global begleiteten (s.o. S. 202f.). Kaum etwas konnte dies besser dokumentieren als der Wandel der Grünen von einer Antiatom- zu einer Proatom-Partei.

Nicht nur im Jugoslawien-Konflikt, sondern auch und besonders im Kontext mit der Türkei hatte der Minister Loyalität mit den US-Interessen bewiesen. Für sie als Beitrittskandidat setzte er sich bereits 1999 unter demonstrativer Ausklammerung der Kurdenfrage ein.[331] Mit einem solchen Loyalitätsbonus im Rücken konnte er sich und seinem Kanzler 2002 die Wahl retten, als sich beide für den »deutschen Weg« der Kriegsangst entschieden und den US-Irakplänen verweigerten. Die vorübergehende Schützenhilfe von Frankreich-Premier und Saddam-Freund Chirac versandete schnell, als die Unergiebigkeit des Projekts sichtbar geworden war. Das weltpolitische Laienpaar in Deutschland hatte seinen Handlungsspielraum dagegen so verengt, daß es schwierig sein würde, sich auch dem nächsten Wunsch der Amerikaner zu versagen.

Dieser bestand in einer uneingeschränkten Zustimmung zum EU-Beitritt der Türkei. Der Vorgang konnte somit durchaus an Tragweite gewinnen, zumal etwa zur gleichen Zeit das »gemäßigte« Islamistenregime Erdogan die Bitte der Amerikaner abgelehnt hatte, die südtürkische Flugbasis Incirlik für den US-Angriff auf den Irak zu öffnen. Diese Maßnahme sollte einschneidende Folgen haben. Im Gegensatz zu bisherigen Praktiken schnitten die Amerikaner die neue Regierung von jedem Einfluß auf die Kurden im Nordirak ab. Diese legten plötzlich ihre jahrelangen Zwistigkeiten bei und nahmen einen völlig unerwarteten, weil unkurdischen Dialog auf. Für den Erfolgsfall stellten ihnen die Amerikaner sogar eine Beteiligung an den Erträgen der Ölquellen um Kirkuk in Aussicht, eine für die Türken nur schwer zu ertragende Entwicklung.

Die amerikanischen Realpolitiker nutzten die Kontroverse, die seit jeher um die Frage einer europäischen Türkei geführt worden war. Abgesehen vom gespaltenen Zypern waren in der Großerweiterung von 2004 mit Polen und Ungarn und den baltischen Staaten Länder beigetreten, die der Türkei kritisch und den USA positiv gegenüberstanden. Nun hatten führende EU-Staaten wie Deutschland und Frankreich und die Türken selbst eine deutlich veränderte Konstellation geschaffen. Durch ihre Irak-Abstinenz hatten sie scheinbare Illoyalität gegenüber dem Bündnispartner USA bewiesen, die offenbar der Kompensation bedurfte, z.B. in Form einer EU-Türkei ohne Wenn und Aber. Gegenüber der irakischen Diktatur hatte alles Gerede von »Frieden« ohnehin mehr als hohl geklungen, und die Mahnung, die Beschlüsse der UNO zu respektieren, traf längst auf fehlende Legitimation. Hier hatte inzwischen eine Zweidrittelmehrheit undemokratischer Staaten das Sagen, die auch die ansteigende Flut US-kritischer Literatur nicht schönen konnte.

Die USA hatten hingegen den letzten Unsicherheitsfaktor aus dem Wege geräumt, der noch einem Termin für die Aufnahme von Beitrittsverhandlungen im Wege gestanden haben mochte. Ideologisch mußte eine deutsche Regierung grün-roter Couleur seit jeher latent gegen Amerika und akut für den türkischen Beitritt sein. Nach dem antiamerikanischen Flop von 2003 konnte sie ihre Isolierung im Grunde nur noch als realpolitische Lokomotive durchbrechen, die mit dem Gewicht des EU-Finanziers die Arbeit der USA erledigte und noch verbliebene Beitrittsbedenken ausräumte. Und sie tat es: Wie erwähnt, traten Kanzler und Außenminister der Bundesrepublik Deutschland fürderhin als die entschiedensten Anwälte eines EU-Mitglieds Türkei auf.

Bei den Türken lag die Sache ähnlich, wenngleich etwas komplizierter. Die Islamisten hatten gerade die Regierung übernommen und noch keine solide Position gegenüber den etablierten Eliten, allen voran den Militärs, geschaffen. Zwar war und ist man sich innertürkisch über die Vertiefung der »*türkisch-islamischen Synthese*« einig, doch befanden sich alle Beteiligten noch im Stadium der Neuorientierung, die nach dem Wahlsieg der Islamisten erforderlich geworden war. Man mußte die Umkehrung zur islamisch-türkischen Synthese sorgfältig prüfen, wenn man die nun verschobenen Machtverhältnisse für alle Beteiligten in der bewährten Profitabilität regeln wollte.

Die alten Eliten waren sich keineswegs sicher, ob sie den Beitritt wirklich wollten. Zum einen war zu klären, wie sich das Machtkartell unter Führung des Islam neu formieren würde, wobei man ohnehin auf ein gemeinsames Problem traf. Denn die Unterwerfung unter europäisches Recht würde – zumindest offiziell – die gewohnte Handlungsfreiheit aller einschränken, bzw. für eine Weile verunsichern. Wenn man dem Gedanken einer EU-Türkei überhaupt nähertreten würde, sollte dies unter prinzipieller Wahrung der gewachsenen Privilegien geschehen. Dafür konnten zwei wichtige Faktoren sorgen. Zu dem traditionell starken Gewicht der USA konnte man nun auch den Turkislam in die Waagschale werfen, der mit seinen vielen Menschen und aktiven Organisationen wie *Milli Görüsh* einen seit Jahren wachsenden Einfluß auf Deutschland, dort sozusagen sein eigenes *Gecekondu* entwickelt hatte.

»*Glücklich ist, wer von sich sagen kann: Ich bin ein Türke*«, prangt als berühmtes Atatürk-Wort an vielen öffentlichen Gebäuden. Es ist Ausdruck der historisch gewachsenen Integrität des Volkes und seiner zentralen Staatsidee, welche die Türken bis heute auf ethnische Dominanz festlegen. Wie geschildert, haben sich durch die gesamte Geschichte alle Machtebenen diesem Primat untergeordnet. Bis in die Gegenwart hinein setzte sich der Kampf gegen das Untürkische, ein »Krieg auf Sparflamme« (low-intensity-war),[332] gegen die Kurden fort. Kaum etwas konnte den ungebrochenen *ethnischen Djihad* – und damit auch das Einverständnis des innertürkischen Machtkartells – besser kennzeichnen als das Erdogan-Wort vom »*Kurdenkampf in Argentinien*« (s.o. S. 145).

An einer nicht mehr fernen Zwischenstation der hier vorgestellten elitären Machtentwicklung wird also der Beitritt der Türken in die EU stehen. Er ist seit langem angelegt, und es bestehen geringe Zweifel, daß die Amerikaner, Deutschen, Franzosen und die Allianz der acht Befürworter des Irakkriegs ihn mit zunehmendem Nachdruck unterstützen werden. Daran kann auch die sogenannte, »privilegierte Partnerschaft« wenig ändern. Im Gegenteil: Im Zuge des Unschärfetrends bildet sie – wie alle anderen abwehrenden Aspekte auch – nur eine weitere, wenngleich ungemein wichtige Vorstufe in der Endphase des Beitrittsprozesses.

Indem die »gewählten Könige« den Eindruck einer Alternative suggerieren, treten sie mehr als Gewählte denn als Könige auf und können etwaige Widerstände in der Bevölkerung entspannen, bis letztere sich an die neue Situation eines Quasi-Beitritts gewöhnt hat. In einem dergestalt fortgeschrittenen Stadium wäre sogar auch die Volksbefragung, das Schreckgespenst der Kartellelite, gefahrlos denkbar. Der gesamte Ablauf lebt von der »unumkehrbaren« Entwöhnung des Volkes, sich für die Gestaltung der eigenen Zukunft zu interessieren, und damit von der Gewöhnung daran, andere darüber befinden zu lassen, was sein »wohlverstandenes Interesse« zu sein hat.

Die Polung der »Parameter«, wie man die Bedingungen eines dynamischen Systems auch nennt, wird sich absehbar nicht hinreichend ändern, um den Türkei-Beitritt auf Dauer zu verhindern. Die Globalisierung wird auf Optimierung der Produktivität und damit weiter wachsende Migration, die US-Rohstoffpolitik auf eine realpolitische Sicherung der wichtigen Förderstaaten und ihrer totalitären Eliten, die islamische Region auf eine Unterwerfung unter diese Eliten, die immer mehr Menschen und Radikalität nach Europa exportieren, und Europa auf seine neuen Feudaleliten fixiert bleiben, und diese streben eine »realideologische« Kombination von Produktivität und Islamzuwanderung, von »Effizienz« und »Toleranz«, an. Deren »islamisch korrekte« Liberalität wird den weiteren Zug in die Illegalität und Radikalität bewirken, solange die globalen Rahmenbedingungen fortdauern und durch die bewährte euro-deutsche Propaganda sowie ruinöse Neuverschuldung gestützt werden.

Was dabei seltener zur Sprache kommt, aber kaum weniger ins Gewicht fällt, ist die Umkehrung der westlichen Alterspyramide und die zusätzliche Kriminalisierung, die der kommende Verteilungskampf zwischen den Generationen auslöst.[333] Sie wird nochmals verstärkt durch die

Digitalisierung und elektronische Vernetzung, die wiederum die Verähnlichung mit der islamistischen Technikmentalität vertieft.[334] Zweifellos wird dieser interaktive Prozeß, dessen wichtigste Anlaufphase ebenfalls in die Zeit um 2025 gelegt wird, kriminelles Handeln fördern und die elektronischen Kontrollmechanismen verschärfen. Dabei bleibt die idealistische Einschätzung abzuwarten, ob sich – innerhalb der erweiterten EU – der westlich-plurale Einfluß dämpfend auf die politreligiöse Dominanz der Islamisten auswirken kann.

In diesem Zusammenhang weist der Kulturanthropologe W. Schiffauer auf die Anlaufzeit der türkischen Zuwanderer hin, die sich inzwischen über mehrere Generationen erstreckt. Er beschreibt eine Spaltung der Muslime zwischen Einheit der Gemeinschaft und Wahrheit der Lehre, zwischen Erfahrung des Islam und moderner Erziehung. Ein Teil von ihnen soll zur Tradition zurückgeführt, aber auch ein anderer Teil, z.B. im Rahmen der Milli Görüsh-Gruppe, befähigt werden, innerhalb des Islam eine Position zu beziehen, welche die Gemeinschaft in die Demokratie führt.[335] Vor diesem Hintergrund erscheinen skeptische Einschätzungen der radikalen Muslime durch die Sicherheitsbehörden als »Pauschalurteile«, und islamistische »Reformer«, die durch rechtsstaatliche Forderungen in ihrer islamischen Selbstverwirklichung zu sehr eingeengt werden, sieht man in der Gefahr, noch weiter in den Radikalismus abzudriften.[336]

Mit dieser moralischen »Argumentation«, die auch auf die Türkei insgesamt angewendet wird (s.u. S. 257f.), können die bereits entstandenen, juristischen Freiräume des islamischen Rechts fortlaufend ausgeweitet werden, während dem Rechtsstaat die Kriterien der Kontrolle entgleiten. Schiffauers Wahrnehmung umschreibt anschaulich jene eigene Islamisierung, mit der das »Leitkartell« die Demokratisierung der Muslime hemmt. Wenn *Milli Görüsh* eine pauschale Reformfähigkeit und -bereitschaft zu unterstellen ist, drückt sich darin die Überzeugung aus, in dieser Gruppierung das geeignete Vehikel für den Umbau der (noch) bestehenden Ordnung gefunden zu haben.

Als kaum zu vermeidende Folge erscheint vielen westlichen »Verantwortlichen« ihr Weg der Entdemokratisierung »unumkehrbar«. Für sie geht es nicht mehr um den Islam als »Problem«, um das »Ob« des türkischen Beitritts, sondern um das »Wann« und »Wie« des Turkislam in Europa. H. Kramer ist zuzustimmen, wenn er vermehrte Information über den faktischen Fortschritt der türkischen Politlandschaft fordert, ihm ist hingegen zu widersprechen, wenn er Risiken darin sieht, den Beitrittsgegnern die öffentliche Diskussion zu überlassen.[337] Aus den genannten, systematischen Gründen spielt es langfristig keine wesentliche Rolle, welche Argumente überhaupt eingebracht werden. Die Unbeirrbarkeit, mit der das »Leitkartell« islamische Interessen vertritt, verdeutlicht längst, welch integrale Rolle sie im elitären Machtprozeß spielen.

Der Beitritt hängt nicht davon ab, mit welchen Begründungen Befürworter oder Gegner die Debatte bestimmen. Er steht fest, weil der überlagernde Interessentrend ihn unausweichlich erzwingt. Die endlos ausgetauschten Argumente haben keine trendbestimmende Bedeutung, solange die globalpolitischen Bedingungen unverändert wirken. Die Irrelevanz dieser »Argumente« könnte sich kaum deutlicher dokumentieren als in der dumpfen Eintönigkeit, mit der man die »jüdisch-christliche«, »griechisch-römische« oder auch »reformatorisch-aufklärerische« Tradition Europas ins Feld führt, während deren Produkte – Glaube, Recht und Wissenschaft – dem »Strukturwandel« wirtschaftlicher Liberalität unterliegen. Das wesentliche Resultat dieses Wandels ist die abnehmende Fähigkeit, sein Denken und Verhalten in einen größeren Zusammenhang unabhängiger Erkenntnis zu stellen, wobei das Defizit sich dem Abbau eben dieser geistigen »Traditionen« verdankt. Wer vom »Geist Europas« spricht, kann sich nur auf diesen »Strukturwandel« beziehen, der vermehrten Halt beim Turkislam zu suchen scheint.

Denn als Gegenstück erscheinen die Aspekte der »Toleranz« oder des »Laizismus« der Türken, die sie den Ländern der EU so ähnlich machen sollen. Mit dem Lausanner Vertrag von 1923 hatten sie eine freie Entwicklung ihrer Minderheiten zugesagt. Statt dessen setzten sie deren Unterdrückung – mal akut, mal latent – fort. Seither wurde nicht eine einzige Kirche gebaut, über 50 Berufe blieben Ausländern verschlossen. Also konnte Türkenführer Erdogan auf das EU-Generalvertrauen zählen, als er den Kirchenbau in der »weltlichen« Türkei verbal freigab.[338] Wenn es um elitäre Dekrete ging, spielten auch die Jahrzehnte keine Rolle, die man seit der Assoziation von 1963/64 hatte verstreichen lassen, ohne irgendwelche konkreten Schritte in Richtung Demokratisierung, geschweige denn Liberalisierung der nichtmuslimischen Glaubensgemeinschaften zu unternehmen. So, wie der Westen dem *Strukturwandel* folgte, so blieben die Türken – unabhängig von endlos ausgetauschten »Argumenten« – vorläufig eher von ihrer *Strukturtreue* geprägt.

Das Generalvertrauen zeigte sich in der wiederholten Aufforderung, »die Türkei nicht länger hinzuhalten«, worin auch die Ungeduld unseres deutschen Kartell-Dieners mitschwang, der generell »keinen Grund« sah

»zuzuwarten«. Im Zweifel würde sich eher der europäische *Strukturwandel* als die *Strukturtreue* der Türken bewegen, was im Ergebnis den Beitrittsprozeß beschleunigte. Da die anderen Religionen und Kulturen keiner »scharfen Befragung« unterzogen werden dürfen (s.o. S. 174), werden auch die »Fortschrittsberichte« der EU die Strukturtreue des Turkislam als Bestandteil des eigenen Strukturwandels erkennen und verinnerlichen. Allgemein wurde diese Fixierung u.a. in der offiziellen Aussage deutlich, »daß man die Grundlinie nicht mehr verlassen könne«.[339]

Wie im Allgemeinen, so zeigt sich der Fortschritt der Unschärfe besonders auch im Speziellen. Beispielsweise konnte erst, als die geistigen Verluste hinreichend »fortgeschritten« waren, das »Argument« der Geographie greifen. Es hieß, daß die Türkei nicht zu Europa gehören könne, weil 97 Prozent ihres Territoriums in Asien lägen. Dem wurde mit Recht entgegengehalten, daß die EWG sich in dieser Hinsicht keine klaren Grenzen gegeben habe. Zu jener Zeit wäre niemand auf die Idee gekommen, Europa durch die physische Ausdehnung auf Asien zu definieren, weil man primär noch auf einer geistigen Identität basierte. Erst mit dem Fortschritt des globalen Prozesses und dem Verfall der geistigen Identität war man nun darauf verwiesen, verstaubte Konzepte des 18. und 19. Jahrhunderts auszugraben, die dabei helfen sollten, Orient und Okzident zu einem schwärmerisch-utopischen Großreich zu verschmelzen.[340]

Nachdem beide Aspekte über eine lange Zeit als akzeptierte Fakten keine Rolle spielen konnten, erlangten sie verstärkte Aktualität, weil das fortgeschrittenere Trendstadium nun – aus der Sicht des »alten Europa« – einen höheren Grad der Irrationalität erreicht hat. Natürlich sehen die Anhänger des Islam und ihre westlichen Helfer dies ganz anders, weil für sie in der Überwindung des Nichtislam ein Höchstmaß an Rationalität liegt.

Zum Beispiel kam man auch im »Dialog mit dem Islam« ebensolange mit der Floskel aus, daß der Djihad, der islamische Krieg, eine »Anstrengung im Glauben« sei. Erst als sich der Terror auszubreiten begann und die ersten Türme einstürzten, baute man eine erweiterte, dabei ihrerseits unscharfe Doppelposition auf: »Islamismus ist nicht Islam«, und »der Islam ist nicht das Problem« (s.o. S. 171). Um die Richtung dieser Aussage zu stabilisieren, hieß es in diesem Kontext zusätzlich, daß der Islamismus den Islam »mißbrauche«.

Demnach hatten sich einige Radikale des Islam bemächtigt, um ihre unislamischen Kreise zu ziehen. Gewissermaßen waren hier Raubmuslime am Werk, die im Namen des Islam widerrechtliche Politik machten, indem sie die Religion diffamierten. Das zentrale Problem konnte derweil im Halbdunkel des Unschärfetrends verharren und vom unangenehmen Licht der Analyse verschont bleiben: einmal »*der Islam*« selbst, den es schon seit längerem »eigentlich« gar nicht gab, und seit jüngerer Zeit auch das islamische Recht, das es nach dem Willen maßgeblicher Kartellmitglieder als verbindlichen Kodex ebenfalls nicht geben sollte (s.o. S. 173).[341] Damit ist das angestrebte Ergebnis im wesentlichen erreicht: Es kann islamische Realpolitik unter dem Schutz der Religionsfreiheit betrieben werden.

Die Zweideutigkeit der Begriffe wurde erst dann akut erkennbar, als der Prozeß im Konflikt mit der Wirklichkeit hinreichend scharfe Konturen entwickelt hatte, um einen verbesserten, d.h. einen unter erschwerten Bedingungen gleichermaßen unscharfen »Dialog« zu erzwingen. Ein brauchbares Bild für die fremdgerichtete Durchlässigkeit dieser Weltsicht hatte uns zuvor die Schablone vom »Bollwerk« geliefert, die sich zur »Brücke« wandelte, als es die Verhältnisse erforderten, nämlich nach dem Wechsel von Kaltem Krieg zur Globalisierung. Die Amerikaner wirkten an dieser Ideologie zwar federführend mit, waren allerdings auch pragmatisch genug, den Winkel ihrer Perspektive zu erweitern, sobald die vorherige Einstellung zu eng und damit zu teuer wurde. Im Juli 2004 gingen sie erstmals offiziell (9/11-Commission) auf Distanz vom Dogma des »mißbrauchten Islam« und stellten den Islamismus als Ergebnis einer historisch verankerten, religiös legitimierten Gewalt heraus:

»Die islamistische Sichtweise stellt keinen Mißbrauch des Islam dar, wie oft fälschlich behauptet wird, sondern sie entstammt einer langen Tradition extremer Intoleranz innerhalb des Islam, die über Jahrhunderte zurückgeht und in jüngerer Zeit mit dem Wahhabismus, der Moslembruderschaft und dem ägyptischen Schriftsteller Sayyed Qutb verbunden ist ... Moderate Muslime, die Reformen wollen, müssen über so grundlegende Dinge nachdenken wie das Konzept des Jihad, die Stellung der Frau und den Platz nicht muslimischer Minderheiten.«[342]

Dies war ein inneramerikanisches Signal, dessen weitere Wirkung abzuwarten blieb. Ebenso war es hinsichtlich der traditionellen Inferiorität gegenüber den USA und des eigenen, proislamischen Konzepts wenig wahrscheinlich, daß man in Europa einem solchen Realismus rasch folgen würde. Eher könnte man dazu neigen, die besseren Islamisten zu sein und sich noch weiter dem Islam zu öffnen. Wenn geographische Grenzen im Grunde keine Rolle spielten und der Islam nach wie vor kein Problem war, konnte sich der Unschärfetrend im Grunde unbeirrt fortsetzen. Mit den wachsenden Kulturkolonien war ohnehin nicht nur ein nachhaltiger, sondern inzwischen auch irreversibler Impuls gesetzt.

Die Ausdehnung in Richtung Orient kann und wird folgen, solange Kernprioritäten wie die amerikanische Rohstoffpolitik weiterhin dominieren. Sie hat in entscheidender Weise die islamische Symbiose aus korrupten Regierungen und Gewaltkadern in Saudi-Arabien, Pakistan, Afghanistan etc. ermöglicht, die seit langem auch ihre Ableger in Europa entwickelt. Ihre Organisationsform findet sie in der systematischen Förderung der Muslimbruderschaft, die sich im Westen über die bewährten Parolen des »Dialogs mit dem Islam« ausbreitet. In der Türkei formiert sich die Symbiose in der spezifischen Variante der »islamisch-türkischen Synthese«. Ebenfalls mit der Muslimbruderschaft verbunden, betrachtet man sie in Europa als »gemäßigt«, »säkular« und zuweilen bereits als »demokratisch« – eine eindrucksvolle Demonstration der interkulturellen Fusion.

Dieser Vorgang beschränkt sich nicht auf die verbale Verschmelzung von Islam und Demokratie. Er nutzt mächtige Faktoren, um seine Geltung zu verstärken. Es genügt nicht, unentwegt von besagter »Effizienz« und »Toleranz« zu reden; sie müssen sich auch als eigendynamische Codes im Denken und Verhalten der Menschen in der Gesellschaft verankern. Wie oben geschildert, kann sich dies über den wirtschaftsliberalen Treibriemen vollziehen. Die wichtigste materielle Stütze ist dabei die *Sozialisierung von Verlusten*. Sie besteht in der staatlichen Übernahme von Unternehmensrisiken, sichtbar u.a. in Steuerprivilegien, Sozialhilfe und Zuwanderung, die zunehmend auch das Rechtswesen in Mitleidenschaft ziehen. Dabei ist die Vermischung des Individuellen mit dem Kollektiven, des Moralischen mit dem Juristischen, der Psychologie mit Politik überaus hilfreich. Wenn sich z.b. der Code durchsetzt, »nicht die Gefühle der Immigranten zu verletzen«, ist deren Verhalten in seiner Unschärfe durch kein juristisches Kriterium mehr zu erfassen.

In einem solchen Kontext etwa von Einzelposten wie den Kosten des türkischen Beitritts sprechen zu wollen, heißt also, die Macht der laufenden Transformation nicht begriffen zu haben. Hinsichtlich der Bezahlung kursieren Annahmen – je nach Blickwinkel – zwischen jährlich 8 und 40 Milliarden Euro, die nur das alte, überholte Bilanzdenken offenbaren.[343] Zeitgemäßer und systemgerechter ist ein neues, gerichtetes Denken, das die Niederungen der Kostenrechnung überwindet. Dafür nimmt es eher einen verlustfreien Fortschritt mit garantiertem Gewinn in den Blick, der in der Sprache der Eurokraten mit dem eingängigen Begriff der »Win-Win-Situation« umschrieben wird.[344]

Den kostenfreien Lohnsenkungseffekt, den die Unternehmen aus der Zuwanderung beziehen, läßt das euro-deutsche »Leitkartell« die Bevölkerung aus den Endlosspiralen der Staatsverschuldung und Sozialdemontage finanzieren. Ohne neue Konzepte – z.b. durch die Einführung des Verursacherprinzips in die Migrationsfinanzierung (s.o. S. 251) – wird Deutschland zwar seine Spitzenposition als globaler Sozialmagnet ausbauen, zugleich aber auch auf dem *Schleichweg des Staatsruins* voranschreiten.

Damit schließt sich der Kreis zur »realideologischen« Vision eurodeutscher Politik. Sie macht deutlich, wieso die Akteure weder einen materiellen noch geistigen Verlust erkennen können. Was die herkömmliche Denkweise noch als Kasinomentalität betrachtet hätte, wird in der »Win-Win«-Richtung zu einem elitär verordneten Konzept des garantierten Erfolgs, dessen unseriöse Folgen das Volk zu tragen hat. Die Finanzierung erfolgt aus dem Abbau der alten Rechts- und Solidarsysteme, während die Eliten fortfahren, ihre Loyalität der anderskulturellen Alternative zu unterstellen.

Umso schmerzhafter mußte das böse Wort von der deutschen »Leitkultur« wirken, das wie ein Stich in die sich frisch bildende, neu gewonnene Kultursubstanz fuhr. Denn nur noch im Zerfall sollte die alte Kultur Leitfunktion haben. Derweil setzten sich die EU-Eliten und ihre »Leitkartelle« an die Spitze einer Bewegung, die offenbar in die risikofreie Zukunft einer neuen, euro-islamischen Leitkultur führt.

Aus der alten Sicht waren die Folgen unter anderem unseriös, weil Deutschland wiederholt die Verschuldungskriterien des Maastrichtvertrages durchbrechen mußte, um die Finanzierung von Zuwanderung und Eurolast zu gewährleisten. Auch die EU-Fortschrittsberichte über die türkischen Reformen werden sich in gleichem Stil eher der gewünschten Zielorientierung als formalen Regeln anpassen. So heißt es denn auch, daß die Türkei sich – trotz erwiesener *Strukturtreue* – sozusagen selbsttätig demokratisiert, sobald die Beitrittsverhandlungen aufgenommen sind. So könnte man schon auf halbem Wege zum türkischen Ur-Islamisten Erbakan sein, der bekanntlich die Demokratie »nicht als Ziel, sondern Mittel« sah (s.o. S. 127). Da Argumente demnach irrelevant sind, dürfen sie auch widersprüchlich sein. So sollen die Türken z.B. bei Ablehnung ihres Antrags in eine islamistische Radikalisierung abdriften, die ganz Europa bedroht, obwohl das Land ein halbes Jahrhundert lang nicht nur als »treuer Partner des Westens«, sondern auch als Muster an Demokratie und Säkularität gegolten hatte.

In den kommenden Beitritts-»Gesprächen« würde also die Frage deplaziert wirken, wie ein nach eigener Erwartung so gefährlicher Faktor, der gewissermaßen kurz vor der politsozialen Explosion steht, zuverlässig zu neutralisieren ist. Der Ablauf gestaltet sich anders: Ein Gebilde wie die EU, die selbst unter Demokratiedefiziten leidet, wird der Türkei den Rechtsstaat vermitteln, wie sie ihn versteht, während sich zugleich die »islamisch-türkische Synthese« entfaltet. So erscheint es systemgerecht, wenn die »Fortschrittsberichte« eine »Demokratisierung« bestätigen, in der mafiose Klientenwirtschaft, Kurdenkampf »auf Sparflamme« und die *Schleichoffensive* der »gemäßigten« Islamisten fortschreiten.

Die türkische Geschichte hat gezeigt, daß stets ethnisches Türkentum und der Zentralstaat im Vordergrund standen. Eine Säkularisierung im europäischen Sinne brauchte nicht stattzufinden, weil es eine wirkliche Verbindung »auf Augenhöhe« zwischen Staat und Moschee nie gab. Dies zeigte sich vor allem in der permanenten Vertreibung religiöser Minderheiten, die nicht primär islamisch, sondern ethnisch-national motiviert war.[345]

Nach langer Wartezeit in zweiter Reihe rückten die Muslime nun in die Führungsebene auf. Derart veränderte Konstellationen brauchten – insbesondere im Militär – eine längere Periode des Arrangements. Immerhin hatten die Generäle sich mit der für sie eigentümlichen Situation zu befassen, in Zukunft vielleicht von Zivilisten kontrolliert zu werden. Bei der nach wie vor dominanten islamistischen Linie der Regierungspartei blieb innertürkisch abzuwarten, was eigentlich mit der Nabelschnur zwischen Politik und Wirtschaft geschehen würde, der Hauptquelle der Korruption.[346] Alles deutete allerdings darauf hin, daß sich die Geschichte wiederholen könnte. Wie man nach dem Zweiten Weltkrieg auf Amerika angewiesen war, so bieten sich den türkischen Eliten nun die Potentiale der EU an. Sie eignen sich in idealer Weise zur Sicherung der Privilegien, mit denen das Gemeinwohl weitgehend »neutralisiert« werden kann (s. Anm. 346).

Da die türkische Politik der proislamischen Nachsicht des deutsch-europäischen »Leitkartells« sicher sein konnte, schien sie diese »Tradition« vorläufig fortsetzen und deren negative Folgen konservieren zu können.

Weder hatten Maßnahmen zur Deregulierung, noch Anreize zu Investitionen aus dem Ausland spürbar gegriffen. Zudem hatte sich vor dem Machtwechsel 2002 um die Jahrtausendwende der Transparency-Index (Korruptionsmesser) von 54 auf 64 (aus 85) erhöht. Auch der Gini-Index, der die Arm-Reich-Schere mißt, lag über 50 Prozent über dem EU-Schnitt.[347] Damit rückte die Türkei in die Nähe »standesgemäßer« Gesellschaften, nämlich Rumäniens und Bulgariens, der Beitrittskandidaten für 2007.

Die Gesellschaft der neuen Türkei hat eine allmähliche Spaltung durchgemacht, deren Konsequenzen auch Europa prägen werden. Sie spiegelt die turkislamischen Seiten des Staates – die eine eher islamisch, die andere eher national. Beide erfassen die Bevölkerung vertikal und bewirken eine umfassende Desintegration.[348] An den islamistischen Imam-Hatip-Schulen wird an der Vertiefung dieser Spaltung gearbeitet, die ihre umstrittene Fortsetzung auch an den Universitäten finden soll. Ihre Trennung sehen die Türken umso kritischer, als sich auch die nationale Seite radikalisiert. Wenn von »gemäßigten« Islamisten die Rede sei, so heißt es, könne auch von »gemäßigten« Faschisten gesprochen werden.[349] In dichten, urbanen Besiedlungen führt dieser Zustand zu krassen Wahrnehmungen. Die nationale Seite empfindet die volksislamisch geprägte, in die Städte drängende Landbevölkerung als »kulturelle Verschmutzung«.[350]

Ihr kolonialer Ableger hat sich derweil in Deutschland etabliert und ein politisches Faktum geschaffen, das über die Islamistenpartei (AKP), *Milli Görüsh* und im weiteren Sinne auch die Muslimbruderschaft eine Islamperspektive von großer Tragweite enthielt. Die Aspekte der ideologischen und geographischen Überdehnung Europas, die von Beitrittsgegnern ins Feld geführt wurden, spielten eine tendenziell ebenso geringe Rolle wie alle anderen Aspekte auch. Ebenso kamen die bilateralen Abkommen, die man als Beitrittsersatz ins Gespräch gebracht hatte, kaum noch in Betracht.

Eine längst fällige Stabilisierung und Vertiefung der EU-Strukturen war durch den Großbeitritt von 2004 ohnehin auf nicht absehbare Zeit blockiert. Bei Fortbestehen seiner Bedingungen läßt der Unschärfetrend also keine Alternative zum faktischen Zusammenschluß, den wir »eurotürkische Fusion« nennen. Diese Dynamik ist so lange intakt, wie das deutsche »Leitkartell« mindestens zwei Kriterien einhält: Tabuisierung der Zuwanderung und Religionsfreiheit für das islamische Recht.

Die weitere Strategie des eurotürkischen »Leitkartells« bleibt abzuwarten, wenngleich vieles in der *gerichteten Unschärfe* bereits angelegt ist.

Sie löst auch die Reaktion aus, wenn sich die Richtung – z.B. durch Finanzmangel – teilweise korrigiert. Sie bewirkt dagegen den Systemsprung, wenn sie sich ganz erschöpft, nachdem sie sozusagen alles *gerichtet* hat. Die Wahrheit zwischen den Extremen liegt im Ausgleich, den jedes lebendige System erzwingt – früher, wenn frei beweglich, später, wenn zwangsgerichtet. Dem Beobachter geben die Kartellakteure dabei untrügliche Indizien für ihre Position zwischen Zwang und Ausgleich an die Hand. Je absurder – aus herkömmlicher, objektiver Sicht – ihre »Argumente« werden, desto sicherer können sie sich bereits dem islamischen Lager zugehörig fühlen.

Der EU-Fall bietet zwei generelle Varianten an. Korrigiert sich der Trend, bevor alles gerichtet ist, zerbricht das Gebilde in Teilkomponenten, z.B. in ein Kerneuropa, das unter dem Regime der »alten Kultur« fortfährt. Bleibt es bei einem Zwangstrend, der seine Energie voll ausspielt, d.h. sich der Spannung der »zwei Geschwindigkeiten« aussetzt, erfolgt ein Systemsprung, vorliegend ein *Zivilisationsbruch*, der das Gebilde als Ganzes unter ein gänzlich neues Regime bringt.

Die Verbindung zu Demokratie und Menschenrechten kann nur erhalten bleiben, wenn das Regime – im eigenen Interesse – den Ausgleich der Interessen zwischen Mehrheiten und Minderheiten, zwischen Volk und Eliten zuläßt. Dem deutschen Sonderweg fällt hier eine besonders wichtige Mittlerrolle zu. Denn er führt über die Verschmelzung des »westtürkischen« Vorpostens mit dem Mutterland geographisch an den Krisenbogen der Nahostregion heran.

Damit wachsen die politischen Aufgaben, aber es kehrt auch eine metaphysische Verantwortung zurück. Niemand wußte dies besser als der deutsche Außenminister als Fürsprecher der Migranten und als richtungweisender Impulsgeber des Landes. Er hatte sich einst als »Zeitgeist« bewährt, als er den Tod an sich, die Shoah der Juden, zum »Gründungsmythos Deutschlands« erhob. Auch die Türken sahen den Tod an sich, den Völkermord an den Armeniern, als den Gründungsakt der neuen Türkei. Mit ihm untrennbar verband sich schließlich auch der »Türkenvater« selbst, den nicht zuletzt Hitler als seinen »Lehrer« verehrte.[351]

Auf Deutschland würde eine Aufgabe übergeschichtlicher Dimension warten, wenn es mit der EU-Türkei nicht nur an Iran, Irak und Syrien, sondern auch an Israel und Armenien heranrückte. Eine EU, die diesen Kraftakt bewältigte, würde mit den USA auch den Kurdenstaat errichten und die Türken von ihrem ethnischen Trauma befreien können. Und schließlich würde niemand die Deutschen und die Türken daran hindern, gemeinsam die Beitrittsanträge der neuen Nachbarn Armenien und Israel zu unterstützen. Wie sie ihre Gründungsmythen verstehen und vollenden würden, wußte niemand, wobei allerdings das berühmte, bislang unwiderlegte Wort E. Renans (gest. 1892) helfen konnte: »Wesentliche Faktoren für das Entstehen von Nationen sind das Vergessen und der historische Irrtum.« Solange also die Perspektive des Ausgleichs nicht zugelassen war, würde es nur eine *gerichtete* und keine offene Entwicklung, geschweige denn eine »Nation« freier Menschen und unabhängigen Denkens geben können.

Anmerkungen

1 Der Spiegel 8/2004.
2 dpa-Meldung vom 23. Juli 2004.
3 Kepel, Schwarzbuch des Dschihad, 404.
4 Werner, Die Geburt einer Großmacht, 69.
5 Scharlipp, Die frühen Türken, 6.
6 Ebd., 15.
7 Ebd., 19.
8 Ebd., 24.
9 Die Bezeichnung Khan, Khakan oder Kaghan, die so viel wie »höchster Führer« be-deutet, übernahmen die frühen Türken von den Chinesen (Juan-Juan). Sie galt ebenso für den Hordenführer wie den chinesischen Kaiser und die späteren Sultane (EI IV, 913).
10 Scharlipp, Die frühen Türken, 35. – Bei dem Namen ziehen wir die gängigere Schreibweise »Tonyukuk« dem selteneren, wenngleich ebenfalls korrekten »Tonju-juk« vor. Das mythisch-religiöse Land Ötükän, den »Nabel der Welt«, legt man geo-graphisch ins Quellgebiet der Flüsse Orkhon und Tamir an (heutige Mongolei). Die religiöse Bedeutung blieb bei den Mongolen, während bei den Türken die my-thisch-kosmische Bindung nachschwang (EI XIII, 231).
11 Scharlipp, Die frühen Türken, 54.
12 Ebd., 97.
13 Ebd., 56.
14 Ebd., 59f.
15 Ebd., 66.
16 Werner, Osmanen, 39; Koran 2/192.
17 Haarmann (Hrsg.), Geschichte der arabischen Welt (im folgenden: GA), 133.
18 EI II, 1106f. – Arab. Al-Ghuzz urspr. auch: »Dornen«.
19 EI V, 453.
20 GA, 153.
21 GA, 159f.
22 Die Schia bildet die erste und wichtigste Abspaltung im Islam. Die sunnitische Hauptrichtung leitet die Herrschaft von den »Rechtgeleiteten« her, den ersten vier Kalifen nach Muhammad, die Schia von dessen Familie und Schwiegersohn Ali. Für die Sunna besteht eine vollständige Trennung zwischen Allah und Mensch, für die Schia manifestiert sich das Göttliche auch im Menschen (Epiphanie). Der gewalt-same Tod Alis und seines Sohnes Husayn ließ den Passionsgedanken einfließen, der schließlich das Prinzip des entrückten Imam hervorbrachte (Mahdi). Die irdischen Imame sind daher nur Sachwalter des letzten Imam (von zwölf bzw. sieben), der ei-nes Tages wiederkehrt, um das Reich Allahs aufzurichten. Diesen metaphysischen Aspekt begünstigten auch Strömungen wie der Manichäismus und Neuplatonis-mus, so daß die Schia sich ganz besonders im Iran verankerte (Handbuch des Is-lam, 684f.).
23 Werner, Osmanen, 44.

24 Bei den islamischen Rechtsschulen unterscheidet man im wesentlichen vier Richtungen – Malikiten, Hanafiten, Hanbaliten und Schafi'iten. Sie wurden nach ihren jeweiligen Gründern benannt und entstanden in den ersten Jahrhunderten des Islam. Bei ihren Rechtsauslegungen legen die drei erstgenannten in dieser Reihenfolge klare Schwerpunkte auf den gewachsenen Brauch, das persönliche Urteil sowie die Grundlagen selbst – Koran und Prophetentradition. Die Schafi'iten bildeten eine Mischung aus diesen Akzenten und haben daher die größte Verbreitung gefunden, während sich die anderen drei im Islamland eher zonenartig konzentrieren – Westen, Mitte, Osten (s. Stichworte in EI, wichtige Einordnungen bei Nagel, Das islamische Recht).

25 Werner, Osmanen, 69.

26 Handbuch des Islam (im folgenden: HI), 226/1.

27 Vgl. GA, 159ff.

28 Werner, Osmanen, 40.

29 Ebd., 39 (Zusatz in Klammern v. Verf.).

30 Ebd., 41.

31 EI IV, 603f.

32 Werner, Osmanen, 40. – Über die Ursprünge der Qara'iten besteht Uneinigkeit. Auch ihre Parallelen zu den Lehren der 'Ananiya des 'Anan Ibn David (gest. 760) scheinen bislang keine letzliche Klarheit erbracht zu haben (vgl. Lewis/Niewöhner, Religionsgespräche, 11ff.; EI I, 481).

33 Bei der Eroberung fremden Landes müssen nach dem kanonischen Recht des Islam die Juden und Christen (ebenso Zoroastrier) durch einen besonderen Steuervertrag von der Tötung ausgenommen werden, weil sie sich durch ihre Schriften von den Heiden unterscheiden. Vor fortlaufender Diskriminierung und Dezimierung bis in die Gegenwart schützte der »Schutzvertrag« (dhimma) allerdings nicht (vgl. Bat Yeor, Der Niedergang des orientalischen Christentums im Islam).

34 Antike Hauptstadt der Armenier am Axartes, die als »Stadt der 500 Kirchen« 1044 unter byzantinische Herrschaft geriet, bevor sie Alp Arslan zwei Jahrzehnte später zerstörte (EI I, 507f.).

35 Bat Yeor, Niedergang, 117.

36 Allgemein faßte diese Bestimmung der Staatsrechtler Al-Marwardi in der Auffassung zusammen, daß Religionen, die Widerstand leisten, zu vernichten sind (Noth, Heiliger Krieg, 31f., s.a. Koran 3/160f., 9/39).

37 EI V, 453.

38 Werner, Osmanen, 41.

39 GA, 135.

40 Werner, Osmanen, 44f.

41 Ebd., 43.

42 Raddatz, Von Allah zum Terror, 108.

43 Ebd., 113.

44 Werner, Osmanen, 46f.

45 Raddatz, Von Gott zu Allah, 84.

46 Ebd., 78.

47 Werner, Osmanen, 51.

48 Kreiser, Geschichte. 52. – Solche Zahlen können nur äußerst vage Schätzziffern sein, verbinden sich allerdings mit weiteren Angaben (s.o. S. 47) zu einer Tendenz, die über einen längeren Zeitraum hinweg Plausibilität erlangt. Demnach hätte sich – wie auch die Umschlaggraphik verdeutlicht – der Anteil der Nicht-Muslime/Tür-

ken in den knapp 400 Jahren zwischen Mantzikert und Konstantinopel (1071–1453) von 100 Prozent auf seinen vorläufigen Tiefstand um knapp 10 Prozent verringert. Der Machtwechsel um 1300 teilt dabei diesen Ablauf in einen seldschukischen Anteil von 60 Prozent und einen osmanischen von 40 Prozent.

49 Werner, Osmanen, 51.
50 Kreiser, Geschichte, 57.
51 Werner, Osmanen, 57.
52 Kreiser, Geschichte, 56.
53 Bat Yeor, Niedergang, 140f.
54 Werner, Osmanen, 60f.
55 Die Fürsprache der Kalifenmutter Shaghab schien Halladjs Verfolgung eher noch beschleunigt zu haben. Besondere Resonanz fanden seine mystischen und sozialethischen Lehren im immer schon unruhigen Chorasan, von wo aus sie sich in die spätere persische und türkische Dichtung ausbreitete (HI, 159f.). Der französische Orientalist L. Massignon hat ihm ein vielzitiertes biographisches Denkmal gesetzt.
56 Lewis, Stern, Kreuz und Halbmond, 146f. – Die Zurückhaltung der Osmanen hatte auch mit den Turkmenen zu tun, die seit der Herrschaft der ostanatolischen Kara Koyunlu (»Schwarze Hammel«) bzw. Ak Koyunlu (»Weiße Hammel«) die Region um Täbris bevölkerten. Letztere hatten in der zweiten Hälfte des 15. Jahrhunderts unter Uzun Hasan (gest. 1478) weite Teile Persiens beherrscht (Roemer, Persien auf dem Weg in die Neuzeit, 173ff.), bevor sie 1501 von den – kurdenstämmigen – Safawiden verdrängt wurden (EI VIII, 766).
57 Werner, Osmanen, 78ff.
58 Ebd., 67.
59 Durant, Kulturgeschichte 5, 584.
60 Werner, Osmanen, 69.
61 Raddatz, Von Allah zum Terror, 133ff.
62 Werner, Osmanen, 85.
63 Ebd., 90.
64 Raddatz, Von Allah zum Terror, 60; Allahs Schleier, 126f.
65 Dennoch machten die beiden einflußreichen Fürstentümer den Osmanen in Mittelost-Anatolien für eine Weile zu schaffen. Erst nach verwickelten Kampfhandlungen zwischen 1350 und 1370 gelang es schließlich, ihren Widerstand zu brechen (Nagel, Timur, 251ff.; EI II, 989f.).
66 Werner, Osmanen, 94 (Zusätze in Klammern v. Verf.). – Die Situationen, in denen sich die Türken »glücklich schätzten«, unter byzantinischer Herrschaft zu leben, gehörten dann zu den Ausnahmen, insbesondere wenn die türkische Herrschaft möglich war (Lewis/Niewöhner, Religionsgespräche, 297).
67 Raddatz, Von Allah zum Terror, 38, 43ff.
68 Die Oghusen stützten sich betont auf die Traditionen der kriegerischen Expansion, die immer wieder auch auf mythische Ahnen und Symbole der Steppenexistenz – Wolf und Pfeil – zurückgriffen (Werner, Osmanen, 27f.). Die späteren Ghuzz sollten ein überzeugendes Beispiel für ihre gefürchtete Kampfkraft liefern.
69 Werner, Osmanen, 101 (Hervorh. v. Verf.).
70 Kreiser, Geschichte, 85.
71 Werner, Osmanen, 111.
72 Ebd., 109.
73 Ebd., 113.
74 Lewis, Stern, 247.

75 Der Verfasser hat das Thema der politreligiösen Gewalt in anderem Kontext aufgegriffen: Raddatz, Von Allah zum Terror, 321ff., 330ff.; Allahs Schleier, 415ff.
76 Werner, Osmanen, 189.
77 Ebd., 142.
78 Ebd., 152.
79 Ebd., 244.
80 Ebd., 167.
81 Raddatz, Von Allah zum Terror, 137.
82 Werner, Osmanen, 295.
83 Die Katharer in Frankreich und Italien sowie die Waldenser in ganz Europa waren bedeutende Ketzerbewegungen des 13. Jahrhunderts, die aufgrund ihres sozialen Einsatzes breiten Zuspruch in der Bevölkerung fanden und eine große Gefahr für den korrupten Machtklerus darstellten. Ihre Lehren standen unter dem Einfluß der Bogomilen, einer manichäischen Sekte, die sich im 10. Jahrhundert aus der anatolischen Orthodoxie entwickelte, vor dem seldschukisch-osmanischen Druck auf den Balkan auswich, aber im 14. Jahrhundert auch dort verdrängt wurde (Propyläen Weltgeschichte 5, 535f.).
84 Werner, Osmanen, 298.
85 Ebd., 299.
86 Lewis, The Emergence of Modern Turkey, 8, 9.
87 Der Begriff des »Schisma« (griech. schizein = spalten) erfaßt mehrere Ebenen. Zum einen steht er in beiden Kirchen generell für Abweichungen im Glauben. Daneben umschreibt er als »orientalisches« bzw. »lateinisches« Schisma die Wirren der Zeit des Kantakuzenos (gest. 1354) bzw. das Zwischenpapsttum in Avignon. Drittens, als Grund für die Kirchenspaltung von 1054, geht es um den eigentlichen theologischen Unterschied, das sogenannte »Filioque«: Während zunächst für beide der Heilige Geist allein »vom Vater« kam, ging er für die westliche Kirche ab dem 9. Jahrhundert »vom Vater und dem Sohne« aus. Damit wurde die Einheit des Göttlichen einer Verunsicherung zwischen Geist und Wort, Trinität und Binität, mit tiefgreifenden Folgen für das menschliche Denken ausgesetzt, über die seither uferlos diskutiert wird (McGrath, Christl. Theologie, 321ff.; s.a. Raddatz, Allahs Schleier, 434f.).
88 Werner, Osmanen, 325.
89 Lewis, Stern, Kreuz und Halbmond, 151.
90 Raddatz, Schleier, 184.
91 Kreiser, Geschichte, 159, 199.
92 Werner, Osmanen, 304.
93 Die Wahhabiten (nach dem Gründer Ibn Abd al-Wahhab, gest. 1792) standen unter dem Eindruck lockerer Glaubens- und Wallfahrtssitten, die gegen Ende des 18. Jahrhunderts um sich gegriffen hatten. Sie strebten eine Rückbesinnung auf die Wurzeln des Islam an und besetzten ab 1806 für einige Jahre die heiligen Stätten in Mekka und Medina. 1818 von den Osmanen vertrieben, kehrten sie 1902 zurück und bilden seither unter der Herrscherfamilie der Sauds die Staatsideologie in Saudi-Arabien mit wesentlichem Einfluß auf die Muslimbruderschaft.
94 Fregosi, Jihad, 358 (Übers. v. Verf.).
95 Pöschl, Neutralismus, 5, 6.
96 Kreiser, Geschichte, 342.
97 Ebd., 338.
98 Kieser, Der verpaßte Friede, 114ff., 163ff.

99 Kreiser, Geschichte, 362.
100 Pöschl, Neutralismus, 4.
101 Kreiser, Geschichte, 363.
102 Kieser, Friede, 17.
103 Kreiser, Geschichte, 374.
103 Kieser, Friede, 149.
104 Kreiser, Geschichte, 376.
105 Kieser, Friede, 155. – Zu den Psychomechanismen der Projektion auf den Aggressor s. auch Robin/Post, Psychologie des Terrors, 112f., 122.
106 Kieser, Friede, 151.
107 Ebd., 199.
108 Ebd., 201, Anm. 243 (Übers. v. Verf.).
110 Ebd., 335, 341. – In den seltenen Fällen von Versteigerungen stand nur Türken und Muslimen das Kaufrecht zu – Anlaß genug zu Führer Talats Ausruf: »Es ist unmöglich, ein Volk zu finden, das sich so gerecht und gegenüber den unter seinem Schutze Lebenden so tolerant verhält wie die Türken!« (Ebd., 476, 478)
111 Kieser, Friede, 340, 342 (Übers. v. Verf.). – Das Gesetz wurde in Abwesenheit des Parlaments am 27. Mai 1915 vom Ministerrat verabschiedet und auf Französisch veröffentlicht.
112 Ebd., 343f.
113 Ebd., 357.
114 Pöschl, Neutralismus, 18.
115 Ebd., 51.
116 Ebd., 55, Anm. 4.
117 Ebd., 68.
118 Koch, Porträts, 175.
119 Kreiser, Geschichte, 406
120 Fregosi, Jihad, 407; Pryce-Jones, The Closed Circle, 144. – Als Machtexperte wußte Kemal um den Wert der Ambivalenz. Also ließ er vorsichtshalber auch die andere Seite zur Geltung kommen und schloß bei einer Art Diensteid den Staatsgott vorsichtshalber wieder ein: »Ich werde keiner politischen Partei dienen, sondern nur der Rettung und dem Frieden meines Vaterlandes und meiner Nation. Ich werde keiner politischen Partei dienen – dies schwöre ich im Namen Allahs!« (Ebd., 143)
121 Weithmann, Atatürks Erben, 174f.
122 Pöschl, Neutralismus, 125.
123 Küper-Bashgöl, Frauen in der Türkei, 135 (Übers. u. Hervorh. v. Verf.).
124 Ebd., 136 (Übers. u. Hervorh. v. Verf.).
125 Pöschl, Neutralismus, 114.
126 Riemer, Türkei an der Schwelle, 27. – Der Orden der Naqshbandis zeigte, wie man Kemals erratische Religionspolitik überstand. Dessen pragmatischer Khalidiya-Zweig war im ganzen Land verbreitet und auch nicht durch die Beseitigung ihrer Führer aufzuhalten. Heute stehen sie in Verbindung mit der Islamistenpartei und haben sich über den Zweig der pseudo-sufischen Süleymancis unter dem Dach der VIKZ auch in Deutschland eine Basis geschaffen. Als weiteres Kemal-Produkt können die Nurcus gelten, die als »weltliche« Variante auf Wissenschaft und Technik setzen und eine als »demokratisch« bezeichnete Islamversion propagieren (EI VII, 936f.; Spuler-Stegemann, Muslime in Deutschland, 130ff.).
127 Gronau, Atatürk, 241f.
128 EI II, 615f.

129 Raddatz, Allahs Schleier, 281f.
130 Weithmann, Erben, 173.
131 Pohlmann, Ideologie und Terror, 129ff.
132 Pöschl, Neutralismus, 72, Anm. 2.
133 Der Begriff kommt aus der Soziologie und lehnt sich an den amerikanischen Terminus »Westernizing« an. Wir übernehmen ihn, weil er den Vorgang der zivilisatorischen Durchdringung neutraler kennzeichnet als der herkömmliche Begriff der »Verwestlichung«, der ein wertendes Vorurteil andeutet.
134 Pöschl, Neutralismus, 25.
135 Ebd., 115 (Übers. v. Verf.).
136 Ebd., 31 (Übers. v. Verf.).
137 Ebd., 81, 96. – Der Nomen der Ish Bankasi (türk: Arbeitsbank) wurde schnell zum Omen für die Politiker (Volksmund: Geschäftemacher), indem sie sich zum Vehikel zur Beteiligung an lukrativen Geschäften entwickelte (ebd., 95f.).
138 Ebd., 104.
139 Ebd., 96f., Anm. 2.
140 Kreiser, Geschichte, 418.
141 Kieser, Friede, 407; Pöschl, Neutralismus, 128, Anm. 1.
142 Kreiser, Geschichte, 415.
143 Weithmann, Erben, 195.
144 Ebd., 197.
145 Pöschl, Neutralismus, 47.
146 Kieser, Friede, 411.
147 Ebd.
148 Volkan, Blutsgrenzen, 189. – Den gläubigen Muslimen erschien dieser Akt eher als Wohltat, insbesondere Islamistenführer Erbakan, der in dem laizistischen Religionsfeind immer schon einen »blauäugigen Satan« gesehen hatte (Pöschl, Neutralismus, 72f., Anm 3).
149 Ebd., 140.
150 Weithmann, Erben, 218.
151 Pöschl, Neutralismus, 142.
152 Ebd., 170, 172, Anm. 6.
153 Ebd., 179, 180.
154 Ebd., 186.
155 Ebd., 163. – Zahlreiche Hinweise dieser und ähnlicher Art beziehen sich betont auf die Tanzimat bzw. Kapitulationen, deren negative Wirkungen auf die türkische Wirtschaft gern mit den heutigen Maßnahmen von IWF und WTO in Verbindung gebracht werden (s.o. S. 135, 156).
156 Pöschl, Neutralismus, 202.
157 Weithmann, Erben, 222.
158 Pöschl, Neutralismus, 337.
159 Ebd., 338.
160 Viele Gecekondu konservieren keineswegs den Charakter üblicher Massen- oder gar Elendsviertel. Im Gegenteil: So weit sie können, richten sich die Menschen erträglicher ein, und die Kommunen sorgen für Infrastruktur, so daß sich der soziale Druck immer wieder entspannen kann. Den Begriff selbst werden wir im weiteren im Singular verwenden, auch wenn er im Plural vorkommt (türk.: gecekondular).
161 Steinbach, Türkei, 332f.
162 Pöschl, Neutralismus, 351.

163 Tomanbay, Türkei, 84f.
164 Broek, Türkei-Connection, 22.
165 Seufert, Islam, 140.
166 Ebd., 327.
167 Ebd., 475.
168 Raddatz, Terror, 213.
169 Pöschl, Neutralismus, 352f.
170 Tomanbay, Türkei, 89, 91.
171 Die Imam-Hatip-Schulen vermitteln ein Konzept für Religion und Gesellschaft unter der dominanten Führung des Scharia-Gesetzes. Im Zuge der türkisch-islamischen Synthese haben sie sich seit der 1980er Jahren durch ministerielle Förderung stark entwickelt. Einer der wichtigsten Schwerpunkte ist die radikal-islamische Unterwanderung Deutschlands mit der Schnittstelle Milli Görüsh, die den gemeinsamen Nenner für die Mutterpartei MSP sowie nach deren Verbot auch die Nachfolgeparteien Fazilet, Saadet und AKP bildet.
172 Tibi, Aufbruch am Bosporus, 308ff.; Raddatz, Von Gott zu Allah, 400f.
173 Seufert, Islam, 179; EI VII, 936f.
174 Weithmann, Erben, 333.
175 Ebd., 343.
176 Azeri, urspr. Adhari, bedeutet »zu Adharbeidjan gehörend« und steht außerdem für die Sprache der Azeris. Abgesehen vom Iran leben sie als größere Gruppen auch in Georgien und vor allem Dagestan, wo sie wiederum für die russische Islampolitik eine wichtige Rolle spielen.
177 Raddatz, Terror, 278ff.
178 Seufert, Islam, 85, Anm. 78.
179 Besuch in Paris am 20. Juli 2004; Interview mit »Havadis« Beirut, Januar 2004; nach dem Willen der AKP-Regierung soll die radikale Linie der türkischen Tradition fortgesetzt werden: die Kollaboration mit Mafia-Paten und der Kurdenkampf (Neue Zürcher Zeitung vom 9. August 2004). Das islamistische »Justizministerium« bekräftigte diese Politik mit der Forderung, den Kampf gegen die Kurden in »effizientere Formen«, verstärkt durch Jagdbomber und chemische Keulen, zu überführen (Turkish Daily News vom 3. August 2004). Den pakistanischen Literaten und Menschenrechtler Ali erstaunt dies kaum, denn es hat »nie den Ansatz zu einer Maßregelung im Sinn einer kriegerischen Vernichtung gegeben. Doch als geschätztes Mitglied der NATO und Kandidat für die EU hat Ankara keinerlei Sanktionen zu fürchten, ja es kann sich sogar der Hilfe des Westens bei seinen repressiven Maßnahmen sicher sein« (T. Ali, Fundamentalismus, 211).
180 Celik, Verbrecher-Staat, 133, 147.
181 Weithmann, Erben, 403.
182 Mit der Tombay-Mafia in St. Petersburg, die den größten Wirtschaftsfaktor Rußlands darstellt, ist der Name Putins seit seiner dortigen Zeit als KGB-Chef fest verbunden (Roth, Netzwerke des Terrors, 152f.).
183 Raddatz, Von Allah zum Terror, 216, 268.
184 Tibi, Aufbruch am Bosporus, 33.
185 Seufert, Islam, 85, Anm. 78.
186 Weithmann, Erben, 425.
187 Kürsat-Ahlers, Türkei und Europa, 149ff.
188 Seufert, Islam, 168, Anm. 327.
189 Ebd., 90 (Hervorh. v. Verf.), s.a. 170.

190 Celik, Verbrecher-Staat, 133.
191 Zeit-Dossier 24 vom 6. Juni 2002. – Über viele Jahre wurde und wird die PLO von den USA und der EU mit Beträgen weit über 500 Millionen US-Dollar jährlich gefördert. Veruntreuungen in der Größenordnung um 50 Prozent, die bei der Autonomiebehörde und Arafat persönlich aufgedeckt wurden, bilden für die EU kein Thema (Bennett, Die Wand, 186) und lassen damit das Schema erkennbar werden, das die eigentliche »Bereicherung« durch die Kultur des Islam möglich macht. Die Rand Corporation, ein Ableger des Pentagon, und das renommierte Politmagazin Middle East Digest kommen zu dem Ergebnis, daß die PLO inzwischen einen globalen Mafia-Konzern mit einem Volumen um 10 Milliarden US-Dollar führt (Raddatz, Terror, 308).
192 Spuler-Stegemann, Muslime in Deutschland, 225f.
193 Pilger, New Rulers, 114
194 Ebd., 136
195 Raddatz, Terror, 333ff.
196 Arnim, Bauch, 60.
197 Kemper, Opfer der Macht, 127.
198 Gaschke, Erziehungskatastrophe, 202f.
199 Arnim, System, 49.
200 Siemens-Chef von Pierer forderte den Ersatz der Menschenrechte durch ein Wirtschaftskonzept (FAZ vom 20. September 2000); s.a. Raddatz, Von Gott zu Allah, 334; Ho, Geschäft mit Genen, 27ff.
201 Lübbe, Zug der Zeit, 149f.
202 Weingart, Stunde der Wahrheit, 66, 76 (Einschübe u. Hervorh. v. Verf.).
203 Lenski, Macht und Privileg, 82.
204 Bat Yeor, Niedergang, 140ff.
205 Arnim, Bauch, 147f.
206 ARD-Report vom 5. Juli 2004.
207 Raddatz, Terror, 12, 272; s.a. o. Anm. 192.
208 Arnim, System, 53.
209 Joisten, Vom Zerreißen, in: von Nell u.a. (Hrsg.), Korruption, 19f.
210 Arnim, System, 171.
211 Joisten in: Vom Zerreißen, in: von Nell u.a. (Hrsg.), Korruption, 21.
212 Hassemer, Religiöse Toleranz, 20.
213 Ebd., 48.
214 Ebd., 51.
215 Ebd., 24. – Wichtig ist in diesem Kontext, daß Hassemer genau den Zustand herstellte, den der Muslim nach seinem Recht braucht. Mit dem Verzicht auf »scharfe Befragung« wird aus der fremden Rechtsumgebung, die er nach einer bestimmten Zeit verlassen müßte (Nagel, Religiöse Unterweisung, in: Zeitschrift für Pädagogik 3/1989), eine neutrale Zone. Diese kann und muß er allerdings seinem »Glauben« gemäß in Islamland umwandeln, sobald er die Mittel dazu hat, eine Strategie wiederum, in der ihn das deutsche »Leitkartell« unterstützt.
216 Hassemer, Religiöse Toleranz, 17.
217 Ebd., 20.
218 Ebd., 17.
219 Ebd., 28.
220 Raddatz, Allahs Schleier, 321ff.
221 J. Isensee in FAZ vom 8. Juni 2004.

222 Pflüger, Ein dritter Weltkrieg?, 61ff., 287f. Zu Maimonides s. Lewis, Juden im Islam, 37. Tötung von jüdischen Frauen und Kindern: Hannoversche Allgemeine vom 18. April 2002. Tantawi/Spanien: Süddeutsche Zeitung vom 21. September 2001. Tantawi/Hitler: Muhammad Tantawi, Das Volk Israels in Koran und Sunna, Kairo 1966.

223 Arnim, System, 180f.

224 Ebd., 181.

225 Tömmel, Europäische Union, 1f.

226 Neben dem »Frieden« des Islam sowie dem »Monolithen«, welcher der Islam nicht sein kann, weil es »den Islam nicht gibt«, dürfte »Kein Zwang im Glauben« (Koran 2/256) zu den häufigsten Schablonen des Islamdialogs zählen. Verschwiegen wird dabei, daß die Aussage natürlich nur für Muslime gilt, solange sie nicht vom »Glauben« abweichen, dokumentiert durch die tödliche Strafandrohung bei Glaubensabfall (HI 544f.). Wer Allahs System befolgt, ist »islamisch korrekt« und braucht »keinen Zwang im Glauben« zu befürchten – die Normalität in einer Kontrollgesellschaft.

227 Raddatz, Allahs Schleier, 410.

228 Oldag/Tillack, Raumschiff Brüssel, 183.

229 WELT vom 24. Juli 2004.

230 Ebd., 27. Juli 2004.

231 Lenski, Macht, 96.

232 Oldag/Tillack, Raumschiff Brüssel, 202.

233 Freemantle, Importeure, 64.

234 Ebd., 26.

235 Ebd., 95.

236 Bandulet, Brüssel, 47.

237 Riemer, Türkei, 44 (Hervorh. v. Verf.).

238 Ebd., 54.

239 Ebd., 65.

240 Ebd., 83.

241 Die stark steigende Bedeutung eines »Wasserregimes« für den Nahen Osten wird kaum auf die lokalen Vereinbarungen zwischen Israel/Jordanien, Syrien/Libanon etc. beschränkt bleiben können, sondern zukünftig immer mehr unter Einschluß der neuen regionalen, türkischen Wasserhegemonie zu sehen sein (vgl. Moosbauer, Wasserregime, in: Ferdowsi u.a. (Hrsg.), Von himmlischer Ordnung und weltlichen Problemen, 335ff.).

242 Kotkin, Stämme der Macht, 48.

243 Bade, Manifest, 138.

244 Die Parole geht auf den algerischen Präsidenten Boumedienne zurück, der in der UNO-Vollversammlung 1973 die »Überwindung des Westens durch die gebärfreudigen Frauen des Islam« ankündigte. Immer wieder wurde sie von den Türken aufgegriffen, auch vom deutsch-türkischen Touristikunternehmer V. Öger, der für die SPD kandidiert: »Das, was Sultan Süleyman mit der Belagerung Wiens 1683 begonnen hat, werden wir über die Einwohner, mit unseren kräftigen Männern und gesunden Frauen, verwirklichen« (Hamburger Abendblatt vom 25. Mai 2004).

245 taz vom 26. April 2003; s.a. W. Czaschke bei www.WDR.de/themen/politik/nrw.

246 Raddatz, Von Gott zu Allah, 391ff.

247 Teilnehmer des Deutschen Orient Instituts, der Friedrich-Ebert-Stiftung, des Außenministeriums, der Muslimbruderschaft, Hiszbullah, Hamas und anderer internationaler »Organisationen« trafen sich auf einer Konferenz in Beirut, der Amerikaner demonstrativ fernblieben (Beirut Daily News vom 24. Februar 2004).

248 Birg, Zeitenwende, 13.

249 Ebd., 16.

250 Ebd., 19.

251 s.a. Raddatz, Schleier, 398 ff.

252 Schirrmacher, Methusalem-Komplott, 54ff.

253 Hardt/Negri, Empire, 310, 344f.; dieses Denken speist sich aus mystisch-technischen Kraftideen, die von B. Spinoza u.a. über R. Steiners (gest. 1925) Anthroposophie, aber auch über die »denkerische Ökonomie« des Physikers E. Mach (gest. 1916), Eingang in die postmoderne Esoterik des New Age gefunden haben. Als politisches System ist es auf ein totalitäres Zweckdenken gerichtet, mit der Folge einer technischen Netzwerkgesellschaft, die sich wiederum mit den jakobinischen Tendenzen des modernen Islamismus verbinden läßt (s.o. S. 245; vgl. a. Eisenstadt, Antinomie der Moderne, 203; Raddatz, Terror, 326f.).

254 Luft, Ausländerpolitik, 33f.

255 Rullmann/Schlegel, Frauen denken anders, 217

256 Nachdem um 30 000 Yeziden aus der Türkei nach Deutschland geflohen sind, lebt noch etwa eine Viertelmillion von ihnen über Syrien, Irak, Iran und den Kaukasus verstreut. Während sie selbst jede Zugehörigkeit zum Islam vehement ablehnen, scheinen ihre Kultur und Sprache Wurzeln im alten Iran zu haben, worauf u.a. ihre Vorstellung vom »Pfauenengel« hindeutet. Zudem werfen ihnen die Muslime »Verehrung des Satans« vor, was nicht nur mit diesem Kult, sondern auch mit ihrer Affinität zu den Umayyaden zu tun haben könnte, die den Orthodoxen bekanntlich als »satanische Kalifen« gelten (EI XI, 313f.; s.a. Raddatz, Schleier, 124ff.).

257 Luft, Ausländerpolitik, 38.

258 Ebd., 43.

259 Ebd., 66.

260 Ebd., 73.

261 Ulfkotte, Krieg, 181f., 240 ; zu »Mein Kampf« in der Türkei s.a. Analyse+Kritik Nr. 479 vom 9. Dezember 2003, Netzeitung – Voice of Germany vom 9. März 2004.

262 Ditfurth, Das waren die Grünen, 80ff.

263 Stolz, Zuwanderer, 11.

264 Hardt/Negri, Empire, 299.

265 Luft, Ausländerpolitik, 81.

266 Ebd., 80.

267 Vorwort zum TNT-Jugendmagazin 1/1996 (Hervorh. v. Verf.).

268 Raddatz, Schleier, 410; Luft, Ausländerpolitik, 92.

269 Frankfurter Allgemeine Sonntagszeitung vom 8. August 2004, s.a. WELT vom 23. Juli 2004.

270 Raddatz, Terror, 291. – Die Ruption (oder auch Ruptur) zieht einen für lange Zeit unaufhaltsamen Zerfall innerer, geistiger und vertraglicher Bindungen nach sich, die umso stärker nach Ausgleich von außen verlangen. In diesem Prozeß hat das völlig Andere, Gegensätzliche – z.B. Gewalt und Islam – die größten Aussichten, das Sittengesetz der europäischen Kultur zu »ersetzen«. Wie G. Deleuze zeigt, ist es die »Herrenmoral« (Nietzsche) von »Nomaden« (Kafka), die nicht nur ihr eigenes Recht schafft, sondern – ob mit oder ohne Gewalt – das Recht selbst ist: »Wer befehlen kann, wer von Natur 'Herr' ist, wer gewalttätig in Werk und Gebärde auftritt – was hat der mit Verträgen zu schaffen. Ihr Werk ist ein instinktives Formen-Schaffen, Formen-Aufdrücken – Was sie brauchen, nehmen sie. Man kann nicht sagen, daß sie Gewalt anwenden. Vor ihrem Zugriff tritt man beiseite und überläßt ihnen

alles.« (Hollweck, Sprachen der Gewalt, in: Ferdowsi u.a. [Hrsg.], Von himmlischer Ordnung ..., 54f.)

271 Joisten, Vom Zerreißen, in: von Nell, Korruption, 19ff.
272 Luft, Ausländerpolitik, 118.
273 Ebd., 149.
274 Ulfkotte, Krieg, 240; Luft, 161.
275 Birg, Zeitenwende, 35.
276 Seufert, Islam, 129, 131.
277 Luft, Ausländerpolitik, 169.
278 Ebd., 150ff.
279 Seufert, Islam, 429.
280 Luft, Ausländerpolitik, 176.
281 Auf einer Bremer Senatsveranstaltung am 15. März 2004.
282 »Konkurs im Namen Allahs«, WDR-Magazin vom 24. Mai 2004; s.a. Luft, Ausländerpolitik, 259f.; Ulfkotte, Krieg, 157ff.
283 Luft, Ausländerpolitik, 190, 192f.
284 Seufert, Islam, 67.
285 Luft, Ausländerpolitik, 211, 214ff.
286 Raddatz, Von Allah zum Terror, 164ff.
287 Seufert, Islam, 112, 114.
288 Luft, Ausländerpolitik, 229.
289 Celik, Staat, 95ff., 120ff.
290 Ebd., 18 – Ciller machte den Oberpaten M. Agar, der als Polizeichef Schutzgelderpressung betrieb, zum Justiz- und Innenminister. Als der Auftragsmörder und MHP-Aktivist Catli bei dem ominösen Autounfall von Susurluk (zwischen Izmir und Bursa) 1996 ums Leben gekommen war, forderte sie die Nation auf, ihm Respekt und Ehre zu erweisen, weil er »für den Staat geschossen hatte«. Aus der gleichen Schule stammten die Attentäter Ali Agca und K. Demirag, denen 1981 die Tötung des Papstes bzw. 1986 des türkischen Ministerpräsidenten mißlang.
291 Ebd., 161.
292 Ughur Mumcu, Rabita, Ankara 1987; s.a. Raddatz, von Allah zum Terror, 215.
293 Celik, Staat, 120f.
294 Raddatz, Terror, 180ff.
295 »DITIB (Ishleri Türk Islam Birlighi), die ›Türkisch-Islamische Union der Anstalt für Religion e.v.‹ ist der größte islamische Verband im Bundesgebiet. Er vertritt ausschließlich den türkischen Staatsislam mit dessen laizistischem Prinzip der Trennung von Staat und Religion und wird daher auch von keiner der anderen islamischen Organisationen in Deutschland anerkannt.« (Spuler-Stegemann, Muslime in Deutschland, 103.)
296 Lenski, Macht, 96 (Hervorh. v. Verf.).
297 Celik, Staat, 128, 129.
298 Ebd., 120, 122.
299 FAZ vom 12. Dezember 1999.
300 Hasse/Krücken, Neo-Institutionalismus, 20f.
301 Lenski, Macht, 109.
302 Chomsky, War over People, 89ff.; Mander/Goldsmith, Schwarzbuch der Globalisierung, 180ff.; vgl. o. Anm. 187.
303 Napoleoni, Ökonomie des Terrors, 142ff.
304 Ebd., 306.

305 Eisenstadt, Moderne, 197ff.

306 Hoffman, Terrorismus, 128.

307 »Dann müssen wir im Blick auf Warschau und im Blick auf den Aufstand der Juden im Warschauer Ghetto auch fragen dürfen, war das nicht auch Terror?«, formulierte Steinbach (Jüdische Allgemeine vom 6. Mai 2004), womit er an B. Lewis' These anschloß, daß Unterdrückte »illoyal«, sind, wenn sie sich gegen die Unterdrückung wehren (s.o. S. 83).

308 Katz, Die Terroristenjägerin, 364.

309 Luft, Ausländerpolitik, 261f.

310 Ebd., 258.

311 Ebd., 259

312 Ebd., 254.

313 Ulfkotte, Krieg, 32.

314 Ebd., 32f.

315 Ebd., 36.

316 Ebd., 33.

317 Napoleoni, Ökonomie, 161f.

318 Ulfkotte, Krieg, 34.

319 Napoleoni, Ökonomie, 163.

320 Scholl-Latour, Allahs Schatten, 318; zu Özdogan s. Ulfkotte, Krieg, 64ff.

321 Ebd., 136f.

322 Troebst, Südosteuropa, 200, 219, 342.

323 Ebd., 284f.

324 Ebd., 246.

325 Ebd., 241.

326 Napoleoni, Ökonomie, 160.

327 Ebd., 276f.

328 ZDF-Frontal vom 10. August 2004.

329 Ditfurth, Das waren die Grünen, 98.

330 Ebd., 94; Die Welt vom 17. Februar 2001: »Wahrheit scheibchenweise – Außenminister Fischers Vergangenheitsbewältigung ist inzwischen ein Fall für die Staatsanwaltschaft« (Auf Anfrage bei der Staatsanwaltschaft Frankfurt/M. wurde verlautbart, daß die einschlägige Ermittlungsakte nicht geschlossen ist).

331 Ditfurth, Das waren die Grünen, 182, 302f.

332 Kürsat-Ahlers, Türkei und Europa, 185f.

333 Schirrmacher, Methusalem-Komplott, 116f., 123.

334 Gellner, Der Islam als Gesellschaftsordnung, 9.

335 Democratic culture and extremist Islam (bei open democracy 2004); hier könnten wir es mit einer geschickten Umschreibung dessen zu tun haben, was uns bereits im Rahmen der »jakobinischen« Besetzung der Institutionen begegnet war (s.o. S. 245). Schiffauer bekräftigt diese Vermutung, indem er auf die Problematik hinweist, die säkularisierte Religionsinhalte in sich bergen (Beispiel Derrida) – die Wurzel der Gewalt in den modernen Politreligionen.

336 WELT vom 24. Juni 2004; s.a. Schiffauer, Die Gottesmänner, Frankfurt 2000.

337 Leggewie, Türkei und Europa, 301.

338 BILD vom 2. August 2004.

339 Leggewie, Türkei und Europa, 58.

340 Ebd., 23ff.

341 Raddatz, Allahs Schleier, 437.

342 New York Sun vom 27. Juli 2004.
343 Leggewie, Türkei und Europa, 65, 131.
344 Ebd., 297.
345 Ebd., 109f. – Die Demographen Y. Courbages und P. Fargues weisen ausdrücklich auf das »modernistische« Tempo der »Säuberungen« und ihren kommenden Langzeiteffekt hin: Die Türken werden sich immer weniger als Türken verstehen, ohne zugleich Muslime zu sein. Der kemalistische Laizismus erzeugt also Religiosität und birgt damit den Keim der kommenden Islam-Renaissance bereits in sich, womit sich wiederum der Kreis zum Jakobinismus schließt. Wie stark dieser Mechanismus ist, zeigte sich im türkisch-griechischen »Bevölkerungsaustausch«: Türken, die christlich geblieben waren, mußten als »Griechen« das Land verlassen! (Chrétiens et Juifs dans l'Islam arabe et turc, 228f.).
346 Leggewie, Türkei und Europa, 126f. – Angesichts der langen Mafia-Tradition der Herrschenden scheint dies schwierig. Eher könnte das türkische Machtkartell in einer mit der Lage nach dem Zweiten Weltkrieg vergleichbaren Situation sein. So, wie man sich damals Richtung Amerika rettete, könnte man sich heute Richtung Europa retten: »Als einzige Chance, ohne Gefahr für die eigene Herrschaft aus der Sackgasse herauszukommen, in die sie das Land durch ihre Unfähigkeit, seine Entwicklung voranzutreiben, geführt hatten, bot sich den herrschenden Kreisen der Türkei nur der rasche Beistand jenes Landes, das ihrer Meinung nach allein über die dafür nötigen Mittel verfügte. Ihre wirtschaftliche Verflechtung und deren politische Untermauerung durch ein Bündnis mit der stärksten Macht der westlichen Welt war für die türkische Großbourgoisie, die Grundbesitzerklasse, aber auch für die Spitzen der militärischen und bürokratischen Hierarchie ein Akt der politischen Notwendigkeit, um nicht zu sagen eine Lebensfrage.« (Pöschl, Neutralismus, 264) In der Sprache der Satiriker könnten also die Europäer die Ammenrolle der Amerikaner übernehmen und den Türken fürderhin »die Brust geben« (s.o. S. 119).
347 Ebd., 128.
348 Kürsat-Ahlers, Türkei und Europa, 199f.
349 Ebd., 200.
350 Seufert, Islam, 103.
351 Atay, Cankaya, 319.

Literaturverzeichnis

Ali, Tariq: Fundamentalismus im Kampf um die Weltordnung, München 2002
Arnim, Hans Herbert von: Fetter Bauch regiert nicht gern, München 1997
–: Das System, München 2001
Aslan, Yusuf: Die Türkei. Von der Westintegration zur Ost-Wendung? Europäische Hochschulschriften, Reihe XXXI Bd. 373
Atay, Rifky: Cankaya, Ankara 1981

Bade, Klaus: Das Manifest der 60, München 1994
–: Die multikulturelle Herausforderung, München 1996
Bandulet, Bruno: Tatort Brüssel, München 1999
Bat Ye'or: Der Niedergang des orientalischen Christentums unter dem Islam, Gräfelfing 2002
Bennett, Ramon: Die Wand, Jerusalem 2000
Birg, Herwig: Die demographische Zeitenwende, München 2001
Broek, Martin: Türkei-Connection, Idstein 1996

Celik, Selahettin: Verbrecher-Staat, Frankfurt/M. 1998
Chalmers, Johnson: Ein Imperium verfällt, München 2001
Chomsky, Noam: War over People, Hamburg-Wien 2001
Courbage, Youssef/Fargues, Philippe: Chrétiens et Juifs dans l'Islam arabe et turc, Paris 1992
Deschner, Günther: Die Kurden, München 2003

Diamond, Jared: Arm und Reich, Frankfurt/M. 1999
Ditfurth, Jutta: Das waren die Grünen, München 2000
Ducellier, Alain: Byzanz, Frankfurt/M.-New York 1990
Durant, Will und Ariel: Kulturgeschichte der Menschheit, Frankfurt/M. 1982
Durugönül, Esma: Resozialisierung in der Türkei als sozial-religiöse Bewegung. Europäische Hochschulschriften, Reihe XXII, Bd. 263

Eisenstadt, Samuel: Die Antinomie der Moderne, Frankfurt/M. 1998
–: Die Vielfalt der Moderne, Weilerswist 2000
Encyclopaedia of Islam: Band I–XI, Leiden 1960–2002
Ende, Werner/Steinbach, Udo (Hrsg.): Der Islam in der Gegenwart, München 1994

Ferdowsi, Mir A./Herz, Dietmar/Schattenmann, Marc (Hrsg.): Von himmlischer Ordnung und weltlichen Problemen, München 2003
Freemantle, Brian: Importeure des Verbrechens, München-Leipzig 1995
Fregosi, Paul: Jihad, Amherst (USA) 1998

Gaschke, Susanne: Die Erziehungskatastrophe, München 2001
Gaus, Bettina: Die scheinheilige Republik, München 2002
Gellner, Ernest: Der Islam als Gesellschaftsordnung, München 1992

Gibb, H.A.R./Bowen, Harold: Islamic Society and the West, Oxford 1965
Gronau, Dietrich: Mustafa Kemal Atatürk, Frankfurt/M. 1994

Haarmann, Ulrich (Hrsg.): Geschichte der arabischen Welt, München 1994
Handwörterbuch des Islam (hrsg. v. Wensick/Kramers), Leiden 1941
Hardt, Michael/Negri, Antonio: Empire, London-Cambridge (USA) 2000
Harrison, Lawrence E./Huntington, Samuel P.: Streit um Werte, Hamburg 2002
Hasse, Raimund/Krücken, Georg: Neo-Instituionalismus, Bielefeld 1999
Hassemer, Winfried: Religiöse Toleranz im Rechtsstaat, München 2004
Hatschikjan, Margaditsch/Troebst, Stefan (Hrsg.): Südosteuropa, München 1999
Ho, Mae Wan: Das Geschäft mit den Genen, München 1999
Hoffman, Bruce: Terrorismus – der unerklärte Krieg, Frankfurt/M. 1998
Horster, Detlef: Postchristliche Moral, Hamburg 1999
Hösle, Vittorio: Politik und Moral, München 1997

Inalcik, Halil: The Ottoman Empire, London 2000

Jansen, Mechtild/Baringhorst, Sigrid (Hrsg.): Politik der Multikultur, Baden-Baden 1994
Jorga, Nicolae: Geschichte des osmanischen Reiches, 5 Bde., Frankfurt/M. 1990
Jürgensmeyer, Mark: Terror im Namen Gottes, Freiburg 2004

Kaempfer, Wolfgang: Die Zeit und die Uhren, Frankfurt/M. 1991
Katz, Rita: Die Terroristenjägerin, München 2003
Kemal, Mustafa: Der Weg zur Freiheit, 1919–1920, Leipzig 1928
–: Die nationale Revolution, 1920–1927, Leipzig 1928
Kemper, Peter (Hrsg.): Opfer der Macht, Frankfurt/M. 1994
Kepel, Gilles: Schwarzbuch des Dschihad, München 2000
Kieser, Hans-Lukas: Der verpasste Friede, Zürich 2000
Koch, Thilo (Hrsg.): Porträts zur deutsch-jüdischen Geistesgeschichte, Köln 1997
Koran: Übersetzung Ullmann, München 1959
Kotkin, Joel: Stämme der Macht, Reinbek 1996
Küper-Bashgöl, Sabine: Frauen in der Türkei zwischen Feminismus und Reislamisierung, Münster-Hamburg 1992
Krech, Hans: Der Bürgerkrieg in der Türkei, Berlin 1999
Kreiser, Klaus/Kaufmann, Christoph: Kleine Geschichte der Türkei, Stuttgart 2003
Krug, Sabine: Korruption in verschiedenen Wirtschaftssystemen, Wiesbaden 1997
Kürsat-Ahlers, Elcin/Tan, Dursun/Waldhoff, Hans-Peter (Hrsg.): Türkei und Europa, Frankfurt/M. 2001

Leggewie, Claus (Hrsg.): Die Türkei und Europa, Frankfurt/M/M. 2004
Lenski, Gerhard: Macht und Privileg, Frankfurt/M. 1973
Lewis, Bernard: Die Juden in der islamischen Welt, München 1987
–: Stern, Kreuz und Halbmond, München 1997
–: The Emergence of Modern Turkey, Oxford 2002
–: Der Untergang des Morgenlandes, Bergisch-Gladbach 2002
Lewis, Bernard/Niewöhner, Friedrich (Hrsg.): Religionsgespräche im Mittelalter, Wiesbaden 1992
Lübbe, Hermann: Im Zug der Zeit, Berlin-Heidelberg 1992
Luft, Stefan: Ausländerpolitik in Deutschland, Gräfelfing 2003

Mander, Jerry/Goldsmith, Edward: Schwarzbuch der Globalisierung, München 2001
McGrath, Alister: Der Weg zur christlichen Theologie, München 1997
Mehmet, Özay: Fundamentalismus und Nationalstaat, Hamburg 1994
Miegel, Meinhard: Die deformierte Gesellschaft, Berlin-München 2002
Miksch, Hans: Der Kampf der Kaiser und Kalifen, Bonn 1992
Mumcu, Ugur: Rabita, Ankara 1986
Münz, Rainer/Seifert, Wolfgang/Ulrich, Ralf: Zuwanderung nach Deutschland, Frankfurt/M. 1999

Nagel, Tilman: Timur der Eroberer, München 1993
–: Das islamische Recht, Westhofen 2001
Nagel: Religiöse Unterweisung. In: Zeitschrift für Pädagogik Heft 3/1989
Napoleoni, Loretta: Die Ökonomie des Terrors, München 2004
Nell, Verena von/Schwitzgebel, Gottfried/Vollet, Matthias (Hrsg.): Korruption, Wiesbaden 2003
Nethöfel, Wolfgang: Ethik zwischen Medien und Mächten, Neukirchen-Vluyn 1999
Noth, Albrecht: Heiliger Krieg und Heiliger Kampf in Islam und Christentum, Bonn 1966

Oldag, Andreas/Tillack, Hans-Martin: Raumschiff Brüssel, Berlin 2003
Öymen, Onur: Die türkische Herausforderung, Istanbul 1998

Pflüger, Friedbert: Ein dritter Weltkrieg?, München 2004
Pilger, John: The New Rulers of the World, London-New York 2002
Pohlmann, Friedrich: Ideologie und Terror im Nationalsozialismus, Pfaffenweiler 1992
Pond, Elizabeth: Die Stunde Europas, Berlin-München 1999
Pöschl, Rainer: Vom Neutralismus zur Blockpolitik, München 1985
Postman, Neil: Die zweite Aufklärung, Berlin 2001
Propyläen Weltgeschichte 10 Bde., Berlin-Frankfurt/M. 1986
Pryce-Jones, David: The Closed Circle, London 1989

Raddatz, Hans-Peter: Von Gott zu Allah?, München 2001
–: Von Allah zum Terror?, München 2002
–: Allahs Schleier. Die Frau im Kampf der Kulturen?, München 2004
Reich, Reginald: Die neue Weltwirtschaft, Frankfurt/M. 1994
Riemer, Andrea: Die Türkei an der Schwelle zum 21. Jahrhundert. Europäische Hochschulschriften, Reihe XXXI, Bd. 358
Rifkin, Jeremy: Das biotechnische Zeitalter, München 2000
Robins, Robert/Post, Jerrold: Die Psychologie des Terrors, München 1997
Roemer, Hans R.: Persien auf dem Weg in die Neuzeit, Beirut-Stuttgart 1989
Roth, Jürgen: Netzwerke des Terrors, Hamburg 2001
Rullmann, Marit/Schlegel, Werner: Frauen denken anders, Frankfurt/M. 2000

Scharlipp, Wolfgang: Die frühen Türken in Zentralasien, Darmstadt 1992
Schell, Jonathan: Die Politik des Friedens, München 2003
Schiffauer, Werner: Die Gottesmänner, Frankfurt/M. 2000
Schirrmacher, Frank: Das Methusalem-Komplott, München 2004
Schleichert, Herbert: Von Platon bis Wittgensten, München 1999
Schneider, Heinrich/Jopp, Mathias/Schmalz, Uwe (Hrsg.): Eine neue deutsche Europapolitik?, Bonn 2002

Scholl-Latour, Peter: Allahs Schatten über Atatürk, München 2001
Schubert, Hans-Joachim: Demokratische Identität, Frankfurt/M. 1995
Schuler, Thomas: Immer im Recht, München 2003
Seufert, Günter: Politischer Islam in der Türkei, Istanbul-Stuttgart 1997
Shahinler, Menter: Kemalismus, Hückelhoven 1997
Sofsky, Wolfgang: Zeiten des Schreckens, Frankfurt/M. 2002
Spuler-Stegemann, Ursula: Muslime in Deutschland, Freiburg 2002
Steinbach, Udo: Die Türkei im 20. Jahrhundert, Bergisch-Gladbach 1996
Stiglitz, Joseph: Die Schatten der Globalisierung, Berlin 2002
Stolz, Rolf: Deutschland, deine Zuwanderer, München 2002
Suendorf, Ulrike: Geldwäsche. BKA Polizei + Forschung Bd. 10, Neuwied 2001

Tantawi, Muh: Das Volk Israels in Koran und Sunna, Kairo 1966
Tibi, Bassam: Aufbruch am Bosporus, München-Zürich 1998
–: Europa ohne Identität?, München 1998
–: Islamische Zuwanderung, Stuttgart-München 2002
Todd, Emmanuel: Das Schicksal der Immigranten, Hildesheim 1998
Tomanbay, Ilhan: Wie sozial ist die Türkei? Diss. Technische Universität Berlin 1989
Tömmel, Ingeborg: Das politische System der EU, München-Wien 2003

Ücüncü, Sadi: Die Stellung der Frau in der Geschichte der Türkei, Frankfurt/M. 1993
Ulfkotte, Udo: Der Krieg in unseren Städten, Frankfurt/M. 2003
Unger, Craig: Die Bushs und die Sauds, München-Zürich 2004

Volkan, Vamik: Blutsgrenzen, Berlin-München-Wien 1999

Wagener, Sybil: Feindbilder, Berlin 1999
Weingart, Peter: Die Stunde der Wahrheit?, Weilerswist 2001
Weithmann, Michael: Atatürks Erben auf dem Weg nach Westen, München 1997
Werner, Ernst: Die Geburt einer Großmacht – die Osmanen (1300–1481), Wien 1985

Yazicioglu, Ümit: Zuwanderung von Kurden, Berlin 2000

Personen- und Sachregister

Abbasiden, isl. Dynastie 48, 50, 66f.

Abdülhamid II., Sultan 75, 77–79, 83, 86f.

Afghanistan 131, 211

Ahi, türk. Bund 44, 54

Adrianopel (Edirne) 59f.

Ägypten 31f., 76, 199f., 243

Albanien 66, 74

Albright, Madeleine 154

Aleviten 78, 126, 130

Algerien 72, 199

Al-Ghazali, isl. Mystikphilosoph 30

Al-Ghuzz siehe Oghusen

Al-Ma'mun, abb. Kalif 26

Al-Mawardi, isl. Staatsrechtler 27

Al-Mutawakkil, abb. Kalif 26

Alp Arslan, seldsch. Sultan 28, 31, 33

Al-Qa'ida, isl. Terrorgruppe 11, 244

Al-Qa'im, abb. Kalif 27f.

Al-Zayyat, Ibrahim, dt.-türk. Islamist 216f., 246f.

Amerika siehe USA

Ankara 57, 94f., 131, 206

Aqindji, osm. Terrortruppe 54

Arafat, Yassir 147, 149

Araber 35, 49f., 55, 98, 177

Armenien/Armenier 29, 31f., 35, 65, 76, 78f., 83, 85ff., 143, 200f., 264

Arnim, Herbert von 169, 179

Arslan b. Seljuk 27

Aserbaidschan 143f.

Assassinen, isl. Orden 30

Assyrer (Christen) 87f., 91

Asyl siehe Zuwanderung

Atatürk, M. Kemal 31, 76, 79, 92ff., 105f., 112, 115, 118, 125, 150, 167, 264

d'Aviano, Marco 68

Azeri, Turkvolk 143, 197

Baath, syr.-irak. Partei 198

Babinger, Franz 56

Badruddin, türk. Philosoph 59–61

Bagdad 22, 27, 29, 48–50

Bayar, Djelal, türk. Politiker 118

Bayezid I., osm. Sultan 51, 57f., 63

Beck, Marieluise 212, 225, 243, 245f.

Bektashi, türk. Orden 43, 53, 73, 100

Belgrad 66, 69

Bin Ladin, Usama 247

Birg, Herwig 208

Bosnien 66, 74, 248

Bragadino, M., zypr. Gouverneur 68f.

Buddhismus 23

Bulgarien 57, 66

Bürklüdje, Mustafa 60

Buyiden, isl. Dynastie 26, 34

Byzantiner 31, 39, 52–54, 57, 59, 156, 189

Byzanz 20, 31, 41, 53, 63f., 131, 218

Chinesen 18, 23f., 58, 201

Chirac, Jacques 253

Chorasan 22, 40, 43

Christen/Christentum 23, 44, 54, 56, 59, 61, 63f., 69, 143

Churchill, Winston 113

CIA 130

Ciller, Tansu 144–149, 230

Cordoba, Kalifat 49f., 176

Demirel, Süleyman 122, 125f., 130f., 135f., 144

Deregulierung 141f., 183, 195, 263

Derwische/Orden 42f., 58, 61f., 70
Deutschland 78, 82f., 85, 89, 108, 111–113, 115, 123, 134, 140, 155, 168, 170, 186, 200f., 220ff., 242, 261
Dhimma, isl. Schutzvertrag 33, 267
Djavit Pasha 102
Djelali-Aufstände 69–71
Djevdet Pasha, osm. Reformer 76
Djihad (ethn.) 27, 40, 42, 45, 47, 51, 55f., 63, 65, 69, 78, 83f., 86, 91, 98, 109, 126, 145, 254f.
Dönme, jüd. Geheimsekte 79, 102

Ecevit, Bülent 125, 128f., 132, 234
Effizienz 157f., 162f., 167, 169, 208, 252, 255
Elyas, türk. Mystiker 43
Elyas, Nadeem, dt.-saud. Islamist 247
England 58, 72f., 76, 78, 82, 97, 109, 112f., 115, 182
Enver Pasha 83–85, 89
Erbakan, Necmettin 126–128, 130–132, 136, 146f., 150, 195f., 206, 231, 248, 261
Erdogan, Tayyep 145, 206, 253, 257
Europäische Union (EU, EWG) 9, 13, 15, 111, 117, 123, 131, 134, 140, 143, 145, 149, 154f., 179ff., 195,

199, 214, 219, 234, 248f., 257f., 262–264, 272

Fatimiden, schiit. Dynastie 49
Fischer, Josef Maria 154, 188, 252f., 264
Foucault, Michel 209
Frankreich 58, 72, 76, 78, 82, 84, 95f., 115, 182, 186f.

Gecekondu, türk. Massenviertel 117, 123–125, 136, 138, 144, 151, 163, 184, 193, 206, 220ff., 242
GAP (türk. Talsperrensystem) 136, 197, 199
Genozid 69, 86ff., 110, 145
Genua, Seerepublik 61, 66, 69
Gerechtigkeitspartei (AP) 122
»Gerichtete Unschärfe« 104f., 113, 165, 167, 173, 175, 181–183, 192, 204f., 208f., 211–214, 236f., 255, 258, 263f.
Germiyan, seldsch. Fürstentum 52
Ghaddafi, Muh. 148
Ghazi, türk. Frontkämpfer 52, 54f., 65, 67, 101f., 110, 115, 129
Ghaznawiden, isl. Dynastie 26f.
Gökalp, Ziya 77, 99
Graue Wölfe *siehe* Partei der Nationalistischen Bewegung

Griechen 13, 44, 57f., 65, 79, 95f., 98, 112, 119f., 129
Griechenland 85, 97, 109, 116, 120

Habsburger, europ. Dynastie 67, 69, 72, 78, 156, 200
Halladj, isl. Mystiker 43
Hassemer, Winfried 173f., 187
Hekmatyar, Gulbuddin 247f.
Hizbollah, iran. Radikalkader 198, 207, 243
Hitler, Adolf 97, 108, 112, 178, 264
Hunyadi, Janos 66
Ibn al-Arabi, isl. Mystikphilosoph 59
Ibn Khaldun, arab. Historiker 59
Ibn Tumart, Almohadengründer 51
Imam-Hatip-Schulen 133, 150, 263
Inönü, Erdal 146, 148
Inönu, Ismet 94–97, 107, 112f., 116, 119
Irak 22, 27, 84, 137, 170, 197f., 211f., 264
Iran 137, 147, 264
Isensee, Joseph 176
ISI, pakist. Geheimdienst 248
Islamische Weltliga (Rabita) 230, 244
Islamisch-türkische Synthese 130, 133f., 136, 145, 155, 225f., 254, 260, 262

Islamrat, dt. Islamisten-
verein 247f.
Israel 134, 177, 197–
199, 264
Istanbul 66, 71, 76, 83,
94f., 102, 108, 111

Jakobinismus 108, 127,
245, 275
Janitscharen 55, 71, 73
Juan de Austria 69
Juden/Judentum 32, 56,
66, 79, 102, 177f., 201
Jungtürken 76, 80, 85,
91, 93, 101, 110

Kalifat 67, 75, 98
Kantakuzenos, Johannes
VI. 57, 61
»Kapitulationen« 74,
82, 96, 115
Kaplan, Metin (Kalif
von Köln) 213
Karaman, seldsch. Für-
stentum 52
Karlowitz, Friedensver-
trag 68
Kemal, Mustafa *siehe*
Atatürk
Kemalismus 101, 110,
113, 120f., 128
Khagan, Türkenherr-
scher 20f., 266
Khomeini, Ayatollah
131f.
Kizilbash (Rotköpfe),
schiit. Sekte 43f.
Konstantinopel 41, 55,
57, 63ff.
Konya 31, 34, 49, 59
Kopfsteuer (djizya) 53,
267
Kopftuch 173ff.
Köppel, Roger 187

Köprülü, Wesirsdynastie
71
Korruption 144ff.,
180ff., 199ff.
Kosovo 189, 248
Kreuzzüge 36, 39, 64
Kurden 27, 35, 50, 74,
85, 88, 122, 126, 130,
137ff., 148, 193, 195,
197–199, 228–230,
252–255
Konterguerilla (s.a.
ÖHD) 126, 130, 229

Lausanne, Friedensver-
trag 96f., 109, 112,
257
Lehen (s.a. Tribut) 34f.,
62, 65, 70
Lehmann, Karl, Kardi-
nal 216f.
»Leitkartell« 119, 151,
159f., 163f., 167f.,
170, 175, 179, 187,
202f., 209, 219, 238,
240ff., 250, 256f.,
261, 263f.
Lepanto, Seeschlacht 69
Lewis, Bernard 65, 83
Libanon 75, 197f.

Machtkader (türk.) 48,
65, 72, 105f., 114f.,
117, 121, 133, 146,
228, 240
Mafia 135, 180, 190f.,
227ff., 231, 233f., 248
Maimonides, jüd. Philo-
soph 177
Malikshah, seldsch. Sul-
tan 28
Malta 68
Mamluken, ägypt. Dy-
nastie 22, 49f., 66

Manichäismus 23
Manzikert 31f.
Martolos, griech. Rene-
gaten 54
Mekka 67, 73, 92
Medina 67, 73
Mehmed I., Sultan 60
Mehmed II., Sultan 63–
65
Menderes, Adnan 118,
120
Mevlevi, türk. Orden 44,
100
Milli Görüsh, türk.
Kampfkader 127f.,
133, 151f., 167, 170,
185, 207, 222, 225,
230, 235, 243–245,
247, 256, 263
MIT, türk. Geheimdienst
228f.
Mohács, Massaker 68f.
Mongolen 18, 22, 41,
44, 48, 57, 66
Morea (Peleponnes) 57,
69
Mudros, Waffenstill-
standsabkommen 85
Muhammad, Islamver-
künder 38f., 92, 168
Muhammad Ali, ägypt.
Gouverneur 72
Multikulturalismus
200ff.
Murad I., Sultan 51
Murad II., Sultan 62f.
Müriden, Mystik-
novizen, 45
Musa, Osmanenemir
59f., 67
Muslimbruderschaft
129, 149, 151, 170,
199, 231, 235, 243f.,
247, 260, 263

Mutterlandspartei (AnaP) 135f.

Naqshbandi, türk. Orden 73, 100, 126f., 135

Nationale Heilspartei (MSP) 126, 128

Nationaler Sicherheitsrat 121

NATO 12, 116, 130, 139, 144, 148, 199, 228, 230, 253, 272

Nizam al-Mulk, türk. Staatsrechtler 28–30, 34f., 37

Normannen 31, 36, 39

Notaras, byz. Großherzog 63

Nurcu,»jakobinischer« Türkorden 270

Öcalan, Abdullah 138

Oghusen, Turkvolk 27, 31, 42, 52, 65

ÖHD (Amt f. spezielle Kriegführung) 126, 228ff., 249

Özdogan, Hasan, dt. Islamist 248

Orhan, Sultan 51, 53, 57

Orlando, Leonluca, 191

Osman, Osmanengründer 51

Osmanen 22–24, 30, 43, 45ff., 156, 200

Ötükän, myth. Türkenland 21f., 78, 86, 107, 226

Özal, Turgut 135f., 139f., 143f., 234

Pakistan 243, 247f.

Partei des Rechten Weges (DYP) 146

Perser 18, 20, 23, 40, 49

Pfeil, türk. Symbol 19, 31, 65, 103, 119, 125, 127

Pflüger, Friedbert 176ff.

PKK, kurd. Arbeiterpartei 138, 144, 213, 228

PLO 198

Pogrom 66, 75, 94, 110

Putin, Wladimir 146f.

Qaddafi, Muh., lib. Staatspräsident 148

Qara'iten, jüd. Sekte 32, 267

Rom/Röm. Kirche 39, 41, 57, 61, 63f., 189

Rum-Seldschuken 31

Rumi, Djelalledin, türk. Dichterphilosoph 44f.

»Ruption« 173, 220, 275

Rußland 72, 75, 78, 82f., 87, 111, 113, 115, 144

Safawiden, iran. Dynastie 268

Saudi-Arabien 243, 247f.

Savoyen, Prinz Eugen von 68

Scharia, isl. Recht 39, 48, 52, 65, 157f., 173f., 176, 238

Schia, isl. Abspaltung 26, 29f., 39, 44, 59, 266

Scholl-Latour, Peter 248

Schreyer, Michaele 190

Schröder, Gerhard 186, 213, 250

Selim I., Sultan 66

Serbien 72

Sèvres, Vertrag von 85, 92, 95, 109

Sipahi, Lehenskrieger 55, 62

Skanderbegh, Verteidiger Albaniens 66

Sowjetunion 111–113, 115, 141, 210

Spanien 36, 51f., 58, 178, 182, 186, 189

Steinbach, Udo 243–246

STUPID (Staats-Union der Proislamisten in Deutschland) 152, 244

Süleyman II., Sultan 66f.

Süleymanci, Islamistenorden 270

Süßmuth, Rita 187

Sunna, orthod. Islam 26, 29, 39, 44, 88

Syrien 20, 31f., 75, 84, 90, 197f., 264

Talat Pasha 85, 92

Tanzimat, osm. Reformen 74f.

Tibi, Bassam 147

Timur Lenk 57, 58

Todd, A. 207

Toghrulbeg, Seldschuken-Führer 27f., 31

»Toleranz« 23, 40, 42, 46, 56f., 64, 84, 101, 138, 157f., 162f., 167, 169, 173, 183, 208, 218, 237, 252, 255

Tonyukuk, myth. Türkenführer 21f., 24, 30, 52, 92

Torlak, Kemal 60

Tribut(maschine) 33, 45,

47, 51, 55, 63–65, 70,
118, 123, 142, 147,
163, 182
Tunesien 76, 199
Türkesh, Alparslan 113,
121, 130–132, 134,
136, 229
Türkische Arbeiterpartei
125
Türkisch-Islamische
Synthese 130, 133f.,
136, 145, 155, 225f.,
254, 260, 262
Turkislam 48, 65, 78,
98ff., 102, 104f., 118,
131, 134, 143, 150,
155, 181, 212, 254,
256, 258, 263
Turkismus 23f., 35, 76,
110, 118, 128, 132,

145, 148, 155, 197,
254f., 262
Turkmenen, Turkvolk
40, 42, 52, 54
Uiguren, Turkvolk 22–
24
Umayyaden, arab. Dy-
nastie 51, 65
Ungarn 57, 66–68
USA 66, 113–115,
117ff., 128, 134, 154,
156, 158, 199f., 240,
242, 248f., 253f., 259

Venedig, Seerepublik
61, 69
Verheugen, Günther
214, 234
Völkermord *siehe* Ge-
nozid

Wahhabiten, orthod.
Muslime 73,
269
Währungsfonds (IWF)
155f.
Walachei 57, 66
Weingart, P. 164
Weltbank 135, 145, 155
Wien 67–69
Wilson, Woodrow 86,
94, 102
Wolf, türk. Symbol 19,
24, 42, 110, 126

Yeziden, kurd. Sekte
212, 275
Yilmaz, Mesut 136,
146–148

Zana, Layla 139, 145

Hans-Peter Raddatz
Allahs Schleier

Die Frau im Kampf der Kulturen

Die islamische Zuwanderung in Deutschland und Europa wird in den Medien, in der Politik und in der Öffentlichkeit viel diskutiert. Die Bilder der Toleranz und Harmonie, die dabei entworfen werden, verdecken aber die latente Gewalt des Islam und vor allem die Repression der muslimischen Frau, der die Grundrechte des demokratischen Westens verwehrt bleiben.

Islamexperte Hans-Peter Raddatz stellt die provokante Frage, welche Kriterien den Islam zur Ausgrenzung und Verhüllung seiner Frauen zwingt. Er zeigt den Spannungsbogen von der Dominanz männlicher Macht in der Geschichte bis hin zur Bilderwelt unserer modernen Konsumgesellschaft auf, die Züge des Islam als Politreligion zu übernehmen beginnt.

472 Seiten, ISBN 3-7766-2366-7
Herbig

Lesetipp

BUCHVERLAGE
LANGEN MÜLLER HERBIG
WWW.HERBIG.NET